Gut : Gegangen

Der Abzug der sowjetischen | russischen Streitkräfte

1990 bis 1994

STRAUSS*Edition*

Photographien von Bernd-Horst Sefzik

Michael Daxner | Gerd Harms
Axel von Hoerschelmann | Jann Jakobs
Birgit-Katharine Seemann (Hg.)

Gut : Gegangen

Der Abzug der sowjetischen | russischen Streitkräfte
1990 bis 1994

INHALT

Einführung in das Thema

Ausgangspunkt

Zum 30. Mal jährt sich 2024 der Abzug der Westgruppe der Truppen der russischen Streitkräfte, kurz WGT[1], aus Deutschland, aber auch aus den mittel- und osteuropäischen Staaten, in denen die sowjetische, und dann die russische Armee stationiert war. Dieses war ein weltpolitisches Ereignis. In den von den Truppen verlassenen Staaten ein Grund zur Freude, für die russische Föderation als Folgestaat der Sowjetunion eine ambivalente Situation. Demütigung und Erleichterung, diese Begriffe mögen die Wahrnehmung der russischen bzw. der deutschen Seite geprägt haben. Die sowjetischen Truppen in der DDR waren die größten militärischen Einheiten, die jemals als Besatzungsmacht über einen solch langen Zeitraum in einem anderen Staat eingesetzt waren. Der Abzug der WGT war die größte Truppenverlegung in Friedenszeiten. Sie fiel in eine Zeit der großen innenpolitischen Instabilität in der Russischen Föderation.
Die Autorinnen und Autoren dieses Buches stellen sich der Frage, was dieses Ereignis für uns bedeutet hat und heute bedeutet. Riesige Chancen und riesige Herausforderungen entstanden. Immerhin öffneten sich acht Prozent der Landesfläche Brandenburgs für die Konversion. Gewaltige Flächen und eine große Zahl an Gebäuden und Infrastruktur mussten neu beplant oder aufgegeben werden. Die historische Verpflichtung, die in dem Begriff „Abzug in Würde", der von Eduard Schewardnardse geprägt wurde, zum Ausdruck kam, aber auch in der Verpflichtung der Pflege beispielsweise der sowjetischen Kriegsgräber und der Gedenkstätten sind wesentliche Aspekte, die mit diesem Abzug verbunden sind.
Die Vergangenheit lebt aber nicht nur fort in den Gebäuden, den nach dem Abzug zum Teil devastierten Flächen der Militärgelände und den kontaminierten Böden in den Anlagen. Die Vergangenheit findet sich auch in den Köpfen. Die Besatzung verklärt sich mit zunehmendem Abstand zu Geschichten und Anekdoten. Aber auch unterschwellige Ängste gegenüber den ehemaligen Besatzern mögen fortwirken. Die Wirklichkeit dieses Moments der Geschichte bedarf aber der Rekonstruktion, der Wiederherstellung in Fakten und Bedeutung. Nur so gelingt der Blick nach vorn.
Je länger wir über die Frage dieses Jahrestages nachdachten, umso schwerer fiel es uns, eine angemessene Form zu dessen Begehung zu finden. Jedes Nachdenken über den Abzug der WGT führt weg von der historischen Situation in das Jetzt des brutalen Angriffskrieges der Russischen Föderation auf die Ukraine, aber auch zu dem Zustand der repressiven Herrschaft in der russischen Gesellschaft heute. Kann es vor diesem Hintergrund die diskutierte Beschränkung auf die Untersuchung und Diskussion der Effekte des Abzugs auf Brandenburg geben? Kommen wir nicht zwangsläufig immer in das Heute?
„*Die Vergangenheit ist nicht tot, sie ist nicht einmal vergangen*", so ein viel genutztes Zitat von William Faulkner. Für uns ist es komplizierter. Die Gewalt der Gegenwart überlagert die Vergangenheit. Das, was sich aus dem Abzug der WGT ergab, wird Stoff für

das, was wir heute sehen. Der vorurteilslose Blick des Historikers wird überschattet von der Schrecklichkeit des heutigen Überfalls. Und sofort findet sich eine direkte Linie zu der Menschenverachtung, die in Potsdam im KGB-Gefängnis in der Leistikowstraße dokumentiert ist. Die einzelnen Ereignisse und ihre Basis können wir nicht voneinander trennen, die Zusammenhänge erst lassen uns die Wirklichkeit verstehen.

Warum beschäftigen wir uns mit dem Abzugsjubiläum?

Die Auseinandersetzung mit der Geschichte des Abzugs der WGT ist nicht zuletzt auch eine Auseinandersetzung mit unserer eigenen Geschichte. Wir erinnern uns an die Jahre nach 1989. In der kommunal- und landespolitischen Verantwortung, in der Wissenschaft, in den politischen und biografischen Bezügen sind wir mit diesen glücklichen Jahren verbunden. Der Abzug markiert das Ende der Nachkriegszeit für Deutschland, die Auflösung jahrzehntelang gewachsener Feindbilder. Er markiert auch einen wesentlichen Schritt im Zusammenwachsen der beiden Teile unseres Landes in Frieden und Freiheit. Wir waren und sind Teil dieses Prozesses, der nicht nur ein deutsches Ereignis ist, sondern in gleichem Maße ein europäisches und weltpolitisches.
Es muss auffallen, dass die fünf Menschen, die diesen Band gemeinsam herausgeben, ursprünglich eine westdeutsche Herkunft gemeinsam haben – jedoch alle lange im Osten Deutschlands leben und arbeiten. Der unterschiedliche Blick und Erfahrungshorizont zwischen Ost und West ist dennoch evident. Dieses findet sich in einer Reihe von Beiträgen wieder. Und so ist es durchaus Absicht, die Diskussion über die ost-westlichen Unterschiede bei dem komplexen Thema mit diesem Band anzuregen.
Die friedliche Revolution in der DDR war ein weltpolitischer Akt der Befreiung einer ganzen Gesellschaft, der seine Ursprünge auch und wesentlich im Freiheitskampf der Polinnen und Polen hatte. Beginnend mit den Streiks in Danzig und dann in ganz Polen im Sommer 1980, der Gründung der Solidarność im September 1980, weitete die erste freie Gewerkschaft im Machtbereich der Sowjetunion ihren Einfluss immer weiter aus. In ihrer stärksten Phase hatte die Solidarność fast zehn Millionen Mitglieder, darunter in der Spitze etwa 30 Prozent der Mitglieder der PVAP (Kommunistische Arbeiterpartei Polens). Diese Entwicklung fand ein vorläufiges Ende mit der Ausrufung des Kriegsrechts in Polen am 13. Dezember 1981. Die Solidarność ging in den Untergrund. Erst Ende 1988 und Anfang 1989 begannen Gespräche zwischen der kommunistischen polnischen Führung und der Gewerkschaft, die zum Runden Tisch im April 1989 und den dann folgenden ersten halbfreien Wahlen in Polen führten. Mit dem überzeugenden Sieg der Solidarność bei diesen Wahlen war das Ende der kommunistischen Herrschaft in Polen besiegelt.
Ein Besuch im Europäischen Solidaritätszentrum (Europejskie Centrum Solidarnośći) auf der ehemaligen Danziger Leninwerft, dem Ort, an dem diese Entwicklung ihren Ausgangspunkt nahm, dokumentiert eindrucksvoll die Einbindung der friedlichen Revolution in der DDR in den von einer internationalen Freiheitsbewegung getragenen revolutionären Prozess in Mittel- und Osteuropa.

Es ist für uns bedeutsam, diese Einbindung zu sehen. Die friedliche Revolution in der DDR ist ohne sie nicht zu verstehen. Der Blick auf die zerfallende Sowjetunion zeigt aber auch, dass die Veränderungen in den „Satellitenstaaten" als Prozesse von unten, gegen die Herrschaft der kommunistischen Parteien gerichtet, zur Transformation führten. In Russland und einer ganzen Reihe von ehemaligen Teilrepubliken dominierte die Veränderung von oben, verbunden mit einem Wandel der ehemaligen kommunistischen Eliten zu Machthabern in „neuen" Parteien. Diese „Präsidialdemokratien" repräsentieren als Zerfallsprodukte im ehemaligen Herrschaftsgebiet der KPdSU neue autoritäre Machtzentren. In einer neuartigen Mischung aus staatskapitalistischer und privatkapitalistischer Wirtschaftsorganisation, kontrolliert und gelenkt von oligarchischen Strukturen, stellen sie ein Gegenmodell zur demokratischen Entwicklung in Mittel- und Osteuropa dar.
Wir waren zu Beginn der neunziger Jahre überzeugt davon, an einem Prozess der Entstehung einer besseren Welt teilzunehmen. Wir haben eine Zeitenwende erlebt, in der die Logik eines Gleichgewichts des Schreckens abgelöst wurde. Eine friedliche Entwicklung auf einem Kontinent, dessen Geschichte über viele Jahrhunderte von immer wieder aufflammenden Kriegen geprägt war, das schien eine realistische Perspektive. Der Abzug der WGT, und auch der Abzug der Truppen der Russischen Föderation aus den ehemaligen Warschauer-Pakt-Staaten und den sich neu gründenden Staaten in Mittel- und Osteuropa, waren Teil dieser Entwicklung. Eine solche friedliche Umgestaltung einer imperialen Struktur war und ist weltweit historisch einmalig. Wir waren überzeugt davon, das Virus der Freiheit würde auch in Russland und den Staaten der Russischen Föderation um sich greifen. Weit gefehlt.
In der Bundesrepublik Deutschland dominierte die Vorstellung einer friedlichen und für beide Seiten einträglichen Kooperation mit der russischen Föderation. Deutliche Kritik seitens unserer polnischen und baltischen Partner wurden weitgehend ignoriert oder psychologisierend als „Marotte" der Polen und Balten verstanden, die rückwärtsgewandt ihre Angst vor der Dominanz der mächtigen Nachbarn kultivieren würden. Die innerdeutsche These vom „Wandel durch Annäherung" wurde ersetzt und erweitert um „Wandel durch Handel". Die aus der DDR hervorgegangenen deutschen Länder, gerade auch das Land Brandenburg, schienen prädestiniert für eine Entwicklung, in der die Kontakte nach Russland, Belarus, der Ukraine Teil einer Vernetzung zum wechselseitigen Vorteil sein könnten. Das Land Brandenburg hat über seine vielfältigen Partnerschaften, zivilgesellschaftlichen Kontakte und Wirtschaftsbeziehungen politisch, gesellschaftlich und ökonomisch von dieser Entwicklung profitieren wollen. Diese Vorstellung war eingebettet in die Politik der Bundesregierung. Die gute infrastrukturelle Anbindung an die Versorgung mit fossilen Energieträgern zu günstigen Preisen, verbunden mit guten politischen Kontakten vor allem zu Russland (unter Ausblendung der Interessen unserer direkten östlichen Nachbarn und NATO-Partner) war die Basis des deutschen Verständnisses einer erfolgreichen Ostpolitik. Der »Wandel durch Annäherung« schien in eine neue, zum beiderseitigen, auch wirtschaftlichen Vorteil sich entwickelnde Phase überzugehen: Das große Russland wurde für die Bundesrepublik der privilegierte – man möchte sagen,

lang herbeigesehnte – Partner. Vom „Abzug in Würde" bis in die 2000er Jahre waren wir von der Bedeutung der guten Beziehungen zur Russischen Föderation und den Föderationssubjekten zutiefst überzeugt.
Insofern ist die Beschäftigung mit dem Abzug der WGT aus Deutschland (und vor allem aus Brandenburg) auch eine Beschäftigung mit unserer Geschichte in diesem Land. Wir schauen auch auf eigene Hoffnungen und Irrtümer, die sich in den frühen 1990er Jahren entfalteten, trotz immer größerer Widersprüche hartnäckig aufrechterhalten blieben, bis die Wirklichkeit (Krim, Ukraine) unübersehbar wurde.
Wir schauen aber auch auf die Chancen und Entwicklungen in der Folge des Abzugs. Wir blicken auf eine Armee, die ein erobertes Land nach fast 50 Jahren friedlich verlässt, deren Offiziere und Soldaten, deren Familien in eine Heimat gehen, deren Zukunft von vielen Ungewissheiten geprägt ist. Es ist geradezu ein Wunder, dass diese Entwicklung friedlich verlaufen ist.
Wir schauen auf devastierte Flächen, kontaminierte Böden, zerfallene Gebäude, geplünderte Grundstücke. Wir schauen auf eine Landschaft von Zerstörung und Verfall. Die damit verbundenen Herausforderungen waren und sind vielfältig. Es stellten und stellen sich bis heute ökologische Fragen. Wir sehen Kommunen, die mit diesem Erbe überfordert sind. Wir sehen Planungen, die sich auf die Entwicklung riesiger Komplexe beziehen. Wir sehen Gebiete, die sich die Natur zurückerobert. Wir sehen widerstreitende Interessen zwischen Denkmalpflege und Regionalentwicklung, Naturschutz und Bebauung, Entwicklung der erneuerbaren Energien und Erhalt bzw. Akzeptanz des Verfalls.
Der Abzug der WGT ist zu einem nicht zu unterschätzenden Teil auch das historische Faktum der größten Truppenverlegung in Friedenszeiten. Damit ist er auch eine militärlogistische Meisterleistung der WGT-Führung in Zusammenarbeit mit den deutschen Institutionen und Behörden. Was waren die Herausforderungen und wie wurden sie bewältigt?
Die Texte des Buches beschäftigen sich durchaus auch mit der Frage, wie die eigentümliche Widersprüchlichkeit zwischen der realen Besatzungsmacht und dem rückblickend verklärten Blick auf „die Russen" zu erklären ist. Die Zerstörung in den Kasernen, der Unterdrückungsapparat der Armee nach innen, die bewusste Trennung der Truppen von der deutschen Bevölkerung, die Kooperation zwischen sowjetischem Militärgeheimdienst und der Stasi, um nur einige Aspekte zu nennen, verbinden sich mit nostalgischen Erinnerungen an Einzelsituationen, einem Bild „der Russen" als sentimentale gute Menschen, wie es sich im offiziellen Sprachgebrauch als „die Freunde" widerspiegelte. Die Besatzung war durch die Trennung vom Alltagsleben in der DDR als solche nicht umfassend spürbar. Was ist heute noch wirkmächtig?
Wir haben Autorinnen und Autoren angesprochen, die sich wissenschaftlich mit den angesprochenen Themen beschäftigen, ebenso Zeitzeugen, die in diesem Prozess an entscheidenden Stellen mitgewirkt haben. Die Vielfalt der Beiträge macht dieses Buch zu einem Lesebuch. Die Sichtweisen divergieren, sind vielfältig und nicht immer stringent. Der Abzugs-Prozess wird in unterschiedlichen Beiträgen politisch, militärhistorisch,

kulturell, kommunal, analytisch, aber auch aus dem individuellen Erleben angesprochen. Das Buch erhebt nicht den Anspruch einer umfassenden und erklärenden Analyse. Aus den Beiträgen ergeben sich durchaus eine Fülle neuer Fragen und interessanter Ansätze für Debatten.
Es mag am Thema liegen oder an unserer Herangehensweise: der Anteil der Beiträge von Frauen ist gering. Gleiches gilt für die Beschreibung der kommunalen Prozesse. Es war sehr schwer auf diesem Feld Autorinnen oder Autoren zu gewinnen.

Dimensionen des Abzugs – einige Worte zur Gliederung

Die Autorinnen und Autoren beschäftigen sich mit der militärgeschichtlichen Bedeutung dieses Truppenabzugs. Kompetente Beiträge ordnen dieses Geschehen in seiner Bedeutung ein. Wie ausgeführt, handelt es sich um nicht mehr und nicht weniger als die größte Truppenbewegung in Friedenszeiten. Die Voraussetzungen und Auswirkungen werden hier besprochen.
Zugleich schauen Autorinnen und Autoren auf die Begegnungen mit den sowjetischen bzw. russischen Militärangehörigen, ihre Rolle in der Gesellschaft der DDR und darüber hinaus. Es werden Bilder wach, die diese Zeit prägten. Die historisch-politische Einordnung zeigt eindrucksvoll, dass wir nur in der welt- und europapolitischen Einbindung verstehen können und wie dankbar wir heute immer noch sein müssen, dass kluge Politiker in Russland, Deutschland, Europa und bei den Partnern in der Welt dieses Zeitfenster genutzt haben. Dieses bestätigt sich auch in dem internationalen Blick auf die innerdeutsche Entwicklung, insbesondere aus der französischen und der polnischen Perspektive.
Die Hauptaufgabe im Osten Deutschlands war aber die Konversion. Allein die Größe der Flächen, die Kontaminierung mit Kampfstoffen und den Resten einer jahrzehntelangen Nutzung durch große Truppenkontingente, verschärft durch die materiellen Probleme der Militärmacht, erforderten große Anstrengungen. Wie diese Aufgaben bewältigt wurden, darüber schreiben eine Reihe von damals Beteiligten. Wir sehen mit Respekt die Leistungen vieler Menschen in dieser Zeit.
Dabei müssen wir betonen, dass der friedliche Abzug dieser Militärmaschine, mit all dem Gerät und Personal, den Familien und den Soldaten, nicht selbstverständlich friedlich ablaufen musste. Der Einsatz der deutschen und russischen Stellen hat an vielen Orten, in Entwicklungen und konfliktträchtigen Ereignissen diesen Prozess abgesichert. Die Erinnerungen der Zeitzeugen gibt einen Blick frei auf diese Zeit und ihre Herausforderungen.
Nicht zuletzt prägen auch die Chancen der Konversion viele Beiträge, insbesondere auch der Räume, die für Wohnungsbau, Kultureinrichtungen, kommunale Infrastruktur, Naturräume und touristische Nutzungen frei wurden.

Wie können wir heute, vor dem Hintergrund des brutalen und völkerrechtswidrigen Angriffskrieges der Truppen der russischen Föderation, der Aggression Russlands unter Putin, über diese Zeit schreiben – und trotzdem die dankbare Erinnerung an den friedlichen Abzug aufrechterhalten und weiterreichen? Es stehen die schrecklichen Bilder aus der Ukraine vor unseren Augen, wenn wir über die russische Armee sprechen. Dieses Buch kann und will auf die sich daraus ergebenden Fragen keine Antwort geben, auch wenn in einigen Beiträgen dazu Gedanken aufscheinen.
Wir haben uns mit diesem Prozess des Abzugs beschäftigt, weil die Zeitzeugen weniger werden, dieses historische Ereignis sich jetzt an der Schnittstelle zwischen dem Noch-Erleben und der zukünftigen historischen Beschäftigung befindet. Wir möchten mit diesem „Lesebuch" unterschiedlichste Autorinnen und Autoren zu Wort kommen lassen, die sich – vor allem auch noch aus eigener Erinnerung und eigenem Erleben mit diesem Prozess auseinandersetzen. Das Buch dokumentiert und transportiert Ansichten in ihrer Unterschiedlichkeit, die sich zu einem vielfach gebrochenen Bild zusammenfügen. In einer Generation ist das alles Geschichte. Für die Gestaltung der europäischen Zukunft ist das Wissen über die Vergangenheit aber unerlässlich.

1 WGT (Westgruppe der Truppen) war nach 1988 die Bezeichnung der Land- und Luftstreitkräfte der Sowjetunion und nach deren Auflösung Russlands in Deutschland. Vor 1988 benutzte man die Bezeichnung GSSD (Gruppe der Sowjetischen Streitkräfte in Deutschland).

I. Militärhistorische und sicherheitspolitische Perspektiven

Sascha Gunold

Die Westgruppe der Truppen | Eine Speerspitze auf Zeit

Von der GSSD zur WGT

Die sowjetischen Truppen in der DDR waren mit über 300.000 Soldaten stets die wichtigste Streitkräftegruppierung der Sowjetarmee außerhalb der Sowjetunion. Neben der politischen Bedeutung als Machtgarant für die DDR-Regierung – wie am 17. Juni 1953 brutal unter Beweis gestellt – hatte sie auch eine klare militärische Bedeutung: Sie war als operative Kräftegruppierung den starken NATO-Kräften in der Bundesrepublik gegenübergestellt und hätte diese im Kriegsfall bekämpft. Hierfür standen rund zwanzig Divisionen der Landstreitkräfte bereit. Um dieser hervorgehobenen – oder besser gesagt: vorgeschobenen – Bedeutung gerecht zu werden, erhielt die Gruppierung 1954 eine eigene Bezeichnung: Gruppe der Sowjetischen Streitkräfte in Deutschland (GSSD). Damit wurde von der ansonsten üblichen Bezeichnung abgewichen. Die Nordgruppe der Truppen (NGT) in Polen, die Südgruppe der Truppen (SGT) in Ungarn und ab 1968 die Zentralgruppe der Truppen (ZGT) in der Tschechoslowakei hatten als verschiedene Gruppen der Truppen (bzw. der Streitkräfte) einen Wiedererkennungswert. Nicht aber die GSSD: Sie war Siegermacht, Besatzungsmacht, Speerspitze. Der Offiziersdienst in der GSSD galt als ehrenhaft und elitär; ihre Technik war moderner als die anderer Militärbezirke oder Gruppen; ihr Personalbestand war hoch.

Die Gorbatschow'schen Reformen, die ab Mitte der 1980er Jahre als Perestroika & Glasnost in die Geschichte eingingen, machten auch vor militärpolitischen Fragen keinen Halt. So hochgerüstet die GSSD auch war, so viele Ressourcen verschlang sie auch. Der letzte kommunistische Führungswechsel im Kreml läutete auch das vorläufige Ende der GSSD ein. Bis zur endgültigen Auflösung der de facto sowjetischen Besatzungstruppen in Ostdeutschland sollte es aber noch einige Jahre dauern.

Im Kontext sicherheits- und verteidigungspolitischer Veränderungen innerhalb des Warschauer Pakts sowie der Abrüstungsinitiativen von Gorbatschow ist wahrscheinlich auch die Umbenennung der GSSD in Westgruppe der Truppe im Jahr 1989 zu sehen. Damit reihten sich die sowjetischen Streitkräfte in der DDR in die anderen, weit weniger prestigeträchtigen Truppengruppierungen ein. Der Deutschland-Bezug fehlte der neuen Bezeichnung völlig, dafür wurde der militärische Vorposten der Sowjetunion nun auch begrifflich im Westen verortet. Diese Umbenennung dürfte vielen älteren Angehörigen der Sowjetarmee, insbesondere den Weltkriegsveteranen, nicht gepasst haben. Tatsächlich sollte diese *westlichste* Gruppe der Truppen schon bald auf verlorenem Posten stehen.

Traditionsverständnis der GSSD/WGT

Die Sowjetunion verspürte keinerlei Legitimationsprobleme hinsichtlich der Stationierung von starken Militärverbänden in der DDR. Das Traditionsverständnis war glasklar: Im Großen Vaterländischen Krieg besiegte die Rote Armee die faschistische Wehrmacht auf deutschem Boden. Damit war das grundsätzliche Bleiberecht von Sowjetsoldaten zumindest in der Sowjetischen Besatzungszone (was die DDR de jure bis zur Wiedervereinigung am 3. Oktober 1990 blieb) aus Sicht des Kremls gesichert. Spätere bilaterale Verträge mit der DDR-Regierung besiegelten diesen Status.
So gesehen war Deutschland Feindesland, die ehemalige Brutstätte jener Kräfte, die 1941 die Sowjetunion angriffen und ihr millionenfaches Leid brachten. Die aus den frühen Besatzungstruppen hervorgegangene GSSD war aber nicht nur Besatzungsmacht. Sie musste sich auf den militärischen Ernstfall vorbereiten, mit dem gemäß der sowjetischen Propaganda jederzeit zu rechnen war. Insofern professionalisierte sich die GSSD entlang ihrer operativ-taktischen Aufgabenstellungen. Ihr Funktionieren hing auch von der Kooperation mit den DDR-Behörden ab: Wenn auch mit gewissen Besatzungsallüren, so musste die GSSD zunehmend die Staatlichkeit der DDR akzeptieren. Die DDR blieb dennoch Juniorpartner für die sowjetischen Generäle. Ohnehin verpflichtete sich die DDR, die Stationierung der GSSD vor allem finanziell, materiell und logistisch zu unterstützen. Ohne Bauleistungen von DDR-Betrieben, ohne umfangreiche Transportkapazitäten der Deutschen Reichsbahn oder ohne die Bereitstellung großer Flächen für militärische Sperrgebiete hätte die GSSD ihre Rolle als Speerspitze des Warschauer Paktes nicht aufrechterhalten können.
Diese Zwangspartnerschaft musste von beiden Seiten propagandistisch untermauert werden. Der DDR-Bevölkerung wurde die Anwesenheit der „Waffenbrüder" als sicherheitspolitisch notwendiges Übel erklärt; die Sowjetsoldaten erhielten eine ideologische Indoktrinierung, sie würden das historische Vermächtnis ihrer Väter und Großväter weitertragen. Damit verstand sich die GSSD als logische Konsequenz des siegreichen Ausganges des Großen Vaterländischen Krieges. In der GSSD zu dienen hieß, diese Tradition des Sieges fortzuführen. Insofern kratzte die Umbenennung der GSSD in WGT an dieser Tradition, da weder die NGT, die ZGT noch die SGT mit einem solchen historisch-ideologisch aufgeladenen Traditionsverständnis aufwarten konnten.
An der Traditionslinie der WGT hatte sich im Vergleich zur GSSD grundsätzlich nichts geändert. Dennoch musste das neue Denken des Kremls irgendwie vermittelt werden. Zudem setzte Moskau Mitte/Ende der 1980er Jahre eine neue Verteidigungsdoktrin für den Warschauer Pakt durch. Somit wurden Verteidigungsoperationen der neue Standard – eine Operationsart, die für alle sozialistischen Koalitionsarmeen ungewohnt waren und neu ausgebildet werden mussten. Dies setzte auch ein Umdenken der Offiziere voraus, von denen nicht alle das neue Denken Gorbatschows mittrugen. Auf den Übungsplätzen in der DDR übten GSSD und Nationale Volksarmee (NVA) fortan die Defensive. Einige

Verbände, die nur für Offensivoperationen von Bedeutung waren, mussten die DDR ab 1989 verlassen. Gleichzeitig wollte Gorbatschow mit einseitigen Abrüstungsinitiativen ein Zeichen setzen. Die WGT bekam somit die neue Politik hautnah zu spüren.

Truppenabzug 1991–1994: Prestige vs. Schmach

Die WGT wurde zum militärischen und politischen Brennpunkt der Entwicklungen der Sowjetunion, der DDR und des gesamten Ostblocks. Die sich beschleunigende Erosion des Warschauer Pakts betraf ab Herbst 1989 auch unmittelbar die DDR. Bei jeder neuen Massendemonstration gegen die SED-Regierung stand die Frage im Raum: Wie würden sich die sowjetischen Truppen verhalten? Würde sich die Niederschlagung eines Volksaufstandes wie einst 1953 in Berlin, 1958 in Budapest oder 1968 in Prag wiederholen? Wann würde der Oberkommandierende der WGT den entscheidenden Befehl geben und die Truppen aus den Kasernen ausrücken?
Heute wissen wir, dass der damals im Oberkommando in Wünsdorf amtierende Armeegeneral Snetkow diesen Befehl nie gab, da der Kreml Zurückhaltung verordnet hatte. Gorbatschow suchte nicht die Eskalation auf den Straßen Berlins. Aus der Sicht vieler Sowjetgeneräle fing der letzte kommunistische Generalsekretär der Sowjetunion damit an, die DDR, und damit auch die WGT, aufzugeben. Aus der Sicht vieler Deutscher bereitete er damit den Weg für die deutsche Einheit. Gorbatschow wurde in Deutschland zum Helden, in der Sowjetunion zum Totengräber und Verräter. Überdies ließ er sich von Bundeskanzler Kohl und US-Präsident Bush zur Aufgabe des Besatzungsstatus und den endgültigen Abzug seiner Truppen aus Deutschland breitschlagen.
Seit dem 3. Oktober 1990 war die WGT nur noch Gast im ehemaligen Feindesland und verlor ihre Sonderrechte. Die Bundesrepublik betonte bei jeder Gelegenheit ihre neue Souveränität gegenüber den nur noch bis 1994 stationierten sowjetischen, ab 1992 dann russischen Truppen. Das Ministerium für Staatssicherheit, das die GSSD/WGT nachhaltig geheimdienstlich unterstützt hatte, insbesondere im Bereich der Spionageabwehr, war schon seit Ende 1989 weggebrochen. Der einstige Waffenbruder NVA löste sich ebenfalls zur Wiedervereinigung auf. Die WGT wurde immer mehr zum Fremdkörper in den „neuen Bundesländern". Die WGT-Einheiten okkupierten potenziellen Wohnraum und Gewerbeflächen und nutzen zunächst weiterhin riesige Flächen zur Vorbereitung auf einen Krieg, der nicht mehr kommen würde.
Den wohl tiefsten „kapitalistischen Stich" versetzte der WGT die Einführung der Deutschen Mark als Soldwährung. Der Dienst in der WGT war nun nicht mehr im militärischen Sinne prestigeträchtig, sondern vor allem finanziell erstrebenswert. Vor den Kasernentoren bildeten sich Schwarzmärkte. Einige Soldaten tauschten gar Waffen oder geheime Dokumente gegen Videorecorder und HiFi-Anlagen – und tappten so mitunter unwissentlich in die Falle westlicher Nachrichtendienste, die die Konsumlust zu nutzen wussten. Der Verrat kam jetzt auch aus den eigenen Reihen.

Mit zunehmendem Verfall der Sowjetunion 1991 und den schwierigen innenpolitischen Entwicklungen in Russland ab 1992 verschlechterte sich auch die Rückkehrperspektive der WGT-Angehörigen. Sie mussten ein vergleichsweise wohlhabendes Deutschland verlassen und vielfach die Reise in eine ungewisse Zukunft antreten. Oft standen weder Kasernen für die Soldaten noch Wohnraum für die Familienangehörigen zur Verfügung. Dem Oberkommando der WGT bereitete der zunehmende moralische Verfall der Truppe tiefe Sorgenfalten. Dem neuen Oberkommandieren Generaloberst Burlakow drohte die Kontrolle zu entgleiten. Die einstige sowjetische Speerspitze verkam zum Schmähobjekt für deutsche Medien, die die WGT zunehmend in die kriminelle Ecke drängten. Die Deutschen hatten mehr Angst vor Machenschaften der „Russenmafia" in Kasernennähe als vor ihrer immer noch vorhandenen militärischen Gewalt. Und von den „Befreiern" wurde meistens nur noch bei offiziellen Abschiedsreden gesprochen. Sehr wenige Ostdeutsche weinten „den Freunden", wie die Sowjetsoldaten im DDR-Jargon oft genannt wurden, nach.

Die Siegermacht mag nach innen mit gesenktem Haupt abgezogen sein, bestand aber nach außen, erhobenen Hauptes, auf ihre Rolle als Bezwinger von „Hitlerfaschismus" und Erhalter des Weltfriedens. Die großen Abzugsparaden in Berlin und Wünsdorf im Sommer 1994 waren noch einmal das letzte Aufgebot. Am 31. August 1994 fand der Zwei-plus-Vier-Vertrag seine Vollendung. Darin hatte sich Moskau im September 1990 verpflichtet, die WGT vollständig abzuziehen und alle sonstigen Besatzungsrechte aufzugeben. Eine 49-jährige Besatzungsgeschichte fand ihr jähes Ende; die WGT war ihr Schlusskapitel.

Die militärische Dimension des Abzugs

Der Abzug der WGT gilt als die größte Truppenverlegung in Friedenszeiten. Sie war eine dreieinhalb Jahre andauernde Logistikoperation. Das Oberkommando der WGT hatte die Rückverlegung der Einheiten und Verbände jahrweise geplant und diese Planung dann der deutschen Seite, wenn auch widerwillig, mitgeteilt. Denn auch für die Gastgeber war es essenziell zu wissen, wann welche Division über welche Wege abziehen würde.

Der Abzug eines militärischen Verbandes, etwa einer Panzerdivision, wurde grundsätzlich von Verbindungseinheiten der Bundeswehr begleitet. Die Verbindungssoldaten, oft ehemalige NVA-Soldaten mit entsprechender Erfahrung im Umgang mit Sowjetsoldaten und nicht selten mit Russischkenntnissen ausgestattet, blieben auf Tuchfühlung mit den betroffenen Einheiten und vermittelten zu den zivilen Behörden. Zum Beispiel mussten die landesweiten Bundesvermögensämter rechtzeitig über eine anstehende Liegenschaftsübergabe informiert werden. In der Regel gingen die WGT-Kasernen in Landes- und Bundesbesitz über. Damit gingen auch Gefahrenstellen, munitionsbelastete Flächen oder sonstige militärische Altlasten in die Verantwortung der Bundesvermögensämter über. Noch bis heute verschlingt die Bereinigung oder Konversion (Umbau zur zivilen Nutzung) von ehemaligen WGT-Flächen umfassende Ressourcen.

Die größte logistische Herausforderung hatte die Deutsche Reichsbahn zu bewältigen, die noch bis 31. Dezember 1993 existierte. Wie schon zu DDR-Zeiten, stellte sie unverzichtbare Transportkapazitäten zur Verfügung. Ein Abzug der Landstreitkräfte auf dem Straßenweg war keine Option. Letztlich war die Reichsbahn materiell dafür vorbereitet, da die gesamte Eisenbahninfrastruktur der ehemaligen DDR auf die Militärtransporte von NVA und GSSD/WGT ausgerichtet war. Auch die Abläufe waren zwischen WGT und Reichsbahn eingespielt, was maßgeblich zum Einhalten des Abzugsplans beitrug. Unzählige Besprechungen waren notwendig, damit Panzer, Container, Munition – und nicht zuletzt Personal - die Fahrt in die Heimat antreten konnten. Oft wurden die Verladerampen an den Bahnhöfen in der Nähe der Kasernen zu symbolischen Orten der Verabschiedung. Über Polen, die Tschechoslowakei oder die Häfen Mukran (Rügen), Rostock und Wismar ging es zurück in die (ehemalige) Sowjetunion. Monat für Monat registrierte und dokumentierte die Bundeswehr die Dezimierung der WGT. Ein eigens für den Truppenabzug aufgestelltes Verbindungskommando fasste alle Informationen zusammen und vermittelte zwischen deutscher und sowjetischer/russischer Seite. WGT und Bundeswehr arrangierten sich zwangsläufig; echte Freunde wurden sie jedoch nicht. Dennoch entstanden teils intensive und auch vertrauliche Arbeitsbeziehungen, mitunter auch Freundschaften, die über den Abzug anhielten. Letztlich blieb der Abzug der WGT für die Bundeswehr nur ein kleines Kapitel. Die Krisen und Konflikte in Somalia oder auf dem Balkan sowie die nach dem Zwei-plus-Vier-Vertrag geforderte Personalreduktion auf 370.000 Soldaten waren die eigentlichen Herausforderungen für die Bundeswehr zu jener Zeit.

Die Betreuung des Truppenabzugs durch die Bundeswehr war dennoch ein Lackmustest für die neu erworbene Souveränität der Bundesrepublik. Es galt, nationales Recht gegenüber den einstigen Besatzern durchzusetzen, ohne diese zu sehr zu verprellen. Zwar musste die WGT gelegentlich an gewisse Auflagen des Abzugs erinnert werden, etwa in Fragen des Umweltschutzes oder der Transportvorschriften, aber letztlich war der deutschen Seite viel an einem reibungslosen Abzug gelegen. Diplomatische Krisen sollten möglichst vermieden werden; nichts sollte das Gelingen des Abzugs gefährden. Abgesehen von einigen Zwischenfällen, darunter Verkehrsunfälle, diplomatisch heikle Asylverfahren und sogar ein von einem WGT-Wachsoldaten angeschossener Verbindungsoffizier der Bundeswehr, blieben die großen Krisen aus. Die Logistikoperation begann 1991 und endete sogar vorzeitig am 31. August 1994. Dabei hielt sich das sowjetische Oberkommando nicht stoisch an die Abzugspläne, worüber die Bundeswehr geflissentlich hinwegsah. Der Abzug der WGT erforderte ohnehin keine chirurgische Präzision, sondern vor allem Pragmatismus und Improvisation. Die Soldaten der Bunderwehr und der WGT erkannten diese Notwendigkeit und handelten entsprechend. Auch wenn sich beide Akteure über Jahrzehnte feindselig gegenüberstanden: Am Ende waren sie zur Kooperation gezwungen.

Fünf Armeen der Landstreitkräfte und eine Armee der Luftstreitkräfte in weniger als vier Jahren vollständig abzuziehen waren enorme planerische, logistische und nicht zuletzt menschliche Leistungen. Kurz nach dem Ende des Kalten Krieges konnte dies nur gelingen, weil zuvor mühsam verhandelte Verträge eingehalten wurden. Der sogenannte Aufenthalts- und Abzugsvertrag (AAV) zwischen der Sowjetunion und der Bundesrepublik Deutschland vom 12. Oktober 1990 bot einen letztlich hinreichenden rechtlichen Rahmen. Wie schon beim INF-Vertrag (Intermediate Range Nuclear Forces Treaty) von 1987 zur Reduktion der Mittelstreckenwaffen der USA und der Sowjetunion, erwies sich Moskau sowohl beim Zwei-plus-Vier-Vertrag als auch beim AAV als verlässlicher Vertragspartner. Deutsche und sowjetische/russische Soldaten arrangierten sich – zeitlich begrenzt. Aus Feindschaft wurde mindestens friedliche Koexistenz, auch wenn man sich bis zuletzt kritisch beäugte. Die Bundeswehr blieb aus Sicht des WGT-Oberkommandos in Wünsdorf eine grundsätzliche gegnerische Kraft. Der Vorwurf der Spionage wurde auf sowjetischer/russischer Seite schnell erhoben, wenn Bundeswehrsoldaten aus Versehen oder berechtigterweise Sperrgebiete betraten oder zu sehr an Interna der Truppe interessiert waren. Die Gratwanderung zwischen Verbindungswesen und militärischer Aufklärung führte nicht selten zu ernsthaften Problemen wie dem bereits erwähnten angeschossenen Soldaten, einem Major der Bundeswehr. Als ehemaliger Offizier bei der NVA fühlte er sich sicher und erfahren genug, musste jedoch am eigenen Leibe spüren, dass die WGT ihr altes Feindbild – zumindest noch im April 1991, als sich der Vorfall bei Altengrabow ereignete – noch nicht abgelegt hatte. Der Vorfall Altengrabow blieb in dieser Dimension ein Einzelfall. Auf beiden Seiten fanden vor allem die Soldaten immer wieder Wege und Lösungen, trotz zum Teil unvereinbarer Vorstellungen von Politik und Menschenführung.

Dieser Beitrag basiert auf: Sascha Gunold, *Abzug unter Beobachtung. Kooperation und Konkurrenz von Bundeswehr und Bundesnachrichtendienst beim Abzug der sowjetischen/russischen Truppen aus Deutschland bis 1994*, Dissertation, Potsdam 2022.

Klaus Wittmann

Sicherheitspolitische und militärische Veränderungsprozesse der NATO

Vorbemerkung

Die Nordatlantische Vertragsorganisation (NATO) begeht in diesem Jahr ihr 75-jähriges Bestehen. Der Autor ist seit Jahrzehnten durch Verwendungen im NATO-Hauptquartier (HQ) und wissenschaftlich-publizistisch mit ihrer Geschichte verbunden. Entgegen wissenschaftlichen Usancen stellt dieser Beitrag die recht subjektive Darstellung aus der Sicht eines Zeitzeugen, Beteiligten und Ideengebers dar.[1]
Der Beitrag fokussiert sich in starkem Maße auf das Verhältnis der NATO zur Sowjetunion und dann zu Russland – wobei andere wichtige Aspekte der „Transformation" der NATO nach dem Fall der Berliner Mauer („Innere Anpassung" bei Streitkräften, Kommandostrukturen und Abrüstung, „äußere Anpassung" unter anderem hinsichtlich Auslandseinsätzen) nur kurz erwähnt werden.

Gorbatschows „Neues Denken"

Von Mitte 1987 bis Mitte 1988 war ich von der Bundeswehr als *Research Associate* an das IISS (*International Institute for Strategic Studies*) in London entsandt, wo ich ein kleines Buch mit dem Titel *„Challenges of Conventional Arms Control"* verfasste, das 1989 veröffentlicht wurde und einen Beitrag zu den beginnenden Verhandlungen über die Begrenzung konventioneller Streitkräfte in Europa (KSE) darstellte.[2] Dort beschränkte ich mich nicht aufs „Erbsenzählen", sondern es gab ein ganzes Kapitel über das von Michael Gorbatschow proklamierte „Neue Denken" in der Außen- und Sicherheitspolitik sowie das westliche Rätselraten über die Ernsthaftigkeit der sowjetischen Rüstungskontroll-Avancen. Ich gehörte zu denen, die – wie übrigens auch Außenminister Dietrich Genscher in Davos 1987[3] – dafür plädierten, Gorbatschow beim Wort zu nehmen. Der INF-Vertrag über die Abschaffung nuklearer Mittelstreckenwaffen von 1989 und der KSE-Vertrag von 1990 gaben ihnen Recht. Ich schlug sogar, im Interesse von Transparenz und Vertrauensbildung, „Doktrin-Gespräche" zwischen der NATO und dem sowjetischen Generalstab vor,[4] was sogar der progressiven Leitung des IISS fast zu weit ging. Niemand ahnte, dass solche Gespräche zwischen Ost und West – wenngleich im Rahmen der KSZE – bereits 1990 in der Wiener Hofburg stattfinden würden.

Der Fall der Berliner Mauer

Ab Mitte 1988 war ich in der Strategic Planning Branch des Internationalen Militärstabs im NATO-Hauptquartier zuständig für die Themenzone zwischen Strategie und Rüstungskontrolle, und in der zweiten Hälfte des Jahres 1989 arbeitete ich an einer

größeren Studie zur Frage „unverzichtbarer militärischer Fähigkeiten" der NATO bei Fortgang des konventionellen Rüstungskontrollprozesses – als sich am 9. November 1989 die Berliner Mauer öffnete und strategische Planer auf eine Welt schauten, in welcher der NATO möglicherweise der Feind abhandenkommen könnte.
In der Tat war bald der Tenor von Kommentaren aus Politik und Publizistik, dass die NATO ihren Auftrag erfüllt habe, „Opfer des eigenen Erfolgs" sei und in eine Identitätskrise geriete. In unserem Referat war man anderer Meinung, und in großer Eile schrieb ich die in Arbeit befindliche Studie völlig um, so dass ich im Januar 1990 an die im HQ für Strategie zuständigen Offiziere bzw. Beamten der Mitgliedsstaaten ein 60-Seiten-Papier mit dem Titel „Alliance Security Beyond CFE" verteilen konnte, das vorwärtsgewandte, teilweise sehr spekulative und in mancher Hinsicht überaus optimistische Überlegungen enthielt. Nachdem das Bündnis sich so lange auf *worst cases* konzentriert habe, so argumentierte ich, solle man jetzt für den Fall unerwartet positiver Entwicklungen vorausdenken.
Die Studie stellte die erste ausführliche Skizze zur Zukunft der NATO bei völlig veränderten Rahmenbedingungen dar. Als „The Wittmann Paper" wurde sie auf allen Ebenen diskutiert – teilweise auch kontrovers.[5] Dass aber der NATO-Generalsekretär Wörner mich zu sich bestellte und ausdrücklich auf diesem Weg ermutigte, gab uns Reformern Oberwasser. Wenn ich aus einzelnen Nationen angegriffen wurde, sagte ich kühl: *„Go, see Manfred Wörner!"*
Die Initiative führte zur Befassung des Militärausschusses, der eine kürzere, „konservativere" Version in Auftrag gab, die im April 1990 offiziell beschlossen wurde und den Vorschlag zur Erarbeitung einer neuen Bündnis-Strategie enthielt. Dafür wurde auf der zivilen Seite des HQ eine *Strategy Review Group* gegründet und zugleich auf der militärischen Seite unter meiner Leitung eine *Military Strategy Working Group* (MSWG). Diese umfasste die für Strategie zuständigen nationalen Vertretern, und in dieser MSWG wurde ein großer Teil der innovativen, kreativen Arbeit geleistet, welche in das „Strategische Konzept" einfloss. Dessen Erarbeitung war die Londoner Erklärung des Bündnisses von Anfang Juli 1990 vorangegangen, mit welcher die NATO ehemaligen Gegnern die Hand zur Kooperation reichte.[6]

„Strategie ohne Gegner"

Das Strategische Konzept war programmatisch eine „Strategie ohne Gegner" und betonte Stabilität, Kooperation, Vertrauensbildung. Auch begründete es das Rational drastischer Reduzierungen der Streitkräfte auf beiden Seiten des bisherigen Eisernen Vorhangs. Es wurde beim NATO-Gipfeltreffen in Rom im November 1991 beschlossen – und veröffentlicht.[7] Letzteres hatten auch wir durchgesetzt, und zwar gegen Widerstände solcher, die an den „NATO-Geheim" eingestuften Strategiedokumenten früherer Jahrzehnte hingen. Aber es sollte Transparenz und Vertrauen fördern.
Ein notorischer Kritiker Russlands blickte 20 Jahre später zurück:[8] *„Die Sterne für eine tiefgreifende und umfassende Neuordnung des Verhältnisses zwischen der NATO, dem*

wiedervereinigten Deutschland und dem neuen Russland nach dem Zusammenbruch der Sowjetunion standen günstig. Die Außenpolitik der Russischen Föderation [...] beruhte auf dem in der Gorbatschow-Ära entwickelten Konzept des Neuen Politischen Denkens. Dazu gehörte der Abbau des Feindbilds Westen, der angeblich immer und ewig darauf aus sei, Russland in die Knie zu zwingen. Das Strategische Konzept von 1991 trug dieser Entwicklung Rechnung."

In der Tat beschrieb es ein radikal verbessertes Sicherheitsumfeld durch die tiefgreifenden Veränderungen in Mittel- und Osteuropa seit 1989. „Die politische Spaltung Europas, die die militärische Konfrontation in der Zeit des Kalten Krieges auslöste, ist damit überwunden."[9]

Das Konzept verwarf die bipolare Bedrohungsperzeption und lineare Verteidigungsstruktur, ohne jegliche Rückversicherung gegenüber der noch bestehenden Sowjetunion aufzugeben, sprach statt „Bedrohung" von diffusen und multinationalen „Risiken", machte Stabilität zum übergreifenden Ziel, nahm künftige Fähigkeiten für Krisenbewältigung in den Blick und gab der Kooperation, auch mit ehemaligen Gegnern, und Vertrauensbildung einen hohen Stellenwert.

Einige Wochen nach dem Rom-Gipfel wurde ich offiziell zu einer großen Konferenz in Petrovo Dalnie außerhalb Moskaus entsandt, um „die neue NATO" zu präsentieren. Im Oktober 1990 hatte übrigens der sowjetische Generalstabschef General Moisejew den Militärausschuss zu seiner halbjährlichen Tagung auf höchster Ebene besucht, und ich – deutscher und internationaler Oberst – erhielt den Auftrag, für den Vorsitzenden des Militärausschusses, den norwegischen General Eide, oberster Soldat der NATO, die Begrüßungsansprache zu entwerfen. Viele Jahre später erzählte ich das bei einer Vorlesung in Moskau Studenten der MGIMO-Universität und sagte: *„Ich bin also Zeitzeuge für die Ernsthaftigkeit unserer Kooperationsangebote, und die Entwicklung hätte auch eine positivere Richtung nehmen können!"*

„Europe Whole and Free"?

Der Fall der Berliner Mauer und ihre Implikationen leiteten die zweite Phase der NATO-Geschichte ein, in der es um die Stabilisierung der Mittel- und Osteuropäischen (MOE) Staaten ging, insbesondere um Modernisierung ihrer Streitkräfte unter demokratischer Kontrolle. Gorbatschows Vision vom „gemeinsamen Haus Europa" und die westliche Losung „Europe whole and free" (oft mit dem Zusatz „and at peace with Russia") gaben die Leitlinien vor.

Und ich bin überzeugt, dass die oben beschriebenen Bemühungen um Vertrauensbildung und Transparenz mit ausschlaggebend dafür waren, dass die Sowjetunion (bei dem Kohl-Gorbatschow-Gespräch im Kaukasus) der NATO-Mitgliedschaft auch des wiedervereinigten Deutschland zustimmte und dass dann Russland seine Streitkräfte friedlich und geordnet abzog. Der Zwei-plus-Vier-Vertrag „über die abschließende Regelung in Bezug auf Deutschland" bestimmte den vertraglich zu regelnden Abzug bis 1994, bekräftigte

die freie Bündniswahl Deutschlands, legte die personelle Obergrenze der Bundeswehr bei 370.000 fest, mit dem Verzicht auf Atomwaffen und der Absage an die Stationierung ausländischer Streitkräfte auf dem Gebiet der ehemaligen DDR.[10]
Dem von allen Seiten geteilten Wunsch nach einem „Abzug in Würde" entsprach übrigens die Behandlung der NVA durch die Bundesregierung und die Bundeswehrvertreter, entsprechend den Worten des ersten Oberbefehlshabers Ost, Generalleutnant Jörg Schönbohm, *„Wir kommen nicht als Sieger zu Besiegten, sondern als Deutsche zu Deutschen!"*
In der Geschichte enden Imperien gemeinhin mit Krieg und Gewalt. Bei der Sowjetunion schien das anders zu verlaufen – eine historisch einmalige friedliche Umgestaltung eines Imperiums? Am 21. Dezember1991 tagte im großen ovalen Raum 16 des NATO-HQ der neue Nordatlantische Kooperationsrat (NAKR) erstmals auf Außenministerebene, und die Staaten des schon aufgelösten Warschauer Pakts waren alphabetisch zwischen den NATO-Mitgliedern eingeordnet, wie auch die Sowjetunion, die allerdings durch einen Botschafter, nicht durch Außenminister Schewardnaze, vertreten war. Als nach Verabschiedung der Schlusserklärung und dem Lunch der Rest der Tagesordnung verhandelt war, meldete sich in Manfred Wörners Schlussansprache hinein der sowjetische Botschafter: *„Herr Generalsekretär, entschuldigen Sie die Unterbrechung – ich habe soeben aus Moskau die Instruktion erhalten, dass aus unserer Schlusserklärung jede Erwähnung der Sowjetunion getilgt werden muss."* In Alma Ata war kurz zuvor deren Zerfall endgültig besiegelt worden. Man hatte das Gefühl, am Bett eines Patienten zu sitzen und seinen letzten Seufzer zu hören.
Mit einem Seufzer anstatt mit einem Knall schien also die Sowjetunion untergegangen zu sein. Aber mit Präsident Putins Machtantritt, seiner Behandlung der sogenannten „eingefrorenen Konflikte", seinen Kriegen, seiner Geschichtsinterpretation, seinem imperialen Revisionismus, seiner selbst auferlegten Pflicht, „Russen zu schützen, wo immer sie leben" und schließlich seinem Unterwerfungskrieg gegen die Ukraine werden überaus dramatisch die gewaltsamen Reaktionen „nachgeholt".[11]
Anfang der 1990er Jahre war indes Kooperation die Losung, und der Westen hat nicht alles falsch gemacht. Es gab vielfältige Inklusion Russlands und Kooperationsangebote, und 1997 wurde – noch vor der NATO-Einladung an neue Mitglieder im Osten – die „NATO-Russland-Grundakte" beschlossen, in der beide Seiten versicherten, sich nicht mehr als Gegner zu betrachten.[12] Das Dokument enthielt westliche Selbstbeschränkungen bei Nuklearwaffen- und Truppenstationierung sowie eine lange Liste von Themen für gemeinsame Aktivitäten. Zusammen mit der Einrichtung des NATO-Russland-Rates diente es aus NATO-Sicht auch dazu, möglichen russischen Unmut über die beginnende NATO-Erweiterung „abzufedern".

Parallele Entwicklungen

Die „Transformation der NATO" unter radikal veränderten Gegebenheiten hatte viele andere Aspekte, die hier nur kursorisch genannt werden: die „interne Anpassung" („internal adaptation") an die neuen Verhältnisse umfasste die Aufhebung des *General Defence Plan* (GDP), die Reduzierung und Neu-Kategorisierung der Streitkräfte sowie die Neuordnung einer (ebenfalls „verschlankten") Kommandostruktur. Weitgehende nukleare Reduzierungen der USA und Russlands gingen damit einher.
Zur „äußeren Anpassung" („external adaptation") gehörten die Einrichtung des erwähnten NAKR, 1994 die Schaffung der „Partnerschaft für den Frieden" (*Partnership for Peace*/ PfP), zu der fast alle KSZE-Nationen gehörten, mit dem Europäischen Partnerschaftsrat, und schließlich die behutsam beginnende Aufnahme neuer Mitglieder. Das Geflecht der Partnerschaften wurde ergänzt durch den „Mittelmeerdialog" und die „Istanbul Kooperations-Initiative" sowie durch die Entwicklung der Beziehungen zu globalen gleichgesinnten Partnern wie Australien, Neuseeland, Japan und Südkorea.
Die fortbestehende Relevanz der NATO erwies sich, als sie nach jahrelangem Versagen der Europäischen Union in den Balkan-Kriegen gebraucht wurde: Beendigung des Krieges in Bosnien, Erzwingung des Dayton-Abkommens, Luftkrieg gegen Serbien wegen der sich abzeichnenden humanitären Katastrophe durch die „ethnische Säuberung" zulasten der Kosovo-Albaner. Da dieser Einsatz ohne Mandat des UN-Sicherheitsrats geschah, führte er zu einem ersten Bruch mit Moskau (das allerdings die Androhung militärischer Durchsetzung von dessen Resolutionen gegenüber Belgrad blockiert hatte, welche den tatsächlichen Einsatz hätte verhindern können.)
Nach der Terrorattacke gegen die USA am 11. September 2001 (*Nine-Eleven*) und dem Sturz des afghanischen Taliban-Regimes begann der größte Einsatz der NATO *out of area*, also außerhalb des Bündnis-Beistandsgebiets. Die von ihr geführte *International Security Assistance Force* (ISAF) sollte den Wiederaufbauprozess in dem kriegsgebeutelten Land absichern. Am Ende erwies sich der einhergehende Ehrgeiz des *Statebuilding* als Misserfolg – was aber nicht das Scheitern der NATO oder gar der Bundeswehr war, sondern der Internationalen Gemeinschaft, die dem Militär einen viel zu großen Teil der Aufgabe überlassen hatte. Auch andere Auslandseinsätze schürten eher Zweifel an Zielsetzung und Effizienz militärischer Intervention.

Kooperative Sicherheit mit Russland

Zurück zu Russland: Im Lauf der Jahre habe ich selbst in zahlreichen Beiträgen in Büchern und Zeitschriften sowie bei Vorträgen einen einfachen Gedankengang vertreten: So wie die marode Sowjetunion braucht auch Putins Russland „neues Denken" in der Außen- und Sicherheitspolitik. Wir im Westen, besonders in der NATO, sollten das erleichtern durch selbstkritische Anerkennung unseres Teils der Verantwortung für die fortlaufende Verschlechterung des beiderseitigen Verhältnisses. Nach dem „Durchdeklinieren" notwendiger Veränderungen in Russland und von Anlässen zur Selbstkritik auf westlicher Seite breitete ich Ideen für kooperative statt konfrontativer Sicherheit aus.[13] Allerdings brachte ich im Lauf der Jahre einleitend zunehmende Ernüchterung darüber zum Ausdruck, ob diese wohl Chancen habe, solange Putin am Ruder sei.[14] Schon das Miterleben von Putins Rede vor der Münchener Sicherheitskonferenz im Februar 2007, bei der er – im Gegensatz zu seiner Bundestagsrede 2001 – sein wahres Gesicht zeigte, hatte mich skeptischer gemacht. Doch fügte ich dann trotzig hinzu, ich würde mit der Entwicklung solcher Ideen fortfahren – für bessere Zeiten. Diese sind natürlich seit dem Beginn des Krieges gegen die Ukraine 2014 und erst recht seit der durchweg verbrecherischen Unterwerfungsinvasion gegen das Nachbarland in immer weitere Ferne gerückt. Schon seit längerer Zeit war klar, dass anstelle der mantraartig wiederholten Maxime, Sicherheit in Europa gebe es auf längere Sicht nur *mit*, nicht *ohne* oder gar *gegen* Russland, Sicherheit vor Russland für viele wieder im Vordergrund stand.

Die NATO-Erweiterung

Die Schlussakte von Helsinki 1975, bekräftigt durch die Charta von Paris 1990, kodifizierte das Recht auf freie Bündniswahl für die europäischen Staaten, für Deutschland wurde es im Zwei-plus-Vier-Vertrag garantiert, und auch in der NATO-Russland-Grundakte hatte sich Moskau mit der absehbaren NATO-Osterweiterung abgefunden. Denn dort gab es sowohl eine Absage an ein Vetorecht über die Handlungen der jeweils anderen Seite als auch den Hinweis auf das *„naturgegebene Recht [aller Staaten], die Mittel zur Gewährleistung ihrer Sicherheit [...] selbst zu wählen"*.[15] Doch ist die Erweiterung des Bündnisses durch ehemalige Mitglieder des Warschauer Pakts, die 45 Jahre lang zwangsweise sowjetisierten baltischen Republiken und andere europäische Staaten von Moskau in zunehmendem Maße als aggressives Verhalten dämonisiert worden. Dabei war das nie eine offensive „Expansion" der NATO, sondern ging darauf zurück, dass die vom sowjetischen Joch und von der Gängelung im Warschauer Pakt befreiten Länder dringend dem Raum von Freiheit, Transparenz und Sicherheit angehören und unter den Schutzschirm der NATO schlüpfen wollten.

Präsident Putin selbst hatte noch am 2. April 2004, drei Tage nach dem NATO-Beitritt Estlands, Lettlands und Litauens auf einer gemeinsamen Pressekonferenz mit Bundeskanzler Schröder die „positive Entwicklung" von Russlands Beziehungen zur NATO gewürdigt und gesagt: *„Hinsichtlich der NATO-Erweiterung haben wir keine Sorgen mit Blick auf die Russische Föderation."* Sechs Tage später sprach er beim Moskau-Besuch des NATO-Generalsekretärs vom Recht jedes Landes, *„seine eigene Form der Sicherheit zu wählen"*.[16]

Erst im Vorfeld des NATO-Gipfeltreffens von Bukarest 2008, bei dem die USA der Ukraine (vergeblich) zum *Membership Action Plan* als erstem Schritt zu einem NATO-Beitritt verhelfen wollten, änderte sich das russische Narrativ. Beginnend mit der erwähnten

Rede vor der Münchener Sicherheitskonferenz 2007 kam die Legende von „gebrochenen Versprechen" der NATO auf, die angeblich 1990/91 zugesagt habe, sich nie nach Osten zu erweitern. Hierzu gibt es indes keinerlei formelle Vereinbarungen, höchstens einzelne Äußerungen in Gesprächen – beispielsweise von den Außenministern Genscher und Baker,[17] die aber von ihren „Chefs" rasch zurückgepfiffen wurden. Überdies wären angebliche Zusagen zu einer Zeit, in welcher Warschauer Pakt und Sowjetunion noch bestanden, jede Diskussion über eine NATO-Osterweiterung höchst hypothetisch gewesen. Hinzu kommt ein bürokratisch klingendes, aber schlagendes Argument: Keine dieser prominenten Persönlichkeiten wäre überhaupt berechtigt gewesen, im Namen der NATO eine derartige Zusage zu machen, die ja eine Aufhebung des Artikels 10 im NATO-Vertrag bedeutet hätte – wo doch in der NATO nichts Wichtiges ohne Konsensbeschluss des NATO-Rats entschieden wird.

Im Übrigen sind Russlands angebliche Sicherheitsinteressen gegenüber der NATO eher politisch-psychologische Befindlichkeiten: Demütigungskomplex als Verlierer des Kalten Krieges, „imperialer Phantomschmerz" angesichts Putins berühmter Klage, der Zerfall der Sowjetunion sei die „größte geopolitische Katastrophe des 20. Jahrhunderts" gewesen, Frustration darüber, sich von den USA nicht länger auf Augenhöhe als Weltmacht akzeptiert zu fühlen – was sich indes nicht mit Gewalt ertrotzen lässt.

Präsident Putin weiß selbst am besten, dass die NATO strukturell und politisch nicht in der Lage ist, Russland anzugreifen. Seine Eliten allerdings und das russische Volk, denen er nun über zwanzig Jahre lang „auf allen Kanälen" das Gegenteil eingeredet hat, glauben wohl eher seine Version – auch, dass Russland in der Ukraine seine Existenz gegen den aggressiven Westen verteidigt.

Russlands Aggression

Wenn 1990/91 und 1994 beim friedlichen Abzug der WGT (auch der sowjetischen Truppen aus dem Baltikum) große Hoffnungen auf eine friedliche Welt und auf ein durch kooperative Sicherheit geprägtes „Europäisches Haus" gehegt wurden, muss doch heute düsteren Realitäten ins Auge gesehen werden. Und die gehen nicht auf westliches Verhalten zurück, sondern auf Präsident Putins Cäsarenwahn. Sie sind innengesteuert. Wenn oben eine gewisse Selbstkritik seitens der NATO angemahnt wurde, so geht es da um Einzelheiten wie: das Versäumnis, zeitig und gründlich über Russlands Platz in der europäischen Sicherheitsordnung zu reden, westliche Intransigenz bei der Anpassung des KSE-Vertrags nach dem Zerfall der Blöcke, zu spätes Angebot der Raketenabwehrthematik als kooperatives Projekt und dergleichen. Kein einziger Fehler, den die USA, die NATO, die EU, die Ukraine gemacht haben mögen, rechtfertigt die brutale militärische Aggression Russlands, mit welcher es alle Regeln der europäische Sicherheitsordnung (Helsinki und Paris wurden schon genannt) negiert und zerstört hat: neben der erwähnten Freiheit der Bündniswahl souveräne Gleichheit aller europäischen Staaten, territoriale Unversehrtheit, Unverletzlichkeit der Grenzen, friedliche Streitbeilegung.

Der Charakter des Kriegs gegen die Ukraine darf nicht übersehen werden. Da geht es nicht um „zwei Kriegsparteien" oder gar „zwei Streithähne" – eine unpassende Gleichsetzung von Aggressor und Opfer! Wenn Russland aufhört zu kämpfen, ist der Krieg zu Ende; wenn die Ukraine aufhört, ist es mit ihr zu Ende. Russlands Krieg ist verbrecherisch nach Absicht und Ziel (*ius ad bellum*) und nach den durchweg kriegsvölkerrechtswidrigen Methoden (*ius in bello*). Lügen, Geschichtsfälschungen, Rachedurst, Angst vor dem demokratischen Virus und der Drang, das russische Großreich wiederzuerrichten, sind die Motive des revisionistischen, revanchistischen und neoimperialistischen russischen Diktators, der mafiaähnlich herrscht und durch Repression sein Volk auf Kriegskurs gebracht hat. Er sieht sich in der Tradition Peters des Großen, erinnert aber eher an Iwan den Schrecklichen.

Russland ist zur größten Bedrohung der europäischen Sicherheit geworden und – im Verein mit China, Iran und Nordkorea – wohl auch der Weltordnung, mit deren „Umgestaltung" Putin, so sein Prahlen bei der Valdai-Konferenz Anfang Oktober 2023, erst begonnen hat. Interne Opposition hat er ausgeschaltet und internationale Ächtung und Isolation ignoriert er.

Dass die Ukraine befreit wird und in Sicherheit weiterleben kann, ist auch im ureigenen Interesse Europas und des gesamten Westens, nicht zuletzt angesichts der weiterreichenden Ziele Putins, die er in seinen Briefen an die US-Regierung und die NATO im Dezember 2021 enthüllt hat: ein *Rollback* der Entwicklungen in Mittel- und Osteuropa seit 1990 – wie bei der Breschnew-Doktrin: Satellitenstaaten mit eingeschränkter Souveränität im exklusiven Einflussbereich Russlands. Sein Erfolg wäre auch Ansporn für andere autoritäre Machthaber.

Putin kann noch viel zerstören und noch viele töten, und wenn führende westliche Staaten weiter „besonnen" im Sinne von zaghaft agieren, werden seine Truppen weiter vorrücken über verwüstetes Land. Aber seine strategischen Ziele hat er längst verfehlt.

NATO heute und morgen

Sollte Putin seine Ziele gegenüber der Ukraine durchsetzen, würde er dort nicht haltmachen. Vielmehr würde er nach einer Phase der militärischen Rekonstitution Georgien und Moldawien seinem Imperium einverleiben und dann die NATO. Je nachdem, als wie schwach sie ihm erscheint, in den Schwarzmeeranrainerstaaten Rumänien und Bulgarien sowie bestimmt baltischen Staaten Estland, Lettland und Litauen testen. Auch deshalb müssen die russischen Streitkräfte in der Ukraine gestoppt und zurückgeworfen werden.

Was bedeutet das für die NATO, die sich in den 75 Jahren ihres Bestehens noch immer erfolgreich auf neue Herausforderungen eingestellt hat und deren Einigkeit von Putin – wie vieles andere – falsch eingeschätzt wurde? Wenngleich viele Alliierte nicht genug Entschlossenheit zeigen, der Ukraine zum Sieg zu verhelfen, so ist die NATO doch hinsichtlich der Vorbereitung auf Schutz und Verteidigung ihrer eigenen Mitglieder stärker und entschiedener denn je. Der Beitritt der neutralen Staaten Finnland und Schweden haben die Ostsee zum *mare nostrum* der NATO gemacht, was der Verteidigung der exponierten baltischen Staaten Tiefe verleiht. Die Mitgliedsstaaten steigern ihre Verteidigungsausgaben, die Vornepräsenz an der NATO-Ostflanke wird von Bataillons- zu Brigadestärke aufgestockt, und erstmals seit dem Ende des Kalten Krieges gibt es wieder Verteidigungspläne mit zugewiesenen Truppen, die jetzt schrittweise implementiert werden.

Auch das neue Strategische Konzept der NATO von 2022 benennt Russland als die größte Sicherheitsbedrohung. In der absehbaren Zukunft steht nicht Kooperation an, sondern Konfrontation, Eindämmung, Verteidigungsvorbereitung und Abschreckung einer brutalen Militärmacht, deren Führung keine Skrupel kennt. Auch falls es dort einen Wechsel gibt, bleibt Vorsicht geboten.

Deutschlands Position und Politik

Die deutsche Politik im Bündnis muss Deutschlands Status als größter europäischer (und weltweit drittgrößter) Wirtschaftsmacht und den Erwartungen entsprechen, die man an uns richtet.[18]

Das gilt für beide Themen der historischen „Zeitenwende"-Rede von Bundeskanzler Olaf Scholz drei Tage nach dem russischen Invasionsbeginn: einerseits für die rasche Behebung der in dreißig „Komfort"-Jahren angestauten Defizite der Bundeswehr und deren nun in viel stärkerem Maße erforderliche Verteidigungs- und Abschreckungsbereitschaft entsprechend den NATO-Planungen. Und andererseits für die militärische Unterstützung der Ukraine – nicht nur „so lange wie nötig", sondern „mit allem Erforderlichen" und vor allem „zeitgerecht". Denn westliche Waffenlieferungen sind die Lebensader der um ihre Existenz kämpfenden Ukraine.

Folgenreiche Verzögerungen und Einschränkungen hat es, nicht zuletzt seitens Deutschlands, bei wichtigen militärischen Hilfsmaßnahmen gegeben, so dass die Ukraine nun, vor allem gegenüber der Luftbedrohung und an der Landfront, in prekärer Lage ist. Notwendig ist die erklärte Entschlossenheit, ihr zum Sieg über Russland zu verhelfen – wobei „Sieg" nicht zu verstehen ist als Zerstörung und Besetzung Russlands wie Deutschlands 1945, sondern als Einstellung seiner verbrecherischen Kriegführung und Abzug seiner Truppen. Ein „Ranking" hinsichtlich der Lieferungen und Zusagen führt nicht weiter, entscheidend ist, was zeitgerecht im Kriegsgebiet ankommt. Der Krieg wird wohl nicht mit der physischen Rückeroberung des letzten ukrainischen Quadratkilometers enden, aber eine Entwicklung ist vorstellbar, welche die Lage der russischen Streitkräfte unhaltbar macht. Deshalb gehören zum „Erforderlichen" weitreichende Präzisionswaffen, wie sie die Koalition selbst in ihrer Bundestagsentschließung verlangt hat, die im „deep strike" weit hinter den russischen Linien und aus sicherer Entfernung die russische Führungsfähigkeit sowie den Nachschub zur Krim und von dort in die besetzte Südukraine nachhaltig beeinträchtigen kann.

Bei der Münchener Sicherheitskonferenz hat Bundeskanzler Scholz selbst für den Fall eines russischen Siegs prophezeit: „Der politische und finanzielle Preis, den wir dann zu zahlen hätten, wäre um ein Vielfaches höher als alle Kosten unserer Unterstützung der Ukraine heute und in Zukunft." Das muss Konsequenzen haben in der Prioritätensetzung zugunsten von militärischer Sicherheit, in der Kommunikation mit der Bevölkerung über Bedrohung und Erfordernisse, in beherztem Auftreten gegenüber Präsident Putin, dem wir seine Grenzen aufzeigen müssen anstatt die für uns gesetzten „roten Linien" zu kommunizieren, in der Ankurbelung der Rüstungsproduktion und in der Mobilisierung der Europäer im NATO-Rahmen, damit die transatlantische Partnerschaft – in größerer Gleichgewichtigkeit und Lastenteilung – wirksam bleibt. Einem Russland, das mit Iran und China nicht nur die europäische Sicherheitsordnung umstürzen. sondern auch die Weltordnung „umgestalten" will, muss jetzt zunächst in der Ukraine Einhalt geboten werden.
Um noch einmal zum Ausgangspunkt zurückzukehren: Ja, Deutschland hat Grund zur Dankbarkeit gegenüber der Sowjetunion unter Gorbatschow und gegenüber Russland unter Jelzin – für die Ermöglichung der Wiedervereinigung bei fortgesetzter NATO-Mitgliedschaft und für den Abzug der WGT. Und ja, Deutschland hat eine historische Schuld gegenüber der Sowjetunion (übrigens nicht in erster Linie gegenüber Russland, denn die meisten Opfer von Hitlers Vernichtungskrieg waren Ukrainer und Belarussen).
Die daraus entspringende kooperative Politik war lange gerechtfertigt. Aber dass wir spätestens seit 2014 die Augen vor der wachsenden Aggressivität verschlossen und auf Warner nicht gehört haben, ist in der Rückschau schwer verständlich und mag Putin zum Äußersten ermutigt haben. Ein lettischer Parlamentarier bemerkte unlängst: *„Jetzt sagt Ihr: ‚Wir hätten auf Euch hören sollen', aber Ihr hört wieder nicht!"* Europa und Deutschland müssen und können viel mehr tun. Man muss kein Historiker sein, um sich auszumalen, wie man in ein paar Jahren auf 2022–24 zurückblicken wird. Es ist höchste Zeit, alle „Handbremsen" zu lösen, damit Putins Russland in der Ukraine gestoppt wird.[19]
„Zeitenwende" ist nicht ein historisches Datum, sondern ein Prozess, der schon bei Putins Münchener Rede 2007 hätte einsetzen müssen. Natürlich wird man irgendwann auch mit Russland wieder zurechtkommen müssen, aber dazu bedarf es seiner völligen Umorientierung im Sinne der hoffnungsvollen Perspektiven 1994.

---

1 Ähnlich Klaus Wittmann, *Zur Transformation der NATO seit dem Mauerfall.* In: Bernd Wegner (Hrsg.), *Klaus-Jürgen Müller zum 80. Geburtstag.* Ein Symposium ehemaliger Schüler und Mitarbeiter. Hamburg 2011, S. 61–75. Vgl. Ralph Erlmeier, Ideengeber der historischen NATO-Transformation. In: Loyal 10/2016, S. 66. Als eine stärker neutral-wissenschaftliche Darstellung der ersten Phasen des Veränderungsprozesses siehe Klaus Wittmann, *The Road to NATO's New Strategic Concept.* In: Gustav Schmidt (Ed.), *A History of NATO – The First 50 Years.* Basingstoke, New York 2001. Bd. 3, S. 219–237. Vorschläge in einer späteren Phase enthielt Klaus Wittmann, *Towards a new Strategic Concept for NATO.* NATO Defense College, Rom: 2009 (Forum Paper 10)

2 Klaus Wittmann, *Challenges of Conventional Arms Control.* London 1989 (International Institute for Strategic Studies. Adelphi Paper 239)

3 Vgl. Klaus Wittmann, *Genscher und der NATO-Doppelbeschluss.* In: Kerstin Brauckhoff/Irmgard

Schwaetzer (Hrsg.), *Hans- Dietrich Genschers Außenpolitik.* Wiesbaden, Springer 2015, S. 141–163; S. 156

4 Vgl. Wittmann, *Challenges* (Anm. 2), S. 82ff

5 Vgl. Rob de Wijk, *NATO on the Brink of the New Millennium.* The Battle for Consensus. London: Brassey's 1997, z.B. S. 13: *„The intellectual lead was given bei a German colonel, Dr. Klaus Wittmann."*

6 *Declaration on a Transformed North Atlantic Alliance.* London 05./06.07.1990: https://www.nato.int/cps/en/natolive/official_texts_23693.htm

7 *The Alliance's New Strategic Concept* (1991), 07./08.11.1991: https://www.nato.int/cps/en/natohq/official_texts_23847.htm

8 Hannes Adomeit, *Russland im Strategischen Konzept der NATO.* In: SIRIUS 5 (4), S. 410–417; S. 410.

9 *Strategisches Konzept* 1991 (Anm. 7), Ziff. 1

10 Der Vertrag wurde am 12.09.1990 abgeschlossen und trat am 15.03.1991 in Kraft. Text siehe Bundeszentrale für Politische Bildung: Zwei-plus-Vier-Vertrag über die abschließende Regelung in Bezug auf Deutschland: https://www.bpb.de/themen/deutsche-einheit/zwei-plus-vier-vertrag/

11 Im Rahmen meines Lehrauftrags für Zeitgeschichte an der Universität Potsdam habe ich in Master-Seminaren schon mehrmals dem Thema *„Gewaltsame Konflikte im postsowjetischen Raum"* und der generellen Materie „postimperiale Räume" (Herfried Münkler) gewidmet.

12 Grundakte über Gegenseitige Beziehungen, Zusammenarbeit und Sicherheit zwischen der Nordatlantikvertrags-Organisation und der Russischen Föderation vom 27.05.1997: https://www.nato.int/cps/en/natohq/official_texts_25468.htm?selectedLocale=de

13 Beispielsweise Klaus Wittmann, *Russland und der Westen – Gedanken für bessere Zeiten* In: Evangelische Verantwortung (Magazin des Evangelischen Arbeitskreises der CDU/CSU) 9 und 10/2015, S. 3–9

14 Vgl. Klaus Wittmann. *Russia and the West: Ideas „For Better Times".* In: Andris Spruds, Karlis Bukovskis (Hrsg.), *Strategic Narratives and Sustainability in the Euroatlantic Community* (Riga Dialogue Papers 2020) Riga: Latvian Institute of International Affairs 2020, S. 33–42

15 *NATO-Russland-Grundakte* vom 27. Mai 1997 (Anm. 12)

16 Vgl. Michael Thumann, *Revanche. Wie Putin das bedrohlichste Regime der Welt geschaffen hat,* München: C.H. Beck 2023, S. 167

17 Vgl. Mary Elise Sarotte, *Nicht einen Schritt weiter nach Osten. Amerika, Russland und die wahre Geschichte der NATO-Erweiterung.* München: C.H. Beck 2024

18 Dieser Sammelband ist nicht der Ort für prononcierte Kritik an der deutschen Regierungspolitik. Aber siehe: Klaus Wittmann, *Zeitenwende: Does the Turn of History Belong to History Already?* In: Sandis Sraders, George Spencer Terry, *The Paradox of Power: Ukraine's Struggle, Russia's Dilemmas and Global Consequences.*Tartu: University of Tartu Press 2024; S. 176–189. Ders., *Im dritten Jahr nach der russischen Invasion: Die Ukraine und wir.* Berlin: Aspen Institute Deutschland 2024. Ders.; *Wie ein Sieg der Ukraine vorstellbar ist – und was wir dafür tun müssen.* In: DIE WELT vom 22. 04. 2024

19 Da dieser Beitrag bereits im Mai 2024 abgeschlossen wurde, erscheint eine Aktualisierung wenigstens an dieser Stelle erforderlich: Ein halbes Jahr später hat die Ukraine zwar einerseits mit der Offensive in der Region Kursk die Initiative zurückerlangt, und den Nimbus von der Unbesiegbarkeit Russlands entzaubert und westliche Eskalationsängste diskreditiert, andererseits ist sie aber an der Donbass-Front und durch die intensivierte russische Luftangriffstätigkeit gegen die Bevölkerung sowie Wärme-, Strom- und Wasser-Infrastruktur in großer Bedrängnis. Dringlich sind neben viel mehr Gefechtsfahrzeugen, Munition, Ersatzteilen und Instandsetzungskapazität die erwähnten weitreichenden Waffen, für welche die Einsatzbeschränkung gegen militärische Ziele auf russischem Boden (Militärflugplätze, Abschussvorrichtungen, Depots, Logistische Knotenpunkte und Einrichtungen, Bereitstellungsräume für Angriffstruppen) aufgehoben werden müssen. Das ist völlig im Einklang mit dem Kriegsvölkerrecht.

Jörg Morré

Ein Museum als Abschiedsgeschenk
Die Gründungsgeschichte des Museums Berlin-Karlshorst 1990–1994

Das sowjetische Kapitulationsmuseum im Berliner Stadtteil Karlshorst, Ort der Kapitulation der Wehrmacht am 8. Mai 1945 vor dem sowjetischen Hauptquartier und seit 1967 sowjetisches Militärmuseum, war ein Nebenschauplatz während des Abzugs sowjetischer, ab 1992 russischer Truppen aus Deutschland. Seine Geschichte als „Deutsch-Russisches Museum" illustriert im Kleinen die Veränderung in den deutschen-russischen Beziehungen 30 Jahre nach dem Abzug.
Es war der Initiative des damaligen sowjetischen Museumsdirektors Major Wladimir Lukin zu verdanken, dass das Museum überhaupt zu einem deutsch-russischen Projekt wurde. Lukin erkannte im Sommer 1990 – das kommende Ende der DDR zeichnete sich ab –, dass sein Haus als „Museum der bedingungslosen Kapitulation des faschistischen Deutschlands im Großen Vaterländischen Krieg 1941–1945" keine Zukunft haben würde. Es war 1967 als Außenstelle des Zentralen Museums der sowjetischen Streitkräfte in Moskau gegründet worden, um den in der DDR stationierten Sowjetsoldaten ihre historische Mission zu vermitteln. Denn die „Gruppe der sowjetischen Streitkräfte in Deutschland" (ab 1989 „Westgruppe der Truppen") zog eine Traditionslinie von der 1945 errungenen „Befreiung Europas vom Faschismus" hin zu ihrer „friedenwahrenden Mission" an der Nahtstelle zwischen den beiden Militärblöcken im Kalten Krieg. Recht einseitig stellte das so genannte Kapitulationsmuseum die Rote Armee als alleinigen Sieger dar und ließ die amerikanischen und britischen Verbündeten von damals unerwähnt.
Im Sommer 1990 begann Lukin für ein „Alliiertenmuseum" zu werben, in dem am historischen Ort alle Siegermächte angemessen dargestellt werden sollten.[1] Letztlich konnte er damit nicht überzeugen, weil seine konzeptionellen Ideen vage blieben. Aber durch seine Initiative bewirkte er ein Treffen in der sowjetischen Botschaft in Berlin mit der Berliner Senatskulturverwaltung, die den Chef des im Aufbau befindlichen Deutschen Historischen Museums (DHM) hinzuzog. Helmut Trotnow, der wenig später im Auftrag des DHM die Transformation des Karlshorster Museums anschob, erinnert sich: „Dabei stellten die sowjetischen Vertreter die Frage, ob die deutsche Seite daran interessiert war, nach dem Abzug der sowjetischen Streitkräfte die Gedenkstätte und das Museum in Karlshorst zu übernehmen und fortzuführen."[2] Die deutsche Seite war interessiert. Das Museum sollte dem am 9. November 1990 im deutsch-sowjetischen Vertrag über gute Nachbarschaft, Partnerschaft und Zusammenarbeit formulierten Wunsch nach guten Beziehungen in der Zukunft einen lebendigen Ausdruck verleihen. Knapp drei Jahre später, im Sommer 1993, stellte das DHM das gemeinsame Projekt der Öffentlichkeit unter der Überschrift *Karlshorst: Ort der Erinnerung und Zeichen für eine bessere Zukunft*[3] vor.
Die Akteure auf deutscher Seite begaben sich im Herbst 1990 auf für sie unbekanntes Terrain. Der Direktor des DHM, Christoph Stölzl, bestimmte mit Helmut Trotnow einen

Projektleiter, der lediglich auf einen Eindruck von einem touristischen Besuch des Kapitulationsmuseums aus den 1980er Jahren zurückgreifen konnte. Allein das war offenbar Expertise genug. Nach seinen eigenen Worten verfügte Trotnow „nicht unbedingt über jene Voraussetzungen, die meiner Ansicht nach notwendig waren, um die anstehende Aufgabe erfolgreich zu bewältigen".[4] Das DHM ging das Projekt als eine politisch zu lösende Aufgabe an: *„Weil das Projekt von der Bunderegierung initiiert wurde, kontaktierten wir jene Einrichtungen, die auf staatlicher Seite im Bereich der Militärgeschichte tätig waren"*, resümiert Trotnow.[5] Es erstaunt rückblickend, dass aus dem Kreis des wissenschaftlich enorm produktiven Militärgeschichtlichen Forschungsamts in Freiburg, das seinerzeit an einer Geschichte des Zweiten Weltkrieges arbeitete, keiner angesprochen wurde. Selbst Reinhard Rürup, Geschichtsprofessor an der Technischen Universität Berlin, der als Mitglied der Expertenkommission und Leiter des Arbeitsstabes im Weiteren die entscheidenden inhaltlichen Akzente beim Aufbau des Deutsch-Russischen Museums setzte, wurde nur deswegen angesprochen, weil er 1981 im Beirat der sehr erfolgreichen Ausstellung „Preußen. Versuch einer Bilanz" gesessen hatte. Dass er ganz aktuell an der Stiftung Topographie des Terrors die epochale Ausstellung „Der Krieg gegen die Sowjetunion" vorbereitete, erfuhr Trotnow eher nebenbei.[6]

Mitte April 1991 kam es zu einer ersten Zusammenkunft deutscher und sowjetischer Experten. Diese waren auf beiden Seiten überwiegend aus dem Kreis der einzubeziehenden Ministerien für Verteidigung, Äußeres und Kultur berufen worden. Bei diesem Sondierungstreffen – denn mehr war es aus deutscher Sicht nicht – war die sowjetische Seite gut vorbereitet. Sie schlug vor, das Haus als historischen Ort zu erhalten, wobei sich nach ihrer Vorstellung an der Dauerausstellung wenig geändert hätte. Von deutscher Seite seien diese Pläne „zurückhaltend" aufgenommen worden, erinnert sich Helmut Trotnow. Vage hätten die deutschen Teilnehmer ihre Erwartung formuliert, dass es nicht nur um militärische Operationsgeschichte, sondern auch um die Perspektive der Zivilbevölkerung gehen müsse. Sie hätten zudem darauf verwiesen, dass vor dem Hintergrund der Öffnung sowjetischer Archive neue Erkenntnisse zu erwarten seien, die in die spätere Arbeit des Museums einbezogen werden sollten. Trotz der inhaltlich konträren Positionen beschloss kurz darauf das Kuratorium des DHM den Start des „Karlshorst-Projekts".[7] Es scheint, dass dem sowjetischen Wunsch nach Erhalt des Museums allein aufgrund des politischen Willens von der deutschen Seite nachgegangen wurde.

Das folgende Treffen im Juni 1991 (in Berlin) galt als „erste offizielle Sitzung" der Expertenkommission, auf die „diesmal auch die deutschen Kommissionsmitglieder vorbereitet waren".[8] Tatsächlich schuf die Sitzung im Juni 1991 die Grundlage für das kommende gemeinsame Museum. Ganz wesentlich trug dazu bei, dass die Kommission zur Eröffnung der von Reinhard Rürup konzipierten Ausstellung „Der Krieg gegen die Sowjetunion" eingeladen wurde. Die Ausstellung überzeugte die sowjetischen Vertreter so sehr, dass sie Rürup das Vertrauen aussprachen, die neue Dauerausstellung in Karlshorst konzeptionell zu erarbeiten. Dieser übernahm aus seinem Kuratorenteam Gabriele Camphausen und Peter Jahn, die zusammen mit Viktor Gorynia den so genannten Arbeitsstab bildeten. Gorynia war einer der ganz wenigen Mitarbeiter des aufgelösten Historischen Museums der DDR (Museum für deutsche Geschichte), der vom DHM weiterbeschäftigt wurde. In den Erinnerungen vieler Projektbeteiligter wurde er vor allem für seine guten Russischkenntnisse gelobt. Gleichsam begleitend zu der Erarbeitung der neuen Ausstellung in Karlshorst tourte die von Rürup erarbeitete Ausstellung „Der Krieg gegen die Sowjetunion" als Wanderausstellung in russischer Übersetzung durch verschiedene Städte der Russischen Föderation. Rürup verwies später zu Recht darauf, wie sehr das als vertrauensbildende Maßnahme wirkte.[9]

Der Erhalt des Museums in Karlshorst war gesichert. Vor allem gab es die deutsche Zusicherung, den historischen Saal, in dem am 8. Mai 1945 die Kapitulation unterzeichnet wurde, unangetastet zu lassen. Kernthema der neu zu konzipierenden Dauerausstellung wurde der deutsche Vernichtungskrieg gegen die Sowjetunion. Das baute weitgehend auf der Ausstellung „Der Krieg gegen die Sowjetunion" auf, die wesentlich dazu beitrug, dass in den 1990er Jahren die Rolle der Wehrmacht auf den osteuropäischen Schauplätzen des Zweiten Weltkriegs kontrovers diskutiert wurde. Als im Mai 1995 das Museum eröffnete, war es mit seiner neuen Dauerausstellung im Zentrum der Diskussionen. Karlshorst ist seitdem der einschlägige Ort in Deutschland für die Darstellung des deutschen Vernichtungskrieges gegen die Sowjetunion.

Nach 17 Jahren Laufzeit wurde die Ausstellung in Karlshorst gemeinsam überarbeitet. In intensiver deutsch-russischer Abstimmung unter Einbeziehung des belarusischen und des ukrainischen Weltkriegsmuseums eröffnete 2013 eine rundum erneuerte Dauerausstellung, die alle wesentlichen Forschungsergebnisse in einer museal-didaktisch ansprechenden und modernen Weise präsentieren konnte. Abermals stieß diese neukonzipierte Ausstellung auf eine große öffentliche Anerkennung.[10]

Bei der Eröffnung 1995 trat das Haus als „Deutsch-Russisches Museum" auf. Formal war das nicht ganz korrekt, denn der unterdessen gegründete Trägerverein hieß eigentlich „Museum Berlin-Karlshorst e.V.". Aber in dem Verein waren damals nur zwei Länder vertreten. Die Aussöhnung mit „Russland" sollte prominent herausgestellt werden. Christoph Stölzl, der als Direktor des DHM das Projekt vorangetrieben hatte, schwärmte im Vorwort des Katalogs zur Dauerausstellung: *„Vor wenigen Jahren wäre es noch unvorstellbar gewesen, dass Deutsche und Russen gemeinsam in einem Museum an den Krieg erinnern, der für beide Länder zu den schrecklichsten Abschnitten ihrer langen Geschichte zählt. Die radikale Wende in der ehemaligen Sowjetunion und die deutsche Vereinigung, die von der Sowjetunion unterstützt worden war, haben das bislang Unvorstellbare möglich gemacht."*[11] Auffällig ist, wie sehr damals im allgemeinen Bewusstsein „Russland" und die „Sowjetunion" gleichgesetzt wurden. Bezogen auf das Museum in Karlshorst war das gewollt. Es zeigt aber umso deutlicher, dass es kein Empfinden dafür gab, dass die Sowjetunion ein Vielvölkerstaat war, dass die Rote Armee aus verschiedenen Ethnien bestand und dass bereits 1990 erkennbar war, dass die Sowjetunion unter anderem auch an der Nationalitätenfrage zerbrechen würde. Zu dieser Ignoranz trug bei, dass die in der Sowjetunion geformte Erinnerung an den deutsch-sowjetischen Krieg als „Großer Vaterländischer Krieg"[12] in vielen ab 1992 unabhängigen Nachfolgestaaten der Sowjetunion noch lange fortwirkte. Während sich vor allem die baltischen Staaten sofort und radikal von jeglichen sowjetischen Bezügen abwandten, dauerte das in anderen Ländern zwei Jahrzehnte. Die deutsche Seite aber konzentrierte sich von Anfang an auf Moskau als Hauptstadt der Sowjetunion wie auch der Russischen Föderation. Dort wurde der Abzug der Truppen aus Deutschland wie auch der Fortbestand des Museums verhandelt.

Der im Zwei-plus-Vier-Vertrag (12. September 1990) und einem sich daran anschließenden Aufenthalts- und Abzugsvertrag (12. Oktober 1990) vereinbarte Abzug sowjetischer Truppen erfuhr im August 1991 eine empfindliche Störung. Zwar scheiterte der Putsch gegen die amtierende Regierung der Sowjetunion und ihre Reformpolitik, insbesondere gegen ihren führenden Mann Michail Gorbatschow, aber die Union der Sozialistischen Sowjetrepubliken zerfiel kurz darauf in 15 souveräne Nationalstaaten. Das führte auch in Bezug auf das Museum in Karlshorst zu einer Neujustierung der deutschen Außenpolitik. Am 23. Juni 1992 bestätigte sie in einer förmlichen diplomatischen Note, *„dass das Museum in Berlin-Karlshorst zu den Kultureinrichtungen zu zählen ist, die unter Artikel 16 des Vertrages über gute Nachbarschaft, Partnerschaft und Zusammenarbeit zwischen der Union der Sozialistischen Sowjetrepubliken und der Bundesrepublik Deutschland vom 9. November 1990 sowie Ziffer 11 der gemeinsamen deutsch-russischen Erklärung vom 21. November 1991 fallen und auf dem Gebiet der Bundesrepublik Deutschland zu erhalten sind."* In einer erneuten Note vom 12. April 1994 konkretisierte das Auswärtige Amt: *„Das Museum wird von einer nach deutschem Recht zu schaffenden Trägerorganisation betrieben, in der die russische Seite angemessen vertreten ist."* Die russische Antwort fasste dann in Worte, was bis dahin alle Beteiligten vermutlich als selbstverständlich angenommen hatten: *„Die Ausgestaltung der Ausstellung sowie die Gestaltung der historischen Räume erfolgen auf der Grundlage der von der deutsch-russischen Expertenkommission bereits erstellten Konzeption. Änderungen und Ergänzungen von grundsätzlicher Bedeutung können im beiderseitigen Einvernehmen vorgenommen werden."*[13] Flankiert von diesen völkerrechtlich bis heute bindenden Vereinbarungen wurde 1994 nach deutschem Recht ein Verein mit institutionellen Mitgliedern von deutscher und russischer Seite gegründet, der als Träger des Museums Berlin-Karlshorst e.V. auftritt.[14] Die vollständige Finanzierung übernahm die deutsche Seite. Das Haus wird heute institutionell von der Beauftragten der Bundesregierung für Kultur und Medien gefördert. Bis zum vollumfänglichen Angriff der Russischen Föderation auf die Ukraine am 24. Februar 2022 trat das Haus in der Öffentlichkeit als Deutsch-Russisches Museum auf. Alle Ausstellungen und Publikationen wurden zweisprachig deutsch-russisch erstellt, und es entwickelte sich ein reger Austausch von Ausstellungen mit zahlreichen russischen Museen. Wenngleich auf Betreiben der deutschen Seite 1997/98 die Weltkriegsmuseen in Minsk (Belarus) und Kyjiw (Ukraine) als Mitglieder in den Trägerverein aufgenommen wurden, so herrschte weiterhin die deutsch-russische Bezugnahme vor. Daraus ergab sich, dass der wissenschaftliche Beirat, der 1995 aus der deutsch-russischen Expertenkommission hervorgegangen war, bis 2019 ausschließlich aus deutschen und russischen Mitgliedern bestand. Die (deutsche) Museumsleitung steuerte dieser einseitig bi-nationalen Ausrichtung entgegen, indem sie die Zusammenarbeit mit belarusischen und ukrainischen Einrichtungen intensivierte. Demonstrativ wehten ab 2010 vor dem Museum die Nationalfahnen der vier am Museum beteiligten Nationen. Karlshorst profilierte sich als ein Museum, das im engen Austausch mit den Ländern stand, die am stärksten vom deutschen Vernichtungskrieg auf sowjetischem Boden betroffen waren. Als neuer Arbeitsbereich etablierte sich daneben schrittweise das Thema der Stationierung der sowjetischen Truppen in der DDR bzw. deren Abzug. Eine erste Ausstellung 2008 zeigte Fotos des russischen Militärkorrespondenten Wladimir Borissow über den Alltag der Soldaten, gefolgt 2016 von der fotografischen Dokumentation des Abzugs durch den deutschen Fotografen Detlev Steinberg.[15] Anlässlich des 25. Jahrestags des Abzugs unternahm das Museum 2019 erstmals eine Gesamtschau auf fast 50 Jahre Anwesenheit sowjetischer bzw. russischer Truppen auf deutschem Boden.[16] Die Ausstellung „Alltag. Politik. Kampfauftrag. Sowjetische Truppen in Deutschland 1945–1994" sorgte für heftigen Widerspruch bei den russischen Partnern, die nicht mit kritischen Nachfragen zur Stationierung, dem Verhalten der sowjetischen Truppen gegenüber der lokalen Bevölkerung sowie der sowjetischen Politik im Kalten Krieg umgehen konnten. Anders als bei der Betrachtung des deutschen Vernichtungskriegs gegen die Sowjetunion ging es nun um die historische Verantwortung der Sowjetunion respektive Russlands.

Zur gleichen Zeit machte sich bemerkbar, wie sehr die staatlich gelenkte Weltkriegserinnerung in der Russischen Föderation an Wirkmächtigkeit gewann. Die entscheidende Zäsur war dabei die russische Annexion der ukrainischen Krim 2014 und im Zusammenhang damit die militärische Besetzung der östlichen Landesteile der Ukraine. Seitdem instrumentalisiert die russische Regierung die Erinnerung an den Zweiten Weltkrieg, respektive an den „Großen Vaterländischen Krieg", für die propagandistische Legitimierung ihres Krieges gegen die Ukraine.[17] Dabei hat Karlshorst als „Ort des Sieges", der in der russischen Propaganda zu einem „russischen Sieg" umgedeutet wird, eine enorme symbolische Bedeutung. Vor diesem Hintergrund sind die 1994 eingegangenen diplomatischen deutsch-russischen Absprachen in Bezug auf das Museum fatal. Obgleich die laufende Arbeit des Museums, zahlreiche Stellungnahmen der Museumsleitung sowie die über die Jahre erworbene Expertise des Hauses, die eine breite Kenntnis der Geschichte und Erinnerung der Staaten Ost- und Ostmitteleuropas abdeckt, für eine unabhängige Denk- und Arbeitsweise sprechen, wird das Museum auf seine kodifizierte Zusammenarbeit mit Russland zurückgeworfen.

Was als Geste des friedlichen Miteinanders begann, ist zu einem konfliktbehafteten Austragungsort von Geschichtspolitik geworden. Es ist notwendig geworden, sich aktiv und explizit von der staatlichen russischen Geschichtspropaganda zu distanzieren. Die 1990 intendierte Aussöhnung mit „Russland" meinte schon damals die Verständigung mit der Sowjetunion bzw. mit den Staaten und Gesellschaften, die aus dem Verbund der Sowjetunion hervorgingen. Aussöhnung wurde damals in Kategorien von Staaten und ihren Regierungen gedacht, was sicherlich eine nicht vollkommen zu vernachlässigende Ebene ist. Aber die Verbindung zu den Menschen in den Nationalstaaten, die so genannte Zivilgesellschaft, geriet darüber aus dem Blick. Das Karlshorster Museum hat diesbezüglich viel nachgeholt. Es ist heute gut vernetzt mit Museen, Forschungs- und Aufarbeitungsinstitutionen in den Ländern des östlichen Europas und nimmt regelmäßig an Zusammenkünften mit unterschiedlichsten zivilgesellschaftlichen Akteuren in diesen Ländern teil. Es ist schon lange nicht mehr ausschließlich auf Russland ausgerichtet. Damit soll in keiner Weise die Aussöhnung mit Russland aufkündigt oder marginalisiert werden, sie wird auch weiterhin eine erhebliche Rolle im Museum Berlin-Karlshorst spielen. Dennoch muss es gelingen nach neuen Wegen zu suchen, wie das abseits staatlicher Instrumentalisierung geschehen kann. Dreißig Jahre nach dem Abzug russischer Truppen aus Deutschland, stehen wir erneut an einem Wendepunkt deutsch-russischer Beziehungen.

1 Jörg Morré, *Das Museum Berlin-Karlshorst. Deutsch-russische Zusammenarbeit am historischen Ort.*, in: *Verständigung und Versöhnung nach dem „Zivilisationsbruch"? Deutschland in Europa nach 1945*, hrsg. von Corine Defrance/Ulrich Pfeil, Brüssel 2016, S. 485 ff

2 Helmut Trotnow, *Die Entstehung des Alliierten Museum Berlin. Der Gründungsdirektor blickt zurück.*, Norderstedt 2023 (Books on Demand), S. 156

3 Einleitende Betrachtung zum Projekt eines gemeinsamen Museums von Reinhard Rürup, in: Magazin, Heft 9, 3. Jahrgang, Sommer 1993, hrsg. vom Deutschen Historischen Museum, S. 2

4 Trotnow, *Entstehung*, S. 154

5 Ebd., S. 164

6 Ebd., S. 154 und S. 164 f

7 Ebd., S. 166 f

8 Ebd., S. 170

9 Vgl. Morré, *Das Museum*, S. 488 ff

10 Exemplarisch: Thomas Sandkühler, Ausstellungsrezension zu: *Deutschland und die Sowjetunion im Zweiten Weltkrieg 1941–1945* , 25.04.2013 Berlin, in: H-Soz-Kult, 12.04.2014, <www.hsozkult.de exhibitionreview/id/reex-130701>. Abgerufen am 02.05.2024

11 Christoph Stölzl, Vorwort, in: *Erinnerung an einen Krieg. Museum Berlin-Karlshorst*, hrsg. vom Museum Berlin-Karlshorst, Berlin 1997, S. 9

12 Damit wird nur der Zeitraum 22. Juni 1941 bis 9. Mai 1945 in den Blick genommen unter Ausblendung der deutsch-sowjetischen Kooperation 1939–1941, der nationalen Partisanenbewegungen in den baltischen Ländern und der Ukraine sowie dem Verhältnis zu den Kriegsverbündeten Großbritannien und USA.

13 Den Auftakt machte die sowjetische Note vom 11.09.1991, in der die sowjetische Regierung darum bat, den Erhalt des Museums als Bestandteil der genannten Verträge zu begreifen. Texte der Noten im Archiv des Museums Berlin-Karlshorst.

14 Gründungsmitglieder waren: Ministerien für Kultur, Verteidigung und Äußeres der Russischen Föderation, Staatliches Historisches Museum Moskau, Zentrales Museum der Streitkräfte Moskau, Bundesministerien des Innern, der Verteidigung und das Auswärtige Amt, Senatskulturverwaltung Berlin, Deutsches Historisches Museum Berlin, Institut für Zeitgeschichte München; später aufgenommene Mitglieder: Museen des Großen Vaterländischen Krieges in Kyjiw, Minsk und Moskau, Stiftung Topographie des Terrors, Stiftung Sächsische Gedenkstätten, Militärhistorisches Museum Dresden.

15 *Russischer Soldatenalltag in Deutschland 1990–1994*. Bilder des Militärfotografen Wladimir Borissow, hrsg. v. Margot Blank für das Deutsch-Russische Museum Berlin-Karlshorst, Bönen/Westf 2008; *Der Abzug. Die letzten Jahre der russischen Truppen in Deutschland*. Eine fotografische Dokumentation von Detlev Steinberg, hrsg. v. Deutsch-Russischen Museum Berlin-Karlshorst, Berlin 2016

16 *Alltag. Politik. Kampfauftrag. Sowjetische Truppen in Deutschland 1945–1994*, hrsg. v. Christoph Meißner und Jörg Morré für das Deutsch-Russische Museum Berlin-Karlshorst, Berlin 2019

17 Der russische Präsident Wladimir Putin sprach der Ukraine jeglichen Anspruch auf Souveränität ab, weil sie zu Russland gehöre. Das Vorrücken der russischen Armee sei daher eine Befreiung der Ukrainer von Faschisten, als die Putin die rechtmäßige ukrainische Regierung in Kyjiw bezeichnet. Dabei nimmt er direkten Bezug auf die sowjetische Darstellung, dass die Rote Armee bis 1944 die Sowjetunion von den faschistischen Angreifern und anschließend Europa vom Faschismus befreit habe.

Sowjetischer Militärflugplatz Eberswalde | Tag der offenen Tür für deutsche Besucher, 1991

II. Historisch-politische Einordnungen

Jan C. Behrends

Von der Perestroika zur Osterweiterung der EU: Jahre der Hoffnung für Europa (1985–2004)

Der große Rückzug der sowjetischen Armee begann eigentlich bereits im Januar 1989, als die letzten Soldaten den Terek überquerten und damit den Krieg in Afghanistan beendeten. Zehn Jahre lang hatte Moskau am Hindukusch Krieg geführt, doch nun entschied sich Michail Gorbatschow, die blutige, aber erfolglose Intervention zu beenden. Zu diesem Zeitpunkt konnte der Generalsekretär noch nicht ahnen, dass auf den Rückzug aus Kabul schon in Kürze das Ende der sowjetischen Einflusssphäre in Ostmitteleuropa und schließlich der Zerfall der UdSSR folgen würden.

Auf der Konferenz von Jalta war im Februar 1945 über das Schicksal Osteuropas entschieden worden. Seit 1944 hatte die Rote Armee die Grenzen der Sowjetunion überschritten und die sowjetischen Streitkräfte brachten nun auch die kommunistische Herrschaft in die Staaten Ost- und Mitteleuropas. Damit begann eine jahrzehntelange Besatzung und Eingliederung in die Interessensphäre des Kremls. Wer sich aus der Klammer Moskaus befreien wollte, wie 1956 die Ungarn oder 1968 die Tschechoslowakei, wurde durch die militärische Gewalt im sowjetischen Machtbereich gehalten. Mit der „Breschnewdoktrin" über die begrenzte Souveränität sozialistischer Staaten begründete die UdSSR seit 1968 ihre Hegemonie in Osteuropa. Bis weit in die 1980er Jahre sah es so aus, als würde die Nachkriegsordnung von Jalta, bestätigt durch die Konferenz von Helsinki, noch lange Zeit Bestand haben. Selbst der Aufstieg und die Niederschlagung der polnischen Gewerkschaftsbewegung Solidarność 1980/81 waren nur ein kurzer Hoffnungsschimmer. Letztlich musste die Veränderung aus dem Zentrum der kommunistischen Macht kommen.

Bereits kurz nach seiner Wahl zum Generalsekretär der KPdSU im April 1985 entwickelte sich Michail Gorbatschow zu einem Hoffnungsträger für seine Heimat und darüber hinaus. Nach den überalterten Apparatschiks Breschnew, Andropow und Tschernenko betrat mit ihm eine neue Generation die politische Bühne. Zwar war auch Gorbatschow durch und durch Parteifunktionär – er hatte zu keinem Zeitpunkt in seinem Leben eine andere Arbeit ausgeübt – doch er wirkte aufgeschlossener und kommunikativer als seine Vorgänger. Gorbatschow und seine Umgebung hatten zu Beginn der 1980er Jahre bereits verstanden, dass das sowjetische System reformiert werden musste. Es stand nicht weniger als der Großmachtstatus der UdSSR auf dem Spiel. Außer beim Militär war die Sowjetunion in keinem Bereich konkurrenzfähig. Der Westen war ihr wirtschaftlich, sozial und kulturell enteilt. Nach mehr als sechs Jahrzehnten Sozialismus war der Kreml nicht einmal in der Lage, die eigene Bevölkerung mit Lebensmitteln zu versorgen. Diesen Rückstand schnell aufzuholen, war das Ziel der Moskauer Führung. Michail Gorbatschow hatte keinen festen Plan, wie er sein Ziel erreichen würde, aber er verstand, dass der Konflikt mit dem Westen sowjetische Ressourcen fraß. Deshalb suchte er von Beginn an den Kontakt zu westlichen Ländern, anfangs vor allem zu Margaret Thatcher und Ronald Reagan.

Über Jahrzehnte galt das Augenmerk der sowjetischen Führung dem Militär, der Partei und den Geheimdiensten. Gorbatschow erkannte schnell, dass die gesamte Wirtschaft grundlegend reformiert werden müsste. Doch der Generalsekretär und seine Mannschaft vertrauten zunächst auf die alten Methoden: „Beschleunigung" hieß seine erste Kampagne und ihr Ziel war es, Korruption zu bekämpfen, Alkoholmissbrauch einzudämmen und Disziplin am Arbeitsplatz durchzusetzen. Doch bereits nach wenigen Monaten zeigten sich die Grenzen dieses Ansatzes. Gorbatschow selbst hatte ein idealistisches Bild der UdSSR, indem er der KPdSU eine gewichtige Rolle bei der Reform des Landes und bei der Mobilisierung für Veränderung zuwies. Dies entsprach jedoch nicht der Wirklichkeit. Tatsächlich war der überwiegende Teil der Funktionäre bereit, ihren Status und das sozialistische System gegen jedwede Reform zu verteidigen. Die kommunistische Partei war nicht die Vorhut der Reformen, sondern die Bewahrerin des Systems. Als Gorbatschow und seine Mannschaft dies nach einigen Jahren verstanden hatten, begann ihr Versuch, die sowjetische Herrschaft – auch gegen die Interessen der Partei – umzubauen. Dazu benötigten sie das Bündnis mit einer kritischen Öffentlichkeit, deren Aufgabe es nun war, die historische Legitimität der Partei zu hinterfragen. Diese Kampagne wurde unter dem Schlagwort „Glasnost" bekannt. Die sowjetische Führung wollte sie eigentlich auf einige, wenige Themen begrenzen. Doch die Abschaffung der Zensur nach 1988 führte schnell dazu, dass zahlreiche Probleme – aus Geschichte und Gegenwart – enttabuisiert wurden. Dies führte zur Entzauberung von Partei und Staatsmacht, die über Jahrzehnte als unfehlbar dargestellt worden waren. Die neuen Themen hießen Stalinismus, Terror und die Ineffizienz der sowjetischen Wirtschaft.

Diese Änderungen in Moskau, von Gorbatschow vorangetrieben, wurden auch in Ostmitteleuropa bemerkt. Die Perestroika war eine Voraussetzung für die friedliche Revolution, die diesen Teil des Kontinents im Jahr 1989 erfasste und die kommunistische Herrschaft beendete. Hinzu kam der Freiheitswille der Bevölkerung, die sich in der Mehrheit lange von der Diktatur der Staatsparteien abgewandt hatte. So kam es nach den halbfreien Wahlen in Polen zu den großen Demonstrationen in der DDR, dann in der Tschechoslowakei und schließlich auch zum Umsturz in Bulgarien und Rumänien. Innerhalb weniger Monate endeten mehr als vier Jahrzehnte Diktatur mehr oder weniger friedlich. Doch die Sowjetunion bestand noch zwei weitere Jahre fort. Sie unterzeichnete 1990 noch die Charta von Paris, in der sie ihren früheren Satellitenstaaten die vollständige Souveränität und die freie Bündniswahl zusicherte. Damit war die Ordnung von Jalta mit ihren Einflusssphären auch offiziell beendet.

Das Jahr 1989 markierte offiziell das Ende des Kalten Krieges in Europa. Tatsächlich dauerte es jedoch noch einige Jahre, bis die Ordnung von Jalta vollständig verschwunden war. Die deutsche Einheit wurde verhandelt, die Staaten Osteuropas orientierten sich Richtung Westen und Gorbatschows Sowjetunion kooperierte in zuvor nicht ge-

kannter Weise mit den Vereinigten Staaten und mit dem gesamten Westen. In den Verhandlungen zur deutschen Einheit erklärte sich Moskau mit der NATO-Mitgliedschaft Deutschlands einverstanden. Damit bestätigte sich 1990 nochmals die Westbindung, die Adenauer in den 1950er Jahren vorangetrieben hatte. Doch es gab auch bedenkliche Entwicklungen: 1989 wurde in Peking der Protest gegen das Regime auf dem Platz des Himmlischen Friedens brutal niedergeschlagen. Das kommunistische China blieb weiter bestehen: Auch wenn es seine wirtschaftliche Liberalisierung erfolgreich fortsetzte, blieb es im Kern eine Diktatur. Die friedlichen Revolutionen waren auf Europa beschränkt. China, Kuba oder auch Nord-Korea blieben kommunistische Diktaturen.
In Gorbatschows Sowjetunion beschleunigte sich trotz der außenpolitischen Entspannung nach 1989 die Krise im Inneren. Die Wirtschaft und die Versorgung der Bevölkerung brach in weiten Teilen zusammen, ohne dass die marktwirtschaftlichen Instrumente griffen, und die nationalen Spannungen im Vielvölkerstaat nahmen zu. Die baltischen Republiken bildeten eine Vorhut – sie wiesen zum Jahrestag des Hitler-Stalin-Pakts bereits 1989 darauf hin, dass sie unrechtmäßig während des Weltkrieges annektiert worden waren. Nun verlangten sie die Wiederherstellung ihrer Souveränität. Im Südkaukasus kam es zu Pogromen und bürgerkriegsähnlichen Zuständen und der Konflikt um Berg-Karabach begann. Auf den Straßen von Tblissi oder Vilnius zeigte sich zudem, dass sich der sowjetische Gewaltverzicht auf Ostmitteleuropa und die DDR beschränkte. Im Inneren der UdSSR wurde mehrfach brutal die Sowjetische Armee gegen die Bevölkerung eingesetzt. Der Zivilisierungskurs Gorbatschows, die Perestroika, stieß hier an ihre Grenzen. Weder die Armee noch die Geheimdienste wurden in die Reformen einbezogen – eine Entscheidung, deren Folgen uns bis heute beschäftigen. Die sowjetischen Machapparate überstanden – mit Ausnahme der KPdSU – das Ende der kommunistischen Herrschaft.
Im Jahre 1991 zerfiel die Sowjetunion in ihre 15 Teilrepubliken, die sämtlich souveräne Staaten wurden. Nachdem im August 1991 ein Putsch des KGB und anderer Hardliner gegen die Regierung Gorbatschow gescheitert war, kam es zu einem erbitterten Machtkampf zwischen Gorbatschow und seinem Widersacher Boris Jelzin, dem demokratisch gewählten Präsidenten Russlands. Beide beanspruchten die Macht für sich. Schließlich verbündete sich Jelzin im Winter mit den Präsidenten von Belarus und der Ukraine und löste die UdSSR einvernehmlich auf. Damit endete auch die Ära Gorbatschows, der zuletzt als Unionspräsident amtierte. Der Westen, der fast bis zum Schluss auf Gorbatschow und den Erhalt der Union gesetzt hatte, musste die neue, unübersichtliche Lage akzeptieren. Während die drei baltischen Staaten sich sofort auf den Weg nach Europa machten, war die Lage in den anderen Republiken unübersichtlicher. Häufig regierte der Parteiapparat unter anderem Namen weiter. An einer raschen Demokratisierung hatten die sowjetischen Eliten kein Interesse. Sie waren zunächst primär damit beschäftigt, dass Staatseigentum und die Rohstoffe unter sich aufzuteilen. Für die Bevölkerung in den post-sowjetischen Staaten gingen die wirtschaftlichen Härten, die während der Perestroika begannen, ungebrochen weiter. Sämtliche Staaten litten unter Inflation, Rezes-

sion und einer weitgehenden Verarmung. Für das Gros der Bevölkerung sollte sich die Lage über Jahre kaum verbessern – erst in der zweiten Hälfte der 1990er Jahre fassten einige Staaten wieder wirtschaftlich Fuß.
In weiten Teilen der Welt wurden die frühen 1990er Jahre als Aufbruch wahrgenommen. Die Welle der Demokratisierung und das Ende der Systemkonkurrenz ließen plötzlich den Traum eines friedlich geeinten Europas zur realen Möglichkeit werden. Schnell signalisierte die Europäische Gemeinschaft, dass sie bereit war, auch die Staaten Osteuropas aufzunehmen. Zuvor mussten diese Länder jedoch Staat, Recht und Wirtschaft grundlegend reformieren – ein Prozess, der schließlich eineinhalb Jahrzehnte in Anspruch nahm. Schnell bildete sich in Ostmitteleuropa eine Avantgarde aus Polen, der Tschechischen Republik und Ungarn – hier wurden die Reformen besonders energisch vorangetrieben. Insgesamt zeigte sich, dass diejenigen Länder am besten abschnitten, die sich klare Ziele setzten und über klare politische Vorstellungen verfügten. Der Beitritt zu westlichen Institutionen setzte sie unter Druck, demokratische Spielregeln einzuhalten und den Rechtsstaat aufzubauen. Das war von entscheidender Bedeutung beim Bruch mit der kommunistischen Vergangenheit. Insbesondere die Übernahme hoher Staatsämter durch frühere Oppositionelle – wie Havel in Prag und Wałesa in Warschau – war von herausragender Bedeutung. Hier unterschied sich Ostmitteleuropa fundamental von der früheren Sowjetunion, wo – mit der signifikanten Ausnahme des Baltikums – die alten Eliten am Ruder blieben.
Auf internationaler Ebene waren die 1990er Jahre ebenfalls eine Epoche der Hoffnung und des Aufbruchs. Dies zeigte sich beispielsweise in Süd-Amerika, wo das politische Leben über Jahrzehnte von Militärherrschern geprägt war. Hier kehrte man ebenso zur Demokratie zurück wie in Mexiko, das lange Zeit autoritär von einer Staatspartei regiert wurde. In Südafrika kam es mit der Freilassung Nelson Mandelas und den freien Wahlen von 1994 zum Ende der Apartheid. Das rassistische Regime am Kap machte einer demokratischen Regierung Platz. Diese friedlichen Veränderungen galten weithin als Zeichen einer neuen Epoche des Friedens und der Zusammenarbeit, die den Kalten Krieg ablösen sollte. Es verbreitete sich die Überzeugung, dass die westliche Demokratie ein unwiderstehliches System sei, das seinen globalen Siegeszug fortsetzen würde. Tatsächlich existierten jedoch sowohl in Asien als auch in Afrika weiterhin zahlreiche autoritär regierte Staaten.
Auch im Nahen Osten gab es nach dem Ende des Kalten Krieges einen Moment der Hoffnung. Bereits 1978 hatten Israel und Ägypten in Camp David bei Washington Frieden geschlossen. Doch die Lage der Palästinenser und der PLO wurde davon zunächst kaum berührt. Mit der Intifada hatte sich seit Ende der 1980er Jahre die Lage eher verschärft. Doch auch der Nahe Osten wurde vom Ende des Kalten Krieges berührt. Über Jahrzehnte waren die Sowjetunion – und andere Ostblockstaaten wie die DDR – die Hauptsponsoren der PLO. Nach dem Zusammenbruch des Kommunismus mussten sich auch die Akteure in der Region neu orientieren. Unter norwegischer Vermittlung kam es 1993 zu den Osloer Abkommen über eine Selbstverwaltung der Palästinenser. Auch

wenn nicht alle Probleme in diesen Verträgen gelöst wurden, so ging vom Oslo-Prozess doch ein Zeichen der Zuversicht auf eine friedlichere Zukunft aus. Doch das Abkommen hatte auf beiden Seiten auch Skeptiker und Gegner. Die PLO hat es nie ratifiziert. Und auf israelischer Seite wurde Jitzchak Rabin, der sich für einen Frieden stark gemacht hatte, im November 1995 von einem jüdischen Extremisten in Tel Aviv ermordet.

Auch in der früheren Sowjetunion gab es Licht und Schatten. Im Baltikum schritt die Demokratisierung schnell voran, doch in Zentralasien etablierten sich autoritäre Regime. In Belarus kam 1994 Aljaksandr Lukaschenka mit freien Wahlen an die Macht, die er alsbald dazu nutzte, in der früheren Sowjetrepublik ein autoritäres Regime aufzubauen. In der Ukraine hingegen kam es 1994 nach Wahlen zu einem Machtwechsel und es zeigte sich, dass das Land auf einem langen, manchmal steinigen Weg Richtung Demokratie war. Besonders dramatisch war die Lage in Russland, wo es 1993 zum Machtkampf zwischen Präsidenten und Obersten Sowjet kam. Dieser Konflikt wurde nicht – wie 1989 in Polen oder der DDR – am Runden Tisch gelöst, sondern durch Panzer entschieden. Präsident Jelzin ließ seine Widersacher mitten in Moskau durch schwere Waffen zusammenschießen. Dutzende Menschen starben und Jelzin nutzte seinen Sieg, um eine autokratische Verfassung durchzusetzen, die dem Präsidenten weitgehende Vollmachten gab. Damit war Russland, nur zwei Jahre nach dem Ende der kommunistischen Diktatur, wieder zur Autokratie zurückkehrt. Ab 1994 führte es zudem, weitgehend unter dem Radar des Westens, einen blutigen Krieg gegen die Separatisten in Tschetschenien, der Tausende zivile Opfer forderte und zur weitgehenden Verheerung des Landes führte.

Die größte Katastrophe der 1990er Jahre bildeten die Jugoslawienkriege, der blutige Zerfall des Vielvölkerstaates auf dem Balkan. Bis zum Ende des Jahrzehnts versuchte Belgrad in mehreren Kriegen – teilweise mit regulären Truppen, teilweise mit Milizen – seinen Status als Hegemonialmacht auf dem Balkan zu behaupten. Slowenien, Kroatien, Bosnien und später das Kosovo mussten sich in mehreren Kriegen die Unabhängigkeit erkämpfen. Während dieser Kriege kam es von beiden Seiten zu Kriegsverbrechen, besonders erinnert wird das genozidale Massaker von Srebrenica, der bis dahin größte Massenmord in Europa nach 1945. Hundertausende Flüchtlinge strömten von Jugoslawien in diesen Jahren nach Mitteleuropa. Mord und Vertreibung und die „ethnische Säuberung" waren zurück in Europa. Die Kriege im zerfallenen Jugoslawien verdeutlichten, dass das Ende des Kommunismus keineswegs friedlich sein musste. Sie zeigten zudem, dass Kriege auch in Europa weiterhin möglich waren und dass es des Eingreifens der Ordnungsmacht USA bedurfte, um sie zu beenden. Die Europäer selbst waren nicht in der Lage, die neue Friedensordnung auf dem alten Kontinent zu garantieren. Sie benötigten 1995 und 1999 die militärische Macht und die Entschlossenheit der Vereinigten Staaten.

In den 1990er Jahren zeigte sich in der östlichen Nachbarschaft Deutschlands, dass das Ende von Jalta auch die Rückkehr der Vielfalt bedeutete. Von Estland bis Slowenien, von Bulgarien über die Ukraine nach Kasachstan gab es nun zahlreiche Staaten, die gleichberechtigt ihre Geschicke bestimmen wollten. Seit Mitte der 1990er Jahre wurde dies jedoch vom Kreml bereits nicht mehr akzeptiert. Obwohl von Gorbatschow in der Charta von Paris allen Staaten Souveränität und freie Bündniswahl zugesagt wurden, entstand unter Boris Jelzin schon bald das Konzept des „nahen Auslands". So bezeichnete der Kreml nun alle Länder, die vormals zur Sowjetunion gehört hatten. Bald zeigte sich, dass Moskau besonders in diesen Staaten weiterhin ein starkes Mitspracherecht beanspruchte. Es sah sie als seine Einflusszone an. Damit zeichnete in der zweiten Hälfte der 1990er Jahre bereits der Kern des Konflikts ab, der gegenwärtig in der Ukraine ausgetragen wird. Die Moskauer Eliten akzeptierten nur eine kurze Zeit die neue Ordnung in Europa. Zunächst wollte Jelzin, dann später mit größerer Verve Wladimir Putin, die russische Großmacht samt exklusiver Einflusszone wiederbegründen. Es war deshalb wenig verwunderlich, dass die Länder Osteuropas seit Mitte der 1990er Jahre in die NATO drängten. Sie sahen sich durch die imperiale Rhetorik aus Moskau bedroht und wussten, dass letztlich nur die USA ihre Sicherheit garantieren können.

Mehr als dreißig Jahre nach dem Ende des Kommunismus leben die Staaten der NATO und EU in Frieden, Freiheit und Wohlstand. Dies gilt leider nicht für die Länder, die nach 1991 neutral blieben wie Moldau, Georgien oder die Ukraine. Sie leiden – besonders die Ukraine seit 2014 – unter der militärischen Aggression Russlands. Insofern blieben die Hoffnungen der 1990er Jahre auf Frieden und Freiheit für ganz Europa unerfüllt. Gerade in Zeiten des Krieges gilt es jedoch, sich auch an den Aufbruch und den friedlichen Wechsel zu erinnern, der nach 1989 in ganz Europa möglich schien. Die Gestaltung einer gerechten Friedensordnung für das gesamte Europa bleibt eine große Herausforderung für die Zukunft.

Wolfgang Thierse

Nach 30 Jahren: Ein Rückblick auf die Entspannungspolitik

Angesichts des Angriffskrieges Putin-Russlands gegen die Ukraine – eines wahrlich erschütternden, die Zeiten wechselnden Ereignisses in der europäischen Gegenwart – wird die Geschichte der deutsch-russischen Verhältnisse und Beziehungen nach 1945 und nach 1990 in der öffentlichen Debatte einer kritischen Revision unterzogen. Das ist verständlich. Dabei sind allerdings die Stimmen besonders laut, die es post festum besonders gut wissen und in hohen moralischen Tönen allzu kluge Urteile fällen. Das betrifft zunächst die DDR-Geschichte und damit auch meine Biografie, denn immerhin gehören die vollen 40 Jahre DDR zu meiner Lebensgeschichte. Und das betrifft die Geschichte der Ost- und Entspannungspolitik der 1960er bis 2000er Jahre, deren Zeitgenosse und Zeitzeuge ich bin. Meine Bemerkungen sind deshalb biografisch gefärbt, also subjektiv.

Ich bin während des Zweiten Weltkrieges geboren und im Schatten seiner Folgen, der Folgen der Nazi-Diktatur und seiner Verbrechen aufgewachsen. Die DDR, die „zweite deutsche Diktatur", war durchaus eine dieser Folgen.

Eine gerechte Gesellschaft errichten zu wollen unter Opferung der Freiheit – das war der Versuch auf deutschem Boden, der DDR hieß. Die Verwirklichung einer Utopie, die ganz wesentlich in Deutschland erdacht worden war. Und trotzdem war die DDR vom Anfang bis zu ihrem Ende kein eigener, schon gar kein selbstbestimmter Versuch!

- Sie war eine vom ideologischen, politischen und ökonomischen System der Sowjetunion abgeleitete Diktatur.

- Von sowjetischen Truppen besetzt (immerhin mehrere Hunderttausend Soldaten waren in der DDR stationiert), war die DDR ein Vorposten des Imperiums, an dessen Westrand, an dessen gefährlich-gefährdeter Grenze.

- Die DDR-Diktatoren, also die SED-Führer, standen – mit relativen Unterschieden in Sachen innenpolitischer, ökonomischer, kulturpolitscher Selbstständigkeit über die vier Jahrzehnte hinweg – immer unter Moskauer Kuratel. (Man reiste zum Weisungsempfang nach Moskau oder der sowjetische Botschafter in Berlin übergab die Befehle.)

Dass die DDR immerhin 40 Jahre Bestand hatte, mag im Rückblick von einer erstaunlichen „Stabilität" zeugen. Und hat bei manchem Wessi die Frage provoziert, gar die Unterstellung: Waren die Ostdeutschen nicht selbst dafür verantwortlich?

Nun ja, wir waren eingesperrt, spätestens seit 1961. Es gab relative ökonomische Erfolge, bescheidenen Wohlstand (nichts im Vergleich zum Westen, aber mehr im Vergleich zum Osten Europas). Es gab soziale Sicherheit: Die DDR war ja auch ein Fürsorgestaat, ökonomisch teuer bezahlt. Es gab die Suggestion von Gleichheit. Und das Gefühl, wenigstens moralisch auf der richtigen, der antifaschistischen Seite zu stehen. Und es gab trotziges Dableiben und natürlich und ziemlich selbstverständlich auch Anpassung und Opportunismus (die ja vielleicht ein Menschenrecht sind für alle jene, also die meisten, die nicht zum Helden taugen). Gewiss auch gab es die „Überzeugungstäter", die an die Utopie glauben wollten (am Anfang der DDR wenige und am Ende wieder).
Ich erinnere daran ohne moralischen Zeigefinger, ohne Vorwürfe, sondern um zu vergegenwärtigen, dass Vielen die DDR fast bis zu ihrem Ende (und gerade auch uns innerhalb der DDR) auf entsetzliche, fast aussichtslose Weise stabil erschien, wie ja das ganze Sowjetsystem auch. Das war doch unsere doppelte Wahrnehmung: In der Nähe, im eigenen unmittelbaren Erfahrungsbereich, hatte man den Eindruck, das Ganze kann nicht mehr lange funktionieren, der Laden bricht zusammen. Aber die offizielle Darstellung und der Eindruck über die Westmedien war ganz anders: Die DDR erschien da als ein vergleichsweise erfolgreiches Land, als politisch stabiles System.
Umso jäher die Wendung der geschichtlichen Dinge 1989/90, umso überraschender der Sturz der Diktatur, die friedliche Revolution und ihr Erfolg. Das war ja – für die Beteiligten und erst recht für die Unbeteiligten – nicht zwingend vorhersehbar, war nicht „gesetzmäßig", nicht logisch und unvermeidlich. Es bedurfte einer Reihe historischer Vorläufer, an die ich dankbar erinnern will und des Zusammenwirkens verschiedener Ereignisse, Konstellationen, Kräfte:
Es bedurfte der Entspannungspolitik, die im KSZE-Prozess mündete, also der Überwindung des kalten Krieges durch die westliche Entspannungspolitik (die inneren Differenzierungen im Ostblock, in den kommunistischen Ländern, möglich gemacht hat). Ich erinnere an die russischen Dissidenten von Sacharow bis Solschenizyn. Ich erinnere an das Vorbild der tschechischen Charta 77. Es bedurfte des polnischen Papstes Karol Wojtyla und seines Besuches 1979 in Warschau und seiner Ansprache vor einer Million Menschen: *„Habt keine Angst!"* (das ging unsereins durch Mark und Bein). Es bedurfte der Kraft und der Ausdauer und des disziplinierten Mutes der polnischen Oppositionsbewegung Solidarność – bis zu ihrer grandiosen Erfindung des Runden Tisches. Es bedurfte der Intelligenz der ungarischen Reformkommunisten, die die Grenze öffneten. Es bedurfte der Perestroika-Politik Gorbatschows, der Gott sei Dank, die die in der DDR stationierte Rote Armee nicht gegen die Demonstranten zum Einsatz brachte. (Man stelle sich vor, Gorbatschow hätte mit seiner Reformpolitik Erfolg gehabt und das sowjetische System erfolgreich reformieren können, welchen Grund hätte er gehabt, die DDR und die anderen osteuropäischen Länder freizugeben?) Es bedurfte des ökonomischen wie des moralischen Desasters der SED-Politik, die auf der ganzen Linie gescheitert war. Und es bedurfte vor allem auch der Zivilcourage der Oppositionsgruppen, aber auch der

Desillusionierung der DDR-Bürger und der Überwindung unserer Angst, die ja die halbe Macht einer Diktatur ist. Und nicht vergessen werden darf schließlich auch die Handlungsfähigkeit westlicher Politiker von Helmut Kohl bis zu George Bush sen.!
Erst im Zusammentreffen dieser Voraussetzungen und Entwicklungen wurde sichtbar und wirksam, dass die Raison d'être der DDR verbraucht und zerstört war. Die DDR hatte ja nie eine eigene nationale Identität, sondern nur einen einerseits sicherheits- und machtpolitischen Existenzgrund als Westposten des sowjetischen Imperiums und andererseits eine immer prekäre und immer labile ideologische Identität, zunächst aus Antifaschismus gespeist, dann aus marxistisch-leninistischer Ideologie.
Es war also eine Mischung von inneren Faktoren und Entwicklungen einerseits und von Politik, von Einwirkungen von außen, die zum Ende der DDR und der ost-mitteleuropäischen Diktaturen und der Sowjet-Diktatur geführt hat. Über deren Gewichtungen mögen Historiker streiten.
Es ist üblich geworden, nicht nur den Beitrag der westlichen, der bundesdeutschen Entspannungspolitik dazu in seiner Bedeutung zu relativieren, sondern sie insgesamt infrage zu stellen. Vor allem sozialdemokratischer Politik wird der Vorwurf gemacht, sie sei zu etatistisch, zu sehr auf Moskau fixiert, zu sehr auf Stabilität und Sicherheit orientiert gewesen. Ich zitiere aus einem Interview von Joachim Gauck. Er spricht von einer problematischen Form der Entspannungspolitik: *„Statt die demokratische Opposition zu unterstützen, hielten Egon Bahr, Willy Brandt und andere Entspannungspolitiker fest an ihrer Taktik, Veränderungen nur von oben und mit den Herrschenden zu erwarten. Die Oppositionellen im ganzen Osten fühlten sich im Stich gelassen. Das war tragisch, und politisch war es eine Fehlkalkulation"*. (In seine Kritik bezieht Gauck übrigens die Politik Angela Merkels ein.)
Das ist der Grundton post festum gegen die Entspannungspolitik: Sie sei zu sehr sicherheits- und stabilitätsorientiert gewesen, zu moskaufixiert, zu rücksichtslos gegenüber den Mittel-Osteuropäern, gegenüber den Oppositionellen und Dissidenten. Ich will dagegen meine Erinnerungen stellen, die mir solche Urteile erschweren, auch im Nachhinein. Ich erinnere an Schicksalsdaten der ostdeutschen und osteuropäischen Geschichte.

- Die erste Erhebung gegen die sowjet-kommunistische Herrschaft fand in der DDR statt – am 17. Juni 1953. Sie wurde von sowjetischen Truppen niedergeschlagen.

- Es folgten 1956 die Aufstände in Polen und Ungarn. Sie wurden von sowjetischen Truppen niedergeschlagen.

- Dann der 13. August 1961: Der Bau der Mauer erfolgte im Schutz der sowjetischen Truppen. Alle westliche Rhetorik hatte ihn nicht verhindern können. Kennedy hatte ihn akzeptiert, hatte die Abgrenzung der Machtsphären akzeptiert, hatte die heiße Konfrontation vermieden.

- 1968: Der Versuch eines menschlichen, demokratischen Sozialismus im Prager Frühling wurde unter Führung der sowjetischen Truppen niedergeschlagen. Über emphatische Solidaritätsbekundungen hinaus konnte und wollte der Westen nichts tun, denn Prag lag in der sowjetischen Machtsphäre.

- 1980/81: Die polnische Bewegung Solidarność wurde mit einem Kriegsrecht im Schutz der sowjetischen Truppen unterdrückt. Die Zweiteilung der Welt galt noch, die Aufteilung in Machtsphären, die Breshnew-Doktrin der „Nichteinmischung in die inneren Angelegenheiten" in einer lebensgefährlich-hochgerüsteten, gegeneinander gerüsteten Welt.

Ich erinnere an das alles ohne moralischen Vorwurf. Sondern um zu vergegenwärtigen: Die Geschichte der DDR und unserer östlichen Nachbarn (auch meine Geschichte) war eine Geschichte enttäuschter Hoffnungen und der Niederlagen – bis am Schluss nur der Mut der Verzweiflung geblieben war.
All die genannten Ereignisse hatten immer wieder dieselbe bitterharte Einsicht vermittelt: Erst wenn sich in Moskau etwas ändert, dann sind vielleicht auch bei uns Änderungen möglich. (Ja, das war Moskau-Fixierung, das war unsere unausweichliche Moskau-Fixierung!)
Und dann tatsächlich, 1987/88/89 änderte sich etwas in Moskau. Gorbatschows Politik von „perestroika" und „glasnost", also Reformen und Transparenz! Aber dieser Gorbatschow wäre ohne die „moskaufixierte" Entspannungspolitik, ohne Helsinki nicht möglich geworden! Und dieser Gorbatschow gab nicht den Schussbefehl am 9. Oktober 1989 in Leipzig, also gab es auch keinen Schussbefehl aus Ost-Berlin! Die friedliche Revolution war möglich geworden.
Lassen Sie mich aber noch einmal zurückblicken. Die Veränderung der Politik gegenüber dem Osten, die neue Entspannungspolitik, war eine Reaktion auf die Ohnmachtserfahrung des 13. August 1961 – vor allem die der Berliner. Brandt und Bahr haben das in ihren Erinnerungen beschrieben.
Der Mauerbau war eine Niederlage, verriet ein doppeltes Scheitern. Für den Osten, für die SED-Führung: Dass die kommunistische Ordnung nur gegen den Willen des Volkes möglich sein würde, das zu diesem Zweck eingesperrt werden musste. Und für den Westen: Dass die rhetorisch-konfrontative und auch die militärisch-konfrontative Politik die Verhältnisse nicht änderte, sondern vielmehr zementierte.
Es war unübersehbar geworden: Die Ost-West-System-Konfrontation, ausgetragen als Kalter Krieg, sollte wenigstens nicht zu einem heißen Krieg in Europa führen (der dafür ersatzweise in dritten Welten stattfand). Diese Konfrontation hatte zu Hochrüstung geführt, zu einem Gleichgewicht des Schreckens, einem immer gefährdeten Frieden mit wahnwitzigen ökonomischen und auch menschlichen Unkosten – deren Last den Osten härter traf, viel härter.

Die Antwort auf diese Situation und Erfahrung war das Konzept der Entspannungspolitik:

- Realitäten, die durch Konfrontationspolitik nicht zu ändern sind, muss man zunächst anerkennen, um sie mittel- und langfristig friedlich ändern zu können.

- Statt Verschärfung von Gegensätzen ist Annäherung nötig, die Spannung und Erstarrung lockert und damit Wandel erst möglich macht.

- Verlässliche Sicherheit, Minderung von gefährlichen Risiken verlangt nach einem Konzept, das auf gemeinsame Sicherheit, auf das (am Schluss doch) gemeinsame Überlebensinteresse setzt und nicht mehr auf Sicherheit gegeneinander.

- Das alles sollte erreicht werden mit einer Politik der kleinen Schritte, der Vereinbarungen und Verträge für Abrüstung, für wirtschaftlichen Austausch, Handel und Verflechtung, vor allem aber für menschlichen Austausch, menschliche Begegnungen und Erleichterungen.

Wir Ostdeutschen waren (neben den West-Berlinern) das Ziel dieser Politik, waren deren Nutznießer!
Diesem Konzept folgten die deutsch-deutschen Verträge, der Besuch Willy Brandts in Erfurt, die wirtschaftliche und finanzielle Unterstützung und Hilfe für die DDR, sogar der Häftlingsfreikauf, bis zum Kredit von Franz-Josef Strauß ... All das hat die große Mehrheit der Ost-Deutschen mit Hoffnungen, mit Erleichterung und Zustimmung erlebt und begleitet. Ohne, dass die Wut auf die kommunistischen Herrschaften abgenommen hätte! Ohne, dass das kommunistische System dadurch stabilisiert worden wäre (im Gegenteil)!
Die westdeutsche Ost- und Entspannungspolitik konnte gelingen und erfolgreich sein aus mindestens fünf Gründen: 1.) Sie war eingebettet in die westliche Politik, die Strategie der USA von Kennedy bis Kissinger. 2.) Sie hatte die westliche, wirtschaftliche und vor allem auch militärische Stärke zur Grundlage, vor allem das Abschreckungspotential der USA. (Das sollte heute nicht vergessen werden.) 3.) Aber auch das, was man heute wohl „soft power" nennt, war auf westlicher Seite ein Pfund: Freiheit, Rechtsstaatlichkeit und Wohlstand, die kulturelle und gesellschaftliche Attraktivität des Westens. Unser Ostdeutscher Blick war meist nach Westen gerichtet, jeden Abend sind wir via Fernsehen in den Westen ausgewandert. 4.) Die Sowjetunion war nicht mehr die aggressive Diktatur Stalins, sondern spätestens unter Breshnew eine konservative Macht geworden, die ihr Imperium vor allem bewahren wollte und sich deshalb auf Verträge einließ. 5.) Die inneren Widersprüche in der Sowjetunion und erst recht in deren gesamten Herrschaftsbereich, hatten zugenommen – zwischen den Modernisierungskräften und -notwendigkeiten und den politischen, ideologischen, ökologischen Fesseln.

(In der DDR hätte man von der Widerspruchs-Dialektik von Produktivkräften und Produktionsverhältnissen gesprochen.)

Aus diesen Gründen, mindestens, konnte die Entspannungspolitik gelingen und auf immer höchst mühevolle, prekäre Weise gelingen und erfolgreich sein:

- Sie ermöglichte Verträge der militärischen Mäßigung, des Abbaus von Risiken, des wirtschaftlichen Austausches zu gegenseitigem Nutzen.

- Sie ermöglichte Verträge der Einflussnahme zur Verbesserung der Lebensbedingungen, der Aufrechterhaltung der menschlichen Beziehungen (Westbesuche für Rentner, Ostbesuche für Westdeutsche und West-Berliner).

- Sie ermöglichte die Überwindung, wenigstens Entschärfung nicht nur der militärischen, sondern auch der politisch-ideologischen Schützengraben-Situation und damit eine Entkrampfung im Inneren des Sowjet-Systems – und damit auch (allerdings immer nur relative) innere Liberalisierungen und Differenzierungen: Die Helsinki-Schlussakte war motivierend, war Berufungsinstanz für die östliche Opposition und Dissidenz (z. B. Charta 77).

- Sie ermöglichte schließlich auch Gorbatschow und das Wunder von Leipzig und das Freilassen der kommunistischen Satellitenstaaten und den Zerfall des kommunistischen Systems und den Abzug der Roten Armee, die Überwindung der deutschen Teilung und der europäischen Teilung.

- Sie ermöglichte das Ende einer Diktatur, die immerhin 70 Jahre Bestand hatte und Deutschland 45 Jahre teilte. Natürlich war das nicht allein Verdienst der Entspannungspolitik! Aber diese war eine der wesentlichen Faktoren für die glückliche Wendung unserer Geschichte.

Bei der Bewertung dieser Politik – insgesamt positiv – ist für mich entscheidend: Die Ost- und Entspannungspolitik der 1960er bis 1980er Jahre (also von Brandt bis Kohl) hatte dominant politische Ziele, nämlich Milderung und Überwindung der Teilung Deutschlands, Abbau der militärischen Gefährdungen in einer militärisch und ideologisch gegeneinander hochgerüsteten Welt. Für diese Politik waren Wirtschaft und Handel ein (gewiss nicht unwichtiges) Instrument.
Für die Ost- und die Russlandpolitik der 2000er bis 2020er Jahre (von Schröder bis Merkel) war es umgekehrt, sie hatte wirtschaftliche Ziele und Politik war deren Instrument. Dieser Politik ging es – erklärlicherweise – um die Sicherung unseres Wohlstands durch billige und verlässliche Rohstoff- und Energielieferungen aus dem unendlich reichen Russland – in der Hoffnung, dass Russland ein verlässlicher Partner sein und bleiben würde.

Mit der Hoffnung, die wir doch alle teilten, an die wir glauben wollten: Dass mit dem Erfolg der friedlichen Revolution und der Überwindung der europäischen Teilung ein goldenes Zeitalter des Friedens beginnen könnte. Dass wir Deutschen in einem Zustand historischen Glücks lebten, nämlich umzingelt von Freunden, im Frieden mit allen Nachbarn, in Grenzen, zu denen alle unsere Nachbarn ja gesagt hatten. (Wann hatte es das in unserer deutschen Geschichte jemals zuvor gegeben!) Dass ein Siegeszug der Demokratie begonnen habe, wie Francis Fukuyama prophezeit hatte. Dass eine Welt des Friedens, der Regeln und Verträge, des weltweiten und wirtschaftlichen und kulturellen Austausches möglich würde, schon da sei – die Globalisierung. Erinnern wir uns an diese Euphorie!?

Damals schien das alles keine Illusion. Gewiss, China störte ein wenig, die Vielzahl von autoritären und diktatorischen Herrschern, der Terrorismus, der Islamismus. Vieles, was uns abgelenkt hat, das wahrzunehmen, was unsere Hoffnungen jetzt auf wohl längere Zeit zur Illusion gemacht hat: Putin-Russlands Weg zu einer neuerlich aggressiven imperialen Macht. Spätestens 2014, seit der Annexion der Krim, hätten wir das nicht übersehen dürfen! Das ist wohl ein schuldhafter Fehler. Allerspätestens seit dem 24. Februar 2022 sind wir nun endgültig aus dem heiteren Himmel des Wohlbefindens und des Leichtsinns gefallen, in den wir, in den der Westen durch den Erfolg der friedlichen Revolutionen, des Zusammenbruchs des Sowjet-Kommunismus, des Ost-West-Systemkonflikts, geraten war.

Seit dem 24. Februar 2022 jedenfalls leben wir in einer anderen Welt, mindestens in Europa, in einer Welt, die sich von der früheren Welt der Entspannungspolitik deutlich unterscheidet und sehr fraglich macht, ob von damals etwas für heute noch zu übertragen, noch zu lernen ist.

Nach 1989/90, dem Ende des Sowjet-Systems, war es durchaus sinnvoll Russland durch eine kooperative Politik, von der die Vereinbarungen zum Abzug der sowjetischen Truppen ein Teil waren, in der Transformation zu Marktwirtschaft und Demokratie unterstützen zu wollen. Wirtschaftsbeziehungen und energiepolitische Verflechtung sollten dazu dienen, Russland zu transformieren, zu stabilisieren und nach und nach in europäische Strukturen zu integrieren. Diese Erwartung ist bitter enttäuscht worden, spätestens durch den Ukraine-Überfall, aber sie ist schon im Jahrzehnt davor durch Putins Politik konterkariert worden.

Die unvermeidliche Enttäuschung darüber sollte allerdings nicht dazu führen, in einer Art negativer Euphorie alle bisherige Politik gegenüber Russland moralisch zu verdammen, alle Ideen, Konzepte, Instrumente der Entspannungspolitik in die Rumpelkammer der Geschichte zu kippen. (Vielleicht werden wir einige nach dem Krieg wieder brauchen?)

Gegen mögliche Entspannungsromantik, wie auch gegen Kalte-Kriegs-Nostalgien sei noch einmal daran erinnert, dass die Entspannungspolitik, wie sie von Willy Brandt und Egon Bahr gestaltet worden ist, zwei Voraussetzungen hatte: einerseits die (auch militärische) Stärke des Westens, das Abschreckungspotential der USA und andererseits die Bereitschaft der Sowjetunion, sich auf Verhandlungen und Kooperationen einzulassen,

im Unterschied zu Putin-Russland heute. Damals konnte das Konzept des „Wandels durch Annäherung" und der „Sicherheit nicht gegeneinander, sondern miteinander" erfolgreich werden, konnten Verhandlungen geführt und Kooperationen vereinbart werden – bis hin zur KSZE, also zur „Konferenz für Sicherheit und Zusammenarbeit in Europa" mit ihrem folgenreichen Vertragswerk, der Helsinki-Schlussakte.
Heute stehen wir vor einer gänzlich anderen Herausforderung als in den 1960er bis in die 2000er Jahre. Putins Aggression hat die Welt, mindestens die europäische, verändert. Und deshalb ist auch militärische Solidarität mit der Ukraine so notwendig: für ihre Selbstverteidigung, für ihr Überleben! Da hat deutsche Politik ganz entschieden die Pflicht zu jeder verantwortbaren Form von auch militärischer Solidarität! Daran darf keinerlei Zweifel entstehen. Wir sind Partei auf Seiten der Ukraine!
Aber zugleich sollte es erlaubt sein, ja eigentlich eine Pflicht, schon im Krieg über den Krieg hinauszudenken. Denn: Was folgt nach dem Ende des Krieges, dem ukrainischen Opfergang, dem unsäglichen Leiden und Elend, die lange fortwirken werden? Putin ist ein Kriegsverbrecher. Er ist ein Verbrecher, der über Atomwaffen verfügt, deshalb kann er nicht ignoriert und militärisch nicht einfach besiegt werden. Das ist die bitterböse Tatsache, die weder hinweg-demonstriert, noch hinweg-gehofft und -gewünscht werden kann. Wie aber soll man mit einem Lügner und Verbrecher, der mit seiner blutigen Invasion so viele Verträge gebrochen hat, wie soll man mit Putin wieder verlässliche Vereinbarungen treffen? Ich weiß es nicht. Ich teile die kollektive Ratlosigkeit. Aber trotzig meine ich: Diplomatie muss wieder zu ihrem Recht kommen, damit die Waffen irgendwann, möglichst bald, schweigen können! Und wenn die Waffen schweigen, muss es wieder um Politik gehen!
Putin ist nicht gleich Russland. Das dürfen wir trotz all unserer wütenden Enttäuschung nicht vergessen. Mit der Erfahrung des Ukraine-Krieges erscheint es unabweisbar, dass Europa zunächst und mehr als zuvor seine Sicherheit gegen Putin-Russland organisieren und stärken muss. Aber nicht Jalta, sondern Helsinki muss trotzdem das Motto sein! Denn Russland ist und bleibt ein gewichtiger Teil Europas und sollte – spätestens nach Putin – zur Perspektive einer gesamteuropäischen Sicherheitsarchitektur, die Putin gerade zerstört hat, gehören.
Mir ist eine These von Carl-Friedrich von Weizsäcker aus den 60er Jahren des vorigen Jahrhunderts dauerhaft im Gedächtnis geblieben: Er vertrat damals die Auffassung, dass das Gefährliche der seinerzeitigen Weltsituation darin bestand, dass eine der beiden Weltmächte, also die Sowjetunion, nur militärisch stark und in allen anderen Hinsichten, also wirtschaftlich-technologisch und zivilgesellschaftlich schwach sei. Diese Beschreibung scheint mir aktuell auf Putin-Russland zuzutreffen. Denn Putin hat aus dem unendlichen Reichtum seines Landes nichts anderes gemacht, als diesen Reichtum für Hochrüstung zu nutzen, um der Wiedererrichtung russischer imperialer Macht willen und um sein autoritäres Herrschaftssystem aufzubauen. Das macht dieses riesige Land labil und gefährlich. (Die Innovationsquote Russlands, so war neulich zu lesen, entspricht etwa der von Belgien!!) Deshalb wird Europa, wird der Westen nach dem Krieg und nach

Putin verpflichtet sein, der Ukraine beim Wiederaufbau zu helfen. Aber er wird auch der Verpflichtung nicht entgehen können, Russland bei seinen notwendigen Modernisierungsprozessen partnerschaftlich helfen zu müssen. Denn: Russland ist auch dann noch gewichtiger Teil Europas und bleibt notwendig für eine neue und dann hoffentlich verlässlichere Friedensordnung.

Markus Meckel

Abzug mit Stolpersteinen

„Am 5. Juni 1945 unterzeichneten General Eisenhower, Feldmarschall Montgomery, General Lattre de Tassigny und Marschall Schukow im sowjetischen Hauptquartier in der Niebergallstraße 20 in Berlin-Wendenschloss die sogenannte ‚Berliner Erklärung'. Es war das erste Zusammentreffen der Oberkommandierenden der amerikanischen, britischen und französischen Streitkräfte in Deutschland mit ihren sowjetischen Kollegen nach der Kapitulation der Wehrmacht am 8./9. Mai 1945 und der Verhaftung der letzten deutschen Reichsregierung […] In der Berliner Erklärung wurde nunmehr die bedingungslose Kapitulation Deutschlands und die Übernahme der ‚Obersten Regierungsgewalt' durch die vier Siegermächte verkündet. […] (Die Übernahme der Obersten Regierungsgewalt bildete) *unter Berufung auf originäres Siegerrecht […] die Grundlage der Vier-Mächte-Verantwortung für Deutschland[als Ganzes und für Berlin im Besonderen. […] Auch wenn die Rechte und Verantwortlichkeiten der Vier Mächte durch Rückübertragung der Souveränität schrittweise gemindert wurden, blieb diese Struktur, die nicht zuletzt wesentliche alliierte Vorbehaltsrechte gegenüber Deutschland mit sich brachte, viereinhalb Jahrzehnte erhalten. Vollständig aufgehoben wurde sie erst durch den Zwei-plus-Vier-Vertrag vom 12. September 1990 und die Zustimmung der Vier Mächte zur Wiedervereinigung Deutschlands am 3. Oktober 1990."*[1]

Theoretisch kannte ich diese Rechtslage – sie war die Basis, die mit der deutschen Vereinigung ein Ende haben musste. Das vereinte Deutschland sollte völkerrechtlich souverän sein und dafür brauchte es die Zustimmung aller vier Alliierten des Zweiten Weltkrieges.

Ganz praktisch konnte ich am 22. Juni 1990 – kurz vor dem Ende dieser Siegerrechte – die Erfahrung machen, was es bedeutete, nicht die volle Souveränität über das eigene Territorium zu haben. An diesem Tag fand in Berlin die zweite Runde der Zwei-plus-Vier-Gespräche statt, in Ost-Berlin. Ich war als Außenminister der DDR der Gastgeber. Nun hatte man in der US-Botschaft die Idee, eine symbolische Handlung vorzunehmen – nämlich öffentlichkeitswirksam in Anwesenheit der sechs Außenminister das Kontrollhäuschen am Grenzübergang Checkpoint Charly wegzuheben. Es war mit dem Fall der Mauer und der nahen Vereinigung Deutschlands und damit auch Berlins überflüssig geworden. Nach der Kommunalwahl in der DDR am 6. Mai 1990 liefen die Gespräche zum sogenannten „Maggi-Senat", also eine enge Zusammenarbeit und zunehmende Integration der Verwaltung von Ost und West. Die amerikanische Seite brachte diesen symbolischen Akt nicht etwa als Vorschlag in die protokollarische Planung des Verhandlungstages ein, sondern lud in eigener Souveränität die sechs Außenminister zu diesem symbolischen Akt ein und auch die West-Berliner Bürgermeisterin Ingrid Stahmer – war Gast! Es war ein Ort auf der West-Berliner Seite und hier hatten sie die oberste Regierungsgewalt. Auch heute noch sind die Bilder von diesem Festakt die prägenden Fotos dieses Tages.

Vorher hatte ich als DDR-Bürger es immer wieder erleben müssen, dass „die Russen", wie es umgangssprachlich hieß, also die in der DDR stationierten sowjetischen Streitkräfte die unbeschränkte Souveränität besaßen. Natürlich kannte ein normaler Bürger nicht die internen Regelungen zwischen SED-Staat und diesen Streitkräften, aber dass die Hoheit bei Letzteren lag, war regelrecht zu spüren. Spätere Einblicke in die Akten und die – oft recht unbestimmte – Rechtslage bestätigten das dann.[2]

Ich bin in Berlin aufgewachsen und seit meiner Kindheit damit vertraut, dass rund um Berlin riesige Kasernen der sowjetischen Truppen das Bild bestimmten. In Potsdam-Hermannswerder machte ich auf einer kirchlichen Schule (heute das Evangelische Gymnasium Hermannswerder) das Abitur – und schaute von meinem Zimmer im Internat direkt auf den Kasernenhof der Truppe. Seit meiner Kindheit war das Bewusstsein über diese „Besatzungstruppen" ständig präsent – ohne dass dies mit einer Abneigung gegenüber den Offizieren und Soldaten verbunden war. Sie taten einem eher leid, hatte ich doch schon in meiner Potsdamer Zeit erlebt, wie unmenschlich einfache, oft sehr junge Soldaten von den eigenen Leuten behandelt wurden.

Später, in den 1980er Jahren als Pastor in Vipperow an der Müritz war der sowjetische (schon zu Kaisers Zeiten geplante) Flughafen bei Lärz in der unmittelbaren Nachbarschaft – und die Straßen sowie der Luftraum ständig unüberhörbar von den Truppen bevölkert. In Rechlin war das Zentrum des in den 30 Jahren entstandenen Ortes von den Sowjets besetzt und nicht betretbar. Manche wagten es durch persönlichen Kontakt im „Magazin", den sowjetischen Wojentorg-Läden mit so manchen Köstlichkeiten, einzukaufen. Zwischen der Bevölkerung und „den Russen" – obwohl die sowjetischen Truppen und Offiziersfamilien natürlich auch anderen Völkern der Sowjetunion angehörten! – hatte sich ein im Wesentlichen spannungsfreier modus vivendi eingespielt. Zu diesem gehörte jedoch die Anerkenntnis, dass nicht nur man selbst als einfacher Bürger, sondern im Ernstfall auch die staatlichen Behörden der DDR hier keine Hoheit und Souveränität hatten. Ob es ein Verkehrsunfall war, ein krimineller Akt oder schlicht Umweltschäden – hier hatten auch diese keine Macht. Manchmal wurde erzählt, dass wieder einmal ein Soldat geflohen sei – und dass er „gejagt wurde wie ein Hase". Mehr erfuhr man nicht.

So gehörten diese Truppen zum Alltag. Wenige machten sich wirklich bewusst, dass sie zu der Macht gehörten, die die Aufstände 1953 in der DDR, 1956 in Ungarn mit Gewalt niedergeschlagen und ebenso auch den „Prager Frühling 1968" beendet hatten. Man hatte sich eingerichtet und es war tief verwurzelt im Bewusstsein, dass die Zukunft gewissermaßen einbetoniert war in die Verhältnisse des Kalten Krieges und wir zum sowjetisch beherrschten Machtbereich gehörten, aus dem es kein Entrinnen gab. Jedenfalls politisch nicht, außer der persönlichen Entscheidung für einen Ausreiseantrag. Solange bei jedem ernsthaften Versuch einer grundlegenden gesellschaftlichen Veränderung die Panzer wieder aus den Kasernen oder aus Moskau kämen, war ein Ausbruch aus der Diktatur nicht möglich.

Dadurch, dass ab 1985 ein neuer Wind mit Gorbatschow ausgerechnet aus Moskau wehte, entstand Hoffnung – obwohl, vielleicht aber auch gerade weil Honecker ihn merklich ablehnte. Glasnost und Perestroika regten zu eigenen Gedanken und Aktivitäten an. Michail Gorbatschow gelang es sogar, Ronald Reagan zu einer neuen Politik zu gewinnen. Mit der Abschaffung der Mittelstreckenraketen war ein Weg beschritten, der langsam auch weitergehende Hoffnungen auf grundsätzlichere Veränderungen aufkeimen ließ.

International war die Rede Gorbatschows vor der UNO im Dezember 1988 ein Paukenschlag. Er kündigte die einseitige Reduzierung der eigenen Streitkräfte um 50.000 Soldaten an und eine beachtliche Reduzierung der Truppen in der DDR, Ungarn und der Tschechoslowakei, einschließlich 5.000 Panzern und anderem schwerem Gerät. Er bekannte sich zur UN-Charta und den Menschenrechten und in bisher einzigartiger Klarheit zu der von ihm schon früher proklamierten „Freiheit der Wahl" – und die Nichteinmischung seitens der Sowjetunion.[3] In seiner Rede vor dem Europarat am 6. Juli 1989 erklärte er: *„Und die Anerkennung dieser historischen Gegebenheit, die Respektierung des souveränen Rechtes jedes Volkes, nach eigenem Gutdünken die Gesellschaftsordnung zu wählen, ist die wichtigste Voraussetzung für den normalen Ablauf des europäischen Prozesses."* Das war faktisch das Aufgeben der sogenannten Breschnew-Doktrin, die Frage war damals nur, wie verlässlich eine solche Aussage war. Unmittelbar von Straßburg aus flog Gorbatschow zum Treffen des Warschauer Paktes am 7./8. Juli nach Bukarest. Es war das erste Treffen nach der (halb)freien Wahl in Polen am 4. Juni 1989 mit dem überwältigenden Sieg von Solidarność. Hier setzte sich Gorbatschow gegenüber den orthodoxen kommunistischen Parteiführern durch und bestätigte diese Linie der Nichteinmischung auch in Polen.[4]

Es brauchte noch einige Zeit, bis sich Gorbatschow mehr und mehr bewusst wurde, dass diese „Freiheit der Wahl" auch für den Ausbruch aus der kommunistischen Welt – oder in der Sprache Gorbatschows: außerhalb des Rahmens des Sozialismus gelten musste, für die grundlegende Alternative, die Wahl der parlamentarischen Demokratie und im Falle Deutschlands auch der deutschen Vereinigung.

Die von Gorbatschow geöffneten Räume zur „Freiheit der Wahl" wurden 1989 in ganz Ostmitteleuropa genutzt. Der Bazillus der Freiheit verbreitete sich mit Wucht, in der jeweils eigenen Dynamik zerfiel die Macht der kommunistischen Regime – zum Teil, wie in Ungarn, auch innerhalb der kommunistischen Führung selbst.

Die Staaten Ostmitteleuropas und die DDR ergriffen ihre Chance – und schritten sehr grundlegend voran auf dem Weg zu einer parlamentarischen Demokratie. Es war eine mitteleuropäische Revolution, die mit dem Sieg von Freiheit und Demokratie endete. Nach Polen galt das zuerst für Ungarn, dann aber auch für die DDR und die Tschechoslowakei.

Mit der Demokratisierung der Staaten Mitteleuropas war nun jedoch auch die Frage der Souveränität auf der Tagesordnung. Die Geschichte hatte gezeigt, dass die sowjetischen Truppen auf dem Territorium der „Verbündeten" im Warschauer Pakt nicht echte Bundesgenossen gegen einen gemeinsamen Feind waren. Sie waren – vielfach blutig belegt – Instrumente des sowjetischen Imperiums, die diese Völker in das Bündnis zwangen. Mit der errungenen Demokratisierung stand auch das Verhältnis zur Vormacht Sowjetunion auf der Tagesordnung – und allem voran die Frage der sowjetischen Truppen in diesen Ländern.

In seiner UNO-Rede 1988 hatte Gorbatschow – wie oben schon erwähnt – in eigener Initiative und einseitig einen beträchtlichen Rückzug sowjetischer Truppen aus Ostmitteleuropa angekündigt. Ein Jahr später, kurz nach der Samtenen Revolution in der CSSR, verlangte noch die neue kommunistische Regierung unter dem Druck des Bürgerforums und einer aufgebrachten Bevölkerung den Abzug aller Truppen des Warschauer Paktes aus dem Land bis Ende 1990. Das sollte nicht nur die 70.000 sowjetischen Soldaten, sondern zusätzlich auch die 74.000 Soldaten des Warschauer Paktes betreffen, die nach der Niederschlagung des Prager Frühling 1968 im Land geblieben waren.[5] Gorbatschows Versuche, den Prozess zu verzögern, schlugen fehl und er ließ sich mit Vaclav Havel dann kurzfristig auf einen Vertrag ein, der noch im Januar 1990 abgeschlossen wurde und den Abzug bis Mitte 1991 zusicherte. Daraufhin folgte Ungarn diesem Beispiel und schließlich war auch dort die Sowjetunion bereit, die ca. 50.000 Soldaten bis spätestens Ende 1991 abzuziehen. Es gelang dann jedoch schneller. Am 19.06.1991 verließ der letzte sowjetische Kommandant Ungarn, das somit das erste Land in Mitteleuropa ohne sowjetische Truppen war.

Ein besonderer Fall war Polen. Im Februar 1990 bot Gorbatschow dem ersten nichtkommunistischen Ministerpräsidenten Polens, Tadeusz Mazowiecki, den Abzug der dort stationierten 45.000 Soldaten an, nachdem Wałesa eine derartige Forderung gegenüber dem sowjetischen Botschafter ohne Rücksprache mit der Regierung angedeutet hatte. Mazowiecki lehnte zum Erstaunen Gorbatschows das Angebot ab. Grund war die ihn umtreibende Sorge angesichts der Weigerung Kohls, die polnische Westgrenze unverzüglich und bedingungslos im Zuge der angestrebten Vereinigung Deutschlands anzuerkennen.[6] Für den Augenblick schienen ihm die sowjetischen Truppen unter Gorbatschow eine Garantie gegenüber den Unsicherheiten der deutschen Entwicklungen zu sein – angesichts des tiefsitzenden Misstrauens Polens gegenüber dem östlichen Nachbarn schon ein bemerkenswertes Zeichen dafür, wie stark Kohls Verhalten in diesen Monaten an das polnische Sicherheitsinteresse rührte.[7]

In der DDR fiel im Zuge der Friedlichen Revolution im November 1989 die Mauer – und damit stand die Frage nach der deutschen Einheit im Raum. Doch brauchte gerade auch diese Perspektive eine Regierung mit Legitimation, um die nötigen Verhandlungen zu führen – also eine demokratische Wahl. Die Bedingungen für diese Wahl wurden zwischen Dezember 1989 und März 1990 am Runden Tisch ausgehandelt. In diesen Monaten wurde mehr und mehr deutlich, dass die große Mehrheit der Bürger der DDR die Einheit wollte – umstritten waren in den ersten Wochen des Jahres 1990 nur noch der Weg in die Einheit und damit die konkreten Bedingungen für sie. Mit der freien Wahl am 18. März 1990 und der Bildung der Koalitionsregierung am 12. April 1990 hatte sich die DDR zu einem demokratischen Staat entwickelt. Damit waren die Grundlagen geschaffen, die deutsche Einheit als Akt der Selbstbestimmung der DDR-Bürger in Verhandlungen anzustreben. Dies sollte sowohl bilateral geschehen in Verhandlungen zwischen den Regierungen der DDR und der Bundesregierung – sowohl zur Währungsunion wie auch zur staatlichen Einheit. Mit der Wahl zur Volkskammer war faktisch auch die Entscheidung gefallen, dass der Rechtsweg der Einheit über Artikel 23 des Grundgesetzes geschehen würde – durch einen Beitritt. In den Koalitionsverhandlungen legten wir jedoch fest, und darauf legten wir als SPD besonderen Wert, dass die Grundlage für die Beitrittsentscheidung ein ausgehandelter Vertrag sein müsse, welcher die konkreten Bedingungen genau beschreibt.

Wie oben beschrieben, ging es jedoch nicht nur um die bilateralen Fragen. Damit das vereinte Deutschland künftig souverän sein würde, brauchte es die Zustimmung der Alliierten des Zweiten Weltkrieges – der USA, Großbritanniens, Frankreichs und der Sowjetunion. Im Februar 1990 hatte sich Gorbatschow zu der Anerkennung der deutschen Einheit durchgerungen.[8] Beim Besuch von Kanzler Kohl in Moskau am 10. Februar 1990 teilte Gorbatschow ihm das mit.

Neben manchen anderen Fragen, wie etwa der dauerhaften Anerkennung der polnischen Westgrenze, stand im Zentrum die Frage der Bündniszugehörigkeit des vereinten Deutschlands. Präsident Bush machte die NATO-Mitgliedschaft zur Bedingung seiner Zustimmung – und genau das schien anfangs für die Sowjetunion unannehmbar.

Schon der Rahmen, in dem dies verhandelt werden sollte, stand nicht von vornherein fest. Dass es dann letztlich nur die beiden deutschen Staaten und die vier Alliierten des Zweiten Weltkrieg waren, war nicht bei allen europäischen Staaten anerkannt, doch einigten sich die betroffenen westlichen Staaten mit der Sowjetunion darauf am Rande einer Sicherheitskonferenz in Ottawa, der sogenannten „Open Skies"-Konferenz im Februar 1990. So entstand das Format „Zwei-plus-Vier".[9]

Die USA und die Bundesregierung vertraten von Beginn an die mit den anderen westlichen Alliierten abgestimmte klare Position, dass für sie die NATO-Mitgliedschaft Deutschlands absolute Priorität hatte. Wie also wollte man die Zustimmung Gorbatschows dafür erlangen? Um diese Frage kreisten alle Gedankenspiele und Verhandlungen. Gorbatschow wiederum suchte angesichts der immensen internen Schwierigkeiten Handlungsfreiheit und brauchte wegen der desaströsen wirtschaftlichen und finanziellen Lage Unterstützung. Die Bereitschaft der Bundesrepublik, hier massive Hilfe zu leisten, spielte für die letztendliche Zustimmung eine nicht verzichtbare Rolle. Gleichzeitig aber ging es um die künftige Sicherheit, um Vertrauen und Gesichtswahrung.

Deutlich war, dass die sowjetischen Truppen Deutschland würden verlassen müssen. Gleichzeitig war klar, dass die in Deutschland stationierten Truppen der anderen Westmächte bleiben würden – waren sie doch (weitgehend) nicht mehr wegen der Rechte der Alliierten dort, sondern aufgrund der gemeinsamen, integrierten Strategie als Bündnispartner der NATO.
So gingen meine Überlegungen dahin, dass es gut sein könnte, zur Gesichtswahrung der Sowjetunion einen symbolisch starken Ort zu benennen, an dem alle Alliierten gleichbehandelt werden und gleichzeitig abziehen – Berlin. Dies hätte die sowjetische „Seele gestreichelt", aber sicherheitspolitisch nichts gekostet. Beim zweiten „Zwei-plus-Vier"-Treffen der Außenminister machte ich deshalb den Vorschlag, dass alle alliierten Truppen vor der Vereinigung Berlin verlassen sollten. Dies löste einen Sturm der Entrüstung aus. Selbst Walter Momper als Regierender Bürgermeister West-Berlins kam später zu mir und fragte, wer denn in dieser Zeit die Berliner schützen solle. Ich wiederum hielt diese Frage für absurd, war doch klar, dass die West-Berliner gegenüber den Leipzigern oder Rostockern keinen besonderen Schutz bräuchten.[10]
Beim Treffen der Delegationen von Gorbatschow und Helmut Kohl in der Sowjetunion und schließlich in Archys im Kaukasus gab Gorbarschow schließlich nach langen Gesprächen und der Aushandlung der konkreten Bedingungen die Zusage, dass Deutschland nach der Vereinigung Mitglied der NATO bleiben könne, oder völkerrechtlich klarer: dass das geeinte Deutschland seine volle Souveränität erhält und sich so auch selbst seine Bündnispartner wählen könne.
Zu den konkreten Bedingungen gehörten nun zentrale Fragen, um die lange gerungen wurde. Der Abzug würde mehrere Jahre brauchen – was aber war in der Zwischenzeit? Hier mussten klare Absprachen und Zusagen und vertragliche Regelungen getroffen werden. So wurde vereinbart: *„Das vereinte Deutschland und die UdSSR würden eine Vereinbarung über den Abzug der sowjetischen Truppen aus der DDR abschließen. Diese Truppen blieben für eine bestimmte Frist aufgrund eines bilateralen Vertrages in der heutigen DDR. Dieser Vertrag solle jetzt bereits zwischen der Sowjetunion und der Bundesrepublik vorbereitet werden, wobei Bonn sich intensiv mit der DDR-Seite abstimmen werde."*[11]
Nach manchem Hin und Her gab es schließlich Einigkeit, dass die Frist nicht länger als drei bis vier Jahre währen dürfe. Allen war zudem klar, dass Deutschland würde erhebliche Finanzmittel aufwenden müssen, zum einen, um den Aufenthalt selbst in diesen Jahren zu finanzieren, wie es ja auch vorher durch die DDR geschehen war. Zum anderen aber ging es um den Abzug selbst und die Hilfe dabei, für die Offiziere und Soldaten Wohnraum und möglichst konfliktfreie Möglichkeiten der Integration in die heimische Gesellschaft zu schaffen, was sich zunehmend als Problem erwies.
Um die notwendigen Vorbereitungen für den Abzugsvertrag vorzunehmen, beauftragte der Ministerpräsident Rainer Eppelmann und mich, ein abgestimmtes Konzept zu erarbeiten.[12] Doch mussten wir bei einer Verhandlungsrunde zu den Zwei-plus-Vier-Gesprächen in Bonn am 19. Juli 1990 feststellen, dass die Bundesregierung festschreiben wollte,

die Verhandlungen zu diesem Rückzug rein bilateral zwischen der Bundesregierung und der Sowjetunion zu führen. Hans Misselwitz, mein Staatssekretär, dem dies mitgeteilt wurde, protestierte dagegen, dass die Regierung der DDR von diesen Verhandlungen ausgeschlossen sein würde.[13] In einer Aktennotiz des Auswärtigen Amtes für eine Ressortbesprechung vom 1. August 1990, die wir später in die Hände bekamen, hieß es: „ChefBK (Chef Bundeskanzleramt) sieht vor, dass DDR-Vertreter grundsätzlich nicht an den Verhandlungen teilnehmen."[14] Ohne Begründung zog Lothar de Maiziere dann auch seinen Auftrag an Eppelmann und mich zurück – offensichtlich auf Druck aus Bonn.
Das war unfassbar, und noch heute kann ich über diese unakzeptable Anmaßung und Ignoranz nur den Kopf schütteln. Aber es war ernst gemeint und wurde dann auch so vollzogen. Dabei ging es um das Territorium der DDR und Zusammenhänge, für die wir als gewählte Regierung bis zur Vereinigung die Verantwortung trugen. Dazu kam, dass – wie sich dann auch an vielen anderen Stellen zeigte – die westlichen Verhandlungsführer frei von jeder Sachkenntnis waren.[15] Hierzu möchte ich meinen damaligen Staatssekretär Helmut Domke ausführlich zu Wort kommen lassen, der für den Kontakt zu den sowjetischen Truppen und die „Gemischte Kommission" zuständig war. Nach der Bildung der Länder im Oktober 1990 war er in Brandenburg Konversionsbeauftragter und hat so mit den Folgen dieses Vertrages sehr konkrete Erfahrungen gemacht.
„Im Ergebnis zeigte der Aufenthalts- und Abzugsvertrag einige gravierende Mängel, die uns wahrscheinlich bereits auf den ersten Blick bei den Verhandlungen aufgefallen wären. Sie betrafen vor allem den Artikel 7 des Vertrages. Dort wurde vereinbart, bei der Abwicklung der Übergabe der 1.062 von der Westgruppe genutzten Militärliegenschaften eine Aufrechnung vorzunehmen zwischen den Werten, die von der Sowjetunion dort eingetragen wurden, beispielsweise Wohn- und Verwaltungsbauten, Anlagen und Flugplätze, gegen die von den sowjetischen Truppen verursachten Schäden an den Liegenschaften, insbesondere die Belastung der Böden durch Treibstoffe und Munition. Die Bewertung der Güter sollte zum Verkehrswert, also zu Marktwerten erfolgen. Die Ermittlung der Schäden sollte von Experten vorgenommen werden. Erst nach dieser wertmäßigen Auseinandersetzung konnte demgemäß eine Veräußerung durch die Bundesvermögensverwaltung an einen Investor erfolgen.
Schon bald erwies sich in der Praxis, wie erwartet, die Unsinnigkeit dieses Verfahrens:

- Die Ansichten auf sowjetischer und auf deutscher Seite über die Werte waren weit voneinander entfernt. Die deutsche Seite beharrte auf dem Verkehrswert, der sich aus dem Marktwert ergibt und aus den Angeboten von potentiellen Interessenten zu ermitteln ist. Die Westgruppe ging von den Investitionskosten aus und kam auf eine Gesamtsumme von 10,5 Milliarden DM zu ihren Gunsten. ...

- Die Aufrechnung Werte gegen Schäden erwies sich von ihrem Prinzip her als zutiefst kontraproduktiv. Keiner wusste so gut über Schäden und Verdachtsflächen auf ihren Militärobjekten Bescheid wie die Angehörigen der Westgruppe selbst.

> Die Zusammenarbeit mit ihnen bei der Ermittlung der Schäden und gegebenenfalls auch der Einleitung von präventiven Maßnahmen zur weiteren Ausbreitung war blockiert, solange man für die Aufdeckung der Schäden praktisch bestraft, statt belohnt wurde. ...[16]

Die von Helmut Domke beschriebene Unsinnigkeit des Vorgehens wurde erst im Dezember 1992 teilweise korrigiert. Doch da waren die Messen weitgehend gesungen. Schon vorher hatte man etwa in Brandenburg auf seine Vorschläge hin andere pragmatische Wege zu gehen versucht. Im weiteren Verlauf wurden dann auch ostdeutsche Experten und teilweise auch die betroffenen Kommunen frühzeitiger als geplant eingebunden.

Im Klartext ist deutlich zu sagen: Der Vertrag zum Abzug der sowjetischen Truppen als Teil der Verträge zur deutschen Einheit ist ein eklatantes Beispiel von Arroganz und Respektlosigkeit der Bundesregierung gegenüber der demokratischen Regierung der DDR. Über unsere Köpfe hinweg wurden Sachverhalte verhandelt, die in unsere Zuständigkeit fielen, denn es ging um das Territorium der DDR. Dazu kam die Inkompetenz, die zu verheerenden Folgen führte. Ein Vertrag, an dem wir beteiligt gewesen wären, hätte zum beiderseitigen Vorteil für die vier Jahre bis zum vollständigen Abzug auf Kooperation bei der Behebung der ökologischen Schäden und bei der Beseitigung der verstreuten Munition in Landschaft und Wäldern gesetzt, sowie auf die frühzeitige Beteiligung der betroffenen Kommunen. Durch das unsinnige Aufrechnen nach den Regelungen des Vertrages führte das zum strategischen Verdecken aller Schäden – zum Nachteil Deutschlands. Wenn heute etwa in Mecklenburg und Brandenburg bei Waldbränden die Feuerwehr oft wegen der Munitionsbelastung nicht in die Wälder fahren kann, ist das eine Folge dieses durch Inkompetenz verfehlten Vertrages.

Die damaligen Abläufe verstärken die Argumente, dass für die dringend nötige Beseitigung dieser bis heute wirksamen Schäden der Bund eine besondere Verantwortung trägt.

1 Manfred Görtemaker: *Die vier Siegermächte übernehmen mit der „Berliner Erklärung" die oberste Regierungsgewalt in Deutschland*, siehe: https://kas.de/web/geschichte-der-cdu/kalender/kalender-detail/-/content/die-vier-siegermaechte-uebernehmen-mit-der-berliner-erklaerung-die-oberste-regierungsgewalt

2 Siehe z. B. Silke Satjukow: *Besatzer – „Die Russen" in Deutschland 1945–1994*, Göttingen 2008; Helmut Domke: *Erinnerungsskizzen*, Manuskript Depositum Helmut Domke (09.02.2016), Archiv Bundesstiftung Aufarbeitung

3 Vgl. Rafael Biermann: *Zwischen Kreml und Kanzleramt. Wie Moskau mit der deutschen Einheit rang*, Paderborn 1997, S. 88 ff

4 Siehe Martin Gutzeits letzte Veröffentlichung: *Gorbatschows vergessene, erste Friedliche Revolution*, Deutschland Archiv, www.bpb.de

5 Biermann, a. a. O., S. 268 f

6 A. a. O., S. 269

7 Zu den polnischen Sorgen zur Grenzfrage im Zusammenhang der deutschen Vereinigung, siehe Markus Meckel: *Zu wandeln die Zeiten. Erinnerungen*, Leipzig 2020, S. 367–378 und ders. im Schlusskapitel zu Enrico Seewald/Urs Unkauf: *Deutschland und Polen. Die amtlichen Beziehungen*, BeBra Wissenschaftsverlag, 2024 (im Erscheinen 2024)

8 *Zum Prozess dieser Entscheidungsfindung*, siehe Biermann, a. a. O., S. 388 ff

9 Biermann, a. a. O., S. 420 ff; *Meine eigene Perspektive bzw. die Politik der DDR*, dazu siehe Meckel, *Zu wandeln die Zeiten*, S. 387–414

10 Siehe Meckel, a.a.O., S. 421

11 Siehe Weidenfeld, a.a.O., S. 550

12 Siehe Depositum Meckel in der Bundesstiftung Aufarbeitung, Mappe 652

13 Siehe Hans Misselwitz, in: *Verantwortung für den Osten. Die Außenpolitik der letzten DDR-Regierung und ihre Rolle bei den „Zwei-plus-Vier"-Verhandlungen*, in: Elke Bruck/Peter M. Wagner (Hg.), *Wege zum „Zwei-plus-Vier"-Vertrag. Die äußeren Aspekte der deutschen Einheit.*, München 1996, S. 58

14 Arbeitspapier als Geheime Verschlusssache – 201–363,14 SOW, siehe Depositum Helmut Domke in: Bundesstiftung Aufarbeitung, Nr. 20

15 Siehe Meckel, a. a. O., S. 408–415; Helmut Domke, *Erinnerungsskizze* 2016, S. 47–52, Depositum Markus Meckel

16 Domke, a. a. O., S. 51 f

„Europa kann nicht uneins sein. ... Wir haben nicht das Recht, das Kapital der Freundschaft und Sympathie zu verlieren."

Präsident Boris Jelzin am 31. August 1994 in Berlin anlässlich des Festaktes zur Verabschiedung der Westgruppe der russischen Streitkräfte in Deutschland[1]

Hans J. Misselwitz

Der Friedensschluss von 1990 und sein Vermächtnis für die deutsch-russischen Beziehungen

Die Erinnerung an die Zeit vor 30 Jahren führt uns heute vor Augen, was im Gefolge des Krieges, den Russland gegen die Ukraine führt, auf absehbare Zeit verloren scheint. Das Kapital der „Freundschaft und Sympathie" zwischen Deutschen und Russen von dem Boris Jelzin 1994 sprach, ist weithin aufgebraucht. Es herrschen wechselseitiges Misstrauen und dazu noch Sprachlosigkeit. Damals, als die letzten russischen Truppen aus Deutschland abzogen und somit die Nachkriegszeit definitiv zu Ende war, dominierten die Hoffnungen auf ein neues Kapitel der deutsch-russischen Beziehungen. Sie standen seit dem Friedensschluss von 1990 im Zeichen eines grundlegenden Neuanfangs. Daran will dieser Beitrag erinnern, an die Möglichkeiten, die damals die Geschichte bereithielt und wie sie von der Politik aufgegriffen wurden. Dass damals die Sowjetunion bereit war, ihre durch den Zweiten Weltkrieg in Deutschland gewonnenen Positionen im Vertrauen auf bessere Zeiten zu räumen, war nicht etwa eine Kapitulation, wie es viele sahen, sondern neues Denken und mutige Politik.
Der Angriff Russlands auf die Ukraine ist ein eindeutiger Bruch des Völkerrechts. Er hat auch gravierende Folgen für die deutsch-russischen Beziehungen. Für Europa bedeutet er aber mehr als einen Rechtsbruch, nämlich einen Bruch mit dem Geist des Friedensschlusses von 1990, den Bruch eines lang gewachsenen Vertrauens. Dieses ermöglichte die deutsche Einheit und jene gesamteuropäische Friedenserklärung, die die „Charta von Paris" 1990 war.[2] Wenn nun mit der „Zeitenwende" der Beginn einer Epoche in Europa reklamiert wird, in der Russland für eine nicht absehbare Zeit ausgeschlossen sein soll, dann betrifft das die künftigen Beziehungen Deutschlands zu Russland besonders. Mir geht es hier um den Versuch, die Grundlagen für die 1990 gelungene friedliche Zeitenwende in den Ost-West-Beziehungen vor Augen zu führen – auch um zu fragen, ob sie für eine Politik, die das künftige Verhältnis zu Russland bestimmen soll, leitend sein können.

Was ging dem Friedensschluss von 1990 voraus?

Das Ende der Blockkonfrontation in Europa kam nicht von heute auf morgen. Es war ein mehr als zwanzigjähriger, von Rückschlägen unterbrochener Prozess. Er betraf zu-

nächst die bilateralen Beziehungen zwischen den Atommächten USA und Sowjetunion, war gekennzeichnet durch Vertrauensbildung, erste Verträge zur Rüstungskontrolle und Abrüstung. Der „Harmel-Bericht" der NATO von 1967[3] machte in Europa den Weg frei für Entspannungspolitik, insbesondere für die „Ostverträge"[4] der Bundesregierung und schließlich für die Konferenz für Sicherheit und Zusammenarbeit in Europa (KSZE), die 1975 den Grundstein für eine gesamteuropäische Friedensordnung legte. Trotz der zeitweiligen Spannungen bildete sich durch die KSZE bis 1990 zwischen Ost und West ein Bewusstsein für gemeinsame Interessen heraus. Der Vertrag über die konventionellen Streitkräfte in Europa (KSE), der am 19. November 1990, unterzeichnet wurde, war die materielle Grundlage für die zwei Tage danach erfolgte feierliche Ausrufung der „Charta von Paris für ein Neues Europa".
Die damalige „Zeitenwende" gelang, weil die Kalte-Kriegs-Logik nach und nach von einer Friedenslogik verdrängt wurde. Deshalb ist der gegenwärtige Krieg Russlands eine Absage an den „Geist der kooperativen Sicherheit", auf den sich die gesamt europäische Friedensordnung von 1990 stützte.[5] Dass es dazu kam, bahnte sich seit längerem an. Es gab eine zunächst akzeptierte Schieflage in der Architektur der Friedensordnung, deren Folgen bald offen zu Tage traten. Was der Anfang, das Jahr 1990, damit zu tun hat, die Euphorie des Wandels, das Drängen zur deutschen Einheit und die unter dem Eindruck eines „engen Zeitfensters" präferierte Lösung, soll im Folgenden ansatzweise in den Blick genommen werden.

Die vorrangige Lösung der „deutschen Frage" bringt die vier Siegermächte ins Spiel

Als im November 1989 die „deutsche Frage" auf die Agenda der Weltpolitik kam, erinnerte sie an eine unerledigte Geschichte. Eingefroren seit 1945, durch den Mauerbau in Berlin 1961 zementiert, die Teilung des Landes und Europas symbolisierend. Dass mit dem Fall der Mauer die „deutsche Frage" sich als ein Aspekt des in Europa mit großer Sympathie begleiteten demokratischen Aufbruchs stellte, war ein Glück. Dass es von deutscher Seite keine revanchistischen Töne gab, sondern Zurückhaltung, Respektierung der Ängste der Nachbarn, das Bekenntnis zu Europa, galt als Beweis, dass aus der Geschichte gelernt wurde.
Alle sahen es wie Außenminister Genscher im September 1989 vor der UN-Vollversammlung: Die Bundesrepublik sehe *„in der Europäischen Friedensordnung auch den Rahmen für das Ziel [...], in dem das deutsche Volk in freier Selbstbestimmung seine Einheit wiedererlangt"*. Und er fügte hinzu: *„Das kann nur mit allen Staaten in Europa und nicht gegen sie erreicht werden [...]"*.[6] So auch noch Bundeskanzler Kohl nach dem Fall der Mauer in seiner Rede vor dem Bundestag: Ziel der Bundesrepublik sei es, auf *„einen Zustand des Friedens in Europa hinzuwirken"*, in dem das deutsche Volk seine Einheit wiedererlangt.[7]

Formell hatten 1990 aber immer noch die Vier Siegermächte des Zweiten Weltkrieges mit ihren seit 1945 bestehenden „Rechten über Deutschland als Ganzes" den Schlüssel für die Lösung der „deutschen Frage" in der Hand – und daraus abgeleitet auch für die Friedensordnung in Europa, die nach der deutschen Niederlage folgen sollte. Den Rahmen dafür gab die von Roosevelt und Churchill im August 1941 vorgelegte und von der Sowjetunion im September 1941 mitunterzeichnete „Atlantik-Charta" vor. Sie sah für ein befreites Europa ein umfassendes System der Sicherheit vor. Die Kriegsziele der alliierten Anti-Hitler-Koalition formulierte darauf basierend die „Declaration of United Nations" vom 1. Januar 1942:[8]

1. Sicherheit vor Deutschland – aber kein zweites „Versailles", also keine Demütigung Deutschlands und neuen Revanchismus;
2. Kein „Sonderfrieden" mit Deutschland, also kein Friedensabkommen, das die Alliierten gegeneinander ausspielt und das Gleichgewicht in Europa auf Dauer stört.

Das war lange her, verlangte aber nun nach einer Lösung, mit der Europa leben konnte. Vor diesem Hintergrund muss man die Diskussionen verstehen, die die Ereignisse von 1989 unter den früheren Alliierten hervorriefen. Für Großbritannien sprach Margaret Thatcher offen ihre Bedenken hinsichtlich der künftigen Stabilität Europas im Gefolge einer deutschen Vereinigung aus.[9] Frankreichs Präsident Mitterand äußerte sich im Herbst 1989 dementsprechend besorgt, dass die Lösung der „deutschen Frage" den europäischen Prozess dominieren könnte", also ein neues Ungleichgewicht in Europa schaffen könnte.[10]

Für die sowjetischen Interessen in Europa garantierte die „deutsche Frage" eine Mitsprache über die Neuordnung Europas. Bei seinem Treffen mit George Bush im Dezember 1989 vor Malta warnte Gorbatschow mit Blick auf die „deutsche Frage" vor „jeder künstlichen Beschleunigung".[11] Sein Interesse war zu der Zeit, mit den USA gemeinsam das in Europa neu Entstehende zu gestalten, beide Militärblöcke in eine europäische Sicherheitsarchitektur zu überführen. Sein Ziel der Einbindung der Sowjetunion in das „gemeinsame europäische Haus" war primär sicherheitspolitisch motiviert. Die anstehende Lösung der „deutschen Frage" war dafür ein Mittel zum Zweck.

Die USA sahen in den europäischen Ambitionen Gorbatschows eine Herausforderung. Der seit Anfang 1989 amtierende Präsident Bush sah eine Antwort auf Gorbatschows Projekt darin, die „deutsche Frage" vorrangig zu behandeln.[12] Das sollte den USA die Möglichkeit bieten, den Status quo zu erhalten. Condoleezza Rice, 1990 Mitarbeiterin im Nationalen Sicherheitsrat, sagte rückblickend: *„Es ist richtig, dass die USA tatsächlich nur eine Sorge hatten, diejenige nämlich, dass die Wiedervereinigung Deutschlands die NATO zerstören könnte."*[13] Deshalb ergriff Washington Anfang 1990 die Initiative. Die USA fürchteten, dass der innerdeutsche Vereinigungsprozess sich vom internationalen Prozess entkoppelt, der wiederum *„in völlig unkalkulierbare Richtungen führen könnte,*

etwa zu einer internationalen Friedenskonferenz" oder *„dass Moskau die Deutschen bedrängen könnte [...], etwa auf einen Austritt aus der NATO"*.[14]
Die Entscheidung, die sogenannten „externen Aspekte" der deutschen Einheit außerhalb eines gesamteuropäischen Forums zu lösen, fiel im Februar 1990. Die Sowjetunion stimmte einem „schlanken" Format zu, an dem neben den Vier Siegermächten nur noch die beiden deutschen Staaten beteiligt werden. Die Verlagerung der „deutschen Frage" auf „Zwei-plus-Vier-Gespräche" nahm sie aus dem Verhandlungsrahmen einer gesamteuropäischen Friedensordnung. Dass die Lösung der alten „deutschen Frage" Vorrang bekam, zeigte, wie stark historische Erfahrungen in den Friedensprozess eingingen.

Sicherheit vor Deutschland durch Einbindung in die NATO

Es war die alte Frage, die damals wieder aktuell war: Wer garantiert uns in Europa, dass das vereinte Deutschland nicht wieder an seine Rolle in der ersten Hälfte des 20. Jahrhunderts anknüpft? Außenminister Schewardnadse hatte schon Ende 1989 in Brüssel gefragt: *„Wo sind die politischen, gesetzlichen und materiellen Garantien, dass die deutsche Einheit nicht in Zukunft eine Bedrohung für die nationale Sicherheit anderer Staaten und für den Frieden in Europa schafft?"*[15]
Den Weg für die Zustimmung Gorbatschows zur NATO-Zugehörigkeit des vereinten Deutschlands ebnete Bundesaußenminister Genscher schon am 31. Januar 1990 in Tutzing mit einem Vorschlag: Das vereinte Deutschland bleibe Mitglied der NATO, aber *„eine Ausdehnung des NATO-Territoriums nach Osten [...] wird es nicht geben."*[16] Als US-Außenminister Baker am 9. Februar 1990 mit Gorbatschow über die deutsche Vereinigung sprach, übernahm er Genschers „Tutzing-Formel" und fragte: *„Würden Sie es vorziehen, das vereinigte Deutschland außerhalb der NATO zu sehen, unabhängig und ohne Truppen der USA oder sähen Sie lieber ein vereinigtes Deutschland, eingebunden in die NATO, mit der Versicherung, dass die Zuständigkeit der NATO keinen Zentimeter („not an inch") ostwärts von der heutigen Position verschoben wird?"* Baker protokollierte von Gorbatschows Antwort den Satz: „Ganz sicher ist, dass eine Ausdehnung des NATO-Gebietes unakzeptabel wäre."[17]
Die Antwort Gorbatschows war eine Absage in Bezug an eine allgemeine NATO-Osterweiterung, aber eine konditionierte Zustimmung zu einem vereinten Deutschland in der NATO. Der Zwei-plus-Vier-Vertrag legt fest: Das vereinte Deutschland hat Bündnisfreiheit. Es garantiert seinerseits, dass es keine Verlagerung von ausländischen Truppen der NATO auf das Gebiet der DDR geben wird. Das heißt auch: Weder Kernwaffen noch Kernwaffenträger werden dort stationiert, sondern nach Abzug der sowjetischen nur deutsche Streitkräfte, die dann auch der NATO zugeordnet sein können.
Der Zwei-plus-Vier-Vertrag ermöglichte die Einbindung des vereinten Deutschlands in die NATO als Beitrag für die internationale Zustimmung zur deutsch-deutschen Vereinigung. In diesem Sinne entspricht er dem Ziel der Alliierten des Zweiten Weltkrieges,

„Sicherheit vor Deutschland" in einem künftigen Europa zu schaffen.[18] Dazu wurden für das vereinte Deutschland auch Obergrenzen für die deutschen Streitkräfte und das Friedensgebot des Grundgesetzes und die dem entsprechenden Artikel aufgenommen. Was das zweite alliierte Ziel betrifft, ein gemeinsamer, alle Alliierten einschließender Friedensschluss mit Deutschland statt separater Friedensabkommen, so berührt der Zwei-plus-Vier-Vertrag das nur in seiner Präambel.[19] Bedeutsamer ist in diesem Zusammenhang die „Gemeinsame Erklärung" der KSZE-Staaten im Vorfeld am Rande des Gipfeltreffens in Paris am 19. November 1990".[20] Mit dieser Erklärung bekennen sich im Vorfeld der „Charta von Paris" alle Unterzeichnerstaaten zu den Grundsätzen einer gesamteuropäischen Friedensordnung. Das entspricht im Ansatz dem in der Atlantik-Charta vorgegebenen Ziel eines Friedensschlusses, der alle am Krieg beteiligten einbezieht, also kein Separatfrieden ist. Sie ist ein Dokument, das alle Kriterien eines Friedensvertrags ausweist, dass das Ende der Gegnerschaft untereinander erklärt, und *„dass die Sicherheit eines jeden ihrer Länder mit der Sicherheit aller [...] verbunden ist."* Nur einen Mangel hat diese Erklärung: Sie ist kein Vertrag, auf den sich die Vertragsparteien bei den Vereinten Nationen rechtlich berufen können.[21]

Nach dem Friedensschluss 1990 bleibt die historische Verantwortung

Angesichts der europäischen Dimension der deutschen Vereinigung war das Thema historische Verantwortung der Deutschen unabweisbar in verschiedenen Formen präsent. Obwohl der Zwei-plus-Vier-Vertrag sich auf den ersten Blick in Bezug auf die Geschichte sich durch eine bemerkenswerte Enthaltsamkeit auszeichnet, sind seine Bestimmungen abgeleitet aus den Zielen der Alliierten von 1945, indem sich das vereinte Deutschland zu seiner im Grundgesetz verankerten Friedenspflicht bekennt, militärischen Großmachtambitionen entsagt. Zusätzlich erklären die beiden deutschen Außenminister in ihrem „Gemeinsamen Brief" der an die Vier Siegermächte vom 12. September 1990[22], dass sich das vereinte Deutschland zu seiner freiheitlich-demokratischen Grundordnung bekennt und neonazistische Parteien verbieten wird. Der Brief wird zum Bestandteil des Zwei-plus-Vier-Vertrages. Das betraf auch die Anerkennung von besatzungsrechtlichen Maßnahmen und den Erhalt von Denkmälern und Kriegsgräbern der Roten Armee, was für die Sowjetunion, die ihre Truppen bis 1994 aus Deutschland zurückziehen würde, von Bedeutung war.
Das Bewusstsein für die historische Dimension dessen, was mit der deutschen Vereinigung 1990 einherging, war damals in der DDR natürlich am meisten ausgeprägt. Am 12. April 1990 verabschiedete die frei gewählte Volkskammer der DDR als erste Handlung eine „Erklärung zur Verantwortung der Deutschen in der DDR gegenüber der Geschichte".[23] Die Fraktionen der Volkskammer der DDR richteten ihre Erklärung insbesondere an die Juden in aller Welt und das Volk in Israel, an die Bürgerinnen und Bürger in der Sowjetunion, an die Völker der Tschechoslowakei und an das polnische Volk.

Die Geschichte bleibt. So halten wir es gegenüber Israel und Polen. Für das Verhältnis zwischen Deutschen und Russen gilt weiterhin, was den Völkern der Sowjetunion damals zugesagt wurde: die Anerkennung der furchtbaren Leiden, die Deutsche im Vernichtungskrieg gegen die Sowjetunion Millionen Russen zugefügt haben. Der damals angesagte Prozess der Versöhnung angesichts unserer Geschichte wird durch den aktuellen Krieg gegen die Ukraine und die Politik der russischen Regierung insgesamt zwar behindert, ist aber auf Dauer nicht zu Ende. Er wird eine besondere Aufgabe in den deutsch-russischen Beziehungen sein.

Ein Blick in die Geschichte kann auch helfen zu erkennen, was auf russischer Seite in den aktuellen Konflikt mit dem Westen einfließt und das russische Verhältnis zu Europa und Deutschland mitbestimmt. Es war die Sowjetunion, die im Vertrauen auf eine beiderseitige europäische Einbindung entscheidende Weichen stellte. Auf deutscher Seite war, wie es die Volkskammererklärung vorsah, einmal der Gedanke leitend, *„Deutschland so in ein gesamteuropäisches Sicherheitssystem zu integrieren, dass unseren Völkern Frieden und Sicherheit garantiert sind."*[24] Das ist aber nicht auf russischer Seite erfolgt und trug dazu bei, dass es zu dem Bruch kam, den Russland spätestens am 24. Februar 2022 mit dem Angriff auf die Ukraine vollzog.

Was bleibt für das künftige deutsch-russischen Verhältnis auf der Haben-Seite? Die sowjetische Zustimmung zur Vereinigung Deutschlands stellte 1990 einen Vertrauensvorschuss dar auf eine spätere Teilhabe der Sowjetunion an einem Europa der gemeinsamen Sicherheit. Um die Fundamente einer künftigen europäischen Friedensordnung wieder herzustellen, wird es auch darauf ankommen, die Trümmer der zerstörten deutsch-russischen Beziehungen zu beseitigen.

In dieser Hinsicht ist es ein wichtiges Zeichen, 30 Jahre an dem Abzug der letzten sowjetischen Streitkräfte 1994 zu erinnern. Die Erinnerung daran zeigt, dass es schon damals Risse im Verhältnis Deutschlands zu Russland gab. Statt in einer gemeinsamen Verabschiedung aller Alliierten erfolgte sie für die sowjetischen Truppen getrennt, sozusagen Zweiter Klasse. Das ist den Beteiligten nicht entgangen. Vor diesem Hintergrund ist die Mahnung Boris Jelzins, des damaligen russischen Präsidenten zu verstehen, die heute wie ein Appell klingt.

---

1 Zitiert aus der Rede des russischen Präsidenten Boris Jelzin bei der Verabschiedung der Westgruppe der russischen Streitkräfte am 31.08.1994 in Berlin. Übersetzung Helmut Domke. In: Helmut Domke, *Erinnerungen*. Manuskript. S. 123

2 *Charta von Paris für ein Neues Europa.* Erklärung des Pariser KSZE-Treffens der Staats- und Regierungschefs von 21.11.1990, https://www.osce.org/files/documents/5/b39518.pdf. Aufruf 23.03.2024

3 Ende 1967 erklärte die NATO im sogenannten Harmel-Bericht die Vereinbarkeit von Sicherheit und Entspannung. Vgl. https://www.staatslexikon-online.de/Lexikon/Entspannungspolitik. Aufruf 24.01.2024

4 Damit sind die Verträge mit der Sowjetunion (Moskauer Vertrag 1970), Polen (Warschauer Vertrag

1970), der Tschechoslowakei (Prager Vertrag 1973) gemeint und die Verträge mit der DDR (Transitabkommen 1971 und Grundlagenvertrag 1973).

5 OSCE Network of Think Tanks and Academic Institutions (Drafting Group: C. Nünlist, J. Aunesluoma, B. Zogg), *„The Road to the Charter of Paris – Historical Narratives and the Lessons for the OSCE Today"*, Vienna, 2017, S. 18

6 Bundesaußenminister Hans-Dietrich Genscher vor der Generalversammlung der Vereinten Nationen am 27. September 1989. In: Europa-Archiv, Folge 22/1989S. D654-661

7 Bundeskanzler Helmut Kohl, *Zehn-Punkte-Programm zur Überwindung der Teilung Deutschlands und Europas.* Rede im Deutschen Bundestag am 28. November 1989. https://de.wikipedia.org/wiki/Zehn-Punkte-Programm., Aufruf 24.01.2023

8 Quelle: https://www.britannica.com/topic/Declaration-of-United-Nations, abgerufen am 24.01.2023

9 Margaret Thatcher: *„ […] it would lead to changes in the post-war borders and we can not allow that, because such a development would undermine the stability of the entire international situation."* Zitat bei Mary Elise Sarotte, 1989., S. 28. Quelle: Record of the Conversation between Gorbachev and Margaret Thatcher, September 24, 1989, notes of Anatoly Chernyaev, Archive of the Gorbachev Foundation

10 François Mitterand zu Michail Gorbatschow am 7. Dezember 1987 in Kiew. Zitat bei: A. v. Plato, Die Vereinigung Deutschlands – ein weltpolitisches Machtspiel, Bonn 2002, S. 138, Anm. 22 (Gorbatschow-Stiftung, 89DEC06)

11 Robert L. Hutchings, *Als der Kalte Krieg zu Ende war.* Ein Bericht aus dem Innern der Macht. Berlin: Fest 1999. S. 149f

12 Philip Zelikow, *Condoleezza Rice, Sternstunde der Diplomatie. Die deutsche Einheit und das Ende der Spaltung Europas*, Berlin 1997, S. 58

13 Interview mit Condoleezza Rice am 17.09.1999, Zitat in: Alexander von Plato, a.a.O. Bonn 2002, S. 29

14 Robert L. Hutchings, a.a.O., S. 154 ff

15 Rede des Sowjetischen Außenministers Eduard Schewardnadse vor dem Politischen Ausschuss des Europäischen Parlaments, Brüssel, 19.12.1989. In: Europa-Archive Folge 5/1990, S, D127–136

16 Rede des Bundesaußenministers des Auswärtigen H.-D. Genscher, Zur deutschen Einheit im europäischen Rahmen. 31.01.1990 in Tutzing. In: Kiessler, R. / Elbe, F.: *Ein runder Tisch mit scharfen Ecken. Der diplomatische Weg zur deutschen Einheit*, Baden-Baden 1993, S. 246

17 Mary Elise Sarotte, 1989. *The Struggle to Create Post-Cold War Europe.* Princeton/Oxford 2009, S. 111: Lt. Protokollnotiz von US-Außenminister Baker über Gespräch mit Präsident Gorbatschow am 9. Februar 1990 in Moskau. Übersetzung des Zitats durch den Autor

18 Declaration of the United Nations 1942, https://www.un.org/en/about-us/history-of-the-un/preparatory-years. Aufruf 24.01.2023

19 Vertrag über die abschließende Regelung in Bezug auf Deutschland vom 12. September 1990. (Zwei-plus-Vier-Vertrag) Quelle: Europa-Archiv, Folge 19/1990, S. D509-514. Dort heißt es in Art. 1.1, der Zweck des „Zwei-plus-Vier-Vertrages" bestehe darin, eine „Friedensordnung in Europa" zu schaffen, deren „wesentlicher Bestandteil" das Ende der deutschen Teilung sei.

20 Quelle: Europa-Archiv, Folge 24/1990, S. D 654f

21 Sie soll den Vereinten Nationen übermittelt werden unter der Maßgabe, dass es nach Art 102 der Charta der VN nicht registriertbar ist. Vgl. Art. 102 der Charta der Vereinten Nationen https://unric.org/fr/wp-content/uploads/sites/4/2022/10/charta.pdf, Abruf 24.01.2023

22 Gemeinsamen Brief des Bundesministers des Auswärtigen, Hans-Dietrich Genscher, und des amtierenden Außenministers der DDR, Ministerpräsident Lothar de Maiziére an die Außenminister der Sowjetunion, Frankreichs, Großbritanniens und der Vereinigten Staaten im Zusammenhang mit der Unterzeichnung des Vertrages über die abschließende Regelung in Bezug auf Deutschland vom 12. September 1990, Quelle: Europa-Archiv, Folge 19/1990, S. D513f

23 Quelle. Europa-Archiv Folge 10/1990, S. D 242 f

24 Ebda. S. D 243

Burkhard Paetzold

Aus den Erinnerungen des Beauftragten für Konversion Dr. Helmut Domke (1943–2021)

Als ich vor kurzem ein Manuskript mit Helmut Domkes Erinnerungen zu lesen bekam, war das wie eine Zeitreise. Ich hatte den promovierten Astrophysiker in den frühen 1980er Jahren beim Bund der Evangelischen Kirchen in der DDR kennengelernt (damals war er Synodenmitglied und Mitglied der Kirchenleitung), während ich in der ad hoc Gruppe Abrüstung der Theologischen Studienabteilung beim Bund der Ev. Kirchen gemeinsam mit Joachim Garstecki, Walter Romberg und Friedrich Huth an der Erarbeitung von Texten zum Konzept der gemeinsamen Sicherheit und an Vorschlägen für eine schrittweise gegenseitige Abrüstung mitarbeitete.
In den frühen 1990ern traf ich Helmut Domke wieder. Ich selbst hatte inzwischen einen Verein für regionale Konversion mitgegründet, der zivilgesellschaftliche und kommunale Akteure angesichts der Herausforderungen rund um die freiwerdenden militärischen Liegenschaften beriet. Helmut Domke war nach seiner Zeit als Staatssekretär im Ministerium für Auswärtige Angelegenheiten der letzten DDR-Regierung inzwischen – nach der deutschen Vereinigung – zum Beauftragten für Konversion und den Abzug der Westgruppe der sowjetischen Truppen (WGT) im Land Brandenburg berufen worden.
Als Mitglied des Kreistages Märkisch-Oderland habe ich dann an verschiedenen Gedenkveranstaltungen zur Erinnerung an die Schlacht um die Seelower Höhen teilgenommen. Eine dieser Veranstaltungen, wohl um das Jahr 2010, war meine letzte Gelegenheit, Helmut Domke zu treffen. Wir kamen kurz ins Gespräch über ehemalige Freunde aus der kirchlichen Friedensarbeit. Besonders erinnere ich mich an seine gleichermaßen aufmerksame wie besonnene Art, mit den anwesenden Repräsentanten des russischen und ukrainischen Militärs und der Botschaften umzugehen.

Eine geschichtlich einmalige Situation

Wie wir heute wissen, und wie manche damals ahnten, gab es nur ein kurzes Zeitfenster, sowohl für das Erreichen der Deutschen Einheit als auch, in anderem Maßstab, für das „Auf-den-Weg-Bringen" einer kooperativen Sicherheitsstrategie, mit dem Ziel eines von Abrüstung und Konversion geprägten und nicht-konfrontativen Umganges miteinander. Dabei wurden von den verschiedenen Akteuren die Ziele Deutsche Einheit einerseits und Sicherheitspartnerschaft andererseits mit je unterschiedlicher Prioritätensetzung verfolgt. Von den vier Siegermächten des Zweiten Weltkrieges hatten Frankreich und Großbritannien Sorge vor einem deutschen Übergewicht in Europa und betonten deshalb den Vorrang des europäischen Prozesses vor der deutschen Frage. Gorbatschow hatte die Vision vom „gemeinsamen Europäischen Haus" und strebte nach einer „gemeinsamen Europäischen Sicherheitsarchitektur". Die USA hingegen setzen vor allem auf den Fortbestand der NATO zum Erhalt des transatlantischen Status

quo und so geriet die deutsche NATO-Mitgliedschaft bei den Verhandlungen um die deutsche Einheit in den Vordergrund.
Angesichts einer zunehmend politisch instabilen und wirtschaftlich prekären Situation in der damaligen Sowjetunion Anfang der 1990er Jahre war die Gestaltung des Abzuges der Besatzungstruppen eine hochgradig sensible Aufgabe. Vom Umfang her war es gleichzeitig eine Mammutaufgabe, denn die sowjetischen Truppen waren das größte Truppenkontingent, das jemals über einen so langen Zeitraum von einer Besatzungsmacht im Ausland unterhalten wurde (550.000 Soldaten und Offiziere mit Angehörigen sowie Tausende Gebäude und Grundstücke) – darunter der größte Anteil im jetzigen Land Brandenburg, sowohl was die Fläche der Liegenschaften als auch was die Personalstärke betrifft.
Ein überstürzt plötzlicher Abzug wäre nicht nur wegen der enormen Transportkapazität, sondern auch wegen der begrenzten Aufnahmefähigkeit an den Rückkehrerstandorten unmöglich gewesen – vor allem bei Wohnungen und Arbeitsplätzen. So brauchte es einen geordneten Abzug, der mehr als vier Jahre bis zum 31.08.1994 in Anspruch nahm. So sensibel wie diese Aufgabe war, auch die Situation am Ende der DDR und in den neuen Ländern war nicht nur von Aufbruchsstimmung geprägt, sondern enthielt auch Elemente von Verunsicherung und Verlustängsten.
Würde angesichts der neuen Freiheiten ein Schutz der bis zum endgültigen Abzug verbleibenden Truppen gelingen? Würde es zu Demonstrationen vor den Kasernen kommen? Wie konnte verhindert werden, dass im Zuge oder nach der Vereinigung Deutschlands aus unvermeidlichen Zwischenfällen eine neue Konfrontation entstand? Wie würde die deutsche Polizei mit den militärischen Einrichtungen der WGT bei Strafverfolgung zusammenarbeiten können? Wie könnte die notwendige Transparenz den Spionageängsten standhalten? Wie konnten die Liegenschaften geordnet freigezogen und übergeben werden und gleichzeitig Folgeschäden durch Vandalismus vermieden werden? Und nicht zuletzt: Konnte schon während des Abzugs die Bereitschaft erlernt und eingeübt werden, sich in die Sicherheitsbedürfnisse der jeweils anderen Seite hineinzudenken?
Helmut Domke hat sich all diesen Fragen in hohem Maße gewidmet. Er beschreibt in seinen Aufzeichnungen weitere Schwierigkeiten, die daraus entstanden, dass sowohl die erste frei gewählte (und gleichzeitig letzte) DDR Regierung als auch die Regierung der alten Bundesrepublik in unterschiedlicher Form politisch, organisatorisch und finanziell auf den Abzug der Truppen Einfluss nahmen.
Eine Besonderheit war, dass viele Mitglieder der letzten DDR-Regierung wie auch später der Brandenburger Landesregierung aus den Reihen der ehemaligen Opposition kamen und durch die Friedensbewegung der DDR antimilitaristisch geprägt waren.
Außerdem hatten sie als Bürgerinnen und Bürger der DDR lange Erfahrungen damit, dass es die sowjetische Besatzungsmacht war, die die Existenz der DDR mit militärischer Abschreckung zu garantieren hatte. Sie kannten das spezielle Stationierungsregime der sowjetischen Armee aus eigenem Erleben als eine Art „Staat im Staate", mit

besonderer Härte gegenüber den Soldaten und Privilegien für hohe Offiziere wie z.B. Sonderjagdgebiete.

Aber inzwischen war auch eine ganz neue Erfahrung wichtig für sie geworden, nämlich dass die Sowjetarmee sich den Entwicklungen der friedlichen Revolution in der DDR nicht entgegenstellte.

Mit dieser Grundierung fanden sich Domke und seine Mitarbeiterinnen und Mitarbeiter nun in der Rolle eines Vermittlers zur Abwicklung der militärischen Besatzung. Genau beobachtet wurden die „Neulinge" u.a. als die sowjetischen Truppen ihre traditionellen Feiertage begingen. Würden sie sich an diesen Feiertagen respektvoll verhalten?

Helmut Domke beschreibt dazu exemplarisch ein Tischgespräch bei einem offiziellen Essen anlässlich des Tages der Sowjetischen Armee:

„An der Tafel saßen nun erstmals nicht mehr die [...] vertrauten Genossen der SED und der Gesellschaft für Deutsch-Sowjetische-Freundschaft aus Eberswalde, sondern neue Personen aus der Stadtverwaltung, (Vertreter der) *Landesregierung Brandenburg und der Bundeswehr, die noch vor wenigen Monaten der Westgruppe als feindliche Armee gegenüber gestanden hatte. Es entwickelte sich ein freundliches Gespräch mit meinem Gegenüber, und nach kurzer Zeit fragte er mich reihum nach den am Tisch versammelten deutschen Vertretern: ‚Gehört der zu uns?'"* und Domke muss erklären weshalb die westlichen Militärs und Politiker zwar *„nicht in seinen Kategorien als ‚unser' zu bezeichnen sei, aber dennoch ein konstruktiver und verständnisvoller Partner"* wären.

Und so wie sich Helmut Domke bemüht, den sowjetischen Gesprächspartnern ein differenziertes Bild der deutschen Vertreter zu vermitteln, erschließt er auch für sich aus der Zusammenarbeit mit den sowjetischen Militärs ein unterschiedliches Bild der Charaktere und Persönlichkeiten. So beschreibt er ein Vier-Augen-Gespräch mit Generalleutnant Pugatschow. *„Er berichtete mir in aller Offenheit über Schicksale und Opfer in seiner Familie in der Zeit stalinscher Repressionen in der Sowjetunion. Ich war überrascht, dass es möglich war, dass er* (in der) *sowjetischen Zeit dennoch eine militärische Karriere machen konnte bis in diese hochrangige Position als Generalleutnant und Befehlshaber über eine ganzen Armee. Welche inneren Konflikte er dabei aushalten musste, können wir wohl nur ahnen."*

Kritisch sieht Domke, dass die letzte DDR-Regierung, mit ihren Erfahrungen von der Bundesregierung nicht ernst genommen wurde, dass sie sogar von den Verhandlungen über die Regelungen zu Stationierung und Aufenthalt der in der DDR stationierten sowjetischen Truppen fern gehalten werden sollte, als parallel zu den Zwei-plus-Vier-Verhandlungen die Ausarbeitung eines Vertrags über den Aufenthalt und Abzug der Westgruppe der sowjetischen Streitkräfte ausgearbeitet wurde.

„Bei einem Treffen mit Außenminister Genscher am 8. August 1990 [...] hatte Außenminister Markus Meckel auf akute Probleme (z.B. Lärmbelästigung, Umweltschäden) *zwischen der Bevölkerung und den sowjetischen Streitkräften in der DDR und damit verbundene Gefahren aufmerksam gemacht. Er schlug vor, kurzfristig, nach Absprache*

mit der Bundesrepublik, ein Stationierungsprotokoll mit der sowjetischen Seite abzuschließen. Außenminister Genscher ging auf diesen Vorschlag nicht ein", sondern regte an *„man solle auf Erfahrungen der Bürgermeister von Großstandorten in der Bundesrepublik zurückgreifen, denen es gelungen sei, angesichts des bevorstehenden Abzugs das Klima zwischen der Bevölkerung und den Soldaten erheblich zu verbessern."*
Und Domke schließt: *„Dass die Situationen des Abzugs der sowjetischen Streitkräfte aus der DDR nicht mit dem Abzug amerikanischer oder englischer Truppen aus Standorten in der Bundesrepublik vergleichbar sein könnte, kam Herrn Genscher offenbar nicht in den Sinn, hätte ihm aber jeder Bürger der DDR erklären können."*

Besondere Herausforderung Konversion

Helmut Domke definiert seinen Aufgabenbereich bei der Konversion wie folgt:
„Abbau der militärischen Hinterlassenschaften aus der Zeit der Konfrontation im Kalten Krieg, genauer gesagt, dem Abbau der militärischen Strukturen der DDR, dem Abzug der sowjetischen Streitkräfte und der zivilen Umprofilierung der ehemaligen Rüstungsbetriebe auf dem Gebiet des Landes Brandenburg"
Über den Beginn seiner gemeinsamen Bemühungen für Konversion notiert Domke:
„Schon bald nach der Deutschen Einheit, im Oktober 1990, traf ich mich mit Roland Vogt aus Rheinland-Pfalz, Mitbegründer der Partei der Grünen in der Bundesrepublik und Anfang der 1980er Jahre auch Mitglied des Bundestages in Bonn. Im Rahmen seiner aktiven Arbeit in der Friedensbewegung hatte er sich intensiv mit Fragen der Abrüstung und der Umwidmung militärischer Einrichtungen für zivile Zwecke beschäftigt. […] Gemeinsam mit (dem DDR Astrophysiker, Friedensaktivisten und Mitbegründer des Neuen Forums – Anm. des Autors) *Rudolf Tschäpe und Prof. Engelhardt [einem Abrüstungsexperten aus der ehemaligen DDR und Mitarbeiter an einschlägigen Abrüstungsstudien der UNO – Anm. des Autors] hatten wir Anfang 1990 in Potsdam einen Verein für Konversion gegründet."*
Im November wurde Domke vom Ministerpräsidenten des Landes Brandenburg, Manfred Stolpe, zum „Bevollmächtigten des Ministerpräsidenten für den Abzug der sowjetischen Truppen und für Konversion" ernannt. Mitarbeiter waren neben Roland Vogt auch der Ost-Berliner Quäker Dr. Friedrich Huth, der bis zur Deutschen Einheit im Ministerium der DDR für Abrüstung und Verteidigung gearbeitet hatte.
Die Herausforderungen waren enorm, war doch der Hauptumfang der sowjetischen Truppen im Land Brandenburg stationiert.
„Von Anfang an war es mir sehr wichtig", schreibt Domke, *„dass meine Stelle und mein Arbeitsstab unmittelbar dem Ministerpräsidenten zugeordnet und nicht in einer Abteilung im Apparat der Staatskanzlei versenkt wird. […] Ministerpräsident Stolpe gab mir hier einen breiten Handlungsspielraum. Da wir uns aus der kirchlichen Arbeit im Bund der Evangelischen Kirchen, aus der Arbeit in der Synode und in der Konferenz der Kirchenleitungen und der damit verbundenen kirchlichen Friedensarbeit schon seit*

mehr als einem Jahrzehnt kannten, war es für mich nicht schwer, seine Intentionen zu erkennen."

Zu Helmut Domkes Aufgabe auf dem Gebiet des Landes Brandenburg gehörten der Abbau der militärischen Hinterlassenschaften und Strukturen von Nationaler Volksarmee (NVA) und Grenztruppe der DDR aus der Zeit der Konfrontation im Kalten Krieg, die Begleitung des Abzugs der sowjetischen Streitkräfte und die Umwidmung der von ihnen schrittweise freizugebenden militärischen Liegenschaften für zivile Zwecke sowie die zivile Umprofilierung der ehemaligen Rüstungsbetriebe.

Die Gelegenheit, Überlegungen der Friedensbewegung über Abrüstung und Konversion nun auch praktisch umzusetzen, wurde in den bis dahin von militärischen Liegenschaften belasteten Kommunen, aufgegriffen, um die Potentiale für ihre zivile Entwicklung zu nutzen und zu entfalten. Ebenso strebten Umwelt- und Naturschutzgruppen an, die Truppenübungsplätze, die z. T. wegen der Munitionsbelastung nicht betretbar waren, zu renaturieren.

Andererseits kamen die tatsächlichen ökologischen Belastungen militärischer Liegenschaften erst nach und nach ans Licht und es wurde deutlich, dass die traditionellen Mittel und Möglichkeiten der Verwaltungen auf Bundesebene der aktuellen Problemlage in keiner Weise gerecht wurden. Weit unterschätzt wurden die enormen Herausforderungen für die zivile Umwidmung von Liegenschaften mit ihren ökologischen, rechtlichen, regional- und kommunalpolitischen sowie wirtschaftlichen Dimensionen.

„Roland Vogt plädierte deshalb" schreibt Domke, *„für ein ‚Sonderrechtsgebiet Konversion', in dessen Rahmen die Fragen des Eigentums, der Kosten für Entsorgung militärischer Liegenschaften und der Abtransport militärischer Güter und Munition zu regeln wären. Dafür wäre ein Staatssekretariat für Konversion bei der Bundesregierung eine geeignete Einrichtung."* Doch dazu kam es nicht.

Domke erinnert sich im Zusammenhang mit den Verhandlungen zum Einigungsvertrag im August 1990, dass sein Bonner Verhandlungspartner *„keinerlei Vorstellungen besaß von der Komplexität der Konversion und der Konversionssituation, vor der wir in den neuen Bundesländern standen. Die Axiome und Maßstäbe der Bundesregierung waren hier völlig unangebracht, um das zu bewältigen, was eine friedliche Revolution in der DDR mit der totalen Einstellung der Rüstungsproduktion als politische Entscheidung hervorgebracht hat und wofür die DDR-Regierung auch bereit war, mit einem Konversionsgesetz die Verantwortung zu übernehmen."*

Letztlich vollzog sich aber ein Lernprozess und Domke notierte erleichtert: *„Ein paar Jahre später, bei einer Gelegenheit in Moskau im Zusammenhang mit dem Wohnungsbauprojekt MODUL der deutschen Firma BUCK Inpar Pinnow und des russischen Partners ‚Konversion und Wohnen' hielt er ein eindrucksvolles Plädoyer für die Konversion."*

Dieses Projekt war offenbar ein Schlüsselprojekt. Man wusste allerdings nicht, dass sich die Situation noch dadurch zuspitzen würde, dass die Sowjetunion schon ein Jahr später einen schweren wirtschaftlichen Zusammenbruch erlitt und schließlich 1991 in eine Anzahl neuer unabhängiger Staaten total zerfallen würde. Gegen Ende des Jahres 1991 aber war noch keine einzige Wohnung aus dem vereinbarten Programm fertiggestellt worden und Domke kritisiert das kurzsichtige Argument aus der Bundesregierung: *„In den Verträgen gibt es kein Junktim zwischen dem Tempo des Abzugs und dem Tempo des Wohnungsbaus."*

Im Aufenthalts- und Abzugsvertrag hatte sich die Bundesrepublik dazu verpflichtet, für den Bau von Wohnungen für die zurückkehrenden Militärangehörigen 7,8 Mrd. DM zur Verfügung zu stellen. Davon sollten in der Sowjetunion 36.000 Wohnungen, einschließlich der dazugehörigen Infrastruktur, und drei Fabriken für Wohnungsbau errichtet werden. Die Anzahl der Wohnungen entsprach ungefähr der Hälfte des Gesamtbedarfs der Westgruppe.

Das verbliebene Defizit erhoffte sich die sowjetische Seite aus der Rückgabe der militärischen Objekte und Liegenschaften zu erwirtschaften. Im Aufenthalts- und Abzugsvertrag war eine Aufrechnung „Werte gegen Schäden" vereinbart worden und so war die Militärführung der irrigen Annahme, dass unter dem Strich noch ein erheblicher Milliardenbetrag zu ihren Gunsten verbleiben würde. Hierzu gab es allerdings unterschiedliche Auffassungen der Vertragspartner zur Wertermittlung. Während Deutschland den Marktwert ansetzte, der bei den meist maroden Gebäuden gegen null ging, war die sowjetische Seite von ihren Investitionskosten ausgegangen.

In Kenntnis der baulichen und ökologischen Zustände hatte Domke bereits im letzten DDR-Außenministerium die Aufrechnung – also das Prinzip Werte gegen Schäden – immer für kontraproduktiv angesehen. Denn dieses Prinzip verleitet die abziehenden Truppen dazu, die Schäden zu verstecken. Man solle deshalb lieber auf Zusammenarbeit bei der Erkundung und Verhütung von Umweltschäden setzen. Das sei am einfachsten mit einer Pauschallösung zu erreichen. Dieser Vorschlag setzte sich schließlich aus pragmatischen Gründen durch. Dazu kam, laut Domke, der Glücksfall, dass schon das vorherige Innenministerium der DDR an einer umfangreichen Dokumentation der Liegenschaften gearbeitet hatte, die in dieser Situation sehr von Nutzen war.

Zusätzlich zu den 7,8 Mrd. DM aus dem Aufenthalts- und Abzugsvertrag bemühte sich Domke um 200 Mio. DM für Umschulung für Angehörige der Westgruppe. Davon sollten 30 Mio. DM in Deutschland eingesetzt werden. Dabei ging es ihm um Ausbildungen und Umschulungen, die zivile berufliche Perspektiven (u.a. Umwelt- und Computerwissen, Management- und Sprachkurse) eröffnen könnten, um damit auch zur psychologischen Stabilisierung des Abzugs beizutragen. Die Umschulungsinitiative hatte verschiedene hochrangige Fürsprecher in der deutschen Politik und im sowjetischen Generalstab, letztere allerdings in der Regel nicht in gleichem Maße Befürworter eines Umschulungsanteils in Deutschland.

Die Idee eines deutschen Anteils zielte auch darauf ab, eine Plattform für die Bewerbungen bei den Ausschreibungen für den Aufbau der zehn Bildungszentren im Bereich der ehemaligen Sowjetunion zu schaffen. Außerdem gab es auch die Idee, die Ausbildungszentren in Deutschland für freigestellte NVA-Angehörige zu nutzen.

Schließlich konnte eine Summe von 23 Mio. DM für zivile Ausbildungsprogramme eingestellt werden. Davon profitierten mehr als 13.000 Angehörige der Westgruppe. Zusätzlich hatte dass Brandenburger Umweltministerium ein Programm zur Umweltschulung und für eine Schulung zur umweltgerechten Zerlegung von militärischen Fahrzeugen. Was jedoch nicht gelang, war die Zerlegung von Munition in Deutschland. Stattdessen wurde der Rücktransport durchgesetzt, trotz der Risiken, die mit dem langen Transport verbunden waren.

Vertrauensbildung ist unverzichtbar

Ausführlich beschreibt Domke in seinen Erinnerungen die erhofften Chancen für Kooperation, Konversion und Abrüstung, die die einmalige historische Situation des Abzugs der sowjetischen Streitkräfte aus Deutschland bot. Es ginge darum, *„durch kooperatives Handeln in dieser vierjährigen Frist Fundamente zu legen"* und fügt hinzu, *„wenn der Abzug der Westgruppe nur als eine militärische Maßnahme verstanden wird, ist das nicht dazu geeignet, um Vertrauen aufzubauen."*

Wenn es in der Zeit der DDR nicht möglich oder sogar unterbunden war, abseits von formalen offiziellen Treffen sowjetischen Soldaten zu begegnen und so das Verhältnis zu ihnen immer gestört blieb (charakteristisch war dafür die abfällige Bezeichnung „die Freunde"), so wurde es jetzt möglich, Kasernen von innen zu sehen, und persönliche Begegnungen, ja selbst Weihnachtsgeschenkaktionen, zu organisieren.

Die Rote Armee hinterließ allein in Ostdeutschland die Gräber von 600.000 Gefallenen. Das Gedenken an ihr geschichtliches Verdienst bei der Befreiung der Deutschen vom Faschismus aufrechtzuerhalten, war eine Aufgabe, der sich Helmut Domke verpflichtet sah. In einer am 31. August 1994 zum Abzug der letzten sowjetischen Soldaten von der katholischen Friedensbewegung Pax Christi von Joachim Garstecki verfassten Erklärung „Wir schulden Dank" heißt es: *„Die Befreiung vom nationalsozialistischen Terror wurde in der DDR von der Erfahrung neuer Unfreiheit und politischer Repression nachhaltig überlagert. Die Ambivalenz von Befreiung und Unterdrückung gehört zu der tragischen Hinterlassenschaft einer fast fünfzigjährigen Besatzungszeit. Die jetzt eingetretene Normalisierung des Verhältnisses zu den ehemaligen sowjetischen Streitkräfte ist die glückliche Konsequenz der von Michail Gorbatschow eingeleiteten Politik ..."*.

Wie konnte diese Dankbarkeit produktiv gemacht werden? Konnte man den Vertrauensvorschuss, den Gorbatschow offenkundig in Deutschland bekam, wirklich auf alle ehemaligen Besatzer ausdehnen? Helmut Domke hat daran zweifellos gearbeitet. Zum Ende seiner Arbeit als Bevollmächtigter trieb ihn die Frage um: Wie lassen sich trotz der unbestreitbaren jahrelangen Asymmetrie im Verhältnis der Besatzer zur Bevölkerung Abschiedszeremonien auf Augenhöhe mit den anderen Alliierten finden?

Die Empfindlichkeiten waren auf beiden Seiten groß. Einerseits hieß es bei den westlichen Alliierten, „Wir mögen solche Verbrüderungsfeiern nicht", andererseits gab es auf

russischer Seite das Empfinden eines „Abschieds in Eile" und Helmut Domke zitiert General Burlakow: *„Die Folgen des Abzugs, meine Herren, interessieren Sie nicht! Dies ist meine Schlussfolgerung. Die Folgen des Abzugs würde nur zu Lasten Russlands gehen."*
Während die Bundesregierung zunächst getrennte Verabschiedungen angekündigt hatte, gelang es schließlich doch ein Konzert in Weimar am 8. Mai 1994 zu organisieren, an dem jeweils eine große Gruppe sowjetischer, amerikanischer, französischer und britischer Soldaten teilnahm. Und zum Tag des Überfalls auf die Sowjetunion am 11. Juni 1994 wurde gemeinsam mit den Internationalen Ärzten für die Verhütung des Atomkriegs (IPPNW) in der Berliner Waldbühne zum Abschied ein Friedenskonzert veranstaltet.
In der oben genannten Pax Christi Erklärung vom 31.08.1994 heißt es: *„Der friedliche Abzug der russischen Soldaten aus der ehemaligen DDR macht noch einmal den epochalen Wandel deutlich, der seit 1989 das Gesicht Europas verändert hat. [...] Jetzt müssen Russland und Deutschland lernen, ihr großes gesellschaftliches Potential und ihre politischen Möglichkeiten in den Dienst einer dauerhaften und zukunftsfähigen Friedensordnung zu stellen."*
Würde sich ein von Domke zweifellos auf lange Dauer abzielender Vertrauensvorschuss auszahlen? Und vor allem, würde es gelingen, Russland in eine neue Sicherheitskooperation einzubeziehen, die in der KSZE/OSCE angelegt worden war? Und würde es dadurch zu einer Verstetigung von Abrüstung und Konversion kommen? Oder war es einfach nur der Vollzug einer militärischen Dislozierung im althergebrachten Sinn von Machtpolitik, die in Kategorien von Siegern und Verlierern der Geschichte denkt?
Wie war damit umzugehen, dass das Gegenüber im Kalten Krieg, aber auch in der Anfangsphase des Truppenabzugs die Sowjetunion war und also auch als Ganzes betrachtet wurde, sich jetzt aber daraus eigenständige souveräne Staaten bildeten mit all der damit verbundenen neuen Dynamik?
Und andererseits war zu fragen: Würde sich für den starken militärisch ideologisch industriellen Komplex Russlands tatsächlich eine alternative zivile Perspektive erreichen lassen? Oder würden durch wirtschaftliche oder politische Zusammenbrüche im Zusammenspiel mit Bedrohungsängsten sowie mit tatsächlicher oder gefühlter Demütigung geschichtsrevisionistische, nationalistische, antiwestliche und militaristische Kräfte in Russland erneut die Oberhand gewinnen?
Der brutale russische Angriffskrieg auf die souveräne Ukraine zeigt, welche Tendenzen sich aktuell durchgesetzt haben. Eine negative Zeitenwende, zweifellos. Verstärkte Anstrengungen zur militärischen Aufrüstung gilt vielen im Dagegenhalten als alternativlos. Und dennoch, die Fragen, die sich für Helmut Domke bei der Gestaltung einer positiven Zeitenwende am Ende eines kalten Krieges gestellt haben und die sich auch am Ende des russischen Krieges gegen die Ukraine stellen werden, bleiben letztlich die gleichen: die Aufgabe unser „gesellschaftliches Potential und (die) politischen Möglichkeiten in den Dienst einer dauerhaften und zukunftsfähigen Friedensordnung zu stellen."

Wolfgang Mueller

„Verrat“, „Diktat“, „Kapitulation“: Zur russischen Debatte über den sowjetischen Abzug aus Deutschland

Der durch die Perestrojka und das Ende des Kalten Krieges ermöglichte sowjetische Truppenabzug aus Ostmitteleuropa stellte die umfangreichste strategische Veränderung in Europa seit Ende des Zweiten Weltkrieges dar. Michail Gorbatschow hatte im Dezember 1988 angeboten, unilateral sechs Panzerdivisionen mit insgesamt etwa 50.000 Soldaten und 5.000 Panzern aus der DDR, der Tschechoslowakei und Ungarn abzuziehen. Zwischen Februar 1990 und August 1994 fand schließlich der Abzug von circa einer halben Million sowjetischer Soldaten sowie 320.000 Familienmitgliedern samt tausenden Transportern, Panzern, Geschützen und Flugzeugen statt, davon etwa 340.000 Soldaten aus der ehemaligen DDR, etwa 90.000 aus der Tschechoslowakei, 56.000 aus Polen und 44.500 aus Ungarn. Der Truppenabzug aus Ungarn war am 19. Juni 1991 abgeschlossen, dem späteren Unabhängigkeitstag; in Prag wurde er am 27. Juni gefeiert, in Polen, von wo er mit Verspätung begonnen hatte, am 17. September 1993, dem geschichtsträchtigen Jahrestag der völkerrechtswidrigen sowjetischen Besetzung Ostpolens gemäß dem Hitler-Stalin-Pakt. In Deutschland und den baltischen Staaten wurden die Vollzugsmeldungen am 31. August 1994 feierlich begangen. Davon abgesehen, wurde der Prozess des Abzuges in der zeitgenössischen Öffentlichkeit der evakuierten Staaten wenig beachtet.[1]

Anders verhielt es sich im politischen und medialen Diskurs Russlands, der dem Truppenabzug große Aufmerksamkeit widmete und dabei Geschichtsbilder prägte, die bis in die Gegenwart nachwirken und politisch instrumentalisiert werden. Der vorliegende Text analysiert diese Diskussion anhand einer Auswertung russischer Parlamentsdebatten und Medienberichte.[2]

Innersowjetische Kritik am Abzug aus Deutschland 1990–1991

Bereits während der Verhandlungen über die deutsche Einheit, vor allem aber nach Bekanntwerden der Ergebnisse und im Zuge der Debatte über deren Ratifizierung hatten Hardliner in der Kommunistischen Partei (KPdSU) und im sowjetischen Militär ab Mai/Juni 1990 wachsende Kritik an der Außenpolitik Gorbatschows und Außenminister Eduard Schewardnadses artikuliert. Ein erstes zentrales Argument der Kritiker lautete, dass man erstens die „Ergebnisse des Zweiten Weltkrieges“ nicht zu Ungunsten der Sowjetunion revidieren dürfe. Verteidigungsminister Dmitri Jasow beispielsweise erinnerte an die „vernichtende Niederlage“, welche die UdSSR Deutschland beigebracht habe. Igor Maximytschew, der zweite Mann der sowjetischen Botschaft in der DDR, erinnerte an den „fürchterlichen Blutzoll“ der UdSSR im Zweiten Weltkrieg und erklärte, dass ein Abzug aus Deutschland nicht als Korrektur der bedingungslosen Kapitulation

des Deutschen Reiches 1945 aufgefasst werden dürfe, was „eine Demütigung und Verletzung des Andenkens an Millionen von Toten" darstellen würde. Das zweite Hauptargument der Kritiker des Abzuges war die angeblich nach wie vor feindliche Haltung des Westens, die einseitige sowjetische Zugeständnisse riskant machen würde, wie Marschall Sergei Achromejew, der ehemalige Generalstabschef und nunmehrige Militärberater des Präsidenten, und sein Nachfolger General Michail Moissejew erklärten. Nikolai Portugalow von der Internationalen Abteilung des Zentralkomitees (ZK) der KPdSU meinte schließlich, die sowjetischen Streitkräfte dürften nur gemeinsam mit den westlichen abziehen.[3] Die parteiinterne Kritik gipfelte in während des 28. Parteitages im Juli 1990 an Außenminister Schewardnadse adressierten Rücktrittsforderungen hoher Militärs.
Die Emotionalität der Debatte spiegelte sich in einer Meinungsbefragung vom Herbst 1990 wider, wonach zwar 57 Prozent der Befragten die Wiedervereinigung positiv beurteilten und nur 9 Prozent sie ablehnten, jedoch 31 Prozent infolge der Ereignisse einen neuen Weltkrieg fürchteten. 25 Prozent fanden, die Sowjetunion habe infolge der Wiedervereinigung den Zweiten Weltkrieg nachträglich verloren.
Parteiintern war die Kritik stark genug, dass Gorbatschow dem imperialistischen Flügel rhetorisch und taktisch entgegenkam. Die Genfer Abrüstungsverhandlungen, die Wiener Verhandlungen über konventionelle Streitkräfte in Europa bzw. über vertrauens- und sicherheitsbildende Maßnahmen sowie die Zwei-plus-Vier-Verhandlungen über die Einheit Deutschlands wurden ebenso verzögert wie die Ratifikation des Vertrages der beiden deutschen Staaten und der vier Siegermächte über die abschließende Regelung für Deutschland, die aber schließlich am 4. März 1991 im Obersten Sowjet der UdSSR vollzogen wurde und neben weiteren bilateralen Abkommen den Grundstein für den sowjetischen Abzug aus der ehemaligen DDR bildete.[4]

Der Deutschlanddiskurs in Duma und Medien in der Ära Jelzin 1992–2000

Die Kritik blieb auch in den folgenden Jahren aufrecht. Zwar war die von russischen Medien kolportierte Stimmung der Abziehenden im Allgemeinen versöhnlich. Für kritische Berichte sorgte aber der Umstand, dass die aus Berlin abziehenden Westmächte in Deutschland als Verbündete gefeiert wurden, während entsprechende Abschiedsfeiern für die russischen Kontingente in Deutschland in der deutschen Öffentlichkeit nicht unhinterfragt blieben. Doch auch der Umstand, dass die heimkehrenden Truppen in Russland trotz beträchtlichen finanziellen Leistungen Deutschlands teils mit einer unbefriedigenden Wohnsituation konfrontiert waren, verstärkte die Abneigung gegen den angeblich „überhasteten" Abzug.[5] Aber auch die Fundamentalkritik an der sowjetischen Zustimmung zum Verbleib Deutschlands in der NATO schwelte weiter.
Die innenpolitische Lage Russlands begünstigte dies. Die ersten Dumawahlen hatte die sogenannte Liberaldemokratische Partei (LDPR) gewonnen, in der zweiten (1995–1999) Duma dominierte die Kommunistische Partei (KPRF). Inhaltlich unterschied sich die Polemik der chauvinistischen Parteien kaum. Der LDPR-Abgeordnete Wjatscheslaw Mary-

tschew polemisierte gegen die „ruhmlose Austreibung unserer Truppen aus Deutschland" und der kommunistische Vorsitzende des Sicherheitsausschusses Wiktor Iljuchin behauptete, dass *„der Abzug der stärksten Heeresgruppe in Europa aus Deutschland von ihrer Zerschlagung in Teile und faktischen Vernichtung begleitet"* worden sei.[6] Auf die Spitze getrieben wurde die Kampagne durch LDPR-Führer Wladimir Shirinowski, der Gorbatschow des Verrates bezichtigte und behauptete, *„sogar die Amerikaner und Deutschen seien mit der weiteren Stationierung von 100.000 sowjetischen Soldaten einverstanden gewesen."*[7]

Ab 1993 wurde der Abzug aus Deutschland vermehrt in Zusammenhang mit der NATO-Öffnung nach Osten diskutiert, wobei Iljuchin meinte: *„Nicht die Kalinka hätte man in Berlin tanzen müssen, sondern den Abzug russischer Truppen aus Deutschland an einen Vertrag über die Nichterweiterung der NATO nach Osten binden."*[8] Obwohl Gorbatschow und sein Außenminister weiterhin im Zentrum der russischen Kritik standen, rückte nun das westliche Bündnis auf der Anklagebank nach. Laut dem kommunistischen Boulevardblatt Moskowski Komsomolez sei die DDR angeblich das *„erste osteuropäische Opfer, das in die gierigen Pranken der NATO gefallen ist"*.[9] Besonders gescholten wurde das vereinigte Deutschland, das sich ungeachtet der Wünsche Russlands für eine Öffnung der NATO für ostmitteleuropäische Beitrittswerber entschieden hatte.

Die Sicht auf den Abzug unter Putin und Medwedjew 2000–2012

Nach 2000 war das Thema des Truppenabzuges aus Deutschland kein Anlass ausführlicher Dumadebatten mehr, was nicht nur mit dem Abschluss des Abzuges, sondern auch mit dem sinkendenden Einfluss der KPRF und LDPR zu tun haben mochte, die sich ab 2003 als weitgehend regierungsloyale Blockparteien verhielten. Indem der Truppenabzug in die weitere Vergangenheit rückte, fand im Mediendiskurs eine Historisierung der im Zusammenhang mit der Wiedervereinigung verbreiteten Thesen statt. Dabei wurden Grundannahmen der sowjetischen Propaganda wie beispielsweise, dass Stalin oder aber die Sowjetunion ein einheitliches Deutschland gewollt hätten, ja, dass dessen Teilung sowjetischen Interessen widersprochen habe, unhinterfragt wiederholt.[10] Die Frage der organisatorischen und geographischen Aufteilung der ehemaligen Sowjetischen Heeresgruppe in Deutschland rückte in den Hintergrund.

Deutlich zunahm hingegen die Zahl von Geschichtsdarstellungen über die deutsche Wiedervereinigung anlässlich von deren 20. Jahrestag. In einem der russischen Standardwerke zum Thema fasste Alexei Filitow die bisherige Forschung in zwei Interpretationen zusammen: erstens die der „Dolchstoßlegende" vergleichbare *„These über die Schwäche, Inkompetenz oder sogar den direkten ‚Verrat' der damaligen sowjetischen Führung"*; zweitens die Interpretation der sowjetischen Deutschlandpolitik als geniale Konzeption für eine neue Achse Berlin-Moskau, die lediglich am Zerfall der Sowjetunion gescheitert sei.[11] Durch seine Archivforschungen gelang es Filitow nachzuweisen, dass die Übergänge zwischen den drei Phasen sowjetischer Deutschlandpolitik 1989/90

(Zweistaatenmodell – neutrales Gesamtdeutschland – Zustimmung zur freien Bündniswahl) fließender waren als von außen wahrnehmbar. Die von vielen in Russland vermisste oder aber behauptete Abmachung über den Nichtbeitritt anderer Staaten zur NATO wäre laut Filitow völkerrechtlich nicht möglich gewesen. Die vom Autor vorgebrachten Kritikpunkte betrafen erstens das Nachhinken der sowjetischen Politik. Im Herbst 1989 hatte eine Initiative Walentin Falins und des ZK-Mitarbeiters Portugalow der UdSSR wieder die Initiative in die Hand geben sollen, mobilisierte jedoch vielmehr das Bundeskanzleramt zu Kohls agenda-setzendem Zehn-Punkte-Plan. Ferner *„wiederholte* (die sowjetische Seite) *denselben Fehler wie in den Verhandlungen mit* (Egon) *Bahr 1970, als sie lange überlegte, den Entwurf des Briefes zur Deutschen Einheit anzunehmen oder nicht, und die Regelung samt Anhang erst akzeptierte, als sich die Position der BRD verhärtet hatte".*[12] Zweitens hatte der Kreml laut Filitow jenen Nachbarstaaten Deutschlands wenig anzubieten, die gleichzeitig Schutz vor Russland und vor Deutschland suchten und damit nur für die NATO optieren konnten. Am gravierendsten scheint allerdings der dritte Kritikpunkt Filitows zu sein, dass die Diplomatie Moskaus der eigenen Bevölkerung zu wenig kommuniziert und aus Rücksicht auf chauvinistische Kräfte im ZK und Parlament hinhaltender Widerstand suggeriert wurde. Das dennoch optimistische Resümee begründete Filitow mit der Erfüllung der Verträge durch Deutschland und der Ablehnung von Klagen gegen Russland.

Auch Michail Nariinski weist auf das ab Anfang der 1990er Jahre an Bedeutung gewinnende Ziel hin, die Wiedervereinigung Deutschlands zur Überwindung der Teilung Europas und zur Schaffung eines neuen Sicherheitssystems zu nutzen.[13] Eine etwas kritischere Position nahm Wjatscheslaw Daschitschew ein, der zwar die Perestrojka als unvermeidbar bezeichnete und Gorbatschow verteidigte, dafür aber den angeblichen „Dolchstoß" Boris Jelzins scharf kritisiert. Nicht die NATO, sondern der russische „Herostrat" sei am Zerfall der Sowjetunion schuld. Wie so oft, fehlt auch hier der Gedanke des Selbstbestimmungsrechts der „kleinen" Völker.[14]

In starkem Kontrast dazu steht die zum Teil vernichtende Kritik in den Werken ehemaliger Diplomaten und Experten des Moskauer Staatsinstituts für Internationale Beziehungen (MGIMO), insbesondere die 2009 publizierte überarbeitete Neuauflage von Abdulchan Achtamsjans „Wiedervereinigung", die einen Höhepunkt der Polemik in der Historiographie bis 2022 markiert. Das politische Umfeld wie die Verschärfung der antiliberalen und antiwestlichen Medienrhetorik in Russland seit 2003 und spätestens seit Putins Rede bei der Münchener Sicherheitskonferenz 2007 mochte dabei eine Rolle gespielt haben. Das auf Feindbildern aufbauende Werk zielt darauf, die „kapitulationistische Diplomatie" Gorbatschows zu kritisieren und letzteren als im Sold des Westens stehenden Landesverräter zu kriminalisieren.[15] Die westlichen Verhandlungspartner werden als aggressiv präsentiert. So schreibt Achtamsjan, die *„BRD setzte den Kurs auf die Destabilisierung nicht nur der DDR, sondern Europas fort"*; US-Außenminister James Baker habe die weiteren Schritte „diktiert", die westdeutsch-sowjetischen Verhandlungen in Moskau vom Februar 1990 hätten zur *„bedingungslosen Kapitulation* (Gorbatschows) *vor*

H. Kohl" geführt.[16] *„Was erhielt Präsident M. Gorbatschow im Gegenzug? Für sein Land gar nichts, außer der Zusage Deutschlands, den Frieden zu wahren, als sei die UdSSR in das Jahr 1941 zurückversetzt worden."* In der Arbeit finden maßgebliche Elemente der Revolution in der DDR, aber auch der sowjetischen Deutschlandpolitik keine Berücksichtigung, wie der Umstand, dass Gorbatschow vor den Moskauer Verhandlungen mit Kohl bereits am 30. Januar gegenüber dem Ministerpräsidenten der DDR, Hans Modrow, das Selbstbestimmungsrecht der Deutschen in der Frage der Wiedervereinigung bestätigt hatte.[17] Zwei innere Widersprüche dieser Argumentationslinie sind weit verbreitet: Der erste Widerspruch besteht darin, dass sie sich offenbar nicht entscheiden kann, ob die Zustimmung zur Wiedervereinigung ein bewusstes Zugeständnis oder das Ergebnis von Unvermögen gewesen sei. Der zweite Widerspruch liegt darin, dass einerseits behauptet wird, die Sowjetunion sei immer gegen die Teilung gewesen; andererseits die Wiedervereinigung als Umkehrung des sowjetischen Sieges im Zweiten Weltkrieg und als „Liquidierung der Abkommen von Jalta und Potsdam" bezeichnet wird.[18]

Die Debatte über den Abzug und die Deutsche Einheit in der zweiten Ära Putin 2012–2023

Seit der Rückkehr Wladimir Putins in das Präsidentenamt 2012 und insbesondere seit Beginn der russischen Aggression gegen die Ukraine 2014, die seit 2022 in Russland auch als Kampf gegen den Westen bezeichnet wird, nahm die politisch-mediale Instrumentalisierung der deutschen Wiedervereinigung und des sowjetischen Abzuges aus Deutschland zu. In seiner Rede anlässlich der völkerrechtswidrigen Annexion der Krim durch Russland am 18. März 2014 legte Putin nahe, dass „die Deutschen" für diesen Schritt Verständnis haben müssten, da die Sowjetunion das *„Streben der Deutschen nach nationaler Einheit unterstützt"* habe und nun die Bürger Deutschlands *„das Streben der russischen Welt [...] nach einer Wiederherstellung seiner Einheit unterstützen werden."*[19] Dabei setzte er offenbar die deutsche Wiedervereinigung mit der russischen militärischen Besetzung der Krim und der durch zweifelhafte Abstimmungen nachträglich nur scheinbar legalisierten Annexion gleich. Die artikulierte Hoffnung auf deutsches „Verständnis" materialisierte sich allerdings nicht, da Deutschland die Krim-Annexion dennoch als völkerrechtswidrig betrachtete. Als Vergeltung brachte der KPRF-Abgeordnete Nikolai Iwanow den Antrag in der Duma ein, die deutsche Wiedervereinigung ebenfalls zur illegalen Annexion zu erklären.[20] Obwohl sich mehrere Stimmen wie das Mitglied des Außenpolitischen Ausschusses der Duma Jan Selinski mit der formalrechtlichen Begründung, dass in der DDR kein Referendum durchgeführt worden sei, für den Antrag aussprachen,[21] brachte die parlamentarische Behandlung keine weiteren Beschlüsse.

Abgesehen von den völkerrechtlichen Gegebenheiten – die deutsche Einheit und der russische Truppenabzug waren Gegenstand internationaler Verträge, denen die UdSSR bzw. Russland zugestimmt hatten, – konnte die Duma schon aus logischen Gründen

die Wiedervereinigung, die der Präsident Russlands als angebliche Parallele zur Krim-Annexion genannt hatte, schwerlich als völkerrechtswidrig verurteilen. Dennoch wurde die Gleichsetzung von Krim und DDR vom ehemaligen Vorsitzenden des Auswärtigen Ausschusses der Duma, Senator Alexei Puschkow, aufgegriffen, der die deutsche Bundeskanzlerin an ihre Dankesschuld für die sowjetische Zustimmung zur Einheit erinnerte.[22] Zum 30. Jahrestag der Einheit kritisierte er Gorbatschow für dessen „geopolitische Kapitulation".[23] Dieser hätte die Neutralisierung Deutschlands fordern können, sei aber *„mehr am Nobelpreis als an den nationalen Interessen seines Landes interessiert"* gewesen.
Auch Präsident Putin sprach die deutsche Einheit wiederholt an, um einerseits die angeblich gebrochenen NATO-Versprechen und das angebliche Ignorieren russischer Einwände gegen die Aufnahme neuer Mitglieder in das westliche Bündnis zu kritisieren,[24] andererseits die „Inkompetenz" der sowjetischen bzw. russischen Führung vor 1999.[25] Während aber die offizielle Politik je nach Bedarf zwischen Kritik und Dialogbereitschaft[26] schwankte, kippte der Mediendiskurs seit 2014 stark auf die kritische Seite. „Bezahlt Merkel die Schuld?", fragte beispielsweise die Rossiiskaja Gaseta und wies auf den Topos hin, dass es ohne Zustimmung des Kremls keine Wiedervereinigung gegeben hätte.[27] Dass ohne Sowjetunion auch keine Teilung Deutschlands erfolgt wäre, fand bei Vertretern dieses Arguments keine Berücksichtigung. Als die Bundeskanzlerin 2019 beim nationalen Festakt zur Deutschen Einheit der UdSSR (d.h. eigentlich den Vier Mächten) nicht für die Zustimmung zur Wiedervereinigung dankte, sorgte dies für Empörung in russischen Medien.[28] Die Komsomolskaja Prawda behauptete ohne nähere Beweise, die Menschen der ehemaligen DDR „träumen von der Ankunft der Russen"[29], und Argumenty i Fakty lieferte zum 30. Jahrestag der Maueröffnung unter dem Titel *„Der Stolz der Ossis: Warum die DDR im Geist der Ostdeutschen weiterlebt"*[30] eine Sammlung alter und neuer Propaganda. Stalin habe die Deutschen vor angeblichen westlichen Plänen zur Ausradierung ihres Landes „gerettet"; die DDR sei die „sechstgrößte Volkswirtschaft Europas" gewesen und habe eine „besondere Rolle" im Sport gespielt. Dass ersteres frei erfunden, zweiteres durch den faktischen Bankrott der DDR und drittes durch das in der DDR betriebene systematische staatliche Doping, dessen Dimensionen bisher nur von Putins Russland in den Schatten gestellt wurden, zu relativieren war, blieb ebenso unerwähnt wie die Quelle der wohl einem Ostdeutschen zugeschriebenen Aussage, dass jetzt „die Araber unsere Herren" seien. Ein Kommentator bezeichnete die Wiedervereinigung als „einen der schlimmsten Fehler Moskaus" und „eine der teuersten Niederlagen", die den „nationalen Interessen" Russlands widersprochen habe.[31]
Gegen derartige Verschwörungstheorien hob sich eine in der Zeitschrift Dilettant 2016 organisierte Kontroverse zwischen dem kommunistischen Duma-Abgeordneten Leonid Kalaschnikow und dem Direktor des Instituts für politische Studien, Sergei Markow, positiv ab. Allerdings kam auch sie zu widersprüchlichen Ergebnissen. Die Frage nach

objektiven Gründen für die Wiedervereinigung wurde von beiden Kontrahenten bejaht. Dennoch hätte die Sowjetunion die Einheit verzögern können und habe nur infolge von Unfähigkeit (so Kalaschnikow) oder der eigenen inneren Krise (so Markow) zugestimmt. Die Auswirkung auf den internationalen Einfluss der Sowjetunion wurde übereinstimmend als negativ bezeichnet, da sich die „Einflusszone der USA ausgeweitet“[32] habe. Zu den internationalen Verhandlungen über den Zwei-plus-Vier-Vertrag stellte die RIA anlässlich des 30. Jahrestages von dessen Unterzeichnung vergleichsweise nüchtern, wenngleich ebenfalls inkorrekt, fest: *„Die Westmächte bestanden auf dessen* (gemeint: Deutschlands) *Integration in die NATO. Die Sowjetunion bestand darauf, dass das wiedervereinigte Deutschland keinen militärisch-politischen Blöcken beitrete und den Status eines neutralen oder blockfreien Staates habe.“*[33]
Die Darstellung von Deutscher Einheit und sowjetischem Truppenabzug in russischen Schulbüchern zum Geschichtsunterricht spiegelt diese Tendenz zur Faktenverdrehung und negativen Interpretation wider. Bis 2020 waren die Ereignisse meist ausgewogen dargestellt worden: So stellt das Lehrbuch von Nikita Sagladin für die 11. Klasse in der Auflage von 2017 fest: *„Bei den Wahlen [gemeint: in der DDR 1990] ging die überwältigende Mehrheit an Parteien, die für die rasche Wiedervereinigung eintraten. [...] Die neuen Regierungen der osteuropäischen Staaten [...] gaben dem raschen Beitritt zur NATO große Bedeutung.“*[34] Zur sowjetischen Rolle lautet die Darstellung im Schulbuch von Lew Beloussow und Wjatscheslaw Smirnow für die 9. Schulstufe: Bundeskanzler Kohl *„verabredete mit der Führung der UdSSR [...] die Bedingungen der Wiedervereinigung, Deutschland bestätigte seinen Verzicht auf Massenvernichtungswaffen, und die sowjetischen Truppen zogen vom Territorium der DDR ab.“*[35]
Davon hebt sich die irreführend-tendenziöse Beschreibung im aktuellen, vom langjährigen Kulturminister und nunmehrigen Vorsitzenden der Interministeriellen Kommission für historische Bildung der Russländischen Föderation Wladimir Medinski und vom Rektor des Moskauer Staatsinstituts für Internationale Beziehungen MGIMO Anatoli Torkunow herausgegeben Schulbuch für Geschichte Russlands in der 11. Klasse deutlich ab. Der 2023 erschienene Band deckt den Zeitraum 1945 bis 2022 ab; der Umschlag zeigt die illegal errichtete Krim-Brücke und technische Forschung symbolisierende Menschen sowie eine Rakete im Stile des Sozialistischen Realismus. Zu den sowjetischen Truppenabzügen aus Deutschland und Ostmitteleuropa stellt der Band fest:

> *„1989 begann der einseitige Abzug sowjetischer Truppen aus den Ländern Ostmitteleuropas. Das war eine besonders undurchdachte Entscheidung, da die Schwächung der Militärpräsenz der UdSSR in den verbündeten Staaten eine abrupte Aktivierung der nationalistischen und antisowjetischen Einstellung hervorrief. Dies nutzte der kollektive Westen aus. 1989–1990 fanden die sogenannten ‚Samtenen Revolutionen‘ in Polen, der DDR, der Tschechoslowakei, Ungarn, Bulgarien und Albanien statt. Im Dezember 1989 wurde das Regime von N. Ceausescu militärisch gestürzt. 1990 fand*

die Annexion [!] von Ostdeutschland durch die BRD statt. Die DDR wurde von der BRD verschlungen [pogloschtschenna]. Dabei sagten die Anführer der Staaten des Westens Gorbatschow mündlich eine Nichtausweitung der NATO nach Osten zu. Diese Versprechen wurden in weiterer Folge verletzt."[36]

Indem der Text das Selbstbestimmungsrecht der ostmitteleuropäischen Staaten verschweigt, das Streben nach Selbstbestimmung als „nationalistisch und antisowjetisch" diffamiert und die „Samtenen Revolutionen" irreführend als Folge der Truppenabzüge präsentiert, soll die Entscheidung Gorbatschows als „undurchdacht" präsentiert werden. Dass die Entscheidung das Selbstbestimmungsrecht und das Gebot der Gewaltlosigkeit ebenso berücksichtigte wie die internationale Entspannung und die überbordendenden inneren Probleme der Sowjetunion, bleibt unerwähnt. Die Verschwörungslegende vom wortbrüchigen Westen wird ebenso wiederholt wie der substanzlose Vorwurf einer „Annexion" der DDR durch Westdeutschland.
Das von Medinski und dem langjährigen Direktor des Instituts für Allgemeine Geschichte der Russländischen Akademie der Wissenschaften Alexandr Tschubarjan herausgegebene Lehrbuch für „Allgemeine Geschichte" behauptet, abermals ohne Hinweis auf die Hintergründe, dass die Beilegung des Kalten Krieges durch „einseitige Zugeständnisse" Gorbatschows erreicht worden sei. Die Auflösung von RGW und Warschauer Pakt wird in Gegensatz zum Fortbestand von NATO und EU gesetzt, ohne die Desintegrationserscheinungen innerhalb der sowjetischen Konstrukte und das nationale Selbstbestimmungsrecht ihrer Mitglieder zu erwähnen. Wiederholt werden die Anschuldigungen gegenüber dem „Westen" in Bezug auf die Aufnahme neuer Mitglieder in die NATO, erneut ohne Berücksichtigung des Selbstbestimmungsrechts der betroffenen Staaten.[37]

Zusammenfassung

Der Abzug sowjetischer Truppen aus Deutschland und Ostmitteleuropa war in den vergangenen 30 Jahren wiederholt Gegenstand medialer und politischer Polemiken. Ab Ende der 1990er Jahre rückläufig, nahm die Aufmerksamkeit seit Beginn der russländischen Aggression gegen die Ukraine und größerer Spannungen mit dem Westen 2014 wieder deutlich zu. Ab 2014 wurde die Wiedervereinigung erstmals wieder seit dem Jahr 2000 auch abseits der rituellen Glückwunschkommunikation in Aussagen des Präsidenten und Debatten der Staatsduma ausführlicher politisch thematisiert und auch kritisiert. In der Historiographie war bis 2020 trotz der Erschließung signifikanter neuer Quellen vor allem des Gorbatschow-Fonds keine einheitliche Tendenz festzustellen. Die Stellungnahmen zerfallen in eher imperialistische, die das Ende der DDR und der UdSSR, die Öffnung der NATO bzw. die angeblich zu geringen Gegenleistungen des Westens kritisieren, und liberale, die den Untergang der DDR, des Warschauer Paktes und der Sowjetunion als nicht weiter beklagenswert betrachten. Da die Deutsche Einheit und der sowjetische Abzug von einer nicht unbedeutenden Gruppe mit dem Niedergang bzw. Zerfall der Sowjetunion assoziiert werden, ist der Diskurs darüber zum Teil sehr emotional und polemisch. Dabei sind die Positionen von Befürwortern und Kritikern der sowjetischen Deutschlandpolitik seit den 1990er Jahren ungeachtet der signifikanten politischen und quellenmäßigen Veränderungen im Wesentlichen weitgehend unverändert geblieben bzw. haben sich verschärft. Daran haben auch die zahlreichen Memoiren beteiligter Staatsmänner und Diplomaten sowie die massiven Quellenpublikationen nichts geändert.

Das hinter dem eher imperialistischen Diskurs stehende historische Bewusstsein ist stark vom Denken des 19. Jahrhunderts geprägt. So wird die staatliche Einheit einer großen Nation als normal, gesetzmäßig und als historisches Anrecht betrachtet und auch Konzepte wie Einflusssphären sind weit verbreitet, was zur Verdrängung jüngerer Ideen wie der des Selbstbestimmungsrechts „kleinerer" Nationen führt. Der starke Fokus auf hohe Diplomatie und machtpolitische Erwägungen führt zu einer Vernachlässigung sozialer, wirtschaftlicher und ideologischer Beweggründe von Politik, was dazu beiträgt, dass viele ohne diese Faktoren kaum nachvollziehbare Entscheidungen Gorbatschows im machtpolitischen Diskurs auch unverständlich bleiben und abgelehnt werden.

Angesichts des seit 2022 stark gestiegenen Meinungsdruckes in Russland ist davon auszugehen, dass eine Vereinheitlichung des Meinungsbildes in Richtung der negativen Darstellung, Kritik bzw. Verurteilung sowjetischer Truppenabzüge stattfinden wird. Konnte vor wenigen Jahren angesichts der bis dahin relativ faktentreuen Darstellung in russischen Schulbüchern die vorsichtige Hoffnung geäußert werden, dass eine künftige Generation in Russland die Frage weniger emotional beurteilen können werde, erscheint dieser Optimismus aufgrund der nunmehr revidierten Lehrbücher nicht mehr begründet.

1 Christoph Meißner/Jörg Morré, Introduction, in: Dies. Hg. *The Withdrawal of Soviet Troops from East Central Europe: National Perspectives in Comparison*, Göttingen 2021, 9–18, 10–13. Vgl. Svetozár Nad'ovic u.a., *The Great Withdrawal. Withdrawal of the Soviet-Russian Army from Central Europe*, 1990–1994, Bratislava 2005
2 Das vorliegende Kapitel ist eine überarbeitete Fassung von: Wolfgang Mueller, *Die Deutsche Einheit als sowjetische Niederlage? Der Wandel des Geschichtsbildes in Russland* 1990–2020, in: Hermann Wentker/Tim Geiger/Jürgen Lillteicher Hg., *Zwei plus Vier: Die internationale Gründungsgeschichte der Berliner Republik*, Schriftenreihe der Vierteljahrshefte für Zeitgeschichte 123, München 2021, 199–228
3 Zit. nach Rafael Biermann, *Zwischen Kreml und Kanzleramt. Wie Moskau mit der deutschen Einheit rang*, Paderborn 1997, S. 465 f, 585 f
4 Ebd., S. 672 f; 766 f; 704
5 Stephen Kinzer, *Bitter Goodbye: Russians Leave Germany*, in: The New York Times, 04.03.1994, https://www.nytimes.com/1994/03/04/world/bitter-goodbye-russians-leave-germany.html. Siehe auch das „Erinnerungsalbum": *Sovetskie vojska v Germanii: Pamjatnyj al'bom*, Moskva 1994
6 Gosudarstvennaja Duma, Stenogramma zasedanija, 22.06.1994, http://transcript.duma.gov.ru/node/3179/; 27.10.1994, http://transcript.duma.gov.ru/node/3144/; 12.02.1997, http://transcript.duma.gov.ru/node/2819/
7 Gosudarstvennaja Duma, Stenogramma zasedanija, 17.12.1998, http://transcript.duma.gov.ru/node/2456/. Für die zitierten Behauptungen gibt es keine Beweise oder Anhaltspunkte
8 Gosudarstvennaja Duma, Stenogramma zasedanija, 22.01.1997, http://transcript.duma.gov.ru/node/2830/
9 K. Ju., *Predystorija: Pervaja žertva NATO*, in: Moskovskij komsomolec, 07.10.1995, S. 2.
10 Agiševa, *Valentin Falin*, in: Izvestija, 01.10. 2009; Elena Cinkova, *Nemcy polucili edinuju stranu, a russkim ne dostalos' i lomanogo pfenniga*, in: Komsomolskaja Pravda, 02.10.2010, https://www.kp.ru/daily/24568/740875/
11 A. M. Filitov, *Germanija v Sovetskom vnešnepoliticeskom planirovanii 1941–1990*, Moskva 2009, S. 305
12 Filitov, *Germanija*, S. 322 f
13 M. M. Narinskij, *M. S. Gorbacëv i ob"edinenie Germanii: Po novym materialam*, in: Novaja i noveišaja istorija, H. 1, 2004, S. 14–30
14 V. Dašicev, *Perestrojka i ob"edinenie Germanii: Razmyšlenija istorika-germanista*, in: Svobodnaja mysl', H. 1, 2008, S. 143–154
15 A. A. Achtamzjan, *Ob"edinenie Germanii: Obstojatel'stva i posledstvija*, Moskva 2008, S. 7.
16 Ebd., S. 95; 101; 107 f.; das folgende Zitat S. 108
17 Vgl. dazu Gorbatschows Erklärung gegenüber Journalisten vor dem Treffen mit Modrow, „Für verantwortungsvolles Handeln bei Annäherung beider deutschen Staaten", Neues Deutschland, 31.01.1990, S. 1. Für das Gespräch am selben Tag vgl. Aleksandr Galkin/Anatolij Tschernjajew Hg., *Michail Gorbatschow und die deutsche Frage.* Sowjetische Dokumente 1986–1990, München 2011, Dok. 67, S. 292–304
18 Achtamzjan, *Ob"edinenie Germanii*, S. 83 f
19 V. V. Putin, *Obrašcenie Prezidenta Rossijskoj Federacii*, 18.03.2014, in: Prezident Rossii, http://kremlin.ru/events/president/news/20603
20 *Russia may declare 1990 reunification illegal*, in: The Local, 28.01.2015, https://www.thelocal.de/20150128/russia-may-declare-german-reunification-illegal
21 Roksana Avetisja/Elena Malaj, *Gosduma razberetsja s anneksiej Vostocnoj Germanii*, in: Izvestija, 29.01.2005, https://iz.ru/news/582380
22 *Puškov raskritikoval Merkel' za slova o Kryme i Germanii*, in: Izvestija, 10.09.2017, https://iz.ru/643926/2017-09-10/pushkov-raskritikoval-merkel-za-slova-o-kryme-i-germanii

23 *Puškov kritikoval Gorbacëva za geopoliticeskuju kapitulatciju*, in: Izvestija, 16.07.2020, https://iz.ru/1036059/2020-07-16/pushkov-raskritikoval-gorbacheva-za-geopoliticheskuiu-kapituliatciiu

24 V. V. Putin, *Intverv'ju nemeckomu izdaniju*, Bild, 11.01. 2016, in: Prezident Rossii, http://kremlin.ru/catalog/countries/DE/events/51154

25 *Putin ukazal na nekompetenznost' RF posle ob"edinenija Germanii*, in: Izvestija, 07.03.2018, https://iz.ru/717213/2018-03-07/putin-ukazal-na-nekompetentnost-rf-posle-obedineniia-germanii

26 V. V. Putin, *Pozdravlenie prezidentu Germanii Frank-Val'teru Štajnmajeru i kancleru FRG Angele Merkel' s Dnëm germanskogo edinstva*, 03.10. 2019, in: Prezident Rossii, http://kremlin.ru/catalog/countries/DE/events/61709

27 Roze, *Oplatit li Merkel' dobrom?*, in: Rossijskaja gazeta, 20.03.2014

28 Elena Cinkova, Merkel ne poblagodarila Gorbacëva i SSSR za ob"edinenie Germanii, in: Komsomolskaja pravda, 10.11. 2019, http://www.hab.kp.ru/daily/27053.5/4119738/. Vgl. Rede von Bundeskanzlerin Merkel anlässlich des Festakts zum Tag der Deutschen Einheit in Kiel, 03.10.2019, https://www.bundeskanzlerin.de/bkin-de/aktuelles/rede-von-bundeskanzlerin-merkel-anlaesslich-des-festakts-zum-tag-der-deutschen-einheit-am-3-oktober-2019-in-kiel-1678326

29 Edvard Cesnokov, *Žiteli byvšej GDR mectajut o prichode russkich*, in: Komsomolskaja pravda, 15.08.2019, http://www.kp.ru/daily/27016/4078910/

30 Andrej Sidorcik, *Gordost', ossi'. Pocemu GDR živet v umach vostocnych nemcev?*, in: Argumenty i fakty, 07.10.2020, https://aif.ru/society/history/gordost_ossi_pochemu_gdr_zhivet_v_umah_vostochnyh_nemcev

31 Stanislav Borzjakov, *Ob"edinenie Germanii stalo odnoj iz hudših ošibok Moskvy*, in: Vzgljad, 20.02.2020, https://vz.ru/politics/2020/2/10/1022816.html

32 Leonid Kalašnikov/Sergej Markov, *Ob"edinenie Germanii – ošibka SSSR?*, in: Diletant, 24.10.2016, https://diletant.media/duels/31526916/

33 *Dogovor ob ob"edinienii meždu FRG i GDR* (1990), in: RIA Novosti, 31.08.2020, https://ria.ru/20200831/obedinenie-1576418774.html

34 N. V. Zagladin, *Vseobšcaja istorija: ucebnik dlja 11 klassa obšceobrazovatel'nyh organizacij*, Moskva 2017, S. 304. Vgl. ausführlich Mueller, *Die Deutsche Einheit als sowjetische Niederlage?*

35 L. S. Belousov/V. P. Smirnov, *Istorija: ucebnik dlja obšceobrazovatl'nyh organizacij, 9 klass: Novejšee vremja XX-nacalo XXI veka*, Moskva 2018, S. 98

36 V. R. Medinskij/A. V. Torkunov, *Istorija Rossii 1945–nacalo xxi veka, ucebnik, 11 klass, bazovoj uroven'*, Moskva 2023, S. 247. Hervorhebung im Original. Der Begriff pogloščenie (Verschlingung, Übernahme) findet sich seit 1990 im russischen Sprachgebrauch über die Wiedervereinigung, z. B. Aus dem Gespräch Gorbatschows mit F. Mitterrand, 25.05.1990, in: Galkin/ Tschernjajew Hg., *Michail Gorbatschow und die deutsche Frage*, Dok. 94, S. 417 f. Vgl. aktuell z. B. Russia may declare 1990 reunification illegal, in: The Local, 28.01. 2015

37 V. R. Medinskij/A. O. Cubar'jan, Vseobšcaja istorija 1945–nacalo xxi veka, ucebnik, 11 klass, bazovoj uroven', Moskva 2023, S. 206–213

III. Begegnungen

Hans-Peter von Kirchbach

Begegnungen mit russischen Offizieren

Vorbemerkung

Meine persönlichen Kenntnisse der WGT bis zum Abzug 1994 beschränken sich auf einige wenige Eindrücke.
Begegnungen mit den russischen Streitkräften nach dem Abzug der WGT habe ich aufgenommen, da sie mir für das Thema bedeutsam erschienen.
Da ich kein Tagebuch oder sonstige Aufzeichnungen geführt habe, musste ich mich auf mein Gedächtnis verlassen. Einen Teil der erwähnten Begegnungen hat mein ehemaliger Adjutant Oberst a.D. Meyers mitgemacht. Mit ihm habe ich mich ausgetauscht.
Bei der Schilderung der Veranstaltung mit dem Brandenburgischen Bildungswerk konnte ich mich auf eigene Aufzeichnungen stützen.

Vor dem Abzug

Meine erste Begegnung mit Soldaten der WGT erfolgte im Oktober oder November 1990 wenige Wochen nach der Übernahme des Kommandos über die Eggesiner 9. Panzerdivision (später Heimatschutzbrigade 41). Im etwa 80 Kilometer entfernten Neustrelitz war ein russischer Divisionsstab stationiert und ich meldete mich dort sehr kurz nach der Übernahme des Kommandos an, um Kontakt zum Kommandeur dieser Division aufzunehmen. Um freundliche Nachbarschaft bis zum Abzug der Truppe wollte ich werben. Begleitet wurde ich von einem kleinen Team, ein oder zwei Offiziere der ehemaligen NVA waren als Teil des Teams und als Dolmetscher dabei.
Der Empfang war höflich frostig. Über einen Austausch oberflächlicher Höflichkeiten hinaus ging das Gespräch nicht. Auf mein Angebot der Hilfeleistung wurde nicht eingegangen. Geradezu herablassend waren das Verhalten und die Anmerkungen gegenüber den Offizieren der ehemaligen NVA, die ich ausdrücklich in Schutz nehmen musste. Zu einer weiteren persönlichen Begegnung mit dieser Division ist es nicht gekommen. Allerdings folgten einige Treffen auf Arbeitsebene.
Der damalige Chef des Stabes berichtete von einer Einladung, die in einer freundlichen Atmosphäre stattfand. Auch im nachgeordneten Bereich berichteten Kommandeure von Begegnungen, die freundlich abliefen.
Engere Kontakte zur WGT gab es von Seiten des Militärbezirks (später 14. Panzergrenadierdivision), dies führte dann auch dazu, dass wir eine Veranstaltung für den Befehlshaber und seine russischen Gäste ausrichten mussten, die mit einem Abendessen und erheblichem Alkoholgenuss endete. Wir führten den Gästen einige Ausbildungsabschnitte vor, wollten so deutlich machen, dass wir sehr schnell zu einem normalen

„Armeebetrieb" übergangen waren. Wir alle wussten uns dem Auftrag verpflichtet, einem Abzug in Würde jedenfalls nicht im Wege zu stehen.
Der Chef des Stabes meiner Brigade, der damalige Oberstleutnant Meyers, berichtete aus seiner Zeit als Bataillonskommandeur und Standortältester im Landkreis Teltow-Fläming von anfänglich unterkühlten Kontakten zum Stab Burlakow, die besser wurden, als den russischen Truppen die umfangreichen Schrottlager der vier Kasernen im Einzugsbereich zur Nutzung und zum Abtransport überlassen wurden. Er hatte eine von der WGT verlassene Kaserne zu übernehmen, die in einem sehr schlechten Zustand war. Fast alles Verwertbare, selbst Fenster, Türen oder Dachstühle waren abgebaut und abtransportiert worden.
Bei einem Orientierungsmarsch verirrten sich einige Soldaten in ein Sperrgebiet bei einer Liegenschaft der WGT, sie wurden verhaftet, nach einiger Zeit wieder freigelassen, die Angelegenheit verursachte aber großes, auch politisches Aufsehen.
In meinen Urlaub im August 1991 platzte die Nachricht vom Putschversuch einer Gruppe sowjetischer hochrangiger Politiker und Soldaten gegen Gorbatschow, der letztlich zur Machtübernahme durch Jelzin führte und den Zerfall der Sowjetunion beschleunigte. Obwohl die Lage bei uns ruhig blieb, wurde deutlich, wie dünn das Eis war, auf dem wir uns bewegten, wie unsicher die Situation und wie wichtig es war, dass der Abzug planmäßig verlaufen konnte.
Aus dieser Zeit ist noch zu erwähnen, dass uns die von der NVA übernommenen Soldaten berichteten, dass kameradschaftliche Verbindungen der Offiziere und ihrer Familien – wie in der NATO üblich – zwischen Soldaten der NVA und denen der WGT praktisch nicht existierten. Die offiziellen Begegnungen liefen nach einem Ritual ab, ohne dass intensive persönliche Kontakte entstanden. Solche seien auch nicht erwünscht gewesen.
Im Frühjahr 1992 wurde ich als Stabsabteilungsleiter in den Führungsstab des Heeres im Bundesministerium der Verteidigung versetzt. Die Stabsabteilung hatte federführend unter Mitarbeit verschiedener Abteilungen des Ministeriums ein Abkommen mit der WGT vorzubereiten, das regelte, unter welchen Voraussetzungen und mit welchen Verfahren die Streitkräfte der WGT die Truppenübungsplätze in ihrem Stationierungsgebiet bis zum Abzug weiter nutzen konnten. Dabei ging es auch um die Zusammenarbeit mit Behörden, die Anmeldung von Märschen und Truppenbewegungen. Die Vorbereitung dieses Abkommens war nicht unkompliziert, galt es doch, klarzumachen, dass die Truppen, die sich bis zum Abzug als Gäste in der Bundesrepublik aufhielten, nunmehr an Regeln gebunden waren, was für diese eine neue Erfahrung bedeutete.
Das Abkommen war bei meinem Amtsantritt bereits unterschriftsreif ausverhandelt. Große Probleme hatten sich nicht ergeben. So stand nun die Unterzeichnung bevor, die im Rahmen des Besuchs einer deutschen Delegation auf dem Truppenübungsplatz Colbitz-Letzlinger Heide stattfinden sollte. Als Unterzeichnende waren auf deutscher Seite der damalige stellvertretende Inspekteur des Heeres, Generalleutnant Bagger vorgesehen, auf der sowjetischen Seite der Stellvertreter des Oberbefehlshabers Burlakow (der Name ist mir nicht mehr in Erinnerung). Wir wurden mit großer Gastfreundschaft

empfangen. In einer kurzen Sitzung wurde das Abkommen noch einmal verlesen und von den Delegationsleitern so akzeptiert. Man zeigte uns dann Unterkünfte der Soldaten, die Soldaten selbst zeigte man uns nicht. Große Schlafsäle sahen wir, für den Besuch gut vorbereitet, die wenigen privaten Dinge der Soldaten waren in einem separaten Raum verschlossen.

Eine Kulturvorführung folgte und es wurde ein sehr formaler geselliger Abend der Delegationen. Beide Delegationen saßen sich bei kleinen Gerichten gegenüber, dann wurden Reden ausgetauscht. Alle Delegationsmitglieder kamen, streng der Anciennität folgend, an die Reihe. Jede Rede wurde mit einem Trinkspruch beendet, die Wodkagläser geleert und sofort nachgefüllt. Der reichliche Alkoholgenuss nahm für uns, die wir dies nicht gewohnt waren, durchaus den Charakter einer Härteübung an. In jeder Rede ging es um den Abbau von Konfrontation, der hoffentlich guten Zusammenarbeit in einer friedlicheren Welt.

Ich denke, dass die Beteuerungen ernst gemeint waren. Der Oberbefehlshaber General Burlakow schrieb in seinen Erinnerungen *„Wir verabschieden uns als Freunde."* Dem formalen Teil folgte ein kurzes informelles sehr freundliches Zusammensein einiger Mitglieder der beiden Delegationen, ein russischer Offizier, ein gewandter, gut deutschsprechender Oberstleutnant, übernahm die Rolle des Dolmetschers. Wir übernachteten in einfachen Zimmern, die zu den Übungsplatzunterkünften gehörten. Der Besuch endete mit dem Besuch einer Truppenübung. Wir konnten sie von einer Höhe aus verfolgen. Die Übung wurde professionell im scharfen Schuss durchgeführt, ich bin mir sicher, dass dabei mindestens 100 Kampfpanzer im Einsatz waren. Absicht dieser Vorführung war mit großer Sicherheit, uns die ungebrochene Kampfkraft der WGT zu demonstrieren.

Wir schieden jedenfalls mit vielfältigen Eindrücken, von der immer noch vorhandenen Leistungsfähigkeit, von den schwierigen Lebensbedingungen der Soldaten, von manchen einfachen und zweckmäßigen Ausbildungseinrichtungen und auch von der großen Gastfreundschaft, die man mit Russen erleben konnte.

Ein Jahr danach,1995, dem Jahr nach dem Abzug der letzten russischen Soldaten, hatte das Brandenburgische Bildungswerk zu einem Seminar eingeladen. Etwa 20 russische Offiziere, davon einige im Generalsrang, nahmen an diesem Seminar in Potsdam teil, in dem es um Bilanz und Perspektiven gehen sollte. Zusammen mit einigen anderen Offizieren vertrat ich das IV. Korps, war gleichzeitig der ranghöchste deutsche Vertreter. Referenten des Bildungswerks, aber auch der russischen Botschaft sprachen über die sicherheitspolitische Lage. Bei allen wurde das Bestreben und der Aufruf zur künftigen Zusammenarbeit deutlich. General Foertsch erinnerte noch einmal an die Zusammenarbeit, die zwischen der WGT und den deutschen Dienststellen erforderlich war, um die letzten Jahre im Gaststatus und einen Abzug in Würde sicherzustellen. Noch einmal wurde Vergangenheit sichtbar, auch für mich ganz persönlich. Ein unbefangenes Miteinander war es dennoch nicht. Keiner der Soldaten sprach auch nur ein wenig deutsch, obwohl alle längere Zeit in Deutschland gedient hatten. Manche Stellungnahme schien von der Vergangenheit geprägt zu sein. Wurde das Thema „Soldat in der Demokratie" besprochen, wurde jedem aufmerksamen Zuhörer deutlich, dass sich hinter denselben Begriffen noch ganz verschiedene Inhalte verbargen.

Zum Höhepunkt des Aufenthalts wurde eine gemeinsame Fahrt nach Wünsdorf, dem ehemaligen Hauptquartier der sowjetischen, später russischen Streitkräfte in Deutschland durchgeführt. Eine große Wohnstadt für Bedienstete des Landes Brandenburg sollte hier entstehen. Den „Bürgermeister", der die Sache in Gang bringen sollte, gab es schon. Er erklärte die Planungen. Er strahlte Begeisterung aus, auch wenn klar wurde, dass das Projekt schwierig sein würde. An einigen Ecken hatten Renovierungsarbeiten schon begonnen. Der große, in die Zukunft weisende Gedanke stand hauptsächlich noch auf dem Reißbrett, sehr viel war noch nicht zu sehen. Dennoch, der Schwung des Vorgetragenen überzeugte.

Für die russischen Offiziere war es eine Begegnung mit der eigenen Vergangenheit. Sie suchten die Häuser auf, in denen sie noch vor kurzer Zeit gewohnt hatten. Sie gingen durch die Räume. Viele dieser Häuser sahen sicher schlechter aus als zu der Zeit, in der sie verlassen wurden. Auch hier hatte es Fälle von Vandalismus gegeben, wenn auch in geringerem Ausmaß als an anderen Orten.

Ich sah das ehemalige Hauptquartier zum ersten Mal, war überrascht und erstaunt über die Ausmaße. Es war eine riesige, in sich selbst abgeschlossene Stadt mit Dienst- und Wohngebäuden, alten Villen und Plattenbauten, eng bewohnt nach unseren Maßstäben, in hohem Standard sicherlich im Maßstab der Bewohner und verklärte sicher die Vergangenheit, wenn sie diese mit ihren heutigen Lebensbedingungen verglichen.

In einer der alten Villen hatte der ehemalige Oberbefehlshaber Burlakow residiert. Wir schauten uns diese Villa an. Sie war im Jugendstil erbaut, ein durchaus beeindruckender Dienstsitz. Bei unserem Besuch machte auch diese Villa einen etwas verwahrlosten Eindruck. In Eigeninitiative mir unbekannter Personen war in dieser Villa ein kleines Museum eingerichtet worden. Verschiedene Erinnerungsstücke, Uniformen, Ausrüstungsgegenstände, Bilder, Plakate wurden gezeigt. Besondere Aufmerksamkeit erregten in schwarz-weiß aufgenommene Portraitfotos junger russischer Soldaten. Sie erschreckten die Besucher mit der Leere ihrer Gesichter. Lag es an den Soldaten, an den Fotos, an der Wiedergabe? Die russischen Offiziere waren betroffen und zeigten es. Betroffen erschienen sie auch über die Art der Ausstellung, die ihnen unkoordiniert verfremdend erschien. Auch mir war die Auswahl der Exponate und der Zweck der Ausstellung nicht klar.

Dennoch fand ich gut, dass eine solche Ausstellung entstanden war. Sicher schien der Ort besonders geeignet, auch künftigen Generationen das Wissen um die sowjetischen Streitkräfte, ihre schlimme Rolle bei der Stabilisierung der Diktatur, aber auch ihren gelungenen Abzug in Würde nach der deutschen Vereinigung zu erhalten. Noch einmal wurde klar, wie wichtig dieser Abzug in Würde war. Nur auf dieser Grundlage schien es möglich, in eine gemeinsame Zukunft zu schauen, auch mit den russischen Streitkräften Partnerschaft zu suchen, eine gute Entwicklung zu Streitkräften im demokratischen Staate vorausgesetzt.

Ereignisse wie in Tschetschenien waren dieser gedeihlichen Entwicklung sicher abträglich. Ein Essen, das ich im Auftrage des Kommandierenden Generals gab, bot die Möglichkeit, diese Gedanken vorzutragen. Lothar de Maiziere hatte sich erfreulicherweise dem Abend angeschlossen. Er war der Präsident des Bildungswerks, dem wir diese gute Initiative zu verdanken hatten. Auch seine Rede wies auf zukünftige Partnerschaft hin. Erinnerungsgaben wurden ausgetauscht. 1995, kurz nach der Tagung, formulierte ich: „Wo man miteinander redet, kann Vertrauen wachsen. Aber es muss auch noch wachsen, es ist noch nicht selbstverständlich da. Mir scheint, es wäre gut, möglichst viele junge Offiziere zusammen zu bringen. Der Wandel in den russischen Streitkräften wird ohnehin von der jungen Generation gemeistert werden müssen."
Der brandenburgische Ministerpräsident Manfred Stolpe empfing die Besucher, sie wurden wirklich aufmerksam wahrgenommen und betreut. Die Initiative war gut und sinnvoll. Auch die deutschen Teilnehmer hatten viel gelernt.

Weitere Begegnungen in den Folgejahren

Bei dieser, ich vermute ersten Begegnung von deutschen und russischen Offizieren nach dem Abzug der WGT ist es nicht geblieben. Die Ministerien kamen überein, regelmäßig Begegnungen von Offizieren beider Länder durchzuführen. Die Teilnehmer dieser Tagungen waren höhere Stabsoffiziere bis zur Ebene der Generale.
Ein solches Treffen, das in guter Atmosphäre stattfand, habe ich als Generalinspekteur besucht. Bei diesem Treffen referierte auch der damalige Beauftragte der EKD für die Militärseelsorge in den neuen Ländern, Superintendent Werner Krätschell, über die Militärseelsorge in der Bundeswehr. Er erzählte später, von einem der russischen Offiziere angesprochen worden zu sein, dass er sich eine ähnliche Art der Militärseelsorge auch für die russischen Streitkräfte wünsche, dies aber von der orthodoxen Kirche nicht geleistet würde.
Ich habe in meiner kurzen Rede angeregt, diese Treffen älterer Offiziere, die am Ende ihrer Laufbahn standen, durch Treffen junger Offiziere zu ergänzen, die den Höhepunkt ihrer jeweiligen Laufbahn noch vor sich hatten. Die Anregung wurde aufgegriffen und auch solche Treffen hat es später gegeben.
Bei anderer Gelegenheit habe ich auch nach meiner Pensionierung bei einer Tagung russischer und deutscher Offiziere, auf Wunsch des Verantwortlichen für die deutsche Delegation, General a.D. Carstens, über meine Erlebnisse um die Deutsche Einheit berichtet. Auch diese Tagung verlief in guter Atmosphäre, mein Vortrag wurde interessiert aufgenommen. Inwieweit es insgesamt zu einer freien Diskussion kam, kann ich nicht beurteilen.
Solche Tagungen wurden noch einige Jahre fortgeführt, noch kurz vor der Annexion der Krim war ich zu einem Beitrag angefragt worden. Diese Tagung und auch weitere wurden dann aber infolge dieses Vorfalls von der deutschen Seite abgesagt.

Hoffnungen und Irritationen

In meiner kurzen Amtszeit als Generalinspekteur der Bundeswehr bildete die Auseinandersetzung um den Kosovo einen deutlichen Schwerpunkt der Tätigkeit der Bundesregierung, des Bundesministeriums der Verteidigung und auch meiner Tätigkeit.
Das Bestreben der Regierungen des Bündnisses, nach Ende der Luftoperationen Russland in die Lösung des Konflikts einzubeziehen, war konfliktträchtig. Die russische Seite verstand sich sehr deutlich als Schutzmacht Serbiens, die russische Politik war nach Auffassung des Bündnisses auf eine Teilung des Kosovo aus, wobei der nördliche Teil Serbien zugeschlagen werden sollte.
Eine nächtliche Kommandoaktion russischer Fallschirmjäger auf den Flugplatz von Pristina bestätigte die Richtigkeit dieser Vermutung. Diese Operation hätte leicht zu einer direkten Konfrontation mit NATO-Truppen führen können. Diese wurde vor allem dank der Besonnenheit des britischen Kosovo-Befehlshabers, General Jackson, vermieden. Letztlich gelang es, Russland in einen Lösungsansatz einzubinden. Der angestrebte eigene Sektor wurde nicht zugestanden, russische Truppen waren jedoch in verschiedenen Sektoren eingesetzt, im Rahmen der NATO, aber mit einem besonderen Befehlsstrang.
So war auch in dem von Deutschland geführten Sektor um Prizren mit einem Auftrag im Rahmen des von Deutschland geführten Kontingents ein russisches Bataillon eingesetzt. Bei einem meiner Besuche im Kosovo ließ ich mich beim russischen Bataillon zu einem Besuch anmelden. Ich wurde empfangen und hörte einen ausgiebigen Lagevortrag des russischen Kommandeurs, der deutlich machte, dass das russische Kontingent in professioneller Weise seine Aufträge Schutz und Sicherung im von Deutschland geführten Sektor durchführte.
An anderer Stelle schien dies schwieriger zu sein, da ein großer Teil der Bevölkerung den russischen Kontingenten mit großem Misstrauen begegnete. Bei einem Nachfolgekontingent gab es dann auch mehrmals Beschwerden durch Abgeordnete der Gemeinde Malisevo. Es soll auch zu einer Vergewaltigung und einem Mord gekommen sein.
Ich wurde durch das Camp geführt, wo die russischen Soldaten in großen Zelten wohnten. Man zeigte mir Waffen und Ausrüstung. Ich konnte mit dem Eindruck scheiden, etwas Außerordentliches erlebt zu haben, vielleicht den sicher noch zaghaften Beginn einer Wendung zur Zusammenarbeit.
Routine im Bündnis wurden auch Treffen mit Delegationen aus Russland und der Ukraine, auf dem Abkommen mit beiden Staaten, der NATO-Russland Grundakte, basierend. Ich habe solche Treffen in Brüssel mehrfach erlebt. Die wenigen Zusammenkünfte erschöpften sich jedoch im Austausch vorbereiteter Briefings und Erklärungen, zur intensiveren Vertiefung ist es dabei, was ich erlebt habe, nicht gekommen.
Kurz vor meinem Eintritt in den Ruhestand war anlässlich eines Treffens des Military Committee der NATO am 20. Mai 2000 als besonderer Punkt der Tagesordnung eine russische Delegation unter Führung des russischen Generalstabschefs, Armeegeneral

Kwaschnin, zu Gast. Am Abend war ein bilaterales Treffen der deutschen und der russischen Delegation vereinbart.
Mit einem Hinweis auf meinen Besuch des russischen Bataillons im Kosovo und auf die professionelle Zusammenarbeit der russischen und der deutschen Truppen versuchte ich einen guten Einstieg in das Gespräch zu finden. Mein Gesprächspartner ging darauf jedoch nicht ein. Er referierte deutlich und eindringlich über die Gefährdung der nördlichen Hemisphäre durch Islamisten. Als ich den Einsatz russischer Streitkräfte in Tschetschenien kritisch ansprach, war die Atmosphäre erheblich gestört. Es ginge um den Einsatz gegen Terroristen, meinte Kwaschnin und wies jede Kritik deutlich von sich. Das Gespräch endete ziemlich abrupt. Bei mir blieb, was die langfristigen Perspektiven der Zusammenarbeit mit den russischen Streitkräften anging, eine große Skepsis.
Als ich einige Wochen vor meinem Ausscheiden gebeten wurde, im Rahmen einer Veranstaltung des Bundeswehrverbandes einen Vortrag zum Thema „Wehrpflicht" zu halten, plädierte ich für deren Beibehaltung. Ich führte aus, dass sie nach meiner Ansicht erst aufgegeben sollte, wenn die insgesamt positiven Entwicklungen als irreversibel betrachtet werden könnten. Soweit sei es noch lange nicht. Den in der Presse erhobenen Vorwurf, ich hätte die Zeichen der Zeit nicht verstanden, musste ich aushalten.

Rolf Sakulowski

Fahnenflucht | Sowjetische Deserteure in der DDR

Meine ersten Erinnerungen an die sowjetische Armee gehen in die Kindheitstage zurück. In Thüringen aufgewachsen, war mir der Anblick der dunkelgrünen Fahrzeugkolonnen, die sich regelmäßig über die Landstraßen bewegten, früh vertraut. Die Lastkraftwagen mit dem kleinen rotweißen Kreissymbol an den Fahrzeugtüren, auf dem die kyrillischen Buchstaben CA für Sowjetskaja Armija, Sowjetische Armee, standen, hinterließen bei uns Kindern immer einen düster-exotischen Eindruck. Da rollte eine Welt vorbei, die wir trotz aller offizieller Freundschaftsbekundungen nicht wirklich kannten. Aber wenn wir uns trauten, den jungen, gedrängt sitzenden Soldaten auf den Ladeflächen der Lkw's zuzuwinken, winkten sie uns jedes Mal mit vielfachem Lächeln zurück. Ganz anders als die Wehrdienstleistenden der NVA, die in vergleichbaren Situationen meist nur ernst vor sich hinstarrten und keine Reaktion erkennen ließen. Mit der Vorhersage dieses unterschiedlichen Verhaltens konnte man Wetten gewinnen, und wir machten uns einen Spaß daraus, das bei jeder sich ergebenden Gelegenheit unter Beweis zu stellen. Auf die unpathetische Herzlichkeit, mit der die einfachen sowjetischen Soldaten uns Kindern begegneten, war Verlass.
Die zweite Erinnerung aus dieser Zeit betrifft Gerüchte, die ab und zu hinter vorgehaltener Hand weitergegeben wurden. „Es ist wieder ein Russe abgehauen. Der hat sich in einer Scheune versteckt", munkelte man da beispielsweise, um danach noch leiser

hinzuzufügen: „Und dann sind seine eigenen Leute mit einem Panzer gekommen und haben die ganze Scheune samt dem armen Kerl plattgemacht." Diese Geschichten wirkten bedrückend und unwirklich zugleich. Aber da man nie etwas Genaueres erfuhr und auch keinerlei offizielle Bestätigung folgte, verblassten die Gedanken daran bald wie ein unscharfer Traum.

Dass es sich bei den gelegentlichen Andeutungen über desertierte sowjetische Soldaten um weit mehr als bloße Einzelfälle handelte, konnten wir damals nicht ermessen. Denn Fahnenflucht aus der Sowjetarmee gehörte zu den absoluten Tabu-Themen in der öffentlichen Diskussion. Einen konkreten Einblick in das Ausmaß und die Umstände der oft tragischen Geschichten erhielt ich erst ein Vierteljahrhundert später. Die Wende lag längst zurück. Ich arbeitete an einer Filmdokumentation über eine Spezialeinheit der ehemaligen Volkspolizei der DDR, die auch Jahre nach der deutschen Wiedervereinigung noch nahezu unbekannt war. Es handelte sich um ein Kommando zur Terrorismusbekämpfung, welches man wie die westdeutsche GSG 9 als Reaktion auf das Münchner Olympiaattentat von 1972 gegründet hatte. Nur, dass schon die bloße Existenz der ostdeutschen Variante strengster Geheimhaltung unterlag. Der Name des Kommandos: „Diensteinheit IX". Während die handverlesenen Elite-Polizisten das Einschreiten gegen Geiselnehmer und Attentäter trainierten und bedeutsame Großveranstaltungen verdeckt absicherten, kam es in der DDR nie zu einer terroristischen Bedrohung. Aber die über die Republik verteilten Einsatzgruppen wurden öfter alarmiert, um sich an der Fahndung nach bewaffneten Deserteuren der sowjetischen Armee zu beteiligen. Die Einblicke, die mir die früheren Angehörigen des Kommandos in vielen Gesprächen vermittelten, beeindruckten mich tief. So sehr, dass ich beschloss, das Thema in einem Roman zu verarbeiten und dafür weitere Recherchen zu den Hintergründen der Fahnenfluchten anzustellen.

Damit begann eine spannende Suche in der Vergangenheit. Zwei über mehrere Jahre laufende Forschungsprojekte im Stasi-Unterlagen-Archiv förderten eine Fülle von Dokumenten über Einzelschicksale, Fahndungsabläufe und den Umgang der Staatssicherheit mit dem „Problemfall Desertion" zutage. Bücher wie Silke Satjukows „Besatzer. Die Russen in Deutschland 1945–94" oder Henrik Schulzes „Jammerbock IV. Sowjetarmee, deutsche Streitkräfte und Konversion 1945–2014" lieferten zusätzliche Hinweise zur historischen Einordnung. Besonders erhellend waren die zahlreichen Begegnungen mit Zeitzeugen, die mir nicht nur von dramatischen Erlebnissen bei der Suche nach Deserteuren, sondern auch von ihren ganz unterschiedlichen Erfahrungen mit den in der DDR stationierten sowjetischen Truppen berichteten. Denn obwohl die staatlich verordnete Deutsch-Sowjetische Freundschaft über weite Strecken ein bloßes Lippenbekenntnis blieb und die Streitkräfte des großen Bruders nicht mit, sondern abgeschirmt neben der DDR-Bevölkerung existierten, gab es besonders in der Umgebung der Garnisonen eine Vielzahl verschiedenartigster Wechselbeziehungen. So manche Lehrkraft nahm die Idee von der Freundschaft ernst und organisierte für ihre Klasse mit viel persönlichem Engagement herzliche Patenschaften mit sowjetischen Regimentern. Hier und da ent-

wickelten sich persönliche Freundschaften von Anwohnern mit Offizieren und ihren Familien. Verbreitet war der Schwarzhandel mit Benzin oder Brennstoffen, die für einen Bruchteil des Marktpreises oder gegen Alkohol aus den Garnisonen wanderten. Und regelmäßig halfen sowjetische Soldaten in ostdeutschen Produktionsbetrieben oder bei der Ernte aus. Ein Einsatz in einer rechtlichen Grauzone, der mit den Vorgesetzten gegen Lieferung begehrter Handelsgüter verabredet und oftmals mit einem Freundschaftsvertrag über kulturelle Zusammenarbeit bemäntelt wurde.
Mitten in das Geflecht von Nähe und Unnahbarkeit, von staatlicher Schönfärberei, militärischer Distanz und unterlaufener Abschirmung brachen die Fluchten von jungen Wehrdienstleistenden. Und das waren nicht wenige. Nach einer internen Statistik des Ministeriums für Staatssicherheit (MfS) wurden in den 1980ern jährlich zwischen 300 und 470 Fahndungen nach desertierten Sowjetsoldaten ausgelöst. Die Dunkelziffer der Fluchten liegt vermutlich höher, denn nicht jeder Abgang wurde von den Garnisonen an die DDR-Behörden gemeldet.
Die jungen Rekruten, die ihren zweijährigen Wehrdienst in Ostdeutschland absolvierten, waren im Durchschnitt achtzehn oder neunzehn Jahre alt und meist zum ersten Mal in ihrem Leben weit und lange von ihrer vertrauten Heimat entfernt. In den Kasernen herrschte ein strenges Regime. Die Ausbildung war hart, der Ton rau und die Verpflegung dürftig. In Vernehmungsprotokollen benennen verhaftete Deserteure als Ursachen für ihre Flucht oft die Angst vor Bestrafungen durch Vorgesetzte, aber auch Schikanen vonseiten ihrer Kameraden. Denn im Gegensatz zum offiziellen Bild der einträchtigen Union der Sozialistischen Sowjetrepubliken brodelten in den Kasernen Fehden zwischen Angehörigen unterschiedlicher Nationalitäten. Zudem litten vor allem die neuen Rekruten unter der berüchtigten Dedowschtschina, der „Herrschaft der Großväter". Dabei quälten die dienstälteren Wehrpflichtigen ihre jüngeren Kameraden und zwangen sie, alle möglichen Arbeiten für sie zu verrichten. Hinzu kam das Heimweh. Und so entschloss sich manch ein Soldat davonzulaufen, obwohl auf Fahnenflucht mehrere Jahre Haft standen. Viele der Entscheidungen dazu fielen, so legen es Verhörprotokolle nahe, eher spontan, manchmal fast kopflos, aus einer nicht mehr ertragenen Bedrängnis heraus. Hauptsache weg. Dass die DDR kein offenes Land war, und dass nach der Kasernenmauer irgendwann zwangsläufig ein neuer Zaun kommen würde, spielte in diesem Moment keine Rolle.
Meist wandten sich die Flüchtigen in Richtung Osten. Sie wollten nach Hause. Sich irgendwie durchschlagen, bis in ihren Heimatort in der Sowjetunion. Aber nur die wenigsten schafften das. Einige versuchten, die Grenze nach Westdeutschland zu überwinden, was ebenfalls nicht oft gelang. Für die allermeisten Deserteure endete die Flucht noch auf dem Staatsgebiet der DDR.
In einigen Fällen schafften es Fahnenflüchtige, komplett von der Bildfläche zu verschwinden. Berühmtheit bei den Sicherheitskräften erlangte ein Soldat aus der Garnison Frankfurt/Oder, der im März 1982 untertauchte und keinerlei Spuren hinterließ. Bis er sich im August 1986, mehr als vier Jahre nach seiner Flucht, freiwillig stellte. Die Zeit bis dahin

hatte er völlig einsam in einem Waldstück bei Sperenberg gelebt und sich von Feldfrüchten und weggeworfenen Lebensmitteln einer nahegelegenen Mülldeponie ernährt. Seine Unterkunft bestand aus zwei Erdhütten von je einem Meter Breite, einem Meter Höhe und zwei Metern Länge, die er im Winter mit einem kleinen Kanonenofen von der Müllhalde beheizte. Kleidung, Toilettengegenstände, Schuhputzzeug und ein Kofferradio besorgte er sich ebenfalls von der Deponie. Als Trinkwasserquelle und zum Baden dienten einige kleine Seen. Als sich der Soldat stellte, war er frisch rasiert, die Haare trug er geschnitten. Eine medizinische Untersuchung bescheinigte ihm eine gute physische und psychische Verfassung. Und die Mitarbeiter des MfS waren von der Geschichte offenbar so verblüfft, dass sie seinen Fall zu Schulungszwecken dokumentieren ließen.
Die übergroße Mehrheit der Flüchtenden verließ ihre Garnison unbewaffnet. Laut einer Statistik der Staatssicherheit aus den 1980er Jahren nahmen weniger als fünf Prozent ihre Waffe mit. So waren beispielsweise im Jahr 1986 zehn von 456 Flüchtenden bewaffnet. 1887 waren es sechzehn von 468, 1988 zwölf von 318. Wenn neben einem Soldaten auch sein Gewehr vermisst wurde, bedeutete das Großalarm. Denn mancher Deserteur war entschlossen, es zur Durchsetzung seiner Flucht auch einzusetzen.
Meldete eine sowjetische Garnison den ostdeutschen Behörden eine Fahnenflucht und war der Gesuchte mutmaßlich mit Schusswaffe unterwegs, so lief eine komplexe Fahndungsmaschinerie an. Hunderte Uniformierte der Schutz- und Bereitschaftspolizei rückten aus. Fährtenhunde wurden auf die Spur gesetzt, Transportpolizei und Grenztruppen alarmiert, manchmal zusätzlich die Anti-Terror-Spezialisten der Diensteinheit IX angefordert. Die Staatssicherheit sandte eigene operative Einheiten ins Suchgebiet, aktivierte ihr Informantensystem und graste potenzielle Unterschlupfe ab, die sie bereits vorbeugend katalogisiert hatte. Und obwohl außerhalb der Garnisonen ausschließlich die DDR-Behörden zuständig waren, machten sich regelmäßig auch sowjetische Truppen auf die Jagd nach dem Geflohenen, häufig begleitet von Hubschraubern und Schützenpanzerwagen.
Hatten die Suchkräfte der Volkspolizei einen Fahnenflüchtigen in seinem Versteck aufgespürt, wurden sie oft vom unmittelbaren Lokalisierungsort zurückgezogen. An ihrer Stelle rückten sowjetische Armee-Einheiten nach vorn, um die Flucht ihres Landsmanns selbst zu beenden. Wie am 11. Februar 1975. Es ist noch früher Morgen, als ein Soldat der sowjetischen Garnison Finsterwalde mit seiner Kalaschnikow und 657 Schuss Munition von einem Schießplatz flieht. Die Behörden lösen eine Eilfahndung der Stufe I aus. Gegen 22 Uhr am Abend entdeckt eine Streife der Volkspolizei in der Ortschaft Petkus Spuren eines Einbruchs in eine Kaufhalle. Bei dem Versuch, die genaueren Umstände zu untersuchen, wird aus dem Inneren der Halle heraus plötzlich geschossen. Die Uniformierten sind unversehens auf den Unterschlupf des Gesuchten gestoßen. Eilig umstellt die alarmierte Polizeiverstärkung den Bau. Eine Stunde später erscheint ein sowjetischer General vor Ort und verlangt von den Einsatzkräften der DDR, sich zurückzuziehen und stattdessen die „Tiefensicherung" zu übernehmen. Die Polizisten befolgen die Anweisung und beschränken sich auf die Abriegelung des Ortes. Sie rufen

die Anwohner auf, in ihren Wohnungen zu bleiben und das Licht zu löschen. Parallel werden alle zivilen Telefonverbindungen unterbrochen. Unterdessen legt das sowjetische Militär zwei Sperrkreise um die Kaufhalle. Laut einem Ereignisbericht der Staatssicherheit beginnen die Armeetrupps um 23.30 Uhr damit, das Gebäude zu stürmen. Doch der Fahnenflüchtige schießt zurück, leistet beharrlichen Widerstand. Ein sowjetischer Militärangehöriger wird getötet, ein weiterer verwundet. Die Aktion gerät ins Stocken. Die sowjetischen Belagerungskräfte zünden Nebelreizkörper und fordern den Deserteur zum Aufgeben auf. Ohne Erfolg. Dann eröffnen sie schweres Maschinengewehr-Feuer. Werfen Handgranaten. Irgendwann bricht in der Halle ein Brand aus. Um 8.40 Uhr am nächsten Morgen schließlich endet die Gegenwehr des Geflohenen. Wenige Minuten später finden ihn die Erstürmungstrupps schwer verletzt hinter einem Kühlaggregat und nehmen ihn in Haft. Über das weitere Schicksal des Soldaten schweigen die Akten. Die völlig zerstörte Kaufhalle wird auf Beschluss des zuständigen Rates des Kreises in Rekordzeit wiedererrichtet.

Heftige Feuergefechte während der Fahndung waren kein Einzelfall. Gab der Gestellte nicht sofort auf, ging die sowjetische Armee mit unerbittlicher Härte vor. Mehr als einmal fand der Deserteur dabei den Tod, im Feuer der eigenen Truppen oder durch Suizid.

Hatte die Polizei der DDR einen Fahnenflüchtigen eigenständig und regulär verhaftet, so war sie angehalten, ihn ohne langen Verzug seiner sowjetischen Heimatgarnison zu überstellen. Wenn überhaupt, wurde ein knappes Übergabeprotokoll gefertigt: Name und Geburtsdatum des Ergriffenen. Eine kurze Liste seiner Bekleidung und der Habseligkeiten, die er am Körper trug. Zwei flüchtige Unterschriften. Übergeben. Übernommen. Weiter nichts. Was danach mit dem Deserteur geschah, wurde den Behörden der DDR nicht mitgeteilt.

Die Zusammenarbeit der sowjetischen Armee mit der eigentlich zuständigen Volkspolizei gestaltete sich regelmäßig schwierig. Oft wurde die Flucht eines Soldaten seitens seiner Garnison erst verspätet gemeldet. Informationen zum Geschehen und zur Person flossen nur spärlich oder waren unvollständig. Während der Fahndung setzten die sowjetischen Generäle ihre Suchtruppen eigenmächtig ein, ignorierten Vereinbarungen oder gaben wichtige Beobachtungen nicht an die einheimischen Polizeikräfte weiter. Spuren wurden nicht gesichert oder zerstört, manchmal selbst die Ergreifung des Gesuchten erst mit Zeitverzug und ohne genauere Informationen vermeldet. All das führte immer wieder zu Fahndungsproblemen. Aber für die DDR-Behörden war es äußerst schwer, diese Zustände zu verändern.

Erhaltene Sitzungsberichte und ministerielle Gesprächsvorlagen lassen erkennen, welchen Balanceakt die ostdeutschen Sicherheitsbehörden beschreiten mussten, wollten sie den auf ihrem Territorium stationierten sowjetischen Truppen ihre Kritik antragen. Die Zusammenkünfte begannen die Vertreter der DDR dabei stets mit einer eingehenden Würdigung der großen Leistungen der Sowjetarmee beim Schutz des Sozialismus und der Sicherung des Friedens. Dabei stellten sie auch das Bewusstsein für die Schwere dieses entbehrungsreichen Dienstes heraus, bevor sie langsam damit begannen, all das aufzulisten, was bei vorangegangenen Fahndungen nicht funktioniert hatte. Und wie man sich stattdessen eine Zusammenarbeit wünschte. Die sowjetische Generalität nahm die Anregungen gewöhnlich wohlwollend auf und versprach Verbesserungen. In der Praxis jedoch änderte sich wenig.

Unterdessen waren Partei und Staatssicherheit vehement damit befasst, dafür zu sorgen, dass die Fahndungen nach den Deserteuren in der Bevölkerung das gewünschte makellose Bild der Bruderarmee nicht beschädigten. Wann immer es machbar war, wurden die Abgänge der Soldaten und die darauffolgenden Ergreifungsaktionen geheim gehalten. Besonders in dünn besiedelten ländlichen Regionen gelang das häufig, und in den Fahndungsberichten findet sich nicht selten eine selbstberuhigende Formel wie „im Bereich der Großfahndung ist eine geringe Öffentlichkeitswirksamkeit gegeben". Gab es Opfer unter der DDR-Bevölkerung, konnte es vorkommen, dass die genauen Umstände der Tat verschwiegen wurden. So zum Beispiel im Fall eines Fahnenflüchtigen aus der Garnison Naumburg, der im Oktober 1986 auf einem Feldweg zwei Personen in einem Pkw erschossen hatte, um in den Besitz des Fahrzeugs zu gelangen. Der Täter wurde wenig später verhaftet, nachdem er mit dem Auto gegen eine Mauer gefahren war. Laut einem als streng geheim klassifizierten MfS-Bericht teilte man den Hinterbliebenen der Erschossenen mit, dass ihre Ehepartner durch einen tragischen Unfall ums Leben gekommen seien, dessen Ursachen noch nicht geklärt wären.

Jedoch war es nicht immer möglich, die oft aufwendigen Fahndungen nach geflüchteten Soldaten komplett unter der Decke zu halten. Besonders in bewohnten Gebieten gab es fast zwangsläufig Zeugen oder Betroffene aus der Zivilbevölkerung. In solchen Fällen wurde der jeweilige Personenkreis hinterher durch Parteifunktionäre oder MfS-Mitarbeiter aufgesucht, um auf nachdrückliche Weise den kriminellen Charakter der Deserteure herauszustellen und sich der Verschwiegenheit der unfreiwillig Eingeweihten zu versichern. Hatte der Fall schon größere Kreise gezogen, aktivierte die Staatssicherheit ihr System informeller Mitarbeiter, um Diskussionen und Gerüchte in Wohngebieten, Betrieben oder Sportvereinen zu analysieren. Existierten Sympathiebekundungen für den geflohenen Wehrdienstleistenden? Bemängelte jemand die Zustände in den Garnisonen? Gab es Stimmen, die das Vorgehen der Ergreifungstruppen als zu brutal verurteilten? Oder wurden Verbrechen von Deserteuren verallgemeinert? In Partei- oder Einwohnerversammlungen versuchten staatliche Funktionäre dann, kritischen Tendenzen in der öffentlichen Meinung offensiv entgegenzuwirken. Keinesfalls wollte man „feindlich-negativen Kräften" eine Chance zur Verunglimpfung der Sowjetarmee geben. Die Überwachung der Stimmung konnte ausufernde Züge annehmen. Wie beispielsweise im Nachgang einer Großfahndung nach einem Fahnenflüchtigen im Raum Eisenach, der auf der Flucht im September 1985 einen Fährtenhundeführer der Polizei getötet und sich nach seiner Einkesselung in einer Laubenkolonie selbst erschossen hatte. Einige Tage nach den Ereignissen wird der zuständigen Kreisdienststelle des MfS zugetragen, dass eine unbekannte Person am Sterbeort des Deserteurs eine Vase mit Blumen abgestellt hat. Diese Geste löst eine umfassende Ermittlung aus. In den Fokus gelangt ein

kleiner Kreis von Bungalowbesitzern, die Kenntnis von der genauen Stelle des Suizids haben können. Dem „Ort des Fahndungserfolgs“, wie es die Staatssicherheit nennt. Die Freizeitgärtner werden beobachtet und konspirativ ausgeforscht, Telefongespräche abgehört. Für das Dorf, zu dem die Lauben gehören, wird eine komplette Postüberwachung eingerichtet. In legendierten Einzelgesprächen über die Ereignisse erhofft man sich zudem, dass sich der „Täter“ ungewollt verraten möge. Aber alle geheimdienstlichen Bemühungen laufen ins Leere. Die erhaltenen Akten weisen kein positives Ermittlungsergebnis aus.
Doch noch einmal zurück zum Ausgangspunkt der Recherchen, und damit zur Diensteinheit IX, der Anti-Terror-Einheit der Volkspolizei. Wenn die kompakten Einsatzgruppen zur Fahndungsunterstützung hinzugezogen wurden, dann galt der gesuchte Soldat als gefährlich. Der Auftrag der hart trainierten und schwer bewaffneten Kommandopolizisten war dabei klar und eindeutig: den Geflüchteten verhaften. Und Opfer auf allen Seiten möglichst vermeiden. Von den sowjetischen Militärführern wurden die Spezialisten der DDR nicht unbedingt gemocht, vor allem dann nicht, wenn sie ihnen in die Quere kamen. Wie bei einer Eilfahndung im Februar 1977. Ein Soldat flieht mit zwei Makarow-Pistolen und mehr als 300 Schuss Munition aus der Garnison Krampnitz. Unterwegs schießt er auf einen DDR-Bürger. Der Beschossene bleibt unverletzt. Aber aufgrund der Umstände wird zusätzlich zu den regulären Suchkräften der Volkspolizei und der sowjetischen Armee auch die Potsdamer Einsatzgruppe der Diensteinheit IX in das Fahndungsgebiet beordert. In den Abendstunden gerät neben einigen Grundstücken auch eine große Strohballen-Miete in der Nähe der Ortschaft Wustermark als mögliches Versteck in den Blick. Eine Hundemeute der Polizei wird über die Miete geschickt. Aber die Tiere zeigen nichts an und werden wieder abgezogen. Während der Nacht bleibt nur ein einzelner Polizeiposten vor Ort. In den Morgenstunden des darauffolgenden Tages fährt ein Jeep mit einem General der sowjetischen Armee vor, der den Strohstapel mit seiner Entourage besteigt und sich umschaut, um kurz darauf wieder davonzufahren. Wenig später lässt der Leiter der Diensteinheit IX aus einer Ahnung heraus die Miete noch einmal absuchen und im Schutz der Kommandopolizisten Stück für Stück abtragen. Unter zwei Schichten schwerer Strohballen stoßen die Einsatzkräfte auf den völlig erschöpften und dehydrierten Fahnenflüchtigen. Er ergibt sich widerstandslos. Die beiden Pistolen werden beschlagnahmt. Der Leiter der Anti-Terror-Einheit lässt den Festgenommenen in ein nahe gelegenes Eisenbahn-Stellwerk bringen. Er versorgt ihn mit Wasser und beginnt mit einer ersten Vernehmung, in der Hoffnung, dem Fahnenflüchtigen damit eine Chance auf ein ordentliches Verfahren zu ermöglichen. Kurz darauf trifft der sowjetische General am Stellwerk ein und will den Wachposten am Eingang beiseiteschieben. Der Leiter der Einheit interveniert, und der Posten verwehrt dem ranghohen Ankömmling mit vorgehaltener Maschinenpistole den Zutritt. Nach einem Telefonat mit dem Polizeichef des Bezirks Potsdam müssen die Polizisten den sowjetischen Militär wenig später einlassen. Der ist außer sich vor Zorn, schlägt dem Festgenommenen die Feldflasche mit dem Wasser aus der Hand und kann gerade noch von weiteren Tätlichkeiten abgehalten

werden. Auf Anweisung seiner Vorgesetzten übergibt der Leiter der Kommandoeinheit den jungen Soldaten schließlich an den General, der unverzüglich mit ihm davonfährt. Ein Protokoll wird nicht verfasst. Damit ist der Einsatz beendet. Über das weitere Schicksal des Fahnenflüchtigen ist nichts bekannt.
Trotz zahlreicher gefährlicher Situationen hat die Potsdamer Diensteinheit IX nie einen tödlichen Schuss abgegeben. Aber durch ihre Einsätze haben die Polizisten die geheim gehaltene Wirklichkeit der sowjetischen Deserteure in erster Reihe erlebt. Die Nachforschungen über die damaligen Umstände und Ereignisse waren eine eindringliche Reise. Im Frühjahr 2023 ist mein Roman dazu erschienen. „Verlorenwasser. Das Schattenkommando" erzählt eine fiktive Geschichte. Die zeitgeschichtlichen Hintergründe sind jedoch ebenso dramatisch wie real. Und, das ist meine tiefe Überzeugung, der Erinnerung wert.

Bernd-Horst Sefzik

Die Enkel des Krieges

Als Fotoreporter bin ich vielleicht zwanzig, dreißig Mal in der Sowjetunion gewesen. Für Zeitungsreportagen über Land und Leute, zu Staatsbesuchen und anderen Protokollterminen. Als einziger Vertreter der DDR habe ich zusammen mit hundert Starfotografen aus aller Welt an dem Bildband „Ein Tag im Leben der Sowjetunion" mitgearbeitet, erschienen 1987 bei Collins Publishers, New York.
Wenn ich meine Fotos betrachte, suche ich vergeblich das Motiv von „den Russen", wie es leider immer noch zu finden ist. Meine Bilder, so hoffe ich, zeigen Menschen, weitab von jeglichen optischen Klischees aus Unkenntnis oder Sensationsbedürfnis. Gerade jetzt, wo sie abziehen, „die Russen". Dabei müßte man nur einmal genau hinsehen, um zu erkennen, daß die in der DDR stationierten Soldaten der einstigen Roten Armee aus allen möglichen Gegenden des Riesenreiches kamen, am wenigsten jedoch aus Russland.
Ich habe ein paar Lieblingsbilder, darunter die „Enkel des Krieges". Es zeigt ein paar Soldaten mit blutjungen Gesichtern, die nicht zu den steifen Uniformmänteln passen. Sie sind angetreten zu irgendeiner Ehrung und halten hilflos Blumensträuße in den Händen. Ist das die große Armee, die den gesamten Ostblock dirigierte? Diese Aufnahme musste nach ihrer Entstehung im Jahre 1983 manche Anfeindung überstehen, eben, weil sie so unheroisch ist. So untypisch für die damals vorherrschende Sicht.
Was ist typisch für diese nun abziehende Armee? Das Bild von den Befreiern und Freunden? Das von den Besatzern und Unterdrückern? Ich wusste lange nicht, dass in meiner eigenen Familie beide Extreme hätten belegt werden können. Da gab es die sowjetische Militärärztin, die den verwundeten Deutschen rettete und mir den Vater am Leben hielt, da gab es den brutalen Sieger in Uniform, der meiner Mutter ein lebenslanges Trauma zufügte.

Ich bin Jahrgang 1942, ein Kriegskind. Zu meinen frühesten Erinnerungen gehört ein großer Holzkoffer, den mein Vater bei einem Fronturlaub mitbrachte, es gibt ein Foto, auf dem ich neben ihm und diesem großen Koffer stehe, da bin ich etwa zwei Jahre alt. Damals war mein Vater noch gesund, er wurde erst in den letzten Kriegstagen verletzt. Er war an der Ostfront als Sanitäter eingesetzt und half, die verwundeten Soldaten ins Lazarett zu tragen. Bei einer solchen Aktion trafen ihn Granatsplitter ins Bein. Die Wunde war sehr kompliziert, das Bein sollte amputiert werden, aber es fehlte an den nötigsten Medikamenten. Eine Ärztin der Roten Armee hat meinen Vater dann notdürftig operiert und gepflegt; er war überzeugt, daß sie ihm das Leben gerettet hat.

Diese Geschichte erzählte mir mein Vater erst kurz vor seinem Tode, er hatte zu uns, auch zu meiner Mutter, fast nie vom Krieg gesprochen. Er war noch nicht dreißig, als er aus der Gefangenschaft heimkehrte, und ich hörte immer sagen, er hätte sich völlig verändert. Wenn ich an ihn denke, sehe ich ihn vor mir, wie er am Tisch saß und las oder einfach nur schwieg. Wir haben nie erfahren, welche Erlebnisse er verarbeiten musste.

Zu den wenigen Erinnerungen, die er mir, aber auch erst am Ende seines Lebens, berichtete, gehören Beobachtungen aus der sowjetischen Gefangenschaft. Er sagte, dass die deutschen Offiziere nach wie vor Befehle erteilt und die Soldaten gehorcht hätten. Die zerlumpten und hungernden Adjutanten putzten ihren zerlumpten und hungernden ehemaligen Vorgesetzten täglich die Stiefel. Es muss ein groteskes Bild gewesen sein, das dem Gerechtigkeitssinn meines Vaters widersprach.

Nach dem Krieg zog unsere Familie nach Saalfeld. Mein Vater trat in die SED ein, ich kann nur vermuten, welche Visionen ihn dabei bewegten. 1953 wurde er aus dieser Partei ausgeschlossen, man gab ihm als Kreisarzt die Schuld dafür, daß er eine Infektion in unserer Stadt nicht rechtzeitig erkannt und eingedämmt hatte. Seitdem wurde er noch schweigsamer. Er hörte regelmäßig BBC, dabei durfte ihn niemand stören. Seine humanistischen Ideale richteten sich nun vor allem auf seine Patienten, er behandelte sie zu Billigpreisen und ließ sich für seine homöopathischen Heilmethoden von vielen Kollegen belächeln. Er wusste nicht, dass Reste der Granatsplitter in seinem Körper wanderten, vom Bein aufwärts in die Richtung des Herzens. Schmerzen hatte er immer.

Meine Mutter, mein Bruder und ich lebten nach dem Krieg noch einige Jahre im Hause meines Großvaters in Wolgast. Es war ein stattliches, schönes Gebäude am Hafen, von meinem Großvater, einem Baumeister, selbst errichtet. Die sowjetischen Besatzer hatten mehrere Räume beschlagnahmt und zur Kommandantur erklärt. Wir bekamen dadurch immer ausreichend zu essen, ich erinnere mich an große Bottiche mit Heringen und Flundern, die die Russen zu uns brachten und die meine Mutter ihnen zubereiten musste. In diesem Elternhaus ist meine Mutter dann von einem der Besatzer vergewaltigt worden. Auch davon schwieg sie jahrzehntelang. Wir wuchsen naiv auf. Ohne Hass. Und ohne Heldenepos.

Den ersten russischen Panzern sah ich neugierig entgegen. Das war 1952, ich war zehn. Damals erreichte die Empörung des Wismut-Aufstandes unsere Stadt Saalfeld. Die mit

ihrer Bezahlung und Versorgung unzufriedenen Kumpel stürmten das Polizeirevier und befreiten die Inhaftierten aus dem turmrunden Stadtgefängnis. Der ganze Markt stand voller schreiender Menschen, die Polizisten mit den damals noch üblichen Schupo-Helmen flüchteten aus der Stadt Richtung Arnsgereuth und Rudolstadt. Die Zufahrtsstraßen in diese beiden Nachbarorte waren durch sowjetische Panzer abgeriegelt, so dass die Aufständischen in Saalfeld ohne Verstärkung blieben und der Aufruhr niedergeschlagen wurde.
Ein Jahr später, am 17. Juni 1953, näherten sich die revoltierenden Demonstranten von auswärts, aus der nahegelegenen Maxhütte in Unterwellenborn. Die russischen Panzer standen im Stadtzentrum, wollten ihnen entgegenfahren und den Weg versperren, kamen aber nur bis zur hölzernen Bahnhofsbrücke, die den schweren Fahrzeugen nicht mehr standgehalten hätte. So blieben die Demonstranten vor der Stadt und die Panzer darin, und in Saalfeld floß in jenen Tagen kein Blut.
Merkwürdig, welche Bilder sich auf dem inneren Film erhalten. Ich sehe unsere Abenteuerspielplätze in der Nähe der sowjetischen Kasernen, von denen wir die schäbigen Behausungen der Soldaten beobachten konnten. Das waren keine Sieger, das waren ärmliche Frauen, wesentlich schlechter gekleidet als unsere deutschen Mütter. Ihr Anblick ließ sich nicht mit den Reden meines Vaters über soziale Gerechtigkeit vereinbaren. Ich sehe auch das West-Moped des Russischlehrers, das ich mir als Halbwüchsiger für eine Ausfahrt nahm. Bei der Entdeckung der Tat war von Diebstahl die Rede, das brachte mir 28 Stunden gemeinnützige Arbeit und einen lebenslangen Hass auf die russische Sprache ein.
Dennoch waren viele Illusionen noch ungebrochen, als ich die ersten Fahrten in die Sowjetunion unternahm. In einer FDJ-Brigade bauten wir mit Begeisterung in der kasachischen Steppe Häuser für Neulandsiedler, einfache Häuschen mit Schafställen dazu. Einziger Gegenwert für acht bis zehn Stunden Arbeit täglich war der Glaube, dass sich bislang arme Kasachen in den Häuschen wohlfühlen würden. Als wir dahinterkamen, dass die Bauleitung unseren Zement verscherbelte, haben wir den Kolchos besetzt, gestreikt und das Versprechen erzwungen, dass die Schiebereien aufhören. Das war im Jahr 1970 – ein unerhörter demokratischer Sieg.
Doch es war für mich auch das Ende des Glaubens. Von nun an gab es für mich nur noch die Bilder, die ich mit eigenen Augen sah. Dabei war es unerheblich, ob ich sie tatsächlich ablichtete oder nur im Gedächtnis behielt. Es war allein wichtig, möglichst genau hinzuschauen. Ich sehe die Lkw´s, die in entfernten Unionsrepubliken mit laufendem Motor vor einzelnen Häusern standen und mit ihren aufgeblendeten Scheinwerfern für die Bewohner eine der zahlreichen Stromsperren überbrückten. In solchen Häusern lebten immer Russen, an solchen Gaspedalen saß immer ein Nichtrusse.
Ich erinnere mich an den Befehl, der uns ein Camp in der Steppe verlassen und ein weiter entfernt gelegenes aufsuchen hieß. Das war die Nacht, in der ein sowjetisches

Raumschiff mit drei Menschen an Bord verbrannt war, und die Überreste drohten in unserer Nähe, also vor den Augen ausländischer Zeugen, zu landen. Einige Jahre später waren internationale Zeugen geladen und willkommen: Als demonstrativen Akt der Abrüstung vernichtete die Sowjetunion einige Atombomben. Die Fotos dieser Sprengung sollten um die Welt gehen.

Es ist unmöglich, Klischees zu bedienen, wenn man die letzten Monate dieser Armee in Deutschland dokumentieren will. Schiebung und Größenwahn, Schäbigkeit und Machtanspruch liegen dicht beieinander. Zu den erschütterndsten Bildern gehören die, die das Danach zeigen. Kinder, die auf einem nicht mehr genutzten Schießplatz aus Lust und Langeweile mit scharfer Munition ballern. Die Eltern sehen zu. Doch das sind Deutsche.

Der Text ist dem Begleitheft zur Ausstellung: „DIE ENKEL DES KRIEGES. Empfange uns Heimat – Lebe wohl Deutschland" entnommen, herausgegeben vom Medienpädagogischen Zentrum Land Brandenburg (MPZ) im November 1994.

Militärgelände Beulwitz in Thüringen 1991 | Die Sowjetarmee vermietete kurz vor dem Abzug das Gelände für Schießübungen an Deutsche

46

IV. Blick von außen

Christian Connan

Wiedervereinigung und Zusammenbruch der UdSSR aus französischer Sicht

Der Autor gibt im Folgenden lediglich seiner persönlichen Meinung Ausdruck.

Als ich im September 1992 meine Stelle als Leiter des Berliner Büros der Französischen Botschaft in Deutschland antrat, war das Besatzungsstatut für die Bundesrepublik als Ergebnis des Zweiten Weltkrieges durch den Zwei-plus-Vier-Vertrag vom 12. September 1990[1] endgültig aufgehoben. Die Lage in Berlin blieb dennoch eine Besondere: Der Vertrag legte fest, dass die vier Besatzungsmächte bis 1994 die Stadt verlassen müssen. Die Entscheidung, die deutsche Hauptstadt nach Berlin zu verlegen, war zwar getroffen worden, aber noch nicht wirksam umgesetzt.
Unter der Verantwortung unseres Botschafters in Bonn wurden mir vier Arbeitsschwerpunkte übertragen: die Vorbereitung des Abzugs unserer Truppen[2], die Zusammenlegung unserer diplomatischen (ehem. Botschaft und Konsulat in Ost-Berlin und Konsulat in West-Berlin) und Kultur-Abteilungen (Centre Culturel Unter den Linden und Centre Culturel am Kurfürstendamm), die Suche nach einem geeigneten Standort für unsere neue Botschaft[3] und der Ausbau unserer Beziehungen zu Brandenburg (ich war zuständig für Berlin und Brandenburg, ein Generalkonsulat, das für die Beziehungen zu den anderen neuen Bundesländern verantwortlich war, wurde in Leipzig eröffnet).
Am 8. September 1994, wenige Tage nach dem Abzug der russischen Truppen, verließen auch die französischen, amerikanischen und britischen Streitkräfte Berlin. Die Stadt, die die Teilung Europas symbolisierte, wurde nun zum Symbol wiedergewonnener Freiheit, zum Hoffnungsträger für alle friedliebenden Völker.
Vier Jahre zuvor, am 9. November 1989, begrüßten die Franzosen den Fall der Berliner Mauer mit Begeisterung. Sie hatten das Geschehen gespannt im Fernsehen mitverfolgt, in dem Bewusstsein, einem historischen Ereignis beizuwohnen. Viele erinnern sich noch heute, wo sie an diesem Tag waren und was sie getan haben, als sie von dem Jahrhundertereignis Kenntnis bekamen.
Ohne Übertreibung kann gesagt werden, dass es nur wenige vorhergesehen haben. Dennoch war es die Folge einer Entwicklung, die von Frankreich und der Bundesrepublik Deutschland mitgetragen wurde.

Gorbatschow brauchte unsere Hilfe

Als Gorbatschow im Mai 1985 in Moskau an die Macht kam, stellte sich schnell die Frage: „Braucht Gorbatschow unsere Hilfe?" Er hob sich durch seinen Stil von seinen Vorgängern ab und verkündete vielversprechende Devisen: Perestroika und Glasnost.

Im Februar 1986 ließ er auf dem 27. Parteitag der KPdSU ein Dokument mit dem Titel „Neues Denken" verabschieden. Aber welche Handlungsspielräume blieben ihm in einem System, das so festgefahren war, wie das Sowjetregime?
Präsident Mitterrand hatte sofort erkannt, dass Europa große Veränderungen bevorstanden und dass es im Interesse der Europäer, und der westlichen Länder im Allgemeinen, zu versuchen sei, diese Veränderungen durch die Unterstützung Gorbatschows voranzutreiben. Ich war zu diesem Zeitpunkt Stellvertreter des außenpolitischen Beraters unseres Ministers für Verteidigung und ich erinnere mich, dass nach einer Kabinettssitzung am Tag nach dem ersten Frankreich-Besuch des neuen Generalsekretärs des Zentralkomitees der Kommunistischen Partei der Sowjetunion Anfang Oktober 1985 der Minister uns (die Mitarbeiter seines Kabinetts) zusammenrief, um uns darüber zu informieren, dass Präsident Mitterrand in der nach diesem Besuch stattgefundenen Kabinettssitzung seiner Überzeugung Ausdruck verliehen hatte, dass das neue Staatsoberhaupt der Sowjetunion tiefgreifende Veränderungen vornehmen werde, die sich nicht nur auf die UdSSR, sondern auch auf die Satellitenstaaten in Mittel- und Osteuropa und ganz Europa auswirken würden. Und dass Gorbatschow unterstützt werden müsse, weil er für die Durchführung der Reformen, die die Apparatschiks des Regimes nur ablehnen konnten, einen starken Rückhalt der Bevölkerung brauchte. Denn es bestand das große Risiko, dass diese Reformen zunächst die Wirtschaft zerrütten und so zu einer Absenkung des bereits ohnehin recht bescheidenen Lebensstandards vieler Bürger führen würden.
Diese Analyse wurde weitestgehend von Frankreich geteilt. Und auch von Bundeskanzler Kohl. Andere europäische Länder waren anderer Meinung. In den USA waren viele geneigt zu glauben, dass die UdSSR dabei war, den Kalten Krieg zu verlieren und dass die Gelegenheit genutzt werden sollte, sie dauerhaft zu schwächen und den Kommunismus endgültig zu besiegen. Deutschland und Frankreich kam folglich die bedeutende Rolle zu, gemeinsam die anderen Europäer, und später auch die Amerikaner, durch einen realistischen politischen Dialog, aber auch durch eine positive Reaktion auf das immer drängendere Ersuchen Gorbatschows um finanzielle Hilfe, von der notwendigen Unterstützung Gorbatschows zu überzeugen. Zu dieser Zeit war Deutschland mit Abstand der größte Kreditgeber der UdSSR, gefolgt von Frankreich mit einem Beitrag, der deutlich über dem der USA [4] lag. Deutschland und Frankreich bemühten sich zudem gemeinsam darum, dass die Bewertungen der finanziellen Lage der UdSSR – als Voraussetzung für die Gewährung von Finanzhilfen – nicht in einer für das Land zu übergriffigen und demütigenden Weise durchgeführt wurden.
Diese Politik trug Früchte. Die UdSSR unter Gorbatschow hat einen historischen Prozess in Gang gesetzt, der den Weg für den Fall der Berliner Mauer und schließlich für die Wiedervereinigung ebnete. Oder im weiteren Sinne: Als Gorbatschow am 25. Dezember 1991 aus dem Amt schied, konnte sich niemand einen erneuten bewaffneten Konflikt mit der Sowjetunion vorstellen (es wurden sogar die ersten Abrüstungsvereinbarungen unterzeichnet: der Vertrag über Konventionelle Streitkräfte in Europa, der KSE-Vertrag

– am 19. November 1990 in Stockholm und der START-I-Vertrag am 31. Juli 1991 in Moskau), und die kommunistischen Regime in den osteuropäischen Ländern endeten.

Frankreich, Europa und die deutsche Wiedervereinigung

Frankreich wurde mitunter verdächtigt, Angst vor der Wiedervereinigung zu haben, und die französische Regierung, diese verhindern oder zumindest den Prozess verlangsamen zu wollen. Der Besuch Mitterrands in der Deutschen Demokratischen Republik (20.–22. Dezember 1989) hatte in dieser Hinsicht viele Fantasien geweckt. Und dass, obwohl der französische Präsident Bundeskanzler Kohl zuvor darüber informiert und ihn um seine Meinung gebeten hatte. Dieser befand es für sinnvoll, dass sich sein Partner durch einen Besuch vor Ort seine eigene Meinung bildet.

Es lässt sich sicherlich nicht leugnen, dass die deutsche Wiedervereinigung in Frankreich weniger Begeisterung ausgelöst hat als der Fall der Berliner Mauer. Zweifellos weckte sie bei dem einen oder anderen oder sogar in politischen Kreisen Bedenken, Erinnerungen an eine Vergangenheit, in der Deutschland der „Erbfeind" war. Einige Stimmen konnten sich Gehör verschaffen. Sie blieben jedoch weitestgehend marginal. Es waren schließlich nicht mehr die 1950er Jahre, als ein bedeutender Schriftsteller schrieb: *„Ich liebe Deutschland so sehr, dass ich froh bin, dass es gleich zwei davon gibt"*.[5] Die durch den Élysée-Vertrag eingeleitete Zusammenarbeit hatte ihr erstes Ziel erreicht: Die Annäherung des deutschen und des französischen Volkes!

Zwar war es doch auch unvermeidlich (auch wenn die Öffnung der Mauer, wie bereits oben erwähnt, als Sieg der Freiheit, als Verschwinden einer Bedrohung und als Anbruch einer neuen Ära empfunden wurde), dass nach den ersten Momenten der Euphorie die Analyse einer komplexen und sich weiter entwickelnden Realität ambivalentere Gefühle hervorrufen würde.

Denn die deutsche Wiedervereinigung stellte einige „Grundsätze" in Frage, auf denen seit dem Élysée-Vertrag vom Januar 1963 die so besondere Beziehung zwischen unseren beiden Ländern Schritt für Schritt aufgebaut wurde.

Hieß es nicht, dass das berühmte „Paar" (oder der „Motor") auf einer Art stillschweigenden Übereinkunft beruhte, der zufolge Deutschland – ein Wirtschaftsriese, aber politischer „Zwerg" (aufgrund seiner Teilung und des Besatzungsstatus, sowie aufgrund der sich selbst infolge der tragischen Periode des Nationalsozialismus auf internationaler Bühne auferlegten Zurückhaltung) – die deutsch-französische Zusammenarbeit dazu nutzte, das europäische Aufbauwerk[6] zu beeinflussen, ohne dafür in den Vordergrund treten zu müssen, wohingegen Frankreich, das seine wahre Führungsrolle aufrechterhalten wollte, die es seit den 1960er Jahren in der Europäischen Wirtschaftsgemeinschaft innehatte, hoffte, dies dank der Unterstützung Deutschlands zu erreichen, insbesondere nach der ersten Erweiterung 1973 um Dänemark, Irland und vor allem um das Vereinigte Königreich? Des Weiteren würde die Einführung eines „Binnenmarktes" sowohl der deutschen Industrie als auch der französischen Landwirtschaft zugutekommen.

Es war klar, dass das vereinte Deutschland kein politischer „Zwerg“ mehr sein würde und es gab allen Grund davon auszugehen, dass, auch wenn die Integration der neuen Bundesländer eine erhebliche finanzielle Belastung darstellte, die deutsche Wirtschaft nach einer Phase der Anpassung gestärkt daraus hervorgehen würde. Deutschland würde zudem die nie unterbrochenen Beziehungen zu den mittel-osteuropäischen Ländern stark ausbauen können, einer traditionell wichtigen Einflusszone, so wie es die Mittelmeerländer für Frankreich sind. Deutschland würde letztendlich mit Abstand zum bevölkerungsreichsten Land Europas werden, was ihm wiederum größeren Einfluss verschaffen würde. Es gab nur wenige Beobachter, die aus diesen Betrachtungen negative Folgen für die deutsch-französischen Beziehungen ableiteten. Es war lediglich angebracht, dies zu berücksichtigen und die französische Politik entsprechend anzupassen.
Zu diesem Schluss kam die französische Regierung. Die Politik Frankreichs in dieser Zeit war stets von der festen Überzeugung geprägt, die Präsident Mitterrand bei einer gemeinsamen Pressekonferenz mit Bundeskanzler Kohl am 3. November 1989 in Bonn wie folgt ausdrückte: *„Die Wiedervereinigung darf sich nicht auf der Ebene von Ängsten und bloßer Akzeptanz vollziehen. Was vor allem zählt, ist der Wille und die Entschlossenheit des Volkes [...] Ich habe keine Angst vor der deutschen Wiedervereinigung. Ich stelle mir solche Fragen nicht, während die Geschichte voranschreitet. Und das tut sie. Ich nehme sie, wie sie ist. Ich glaube, der Wunsch der Deutschen nach einer Wiedervereinigung ist legitim“.* Im Übrigen, so fügte er in einem Fernsehinterview am 14. Juli 1990 hinzu, folge die deutsche Einheit *„der Logik der Geschichte, und es wäre sinnlos, letztlich sogar dumm und schädlich für die Zukunft Europas, sich ihr zu widersetzen“* . In Frankreich stellte keine Persönlichkeit von Rang diese Analysen und die daraus resultierende Politik in Frage.

Präsident Mitterrand war einzig darauf bedacht, dass der Wiedervereinigungsprozess demokratisch erfolgt, woran er natürlich keine Zweifel hatte, und keine neuen Ungleichgewichte und Konflikte in einem sich im Umbruch befindlichen Europa schafft, was angesichts der Komplexität der zu lösenden Probleme und der Vielzahl von Partnern, deren Interessen es in Einklang zu bringen galt, nicht unbedingt selbstverständlich war.

Diese Bedenken wurden von Deutschland und Frankreich geteilt. Beide Länder waren sich einig, dass sie sowohl auf die deutsche Einheit als auch auf Fortschritte im europäischen Aufbauwerk hinarbeiten sollten. Erforderlich war, dass das wiedervereinigte Deutschland sich in eine gestärkte europäische Gemeinschaft eingliedern konnte. Zahlreiche Erklärungen von Bundeskanzler Kohl verdeutlichen dies, wie die, die er am Ende des deutsch-französischen Gipfeltreffens am 18. September 1990 in München abgab: *„Als Deutsche würden wir die Botschaft der Geschichte missverstehen, wenn wir uns nur um die deutsche Einigung und nicht parallel dazu auch um die europäische Einigung kümmern würden“.* Und tatsächlich trugen die vielen Gemeinsamkeiten und die enge Abstimmung zwischen Deutschland und Frankreich wirksam dazu bei, dass diese beiden Bedingungen erfüllt wurden.

Während dieser Zeit, als die Zukunft Europas auf dem Spiel stand, wurden unsere beiden Länder voll und ganz ihrem Ruf als „Motor" der europäischen Einheit gerecht. Ihr gemeinsames Vorgehen hat maßgeblich zum Erfolg der Verhandlungen zum Vertrag von Maastricht beigetragen, dessen Unterzeichnung am 7. Februar 1992 eine entscheidende Etappe darstellte und mit dessen Inkrafttreten die Europäische Wirtschaftsgemeinschaft zur Europäischen Union wurde. Natürlich war dies das Ergebnis eines langen Prozesses, der schon auf der Tagung des Europäischen Rates in Fontainebleau im Juni 1984 eingeleitet wurde. Dennoch begannen die eigentlichen Verhandlungen erst 1990 und fanden vor dem Hintergrund der oben genannten Ereignisse statt, die die Europäer dazu veranlassten, den Schritt in diese neue Phase des europäischen Einigungswerks als eine große Herausforderung zu betrachten. Insbesondere die Einführung des Euro, die bereits Mitte der 1960er Jahre zum Ziel erklärt wurde und deren Bedeutung für viele Europäer, und vor allem für Frankreich, entscheidend war, war 1990 noch weit entfernt. Und auch wenn weder Deutschland noch Frankreich, anders als manchmal behauptet, diese beiden Themen[8] miteinander verknüpft haben, so hat doch die gemeinsame Überzeugung, dass die deutsche Einigung und die Stärkung Europas Hand in Hand gehen sollten, zum Erfolg des Projektes beigetragen und dessen Umsetzung beschleunigt.

Das einzige Thema, das zu einigen Missverständnissen bzw. Verärgerungen geführt hat, war das der Grenzen. Für Präsident Mitterrand war es entscheidend, dass Deutschland nachdrücklich versichert, dass es die nach dem Zweiten Weltkrieg festgelegten Grenzen, insbesondere die Oder-Neiße-Grenze, nicht infrage stellt. In Paris zweifelte man nicht an der grundsätzlichen Haltung des Bundeskanzlers. Man wusste, dass es ihm innenpolitisch einige Unannehmlichkeiten einbringen könnte, wenn er sie öffentlich und nachdrücklich darlegte. Aber zweifellos herrschte manchmal der Eindruck, dass der Bundeskanzler in dieser Frage auf Zeit setzte; daher der Nachdruck, der den Bundeskanzler wahrscheinlich verärgert haben könnte. Die Unterzeichnung des sogenannten Zwei-plus-Vier-Vertrags am 12. September 1990 in Moskau sollte alle Bedenken zerstreuen.

Die deutsche Einheit hat nicht nur die staatlichen Behörden beschäftigt. Die Begeisterung der Bevölkerung über den Fall der Berliner Mauer war Ausdruck der Solidarität mit dem ehemaligen Erbfeind, der nun zu einem privilegierten Partner geworden war, und des Gefühls, dass gemeinsame Werte obsiegt hatten. Die französischen Unternehmen ihrerseits interessierten sich bereits in den ersten Monaten nach der Vereinigung für die Möglichkeiten, die sich aus der Privatisierung der Wirtschaft der ehemaligen Deutschen Demokratischen Republik ergaben: Fast 90 Prozent der von der Treuhandanstalt privatisierten Unternehmen wurden von Unternehmen aus Westdeutschland aufgekauft; von den restlichen 10 Prozent erwarben französische Firmen etwas mehr als die Hälfte.

Im Allgemeinen hat die Qualität der Beziehungen, die zwischen unseren beiden Ländern während dieser historischen Periode Ende der 1980er und zu Beginn der 1990er Jahre geknüpft wurden, auch zu erheblichen Fortschritten in der bilateralen Zusammenarbeit geführt. Wichtige Meilensteine in diesem Zusammenhang waren das Zusatzprotokoll zum Élysée-Vertrag, das anlässlich des 25. Jahrestags der Vertragsunterzeichnung am 22. Januar 1988 verabschiedet wurde und die Schaffung neuer deutsch-französischer Institutionen[9] ermöglichte, sowie die Aufstellung der Deutsch-Französischen Brigade[10] im Oktober 1989.

Der Zerfall der UdSSR und die Zukunft Europas

Nach Gorbatschows Rücktritt/Verdrängung am 25. Dezember 1991 ging es nicht mehr um die Frage, ob es galt, Gorbatschow zu helfen, sondern vielmehr um die Frage: „Sollten wir Jelzin helfen?". Die Antwort war nicht selbstverständlich, wenn man bedenkt, unter welchen Bedingungen der neue Präsident der Russischen Föderation mit einer eher „atypischen" Persönlichkeit und einem zuweilen erratischen Politikstil an die Macht gekommen war.

Nach Präsident Mitterrand lag es ohne Zweifel im Interesse Frankreichs wie auch der gesamten westlichen Länder, Jelzin zu unterstützen, wie sie auch Gorbatschow unterstützt hatten.

Der Zerfall der UdSSR, fünfzehn Monate nach der deutschen Wiedervereinigung, hatte weitreichende Folgen. Die Sowjetunion gab es nicht mehr, die stalinistische Ordnung würde nicht wiederhergestellt werden (der gescheiterte Putsch gegen Gorbatschow im August 1991 gewährte diesem zwar nur einen Aufschub, war aber auch der Abgesang der alten Ordnung). Die ehemaligen Teilrepubliken der UdSSR wurden zu unabhängigen Staaten[11], Russland war ausgeblutet, der Kapitalismus und der Westen hatten gesiegt, und in den USA verkündete ein Wissenschaftler, Fukuyama, das Ende der Geschichte.

In Paris fand diese Verkündung kaum Widerhall. Jeder verstand, dass eine neue Ära angebrochen war, die für Russland, die Nachfolgestaaten der UdSSR, die mitteleuropäischen Länder und somit für ganz Europa viele Ungewissheiten und Gefahren mit sich bringen würde. In Slowenien und Kroatien war bereits Krieg ausgebrochen, Jugoslawien drohte zu zerfallen. Russland würde sich nicht damit abfinden, nur noch eine zweit- oder drittklassige „Macht" zu sein. Es galt zu verhindern, dass es in ein Chaos stürzte, das zu Frustrationen führen würde, die für ganz Europa eine große Gefahr darstellen würden. Und deshalb sollte Jelzin unterstützt werden, nicht aus Begeisterung, sondern aus Realismus, genauso wie Gorbatschow unterstützt wurde. Und genau das tat Frankreich, immer in Absprache mit Deutschland.

Die Ereignisse in Europa stellten zudem sowohl Frankreich als auch Deutschland vor eine neue große Herausforderung, nämlich die Ausweitung der Union. Alle mittel- und osteuropäischen Länder[12] wollten der Europäischen Wirtschaftsgemeinschaft und/oder der im Entstehen begriffenen Union sowie – nach der Auflösung des Warschauer Pakts im Februar 1991 – auch der NATO beitreten.

Auch hier haben die französischen Positionen manchmal zu Missverständnissen geführt. Zeigte sich Frankreich etwa nicht zurückhaltend gegenüber der Erweiterung der europäischen Gemeinschaft und ablehnend gegenüber der Beteiligung der osteuropäischen Länder an der NATO?

Im Bereich Sicherheit hätte Frankreich, das bereits die Schaffung einer europäischen Verteidigung befürwortete und in den Verhandlungen zur Vorbereitung des Vertrags von Maastricht feststellte, dass die Idee einer gemeinsamen europäischen Verteidigungs- und Sicherheitspolitik Fortschritte machte, es sicherlich begrüßt, wenn die neuen östlichen Partner, die ihre Zukunft in einer europäischen Union sahen und für die Sicherheit ein grundlegendes Anliegen[13] blieb (die UdSSR und später Russland stellten für sie immer noch eine Bedrohung dar), es in seinen Bemühungen unterstützt hätten, z. B. bei den verschiedenen Initiativen, die in diesen Jahren zur Wiederbelebung der Westeuropäischen Union (WEU) eingeleitet wurden. Es wurde jedoch schnell klar, dass für die osteuropäischen Länder nur die USA – und damit die NATO – in der Lage waren, ihnen die Sicherheitsgarantien zu bieten, die ihren Erwartungen entsprachen. Der Versuch, sich gegen eine Mitgliedschaft in der NATO zu wehren, wäre daher sinnlos gewesen.

In Frankreich hatte niemand Zweifel daran, dass die mittel- und osteuropäischen Länder Mitglieder der im Entstehen begriffenen Europäischen Union werden würden. Alle wichtigen Politiker und Beobachter waren sogar der Ansicht, dass es eine moralische Pflicht sei, diese Länder aufzunehmen, die sich bemühten, den Faden der Geschichte wieder aufzunehmen, der durch fast ein halbes Jahrhundert harter Prüfungen unter dem Joch der Sowjetunion abgerissen war. Es stellten sich lediglich zwei Fragen: die Frage nach dem Zeitplan und die Frage nach der Methode. Sollte der „großen Erweiterung" nicht zunächst eine weitere Vertiefung der Europäischen Union vorausgehen? Denn alle waren sich bewusst darüber, dass Europa nicht mehr dasselbe sein würde und dass die bevorstehende Erweiterung eine ungeheure Herausforderung darstellte. Allein die sehr starke Zunahme der Mitgliederzahl warf das Problem der Beschlussfassung auf: Zwar sah der Vertrag von Maastricht eine Reihe von Situationen vor, in denen Einstimmigkeit nicht mehr erforderlich sein würde und Entscheidungen mit qualifizierter Mehrheit getroffen würden; aber würden die diesbezüglichen Bestimmungen des Vertrags von Maastricht für ein Europa mit zwölf Mitgliedern, die manchen bereits nicht weit genug gingen, in einem Europa mit 20 oder mehr Ländern nicht zur Lähmung führen? Außerdem war das Entwicklungsgefälle zwischen den zwölf und den neuen Kandidaten noch ausgeprägter als zu Spanien, Portugal oder sogar Griechenland, was nicht nur eine größere finanzielle Anstrengung der Nettozahler-Länder (darunter Frankreich und Deutschland) bedeutete, sondern auch eine größere Schwierigkeit bei der Angleichung und dem Ausgleich divergierender Interessen. Schließlich waren die Kandidatenländer nach einer fast ein halbes Jahrhundert andauernden sowjetischen Eiszeit einer politischen Tradition verhaftet, die von den demokratischen Staatsformen der Gründerländer divergierte, hatten viele von ihnen zuvor doch nur kurzzeitig die Demokratie kennengelernt.

Dies waren auch die Gründe, die Präsident Mitterrand am 31. Dezember 1989 dazu veranlassten, die Gründung einer Europäischen Konföderation[14] anzuregen, eines Abstim-

mungsgremiums, das alle Länder des Kontinents, einschließlich der UdSSR, umfassen sollte und das es nach den Vorstellungen des französischen Präsidenten ermöglichen sollte, einen Dialog zwischen allen Europäern herzustellen und diejenigen, die der Union beitreten wollten, schrittweise in die Politik der Union einzubeziehen. Diese Initiative war möglicherweise nicht ausreichend vorbereitet und kam schließlich nicht zustande, obwohl am 13. und 14. Juni 1991 in Prag eine Konferenz abgehalten wurde, die den Startschuss für die Initiative geben sollte. Die osteuropäischen Länder hatten sich gefragt, ob es nicht vielmehr darum ging, sie hinzuhalten und die Prüfung ihrer Beitrittsgesuche hinauszuzögern. Die USA hielten nichts von einer Institution, in der sie nicht vertreten waren, und befürchteten, dass sich die Europäer zu schnell von ihrem Einfluss emanzipieren würden. Mehrere Länder fragten sich, ob die UdSSR einbezogen werden sollte; dies galt insbesondere für die osteuropäischen Länder, die beunruhigt von einer solchen Perspektive und der Abwesenheit der USA waren, die ihrer Meinung nach allein über das nötige Gewicht verfügten, um ihre Sicherheit vor einer UdSSR zu gewährleisten, die sie weiterhin als bedrohlich empfanden.
Frankreich jedenfalls hat sich aktiv an allen Programmen beteiligt, die entwickelt wurden, um den mittel- und osteuropäischen Ländern zu helfen, ihre Gesetze und Vorschriften an die europäischen Normen anzupassen, ihren Beamten eine angemessene Ausbildung zu bieten und ihre Wirtschaft auf den neuesten Stand zu bringen. Auf Initiative Frankreichs wurde 1991 die Europäische Bank für Wiederaufbau und Entwicklung (EBWE) gegründet, die wirksam zu dieser Angleichung beigetragen hat.

Die Rückkehr des Krieges in Europa

Vom Ende der Geschichte auszugehen, war, wie sich zeigen sollte, ein Irrglaube. Globalisierung, Chinas spektakulärer Aufstieg, der Krieg in der Ukraine, die Entstehung eines heterogenen „globalen Südens", dessen Mitglieder sich nur darin einig sind, den Einfluss des Westens anzufechten, der ihrer Meinung nach zu einem unaufhaltsamen Niedergang verdammt ist. Die Welt von heute (multipolar? apolar?) unterscheidet sich von der Welt der frühen 1990er Jahre ebenso sehr, wie diese sich von der Welt des Kalten Krieges unterschied.
Zwar kann der Eindruck vorherrschen, dass Europa noch immer mit denselben Herausforderungen konfrontiert ist. Die Frage der Erweiterung der Europäischen Union stellt sich erneut (diesmal für die unabhängig gewordenen ehemaligen Sowjetrepubliken und die Balkanländer), und zwar unter Bedingungen, die an die der 1990er Jahre erinnern: Unterschiede im Entwicklungsstand und in der politischen Kultur. Und wieder stehen wir vor dem Dilemma: Erweiterung oder vorherige Vertiefung?
Dennoch stellen sich diese Fragen in einem ganz anderen Kontext: Bedrohungen der Souveränität der ehemaligen Sowjetrepubliken und, auf dem Balkan: wachsendes Gewicht des russischen und chinesischen Kapitals, Einfluss der Golfstaaten, ja sogar die Gefahr islamistischer Entgleisungen. Daher rührte der französische Vorschlag, der zur

Europäischen Politischen Gemeinschaft führte: den betroffenen Ländern – ohne darauf zu warten, dass sie in der Lage sind, sich reibungslos in die europäischen Institutionen zu integrieren – einen Rahmen für einen ständigen Dialog anzubieten, der es ermöglicht, sie schrittweise in die europäischen Programme[15] einzubinden.
Und noch grundsätzlicher steht mit dem Krieg in der Ukraine die Daseinsberechtigung der Union selbst auf dem Spiel. „Nie wieder!" lautete das Credo, aus dem die EU hervorgegangen war, mit der ein bewaffneter Konflikt zwischen ihren Mitgliedern tatsächlich undenkbar wurde. Und dennoch sieht sie sich nun wieder dem Schrecken des Krieges gegenüber und kann sich dem neuen Chaos in der Welt nicht entziehen. Die Europäische Union ist sich der Notwendigkeit bewusst, sich anzupassen (eine „Macht" zu werden? schrittweise eine „europäische Souveränität" aufzubauen?), tut sich aber schwer damit, die Konsequenzen daraus zu ziehen.
In dieser neuen Phase der europäischen Geschichte richten sich die Blicke wieder auf das deutsch-französische Tandem. Die durch die deutsche Wiedereinigung verursachte Asymmetrie hatte nicht die von manchen befürchteten negativen Auswirkungen, sie ändert sich sogar ständig[16], und die Unterschiede zwischen den beiden Ländern sind der Schlüssel zu ihrer Komplementarität. So war es eine deutsch-französische Initiative, die zu dem Konjunkturprogramm führte, das der Union half, die letzte große Krise zu überwinden, die sie mit der Covid-Pandemie erlebte. Nun müssen noch die Reformen konzipiert und umgesetzt werden, die es Europa ermöglichen, nicht nur von Krise zu Krise zu schreiten, sondern diese auch zu verhindern.

---

1 Im Falle der Bundesrepublik Deutschland endete das Besatzungsstatut de facto mit dem Bonner Abkommen von 1952, den Pariser Verträgen von 1954 und der Wiedereinsetzung der Bundeswehr und der Aufnahme der Bundesrepublik in die NATO im Jahr 1955. Rechtlich gesehen besetzten die USA, die UdSSR, Großbritannien und Frankreich jedoch gewissermaßen gemeinsam ganz Deutschland, und erst mit dem Zwei-plus-Vier-Vertrag wurde die durch den Zweiten Weltkrieg geschaffene Situation bereinigt.

2 Die Vorbereitung des Truppenabzugs war zwar Aufgabe des Militärs, aber als Vertreter des Botschafters, der eng mit Paris zusammenarbeitete, war ich in die Vorbereitung politischer Ereignisse eingebunden, die das Ende einer Ära und die Eröffnung eines neuen Kapitels in den deutsch-französischen Beziehungen sowie der europäischen Geschichte einläuten sollten.

3 Das symbolträchtige Grundstück am Pariser Platz war immer Eigentum Frankreichs, war jedoch inzwischen zu klein geworden: Vor dem Krieg von 1940–1945 waren rund 50 Mitarbeiter in unserer Botschaft in Berlin und inzwischen 275 Mitarbeiter in unserer Botschaft in Bonn beschäftigt. Dennoch konnten wir die neue Botschaft auf dem Grundstück der alten bauen, da die Bundesregierung, die nach der Wiedervereinigung zum Eigentümer des Nachbargrundstücks wurde, bereit war, uns ein Teilstück zu verkaufen.

4 Einigen Studien zufolge gewährte Deutschland 40 Prozent aller Kredite für die UdSSR während der Amtszeit Gorbatschows, Frankreich rund 10 Prozent und die USA 2 Prozent.

5 Noch in den ausgehenden 1960ern, als ich beim Abendessen bei meinen Schwiegereltern, zu dem auch ein mit ihnen befreundetes Ehepaar eingeladen war, nach meinem Studium gefragt wurde, verfinsterten sich die Gesichter dieses Pärchens ehemaliger Widerstandskämpfer gegen den Nationalsozialismus, als es erfuhr, dass ich Germanistik studiere!

6 Das für die Bundesrepublik von entscheidender Bedeutung war, um sich wieder vollständig in die internationale Gemeinschaft einzugliedern (es war gleichberechtigt mit den anderen Mitgliedstaaten in den Institutionen des Europäischen Wirtschaftsraums vertreten, obwohl Deutschland seit dem Ende des Zweiten Weltkrieges dem Besatzungsstatut unterlag).

7 Noch bevor die deutsche Wiedervereinigung vollzogen war, zog Präsident Mitterrand im Übrigen daraus eine wichtige Konsequenz, die für seinen deutschen Partner überraschend und sogar unangenehm war. Am 6. Juli 1990 hatte er auf einer Pressekonferenz nach einer NATO-Tagung bekannt gegeben, dass Frankreich einen schrittweisen Abzug seiner noch in Deutschland stationierten Truppen plane. Er war der Ansicht, dass die Anwesenheit von Streitkräften, die einst als Besatzungsmacht ins Land kamen, auch wenn es sich nun um Streitkräfte eines befreundeten Landes handele, in einem wiedervereinigten Deutschland, das gerade seine Souveränität zurückerlangt habe, unpassend wäre und zu Missverständnissen führen könnte. Dennoch wurde seine Ankündigung in Deutschland mit Zurückhaltung aufgenommen. Bundeskanzler Kohl hatte Bedenken wegen der Risiken eines vorzeitigen Abzugs der französischen Truppen, da noch 350.000 sowjetische Soldaten in der Deutschen Demokratischen Republik stationiert waren. In den Städten, in denen die französischen Garnisonen untergebracht waren, waren Beziehungen aufgebaut worden, französische Soldaten waren oft in das örtliche Leben eingebunden, und die Bürgermeister ihrerseits waren über die wirtschaftlichen Auswirkungen eines Abzugs besorgt. Schließlich wurde der schrittweise Abzug der 44.000 französischen Soldaten, die noch in Deutschland stationiert waren, nach dem deutsch-französischen Gipfeltreffen am 18. und 19. September 1990 in München angekündigt, nur wenige Tage vor den Feierlichkeiten zur Wiedervereinigung Deutschlands.

8 Frankreich machte die Einführung des Euro nicht zu einer Bedingung für seine Unterstützung der Einigung und Deutschland, verlangte als Gegenleistung für die Zustimmung zum Euro keine Unterstützung der Einigung.

9 Der Deutsch-Französische Verteidigungs- und Sicherheitsrat, der Deutsch-Französische Finanz- und Wirtschaftsrat, der Deutsch-Französische Umweltrat und der Deutsch-Französische Kulturrat. 1988 wurde auch das Deutsch-Französische Hochschulkolleg gegründet, ein Vorläufer der Deutsch-Französischen Hochschule (die Deutsch-Französische Hochschule ist keine Einrichtung an sich, sondern ein Netzwerk von Hochschuleinrichtungen, die gemeinsame Studiengänge erarbeiten, die teils an der deutschen Partnerhochschule, teils an der französischen Hochschule angeboten werden und zu Abschlüssen führen, die in beiden Ländern anerkannt sind). Am 2. Oktober 1990 wurde in Berlin der Vertrag über die Schaffung des europäischen Kulturkanals arte unterzeichnet.

10 Eine der Allgemeinheit nur wenig bekannte Initiative sollte an dieser Stelle ebenfalls erwähnt werden: der Diplomatenaustausch zwischen Deutschland und Frankreich seit 1987. Ich war von September 1986 bis Juli 1987 der erste Austauschdiplomat und im für die KSZE zuständigen Referat des Auswärtigen Amtes beschäftigt, und ein deutscher Kollege war zeitgleich im entsprechenden Referat im Außenministerium in Paris tätig. Wir waren vollumfänglich integriert. Und so kam es, dass ich im Namen der Bundesrepublik bei einer KSZE-Folgekonferenz in Wien gesprochen habe.

11 Diese Initiative, die als symbolträchtig bezeichnet werden könnte, war im damaligen Kontext von politischer Bedeutung. Davon zeugt der Anruf der Nummer 2 der Deutschen Bank, den ich überraschenderweise bekam. Er lud mich zum Mittagessen nach Frankfurt am Main ein, damit ich ihm von diesem Austausch erzähle. Er hatte während einer Geschäftsreise nach Moskau davon gehört und seine Gesprächspartner hatten ihm dazu Fragen gestellt (wie weit geht die deutsch-französische Integration?) und ihn gewarnt (es sei nicht im Interesse der Bundesrepublik sich zu einseitig an den Westblock zu binden).

12 Die Baltischen Staaten, Georgien, Ukraine, Belarus, Moldawien, Armenien, Aserbaidschan und die zentralasiatischen Staaten (Kasachstan, Kirgisistan, Usbekistan, Tadschikistan, Turkmenistan)

13 In alphabetischer Reihenfolge: Albanien, Bulgarien, Ungarn, Polen, Deutsche Demokratische Republik, Rumänien, Tschechoslowakei

14 Der andere Grund war, einen Rahmen für den Dialog zu schaffen, in dem alle Europäer, einschließlich Russland, alle politischen Fragen von gemeinsamem Interesse erörtern und ggf. konkrete Kooperationsprojekte umsetzen könnten (und damit im Grunde dem von Gorbatschow vorgeschlagenen, aber nur sehr vage umrissenen „gemeinsamen europäischen Haus" einen konkreten Inhalt zu geben).

15 Die Europäische Politische Gemeinschaft ist auch ein Rahmen für den Dialog über Themen von gemeinsamem Interesse (wie Energie oder Sicherheitsfragen) zwischen den Mitgliedern der Union, den Beitrittskandidaten und Ländern, die weder Mitglied noch Beitrittskandidat sind. So bietet sie ein Forum für den Austausch mit dem Vereinigten Königreich nach dem Brexit oder mit Ländern wie der Türkei.

16 Deutschland, das Ende der 1990er Jahre, als es die wirtschaftlichen und sozialen Folgen der Wiedervereinigung zu verdauen hatte, zuweilen als „kranker Mann" Europas angesehen wurde, hat es geschafft, zu einem Wohlstand zurückzukehren, um den es zwei Jahrzehnte lang beneidet wurde, aber der Krieg in der Ukraine zwingt es heute, sein Modell zu überdenken. In den letzten Jahren stieg die Verschuldung Frankreichs weiter an, aber es gelang ihm, die Grundpfeiler seiner Wirtschaft und seines Wachstums zu festigen.

Basil Kerski

Deutschlands Einheit und Polens Unabhängigkeit

Deutsche und polnische Frage nach 1945

Eine Belastung für die demokratische Entwicklung Europas nach dem Ende des Zweiten Weltkrieges war nicht nur die Teilung Deutschlands, die offene deutsche Frage. Die europäische Politik wurde nach 1945 auch ständig mit der polnischen Frage konfrontiert. 1939 wurde die polnische Republik von Nazi-Deutschland und von Stalins Sowjetunion überfallen und geteilt. Am 1. September marschierte die Wehrmacht in Polen ein, am 17. September folgte ihr die Rote Armee im Osten Polens. Den Zweifrontenkrieg konnte Polen nicht gewinnen. Polen wurde, wie im Hitler-Stalin-Pakt vom 23. August 1939 festgeschrieben, zwischen dem Dritten Reich und der Sowjetunion geteilt. Dank des Bündnisses mit Stalin konnte Hitler bis Mitte 1941 seinen Vernichtungskrieg in Europa führen, die Grundlagen für den Plan der Ermordung europäischer Juden legen. Nur dank der politischen und ökonomischen Unterstützung durch die Sowjetunion konnte Nazi-Deutschland bis Sommer 1941 Europa dominieren. Erst mit dem Ende des Hitler-Stalin-Bündnisses begann der Niedergang des Dritten Reiches.

Mit dieser Niederlage konnten die sowjetischen Besatzer erneut polnischen Boden besetzen. Im Mai 1945 war der Krieg in Europa beendet, aber Polen, ein Opfer des Dritten Reiches und Verbündeter des Westens war nicht frei. Das Trauma des Einschlusses in den Herrschaftsbereich der Sowjetunion vom 17. September 1939 kehrte zurück. Gemeinsam mit den westlichen Alliierten zog Stalin die Grenzen Polens neu. Er sicherte für die Sowjetunion die ehemaligen östlichen Regionen der Zweiten Polnischen

Republik und verschob das Land in Richtung Westen, indem er dem von ihm kontrollierten kommunistischen Staat ehemalige deutsche Gebiete hinzufügte. Diese gewaltsame Neuordnung Mitteleuropas wurde durch neue Grenzziehungen und Zwangsmigrationen vollzogen. Nicht nur Deutsche wurden vertrieben, auch Polen und Ukrainer mussten im östlichen Mitteleuropa im Zuge der Sowjetisierung oder Polonisierung ihre Heimat verlassen. Die stalinistischen Grenzveränderungen und blutigen Zwangsmigrationen nährten neuen Hass zwischen den Nationen und den Wunsch nach künftigen Grenzrevisionen. Sie schufen ein gefährliches Potenzial für Konflikte im östlichen Mitteuropa, zwischen Polen und Deutschen, Polen und Ukrainern oder Litauern.
Die sowjetische Truppenpräsenz in Mitteleuropa, die Teilung Deutschlands und Polens Gefangenschaft im kommunistischen Herrschaftsbereich waren zentrale Bausteine der neuen europäischen Ordnung nach 1945. Sie zementierten die Dominanz des Sowjetimperiums in Mittel- und Osteuropa.

Solidarność 1980 – Der Anfang vom Ende der sowjetischen Ordnung

Die Geburt der Solidarność brachte diese Ordnung 1980 zum Beben.
Der Untergang des kommunistischen Imperiums war unter anderem der Verdienst des gewaltfreien Kampfes der polnischen Freiheitsbewegung Solidarność. Die in Folge des Danziger Abkommens vom 31. August 1980 entstandene freie Gewerkschaft stellte offen das Machtmonopol der Kommunisten in Frage. Im ersten Wirkungsjahr der Bewegung traten zehn Millionen Polinnen und Polen der Solidarność bei. Die freie Gewerkschaft wuchs zur einzigen großen demokratischen Macht des Ostblocks an. Sie schuf bis dahin in dem Maße unbekannte politische Freiräume im sowjetischen Herrschaftsbereich. Im Dezember 1981 wurde sie gewaltsam niedergeschlagen, verboten. In Polen wurde am 13. Dezember 1981 das Kriegsrecht eingeführt. Die Solidarność agierte seitdem bis Frühjahr 1989 illegal im Untergrund.
Die tiefe Krise des Realsozialismus zwang die kommunistischen Machthaber in Polen ab Ende 1988 zum Dialog mit der Opposition. Die Kommunisten wollten die Verantwortung für die wirtschaftliche und soziale Krise mit ihren Gegnern teilen und vor allem das ökonomische System reformieren. An die Einführung einer demokratischen Ordnung dachten die Machthaber nicht. Um politische Stabilität zu sichern, suchten sie den Dialog mit der antikommunistischen Opposition. Diese Politik der Öffnung des politischen und ökonomischen Systems, um das Machtmonopol der Kommunisten zeitgemäß zu sichern, wurde Ende der 1980er Jahre von der neuen KPdSU um Michail Gorbatschow unterstützt.
So kam es im Februar und März 1989 zu Gesprächen zwischen den Vertretern der Polnischen Vereinigten Arbeiterpartei und der Solidarność-Führung um Lech Wałesa am Runden Tisch in Warschau. Die katholische Kirche Polens unterstützte diesen Dialog der Opposition mit der Diktatur. In Folge der Vereinbarungen des Runden Tisches wurde im April 1989 die Freie Gewerkschaft Solidarność wieder zugelassen. Sie gewann am

4. Juni 1989 die ersten halbfreien Wahlen in Polen und übernahm im August 1989 die Verantwortung für die Regierung in Polen. Tadeusz Mazowiecki wurde im Sommer des Revolutionsjahres 1989 zum ersten nichtkommunistischen Regierungschef im Ostblock gewählt.
Die Solidarność öffnete im Frühjahr 1989 die Türen des kommunistischen Kerkers. Ihr gewaltfreier Widerstand und ihre Erfolge wurden zur Inspiration für Menschen im gesamten Herrschaftsbereich der Kommunisten. Die Demokratisierung Polens im Frühjahr 1989 löste die Massenproteste im Herbst des Jahres in der DDR, der Tschechoslowakei, in Rumänien und Bulgarien aus. Der Erfolg der Solidarność wurde zur Inspiration auch für Menschenrechtsgruppen und nationalstaatliche Unabhängigkeitsbewegungen in der Sowjetunion. Diese Avantgarderolle der polnischen Revolutionsbewegung benennt treffend ein Dokumentarfilm des deutsch-französischen Fernsehsenders arte, der 2019 zum 30. Jahrestag des Berliner Mauerfalls gedreht wurde. Sein Titel ist programmatisch: „Solidarność – Der Mauerfall begann in Polen".
Die friedlichen polnischen Revolutionäre stellten nicht nur das Vertretungsmonopol der Kommunisten für die Arbeiterschaft in Frage. Die Solidarność war viel mehr war als eine Interessenvertretung. Sie schuf Freiräume für das Entstehen einer breiten, pluralistischen Zivilgesellschaft. In diesem Raum, legitimiert und geschützt von zehn Millionen Menschen, konnten sich Politik, Kultur und Medien unabhängig von den kommunistischen Dogmen entfalten. In diesem Pluralismus blühte die Vielfalt des politischen Diskurses. Damit meine ich nicht nur die Ausprägung von diversen politischen Identitäten durch offenen politischen Streit, etwa christlich-demokratischen, liberalen oder sozialdemokratischen. Ich denke hierbei auch an Leitthemen der politischen Debatten. Zwar standen in Zeiten des Realsozialismus innerpolnische Reformfragen nach der Gesundung des wirtschaftlichen und politischen Systems im Mittelpunkt, doch das Verhältnis zu den Nachbarn, die Überwindung der Teilung Europas, der Weg aus dem Einflussgebiet der Sowjetmacht waren ebenso wichtige Themen.

Neue Sicht auf die Nachbarschaften

Revolutionär war innerhalb der Solidarność die neue Sicht auf die Nachbarschaften. Sie legte das Dogma der deutschen Teilung als Garantie für Polens Staatlichkeit ad acta. Die Solidarność unterstützte die Idee der Einigung Deutschlands und das zu einem Zeitpunkt, als selbst viele Deutsche an die Einheit nicht glaubten und ihr auch nicht vertrauten. Aus polnischer Sicht durfte aber kein neutraler deutscher Staat entstehen. Deutschland musste in das westliche Bündnis integriert sein. In der Einigung Deutschlands sahen polnische Demokraten die Chance zum Rückzug der Sowjetarmee aus Mitteleuropa und der Veränderung der geopolitischen Lage Polens. Revolutionär war auch die Neudefinition des Verhältnisses zu den östlichen Nachbarn. Die Solidarność trat für die Unabhängigkeit Litauens, der Ukraine und Belarus ein. Der Traum von unabhängigen osteuropäischen Nachbarn sollte Moskaus Einfluss auf die Mitte Europas reduzieren.

Was dabei aber besonders war, ist, dass die von Stalin diktierten Ostgrenzen Polens nicht in Frage gestellt wurden. Polen akzeptierten den Verlust von Vilnius und Lemberg. Gleichzeitig setzte in der Solidarność-Bewegung eine kritische Auseinandersetzung mit der eignen historischen Politik gegenüber Nachbarn und nationalen Minderheiten ein. Diese Kultur des selbstkritischen Patriotismus schuf Vertrauen bei den Nachbarn. Nicht nur die Größe und politische Macht der Solidarność faszinierte die Europäer hinter dem Eisernen Vorhang, sondern auch die Offenheit der Polen zum Dialog. Dieser Dialog war natürlich schwierig, denn hinter der Berliner Mauer versteckten sich andere hohe Mauern und Zäune. Moskau hatte Angst, dass das Freiheitsvirus der Solidarność die staatlichen Grenzen innerhalb des Sowjetblocks überschreitet. Zusätzlich versuchte der Sowjetstaat polnische Freiheitskämpfer als Brandstifter, Gefahr für den Weltfrieden und gar als Faschisten zu diskreditieren. Diese antipolnische Propaganda steigerte aber nur das Interesse und die Faszination für die Solidarność-Revolution.

„Für unsere und eure Freiheit" – Solidarität der Bürgerrechtler

Polens Freiheitsträumer waren auf die Solidarität mit der Solidarność angewiesen. Ich meine dabei, nicht nur die politische und materielle Hilfe aus der demokratischen Welt, sondern auch die Solidarität der Menschen innerhalb des Sowjetblocks. Den Protagonisten der Solidarność-Revolution war es bewusst, dass ihr polnischer Kampf für die Freiheit nur Erfolg haben würde, wenn die Revolution der Demokraten auch die Nachbarnationen erfassen würde. Aus dieser Erkenntnis heraus war die Solidarność, soweit sie es unter den Einschränkungen der Diktatur unmittelbar tun konnte, an Zusammenarbeit mit anderen europäischen Demokraten, an der Solidarität mit anderen Bürgerrechtlern interessiert. Nur die Vision eines europäischen Kampfes „für unsere und eure Freiheit" konnte Polen Demokratie und Unabhängigkeit bringen.

Als der Sowjetblock zusammenbrach, erwies sich das in den Debatten des antikommunistischen Untergrundes geübte Denken zur selbstkritischen Reflexion über die eigene polnische Geschichte als eine Grundlage für ein friedliches Zusammenleben der Nationen. Im Osten Mitteleuropas brach als die Sowjetunion zusammenbrach und als Polens östliche Nachbarn ihre staatliche Souveränität wiedererlangten, kein Krieg um Grenzen und Minderheitenrechte aus.

Das Ende des Kalten Krieges war somit nicht nur eine Folge der ökonomischen und sozialen Krise des Realsozialismus, von Misswirtschaft und Armut. Der Epochenwechsel der Revolution von 1989 war das Verdienst mutigen Eintretens von Menschen für die eigene Freiheit und die der anderen. Am Ende es 20. Jahrhunderts wurde eine universelle Erfahrung deutlich erfahrbar: für einen positiven zivilisatorischen Wandel bedarf es nicht nur des Eintretens für die eigene Freiheit, sondern auch die der anderen, der Fremden. Es bedarf der Bereitschaft zur kollektiven, über die Grenzen der eigenen Erfahrungsräume, vor allem des traditionellen Nationalstaates, hinausreichenden Verantwortung.

Lücken in der deutschen kollektiven Erinnerung

Die historische Bedeutung der Solidarność für den europäischen Epochenwechsel von 1989 ist leider in Deutschland weitgehend vergessen, obwohl westdeutsche Medien in den 1980er Jahren umfassend aus der Volksrepublik Polen berichteten und den Kampf der Solidarność gut dokumentierten. Die Beiträge der Westmedien drangen über Fernsehen und Rundfunk in die ostdeutsche Gesellschaft ein und spielten bei der Entwicklung der demokratischen Opposition in der DDR eine wichtige Rolle.

Die heutige kollektive Erinnerung an das Ende des Realsozialismus in Deutschland ist auf Gorbatschows Reform-Politik und auf die Massenproteste des Herbstes 1989 in der DDR, der Tschechoslowakei, Bulgarien und Rumänien konzentriert. Verdrängt ist die Tatsache, dass Gorbatschows Glasnost und Perestroika auch eine Reaktion auf den von der Solidarność ausgelösten Demokratisierungsdruck waren. Verdrängt wird auch die Tatsache, dass im Herbst 1989, als der Zusammenbruch des Honecker-Regimes begann, Polen bereits weitgehend demokratisch war und unter anderem durch diesen Druck aus Polen die verstärkte Forderung nach einer Demokratisierung in der DDR aufkam.

Der Sieg der antikommunistischen Opposition in Mittel- und Osteuropa öffnete den Weg zur deutschen Einheit und zur freien Selbstbestimmung anderer Nationen in Europa. Die bislang unter Gewalt in den RWPG (Rat für Wirtschaftshilfe) und den Warschauer Pakt gezwungenen Nationen konnten frei über ihre politischen Systeme und Bündniszugehörigkeiten entscheiden. Die vom Sowjetregime besetzten baltischen Staaten bekamen die Chance zur Unabhängigkeit. Die Ukraine und Belarus entschieden sich, die Sowjetunion zu verlassen. Die Tschechen und Slowaken trennten sich 1992 friedlich, es entstanden am 1. Januar 1993 zwei Nachfolgestaaten der ehemaligen Tschechoslowakei. Zuvor begann 1991 der gewaltsame, blutige Zusammenbruch Jugoslawiens, ein Prozess, der politische Instabilität, Kriege und ethnische Säuberungen auslöste, die bis in die Gegenwart andauern. Zwar gehörten Jugoslawien und Albanien nicht zum unmittelbaren Herrschaftsbereich des Sowjetimperiums, doch ist deren Transformation ebenfalls eine Folge der grundlegenden politischen Veränderungen in Mittel- und Osteuropa im Jahr 1989. Vor allem auf dem Balkan wird deutlich, dass der Zusammenbruch des Kommunismus in Europa nicht überall friedlich verlaufen konnte. Dort folgten aufgrund einer Wiedergeburt nationalistischer Politik ethnische Säuberungen. Und auch auf dem Gebiet der ehemaligen Sowjetunion führte der Zusammenbruch der Herrschaft der KPdSU zu gewaltsamen Konflikten und Kriegen: in Moldawien, Tschetschenien, Armenien und Aserbeidschan. Russlands Nichtakzeptanz des Zusammenbruchs des sowjetischen Imperiums fand ihren Ausdruck in den brutalen militärischen Überfällen auf Georgien und die Ukraine. Die zweite Ukraine-Invasion Moskaus 2022 löste gar den größten Krieg in Europa nach 1945 aus.

Von friedlichen Revolutionen nach 1989 kann man daher nur in Teilen Europas sprechen. Oder anders ausgedrückt: Nicht überall gelang der gewaltlose Wandel, die Transformation in eine demokratische Herrschaftsform und damit auch eine aktive Beteiligung am europäischen Integrationsprozess. Nicht überall im Osten Europas trat Frieden ein. In einigen Regionen des ehemaligen kommunistischen Herrschaftsbereichs folgten nach der roten Diktatur Instabilität, neue autoritäre Herrschaftsformen und kriegerische Auseinandersetzungen.

Deutschlands und Polens gemeinsamer Weg

Von zentraler Bedeutung für die Neuordnung Europas und die Richtung der europäischen Integration war die deutsche Vereinigung im Jahr 1990. In ihrer Folge zogen sich russische Truppen 1993 aus Polen und 1994 aus Deutschland zurück. Das vereinigte Deutschland wurde auf Drängen der westlichen Alliierten, aber auch der polnischen Mazowiecki-Regierung nicht neutral, sondern blieb in NATO und EWG. Damit verschob sich ganz im Interesse der jungen polnischen Demokratie die Grenze der beiden westlichen Bündnisse an die deutsch-polnische und deutsch-tschechoslowakische Grenze. Polen und die Tschechoslowakei wurden im Oktober 1990 zu unmittelbaren Nachbarn des Westens. Es war eine geopolitische Revolution in Mitteleuropa, von der die polnischen und tschechoslowakischen Demokraten vor 1989 geträumt hatten.

Die deutsche Einigung brachte auch die Frage nach der endgültigen rechtlichen Anerkennung der Oder-Neiße Grenze auf die Tagesordnung der internationalen Politik. Diese Grenze wurde nun von Deutschland auch rechtlich akzeptiert. Wenige Tage nach der Vereinigung Deutschlands vom 3. Oktober wurde am 14. November 1990 in Warschau der deutsch-polnische Grenzvertrag unterzeichnet. Damit ging politisch und juristisch der Kalte Krieg in der Mitte Europas zu Ende. Zusätzlich unterzeichneten am 17. Juni 1991 in Bonn das vereinigte Deutschland und das demokratische Polen einen für die bilateralen Beziehungen in Europa modellhaften Nachbarschaftsvertrag, der in seiner Bedeutung mit dem deutsch-französischen Élysée-Vertrag von 1963 vergleichbar ist.

Der Prozess der Vereinigung Deutschland fußt somit nicht nur auf dem deutsch-deutschem Vertragswerk und den alliierten Zwei-plus-Vier-Vereinbarungen, die deutsche Souveränität basiert auch auf den deutsch-polnischen Verträgen. Die Wege Deutschlands und Polens hin zu demokratischen und souveränen Nationalstaaten sind somit eng miteinander verbunden, politisch und rechtlich.

Die Solidarność in der Regierungsverantwortung für Polen ermöglichte und unterstützte ab Sommer 1989 aktiv und unmittelbar den Prozess der Demokratisierung der DDR, der deutschen Vereinigung, der Verständigung und Versöhnung zwischen Deutschen und Polen. Die neue deutsch-polnische Nachbarschaftspolitik trug damit wesentlich zur Neugestaltung der politischen Karte Europas nach dem Fall des Eisernen Vorhangs bei und löste eine neue Dynamik der europäischen Integration aus.

Michael Daxner

Naschmarkt und Nachkrieg
Die Russen in Österreich 1945–1955

1. Wenn von Russen zu Hause die Rede war, dann meinten wir alle *Heringe*, in Deutschland nach *Bismarck* benannt. *Russen* waren ein beliebtes und am Wiener Naschmarkt und bei den Lebensmittelgeschäften günstig zu erwerbendes Nahrungsmittel. Auch die Erzählungen von Erlebnissen unmittelbar nach dem Krieg haben mich als Jugendlichen beeindruckt. Eine Tante berichtete, dass sie von einem russischen Soldaten von der Straße weg in eine Kellerwohnung gezerrt wurde, sie befürchtete Schlimmes wie eine Vergewaltigung, wurde aber stattdessen genötigt, Knöpfe anzunähen ... Und ich selbst erlebte die „Russen" als Schüler in der Straßenbahn und auf den Straßen Wiens, freundlich, und an der Zonengrenze nach Oberösterreich, unserer zweiten Heimat, ausgesprochen kompliziert. Wie gesagt, ich war damals ein Kind. Natürlich waren nicht alle sowjetischen Soldaten „Russen", das hatte aber weniger Bedeutung als später. Vor der Türe waren auch Russen. In einigen Bundesländern waren sie die Besatzungsmacht nach dem Weltkrieg, in Wien teilten sie sich die Herrschaft mit den drei anderen Alliierten. Nach dem Staatsvertrag erinnere ich nur, dass die *Russen* die Fische geblieben sind, davor, dass man den Abtransport von Gerät und Öl aus Zistersdorf kommentierte und bis in die Gegenwart, dass das Ehrenmal am Schwarzenbergplatz gepflegt wurde und in urbaner Erinnerung bis zum Ukraine-Überfall durch die Russen geblieben ist.

2. Schon eine kurze wissenschaftliche Zusammenfassung der Besatzungsgeschichte 1945–1955 zeigt, wie kompliziert und vielschichtig die Aktionen der Sowjetunion und der Westalliierten, vor allem der USA, waren, wenn es um die Unabhängigkeit Österreichs ging. Wolfgang Mueller hat das virtuos zusammengefasst (Mueller 2008). Schon der Lexikon-Eintrag macht eines deutlich: proaktive österreichische Nachkriegspolitik spielte die kleinste Rolle. Aber innenpolitisch war sicher von Bedeutung, wie gering die reale Wirkung der kommunistischen Partei (KPÖ) in diesen Jahren war, und dass die Sowjets ihre Position und ihr Anlehnungsbedürfnis nicht so hochschätzten, dass es zu Eingriffen wie in der Tschechoslowakei und Ungarn kommen sollte. Dieser eine Aspekt, unabhängig von der Außenpolitik und der alliierten Einigung über Neutralität, war für mich bis hinein in die 68er Politik wichtig: Die stalinistisch orientierte KPÖ spielte in Österreich schon vor der Spaltung der Partei unter Ernst Fischer (über den schreibe ich später) nur eine geringe Rolle, sie war schon nach dem Ersten Weltkrieg gering. Und unsere linke Überzeugung war sehr bald, dass dies dem Programm und der Wirkung der österreichischen Sozialdemokratie zuzuschreiben war. Es gab auch noch andere Faktoren, aber der Unterschied zu den deutschen und anderen Sozialdemokraten war für die österreichischen Sozialisten sichtbar und entscheidend, und für unsere politische Meinungsbildung erst recht, vor allem und überhaupt im roten Wien. Mir persönlich war das so wichtig,

dass ich trotz SPÖ-interner Konflikte in Deutschland der SPD nicht, und den Grünen doch bald beigetreten bin. Aber objektiv machte sich der Unterschied in der Nachkriegszeit schon bemerkbar und setzte sich noch Jahrzehnte nach dem Staatsvertrag fort.
Vieles in der Nachkriegsgeschichte habe ich erst mit Verspätung mitbekommen und noch später begonnen zu verstehen. Das hängt damit zusammen, dass meine Schulzeit sich beinahe a-historisch gestaltete, „Geschichte" war eine Vergangenheit, die mit meiner Gegenwart nicht in Verbindung war. Ich war in dieser gesellschaftlichen, teilweisen, Bewusstlosigkeit nicht allein. Das hat sich ab den 1970er Jahren gewandelt. Meinem Freund und Kollegen Reinhold Wagnleitner ist es gelungen, mehrfach vielschichtige Einblicke in die österreichische Wirklichkeit nach 1945 zu produzieren, die den Rückblick nicht nur lohnen, sondern auch korrigierend in die Diskurse eingreifen, die alltäglich beim Abendessen oder vor dem Radio stattgefunden haben, natürlich nicht für mich, das Kind, aber irgendwann begannen politische Figuren hängenzubleiben, wie nach einer Fahrt mit der Geisterbahn im Prater. Schon der Begriff Nachkrieg wird ja bis heute immer wichtiger und differenzierter. Die Namen setzen Struktur und Bedeutung – und Patina an. (Wagnleitner 1980, Wagnleitner 1984, Wagnleitner 2006). Man kann noch mehr herbeiholen an Rückblick, aber Wagnleitner repräsentiert ja auch eine akademische Zeitenwende, in der ich mich zum neuen wissenschaftlichen Denken wenden konnte, letztlich zur Arbeit im Wissenschaftsministerium ab 1970 – und zur Auswanderung 1974 nach Deutschland.

3. Zu Recht lässt Wolfgang Mueller die konkrete Besatzungsgeschichte 1938 beginnen und fügt sie in das Kriegs- und Nachkriegsszenario als politisches Element gegenüber einem zweitrangigen (*secondary*) Politszenario ein (Mueller 2006). Österreich war sozusagen ein Spielfeld des Kalten Kriegs, ohne dass es zu wirklichen bewaffneten Auseinandersetzungen gekommen war, verbale und symbolische Auseinandersetzungen reichten anscheinend aus. Obwohl die Westalliierten schon 1946 die Unabhängigkeit propagierten, kam es erst 1955 zum Staatsvertrag. Aus deutscher Sicht wäre das sehr früh gewesen, aber dort gab es ja die Teilung in zwei Staaten. Für Österreich kam es aufgrund der eigenen Opferreflexion von 1938 recht spät. Bis zum Einblick in die relevanten Archive war die österreichische Annahme, Stalins Taktik wäre die Abhängigkeit des Landes von der Sowjetunion nach einer Schwächungsphase durch Neutralität, relevant; dem stand die These von der Schwächung Deutschlands durch die österreichische Unabhängigkeit gegenüber. Mueller fasst die Entwicklung so zusammen:
This article puts forward five theses covering the years from 1938 until Stalin's death. First it will argue that the Soviet decision to reconstruct Austria as an independent state was a side-effect of Stalin's goal of weakening Germany. Austria itself was meant to remain amenable to Soviet influence. Second, it will assert that Stalin's decision to set up a provisional government in Vienna and the Soviet policy vis-á-vis this government were part of a popular front strategy to strengthen Soviet and communist influence in Austria. Third, it will maintain that in their efforts to influence Austrian internal developments, the Soviets tried continuously from 1946 until 1953 to bring the communists back to power

and to renew the popular front. Fourth, it will explain that Stalin rejected any strategy which included a partition of Austria or a communist putsch. And fifth and finally, it will recount how Stalin let the question of the Austrian State Treaty become overshadowed by both the Soviet desire to keep troops in East-Central Europe and their hopes for a neutralized Germany. (Mueller 2006, 65). Dieser Artikel präsentiert fünf Thesen über die Jahre von 1938 bis Stalins Tod. Zunächst stellt er fest, dass die sowjetische Entscheidung Österreich wieder herzustellen ein Nebeneffekt von Stalins Ziel war, Deutschland zu schwächen. Österreich sollte sich gefällig dem sowjetischen Einfluss fügen. Zweitens wird festgestellt, dass Stalins Entscheidung für eine vorläufige Regierung in Wien und die sowjetische Politik ihr gegenüber Aspekte der Volksfrontstrategie waren, um den Einfluss der Sowjets und der Kommunisten in Österreich zu stärken. Drittens wird festgestellt, dass sich die Sowjets der innenpolitischen Entwicklung Österreichs widmeten, weil sie ja von 1946 bis 1953 versuchten, die Kommunisten zurück an die Macht zu bringen und die Volksfront zu erneuern. Viertens macht der Artikel klar, dass Stalin jede Strategie gemieden hat, die eine Teilung Österreichs oder einen kommunistischen Putsch beinhaltete. Und fünftens verdeutlicht der Aufsatz wie Stalin die Frage nach dem österreichischen Staatsvertrag überschatten ließ durch beides: das sowjetische Anliegen Truppen im östlichen Zentraleuropa zu behalten und seine Hoffnungen auf ein neutralisiertes Deutschland (Mueller 2006, 65)

Es ist spannend, wie die künftige Position Österreichs als strategisch sekundäre, aber europapolitisch relevante Entität ab 1941 diskutiert wurde, vor allem zwischen der SU und England. Sehr früh war die Abtrennung Österreichs von Deutschland nach dem Krieg – der schon zu diesem Zeitpunkt als letztlich siegreich impliziert wurde – ebenso deutlich von Stalin gefordert worden, wie die Bündnisfreiheit eher im Kontrast zu London angestrebt wurde. Die Volksfrontstrategie der SU ist insofern interessant, als mir der Begriff „Volksfront" (Bündnis von demokratischen, linken Parteien unter Führung der KPÖ) schon früh ein Begriff wurde, wenn wir als Schüler und später Studierende das Geschehen analysiert haben – retrospektiv verstand ich dann den Parteinamen „Kommunisten und Linkssozialisten". Johann Koplenig war uns ein Begriff als Parteiführer[1], Erwin Scharf, Chef der „Sozialistischen Arbeiterpartei", vulgo Linkssozialisten, 1950–1956, weniger.[2] Das sind Namen, aber oft wurde mit den Namen ein ganzes System oder eben eine Partei verstanden – in Österreich war alles kleiner, näher beisammen und personalisierbar. Als ältere Schüler diskutierten wir aber diese Partei als nicht-stalinistische Alternative zur KPÖ – das war nicht so abstrakt, wie es klingt, und auch nicht wirklich richtig. Ich folge der These Muellers über die weitgehende Vergeblichkeit der sowjetischen Bemühungen, eine kommunistische Aktionsplattform zu installieren und wirken zu lassen. Aber natürlich, das ist die andere Seite, gab es genügend Eingriffsmöglichkeiten in Regierung, Verwaltung und Struktur des besetzten Landes. Auch mein früher Beitritt zur SPÖ hatte durchaus historische Facetten, etwa in Bezug auf Kreisky, der ja den Hauptstamm der Sozialdemokraten in den späten 1930er Jahren zu den „Revolutionäre Sozialisten" verlassen hatte, was aber viel mit dem austrofaschistischen Umfeld

und der illegalen Parteitätigkeit zu tun hatte – das haben wir damals, also 1960ff, mit großer Genauigkeit erfahren und diskutiert. Zur Sowjetpolitik sagten und dachten wir damals wenig, aber die Ungarninvasion war schon 1956 viel aktiver präsent als die erste tschechische davor, und wir hatten eine tiefe Abneigung gegen die SU, anders als zu „unseren Russen" ex post, gefasst. Kreiskys Karriere nach dem Exil war für uns vorbildhaft und in Wirklichkeit schwierig, jedenfalls erfolgreich.
Im April 1953 wurde Kreisky Staatssekretär für auswärtige Angelegenheiten in der neuen Regierung unter Außenminister Karl Gruber (ÖVP), der im November des gleichen Jahres durch Leopold Figl ersetzt wurde.
Kreisky war mit Figl an den Verhandlungen zum Staatsvertrag beteiligt. Er bildete im April 1955 mit Raab, Schärf und Figl die österreichische Delegation, die auf Einladung der Sowjetunion zu abschließenden Verhandlungen nach Moskau flog.
Dort gelang mit der von der Sowjetunion gewünschten Zusage der Neutralität (womit die Einbindung Österreichs in die NATO verhindert werden sollte) der Durchbruch zum Vertragsabschluss. Man einigte sich darauf, dass Österreich nach dem Inkrafttreten des Staatsvertrages und dem Abzug der Besatzungstruppen seine immerwährende Neutralität nach dem Muster der Schweiz beschließen werde (Moskauer Memorandum).
Den Wunsch Moskaus, dies im Staatsvertrag zu verankern, lehnten Schärf und Kreisky ab. Kreisky hätte den Begriff militärische Bündnisfreiheit bevorzugt (der der späteren Realität besser entsprochen hätte); Raab hatte für solche juristischen Feinheiten nichts übrig.[3]
Der politische Aufstieg Kreiskys war für mich, für einen großen Teil meiner Generation, schon ein Erlebnis – die Ablösung des austrofaschistischen Retroerbes und der Großen Koalition, von denen wir, um ehrlich zu bleiben, im Detail wenig wussten. *Der Ständestaat* wurde lange so beschwiegen wie der Nationalsozialismus. Aber so ganz eben doch nicht, weil man manche Berufsgeschichten, wie die von Figl und des Bildungsministers Drimmel[4], doch serviert bekam, von den Sozialisten und im Kabarett. Zu Drimmel, und das war für den kulturpolitischen Diskurs bis in die Familie hinein wichtig: Das Problem ist nicht die Darstellung des letztlich erfolgreichen Wiedereintritts in sein Ministerium, sondern die kühle Selbstverständlichkeit biographischer Hinweise aus dem Ständestaat, während die Amerikaner offenbar alle Faschisten in einen Topf warfen (S. 135). Drimmel war einer der wenigen, die zu Hause diskutiert wurden, weil man ihn zwar politisch ablehnte, aber er wäre „intelligenter" als andere in der Regierung gewesen. Bei seiner Heimkehr hatte er Angst, in die sowjetische Besatzungszone ausgeliefert zu werden, aber das blieb ihm in Wien erspart, und er setzte seine Karriere im Ministerium einfach fort. Der Austrofaschismus hat seine Beharrlichkeit im Diskurs längst behalten, als er in der Wirklichkeit schon nicht mehr galt. Er wirkte: *„Solange hausgemachter Faschismus als patriotisch gilt, und umgekehrt Patriotismus in Österreich immer mit Referenzen an den Austrofaschismus zu haben ist, wird in diesem Land jegliche Form des Alltagsfaschismus als ‚gut österreichisch' politisch wirksam bleiben"*. Dazu in Robert

Menasses Sammelband „Das war Österreich" der Essay „Warum der Februar nicht vergehen will", in dem der Austrofaschismus als Faschismus ohne Rechtfertigungszwang dargestellt wird.[5]

Sehr vereinfachte **Erklärung des Ständestaats**: *„Der Ständestaat, auch Korporationenstaat, ist ein politisches Konzept des 20. Jahrhunderts, als im ideologischen Rückgriff auf die vormoderne Ständeordnung diverse antiliberale Theoretiker und Regimes die ‚ständische', d.h. auf Gruppenzugehörigkeit basierende korporatistische, Neuordnung der zeitgenössischen Staaten und Gesellschaften und die Abschaffung des Parteienpluralismus anstrebten."* (Ständestaat – Wikipedia, Abruf 18.05.2024) Die Nachhaltigkeit und Tiefe, aber auch die kulturellen Kontroversen um den Ständestaat haben meine schulische und intellektuelle Entwicklung, meist negativ, aber sehr komplex, geprägt, und die Differenzen zum Nationalsozialismus früh und trennscharf entwickelt. Dies ist im Übrigen eine bis heute nachwirkende Differenz zwischen den beiden Staaten bzw. Landeskulturen. Diese Differenz hat sich, so nebenbei, auch auf meine Position in der österreichischen und deutschen Studentenbewegung auf mich selbst ausgewirkt.

4. Aber vorher, unter alliierter Besatzung, übten die Sowjets zunehmend indirekten und taktischen Druck auf die Regierung aus, weil sie über die schwachen Kommunisten keinen direkteren Zugriff hatten. *Das* hatten sie so nicht erwartet.

Eine unvermeidliche umfangreiche Quelle ist die gesamte Doppelarbeit von Walter Wodak als Diplomaten und linkem Sozialisten 1945–1950, die die Beziehungen zum Westalliierten Großbritannien im aufziehenden Kalten Krieg und die Beratung der Österreichischen Regierung beispielhaft zusammenfasst (Wagnleitner 1980). Im Kontext verweise ich beispielhaft auf Dok. 1010, einem Briefentwurf an Bevin (Undatiert, 1950). Ich zitiere drei signifikante Absätze:

[...] 2. Es kann kein Zweifel darüber bestehen, dass von russisch-kommunistischer Seite gesehen, die Tatsache der Anwesenheit der Truppen der westlichen Besatzungsmächte kein Hindernis bilden könnte, die Sowjetisierung der östlichen Zone Österreichs vorzunehmen. Hätten die westlichen Gruppen eingegriffen, hätte dies wahrscheinlich den Russen den Vorwand gegeben, ihrerseits eine aktivere Rolle zu ergreifen.

3. Dadurch, dass der russisch-kommunistische Putschversuch an dem entschiedenen Abwehrwillen der österreichischen Bevölkerung, insbesondere der Arbeiterschaft, gescheitert ist, sind die russisch-kommunistischen Pläne vereitelt worden. (S. 958)

Wodak geht auch detailliert auf die von ihm empfohlene Taktik bei den Staatsvertragsverhandlungen ein. Danach, und als Abschluss der Quellensammlung von Wodak, seine inhaltliche Zusammenfassung der Staatsvertragsproblematik für Adolf Schärf[6] vom Mai 1952 (Dok. 1011, Beilage 1). Darin ein wichtiger Befund: *Die Periode von Potsdam ist zu Ende. Der große Versuch im Einvernehmen mit den Russen die Welt nach den Zerrüttungen, die Faschismus und Krieg verursacht hatten, in geordnete Bahnen zu lenken, ist gescheitert. Der Abschluss eines vorläufigen Friedensvertrages mit Westdeutschland*

und der vorhergegangene Friedensvertrag mit Japan, beide gegen das Votum, der erstere sogar ohne die Anwesenheit der Sowjetunion abgeschlossen, sind das Resultat, nicht die Ursache, dieser Entwicklung (S. 961).
Österreich war als Objekt diversifizierender Politiken wichtiger denn als eigenständige „Macht". Die Abtrennung von Deutschland stand natürlich im Fokus. Ich habe dieser umfangreichen Dokumentation auch entnommen, wer welche Position unter den vielen Namen vor dem Staatsvertrag innehatte und danach entscheidende politische Rollen spielte, sozusagen die nachträgliche Bekleidung von Namen.
Nicht nur wir Kinder, auch Erwachsene hatten während der Besatzung bestimmte *idealisierende*, nicht ideale! Vorstellungen von den Besatzern, die weit über abstrakte gut/böse-Zuordnungen hinausgingen. Aus der Geschichte meiner Familie kann ich z. B. sehr genau die konstruktive und produktive Aktion der amerikanischen Besatzer im Heimatort Ebensee erinnern – vor meiner Zeit, (1945–1946), und das war auch die Wiedergewinnung unseres Eigentums an der Apotheke, und die Umformung des sozialen Umfelds der Familie. Die allerdings sollte ich noch Jahrzehnte und im Detail erleben und daraus die Nachkriegsentwicklung und die Rahmen meines Aufwachsens verstehen lernen, in Wien und in Ebensee. Die Besatzungs- und Nachkriegsgeschichte gerade *dort* – Ebensee, Salzkammergut, Traunsee – hat wegen ihrer Vielschichtigkeit eine Reihe von Verarbeitungen, auch künstlerischer Art, produziert, darunter vor allem Ransmayers „Morbus Kitahara" (Ransmayer 1995). Ich habe mich in dieser Nachkriegslandschaft gut ausgekannt.

5. Die dritte These Muellers zeigt, was auch in Deutschland und nicht nur bei den Sowjets Schwächen der historischen (Er)kenntnis bedeutet: Dass Österreich *zwei unterschiedliche Faschismen* hintereinander hatte, dass die Nazis den Austrofaschismus abgelöst hatten, und dass die Verarbeitung dieser Geschichte eigentlich bis heute nicht bruchlos erfolgt. Als ich studierte, also nach 1965, war z. B. die Geschichte mancher Professoren oft bekannt, einige waren vor 1938 schon an der Universität, andere erst unter Hitler, manche behielten ihre Stellen, andere nicht und einige waren zurückgekehrt: aber wer genau was unter Dollfuß getan hatte, entzog sich unserer direkten Kenntnis. Das sollte unter einer neuen fachlichen Generation anders werden, aber das kam später. Objektiv hingegen macht die Abfolge der Faschismen eines deutlich: die Abneigung der Sozialisten gegen die Dollfuß-Partei ist erheblich empirischer als die gegen die Nazis, weil die meisten schon im Lager waren oder im Ausland, als die Nazis 1938 kamen. Das wurde auch heftig für und gegen Kreisky diskutiert, der ja NS-Mitglieder vorübergehend in hohe Ämter hob. Andererseits wurden viele Christsoziale zusammen mit Sozialisten von den Nazis interniert und harassiert, was wiederum nach 1945 bestimmte Formen der Kommunikation erklärte. Die Spaltung aber hatte langlebige Erscheinungen:
Bis Juli 2017 hing ein Gemälde des austrofaschistischen Bundeskanzlers Engelbert Dollfuß im Parlamentsklub der Österreichischen Volkspartei (ÖVP). Jährlich legen der ÖVP-Parlamentsklub und die Junge ÖVP Wien einen Kranz am Grab von Engelbert Dollfuß nieder; auch der der ÖVP nahestehende Österreichische Cartellverband (ÖCV) legt dort

regelmäßig Kränze nieder. Bis heute ist Dollfuß Ehrenmitglied in 16 ÖCV-Verbindungen, sein Nachfolger Kurt Schuschnigg bringt es auf neun Ehrenmitgliedschaften. In den letzten Jahren wird jedoch auch in der politischen Debatte der Umgang konservativer Kreise mit der austrofaschistischen Vergangenheit zunehmend kritisiert. Ein Gedenkgottesdienst, den die ÖVP im Juli 2004 anlässlich des 70. Todestages von Engelbert Dollfuß veranstaltete, löste abermals eine breite politische Debatte aus, in deren Folge der Umgang der Partei mit ihrer eigenen Vergangenheit größtenteils verurteilt wurde.[7]
Ganz anders natürlich im linken Lager, das sich sozialdemokratisch („sozialistisch"!) eher als kommunistisch verstand. Es war zu keinem Zeitpunkt möglich, dieser Diskussion als Student auszuweichen, wobei der Wissenszuwachs oft schon von einem der beiden Lager mitgeprägt war. Und zu dieser Prägung gehört(e) auch die Differenz des „roten" Wien zum Rest Österreichs.[8] Das war für mich zum Beispiel interessant, weil mein zweiter Lebensmittelpunkt in Ebensee, in der amerikanischen Zone und in Oberösterreich lag: dort gab es eine etwas andere politische Geschichte (Industrie vs. Tourismus, KZ im Ort usw.), siehe oben. Das zeitgeschichtliche Museum Ebensee verbindet die bundesgeschichtliche und die lokale Besonderheit meines Wissens vorbildlich:
Als regionales Museum mit nationalen und internationalen Kooperationen beschäftigt es sich mit den geschichtlichen Entwicklungen und Ereignissen der Region im Kontext der „großen Geschichte". Abseits von idealisierten Heimatbildern zeigt es die politischen Konflikte der Lagerkultur der Ersten Republik, die Geschichte der Verfolgung im Nationalsozialismus, die Formen des Widerstands und die Grundzüge des Umgangs mit der NS-Zeit nach 1945. Es versperrt sich damit gegen harmonisierte Betrachtungen der Vergangenheit und bildet einen wesentlichen Baustein reflektierter Erinnerungskultur.[9]
Das war natürlich in Wien ganz anders. In meiner Kindheits- und Jugendgeschichte erinnere ich kaum Lebensläufe, die zwischen den Parteien oszilliert haben, in Wien, dafür umso mehr in Ebensee – aber alles war über Jahrzehnte unscharf. Ist es heute nicht mehr.
Die Sowjets kamen wieder, mit Macht, um die Ecke. 1968 war für viele das Jahr der Studentenbewegung, des Vietnamprotests, eine Umorientierung der Vergangenheit. In Wien war es vor allem das Jahr der Tschechoslowakischen, vor allem Prager, Erfahrung. Auch für mich. Ich erzähle es kurz, weil es ab August 1968 den Rückblick auf die Russen in Europa und Österreich noch einmal neu justierte.
Mit meinen Gymnasiallehrer Meissner (Englisch, Philosophie) war ich Mitte August 1968 in Prag. Politik und Kultur, herrlich, die befreite Gesellschaft zu erleben. Wir hatten sogar einen Spitzel als Kulturführer. Am 19. August spätabends, wir hörten mit Tausenden Smrkovkys Rede nach seiner deprimierten Rückkehr aus Cierna nad Tissu, sagte uns der Spitzel, wir sollten schnell abhauen, es würde ungemütlich. Wir fuhren am nächsten Tag die ja nicht lange Strecke nach Österreich. Abends waren die Russen in Prag. Die kommenden Tage waren voll Flugblättern, Resolutionen, Absprachen innerhalb der studentischen Linken. Schon damals fiel mir auf, wie genau die Polizei (und ein damals rechter Spitzel) mich und meinen Genossen Bernhard Frankfurter beobachteten,

sie fischten sogar Briefe an die Botschaften des Warschauer Pakts aus den Briefkästen. Das hatte keine unmittelbaren persönlichen Folgen, aber als wir in Wien ein paar Tage später vor sehr vielen Demonstranten, die für den Prager Frühling und gegen den sowjetischen Einmarsch protestierten, sprachen, nahmen mich die Polizisten mit ins Revier der politischen Polizei (ich hätte nicht auf Englisch oder Französisch reden dürfen, ich sei ja auch nicht bei meiner Wiener Schlafstätte im *Neuen Forum* gemeldet usw.). Sie wussten alles, ließen mich ermahnt gehen – sechs Jahre später sollte die Akte bei meiner Berufung nach Deutschland wieder auftauchen, folgenlos im Endeffekt. ABER, und das ist keine Bagatelle: Der Bundeskanzler hatte damals versucht, die Spitzen der Proteste gegen die Sowjetunion abzumildern, die Russen waren eben einer von vier Alliierten, die Österreichs Neutralität garantierten. Das Verhältnis zu Breschnew wurde natürlich nicht besser, Österreich war ja nur militärisch neutral, sonst aber an der dünnen Linie zwischen dem Westen und Mitteleuropa.
Für mich war die Russlandkritik, die ich vor allem bei Günther Nenning und im *Neuen Forum* erfahren hatte[10], Politik und Kultur prägend und sollte mir auch zur Bekanntschaft mit Ernst Fischer und den ungarischen Dissidenten, u.a. Agnes Heller, und der Abwendung von Lukacs führen. Ernst Fischer hatte erheblichen Einfluss auf die von der KPÖ und den Sozialisten gleichermaßen entfernten Studierenden. Persönlich hat mich immer gewundert, dass man seine Geschichte in der Sowjetunion und nach dem Krieg in seiner Privatwelt (Wohnung, Diskussionen) kaum entschlüsseln konnte. Aber etwas anderes war auch sehr wichtig: Die im Krieg in Moskau, u.a. im Hotel „Lux", geretteten und danach nach Österreich zurückgekehrten Politiker (da kannte ich keine Frauen) hatten eine gänzlich andere Welt- und Parteisicht als die linken, meist jüdischen HeimkehrerInnen vor allem aus England, von denen ich einige näher kannte, und deren Blick auf und in Österreich den Umbruch und die Abwendung von der KP selbst dort deutlich machte, wo es noch formale und wirtschaftliche Beziehungen gab. Von beiden Seiten hatte ich etwa ab 1965 viele Informationen über die Nachkriegszeit erhalten. Die Sowjetunion war, 20 Jahre vor ihrem Ende, intellektuell und kulturell angezählt, nur mehr linke Residuen hielten ihr noch die Treue.

6. Wenn man weiter zurückgeht, in den Weltkrieg, dann hat Mueller die Bemühungen der Exilkommunisten in Moskau zutreffend beschrieben und erklärt (u.a. Mueller 2006, 68). Das weitgehende Versagen der KPÖ hat zu einem realpolitischen Wechsel der sowjetischen Taktik geführt, vielleicht damit zu einer Verzögerung des Staatsvertrags zur Unabhängigkeit. Wir in Wien und ich als Schüler hatten davon weniger bemerkt, aber in der Wirtschaft und in der Konfrontation mit dem in den Augen der Sowjets reaktionären Kabinett war das schon wichtig. Für uns blieb die Zonengrenze an der Bundesstraße 1 bei Enns das wichtigste Konfrontationselement.
Die Auseinandersetzungen um den Staatsvertrag mit den Westalliierten hatten zwei Brennpunkte: die Abgrenzung zur Politik der SU gegenüber beiden Deutschlands[11] und die Festigung der Position der Sowjets gegenüber Osteuropa, vor allem Ungarn und

Rumänien. Der Westen wollte die Russen auch von Jugoslawien („Dritter Weg", das war ein wenig unser Ideal) fernhalten. Mit dem Warschauer Pakt waren die mittelosteuropäischen Länder, aber nicht Österreich, zu einem Block zusammengefasst. Das Ergebnis war die Unabhängigkeit, vor allem die Neutralität, die ja so etwas wie eine Pufferzone oder ein neutraler Gürtel zwischen den Blöcken bedeutete. Nach meiner Erinnerung standen die diplomatischen Bemühungen der Bundesregierung hoch im (Dis) kurs, der Wunsch nach Souveränität überwog die Kommentare der Interessen der beteiligten Staaten. Nicht selten hörte man damals das berühmte „Mir san mir" (Wir sind wir), aber das bedeutete keineswegs eine objektive Entlastung von der Geschichte im 20. Jahrhundert.
Aus der Sicht der Westallierten war das einerseits „ganz anders", je stärker der Kalte Krieg voranschritt, dann aber wieder gar nicht „anders", weil es ja eine balancierte Beziehung zur sowjetischen Politik gab. Das kann man bestens in den gesammelten und kommentierten Aufzeichnungen eines amerikanischen Diplomaten, Martin F. Herz, 1945–1948 im Detail nachlesen (Wagnleitner 1984). Hunderte Berichte an hohe und wichtige Stellen in der US-Regierung geben ein sehr vollständiges Bild der österreichischen Nachkriegssituation wieder, von alltäglichen Einkaufspreisen (Dok. 11, 14.09.1945) bis zum Interview mit Leopold Figl, damals Landeshauptmann von Niederösterreich und Vorsitzender der ÖVP, vom gleichen Tag (Dok. 12). Ganz besonders aufschlussreich sind seine Analysen der sowjetischen Politik und ihrer Analysen durch andere. Am 09.06.1948 verfasst er den „Comment on reported: Change of Soviet tactics in Austria" (Dok. 113). Hier werden Aussagen der Legation kommentiert, mit einer Klarheit, die sich öffentlich selten findet, und die die Einstellung zur KPÖ z. B. bei den Sozialisten minutiös analysiert (S. 406 f.). Persönlich haben mich auch die Analysen zum Verdacht interessiert, das *Salzburg Seminar*, wo ich in 2000er Jahren häufig aufgetreten und mitgearbeitet hatte, sei kommunistisch unterwandert. Diese Klarstellung ist weiterhin eines der wichtigen Dokumente zur respektvollen Akzeptanz dieser einzigartigen Institution: Dok. 136, an Lt.Col. J.J. Irvin, ODI, Hqtrs USFA vom 16.08. (S. 443–446). Ich sollte die Nachwirkungen der Analyse noch Jahrzehnte später diskutiert erleben, auch das Schicksal von Clemens Heller. Der Kernsatz des Berichts lautet: *„The freedom of the atmosphere in the seminar, then, is an integral part of its basic idea."* (S. 444) Das hatte sich sehr lange so gehalten.

7. Wäre ich fachkundiger Historiker oder Spezialist für wissenschaftlich-kritische Retrospektive auf mein Geburtsland Österreich, könnte ich auf eine Bibliothek zurückgreifen, die sich auch in der Literatur der zitierten Werke findet. Und vieles weiß ich (bis) heute ganz gut, das dazu passt. Wann immer die Rede auf jemanden kam, der in der Nachkriegszeit eine Rolle spielte, wurde auch gefragt, zu welchen Alliierten er, sie, oder die Eltern welche Beziehung hatten. Aber die Retrospektive erzeugt andere Bilder und Erinnerungen als die unscharfe, Alltäglichkeit, in der „da Russ" eine Rolle spielte. Gerade die Rolle haben wir als Kinder so wenig verstanden wie die Einbettung des wirklichen Geschehens in die österreichische Geschichtsverzerrung. Die wurde nicht viel später

auch für meine Generation aufgebrochen, es gab für unser Thema eine ganze Reihe von Einsichten und Erkenntnissen, die das langsame Zusammensetzen des Puzzles aus Austro-Opfer und Austro-Tätern ermöglichte. Heute sind wir da besser dran, ich behaupte – bestreitbar, aber meine Überzeugung – dass die Aufbereitung der Nachkriegserfahrung Österreichs in vielen Punkten der deutschen Selbstbezogenheit voraus ist, und das früh begonnen hatte. Aber nicht in der *Politik*, sondern um sie herum, in der *Kultur*, die dadurch politisch wurde.

1 Johann Koplenig – Wien Geschichte Wiki, Abruf 30.01.2024

2 Sozialistische Arbeiterpartei (Österreich) – Wikipedia, Abruf 30.01.2024, Vgl. Mueller 2006, S. 70

3 Bruno Kreisky – Wikipedia, Abruf 30.01.2024

4 In einem wenig politisch profilierten Sammelband beschreibt Heinrich Drimmel seine Heimkehr, in: Jung, J., *Vom Reich zu Österreich. Salzburg, Residenz.*, Edition 1983
Ganz aktuell ist die für Außenstehende unbegreifliche Diskussion um das Dollfuß-Museum in Texingtal, Niederösterrech, wo es um die Übergabe von Exponaten an die Landessammlungen geht (ORF, 03.02.2024). Die Sendung beschreibt grell die Ambivalenz des Umgangs mit Dollfuß und dem kritischen Gedenken.

5 Menasse, R., *Warum der Februar nicht vergehen will. Das war Österreich.* Frankfurt, Suhrkamp, 2005, S. 421–426

6 Adolf Schärf – Wikipedia, Abruf 07.02.2024

7 Vgl. Tàlos, E. and W. Neugebauer, *Austrofaschismus. Politik, Ökonomie, Kultur, 1933–1938.* LIT VERLAG GmbH & Co. KG, Münster, 2005

8 Austrofaschismus – Wikipedia, Abruf 30.01.2024
Austrofaschismus – Wien Geschichte Wiki, Abruf 30.01.2024, siehe Literatur

9 Zeitgeschichte Museum Ebensee https://www.memorial-ebensee.at, Abruf 30.01.2024

10 Im NF [Neuen Forum] zu arbeiten, zu übernachten, Beziehungen zu haben, gehörte zu den Privilegien, die nicht unbedingt von meiner Generation geteilt wurden und mich nachhaltig geprägt hatten: fast alle geflüchteten tschechischen und polnischen DissidentInnen haben dort ihre Positionen abgeklärt und gehärtet. Und nicht nur marginal wurde dort eine Verbindung links-christlicher mit nicht-stalinistischer Politik des „Dritten Weges" gelebt.

11 Ausführliche Bezüge, Literatur und Zeitpläne finden sich bei Hans-Jürgen Schröder: Österreichischer Staatsvertrag 1955 und Deutsche Frage: Michael Gehlers großes Werk zur europäischen Geschichte nach dem Zweiten Weltkrieg (https://www.uni-giessen.de). Die Nachbereitung der österreichischen Beteiligung an der Wehrmacht ist natürlich auch nach 1955 interessant gewesen. Aus diesem Sektor beispielhaft beschrieben u.a. bei Richard Germann in Welzer u.a. 2011. Eine besondere Quelle ist immer wieder Gerald Stourzh, siehe Literatur

Literatur

Germann, R., *Österreicher im deutschen Gleichschritt?* In: Welzer u.a. (Hrsg): *„Der Führer war wieder viel zu human, viel zu gefühlvoll"*, S. Fischer Verlag, Frankfurt am Main, 2011, S. 217–233

Jung, J., *Vom Reich zu Österreich. Salzburg, Residenz.*, Edition 1983

Menasse, R., *Warum der Februar nicht vergehen will. Das war Österreich*, Suhrkamp Verlag, Frankfurt am Main, 2005, S. 421–426

Mueller, W., *„Stalin and Austria: New Evidence on Soviet Policy in a Secondary Theatre of the Cold War, 1938–53/55."*, in: Cold War History 6 (1), 2006, S. 63–84

Mueller, W., *Austria. Encyclopedia of the Cold War*, R. van Dijk/Svetlana Savranskaya (Hrsg.), Routledge, New York, 1. Edition, 2008, S. 50–52

Ransmayer, C., *Morbus Kitahara*, S. Fischer Verlag, Frankfurt am Main, 1995

Stourzh, G., *Kleine Geschichte des Österreichischen Staatsvertrags*, Verlag Styria, Wien, Böhlau, 1975

Stourzh, G., *Der österreichische Staatsvertrag in den weltpolitischen Entscheidungsprozessen des Jahres 1955. Der österreichische Staatsvertrag. Internationale Strategie, rechtliche Relevanz, nationale Identität*, Verlag der Österreichischen Akademie der Wissenschaften, Wien, 2005

Tàlos, E. and W. Neugebauer, *Austrofaschismus. Politik, Ökonomie, Kultur, 1933–1938*, LIT VERLAG GmbH & Co. KG, Münster, 2005

Wagnleitner, R., *Diplomatie zwischen Parteiproporz und Weltpolitik. Quellen zur Geschichte des 19. und 20. Jahrhunderts*, Wolfgang Neugebauer Verlag, Salzburg, Edition 1980

Wagnleitner, R., *Diplomatie zwischen Parteiproporz und Weltpolitik. Quellen zur Geschichte des 19. und 20. Jahrhunderts*, Wolfgang Neugebauer Verlag, Salzburg, Edition 1984

Wagnleitner, R., *Satchmo meets Amadeus. Transatlantica 2*, StudienVerlag, Innsbruck, 2006

V. Konversion

Horst Gräf
Jürgen Baumann

Konversion in Brandenburg

Im Zuge des vereinbarten Abzugs der Westgruppe der russischen Streitkräfte von deutschem Boden kam es zu zahlreichen Treffen von Vertretern der Landesregierung Brandenburgs mit den verantwortlichen Personen des russischen Militärs. Die Verlagerung solcher Truppenkontingente stellte technisch, menschlich und logistisch eine nie dagewesene Herausforderung dar. Eine besondere Rolle dabei spielte das Hauptquartier, in dem Generalmajor Burlakow der oberste Befehlshaber war. Insbesondere mit ihm waren wichtige Absprachen zu Einzelheiten zu treffen und es fanden zahlreiche Treffen statt. Die Landesregierung Brandenburg hat bereits sehr frühzeitig Wünsdorf als einen der militärhistorisch bedeutsamsten Orte in Deutschland eingeordnet. Wünsdorf war der Hauptsitz des Oberkommandos der Wehrmacht, von hier aus steuerte die deutsche Seite den Zweiten Weltkrieg. Von Wünsdorf gingen die Telefonleitungen zu den Armeen aus, hier wurden die geheimen Befehle weitergeleitet, hier trafen die Berichte von der Front ein. 1937 begann der unterirdische Bunkerbau in Wünsdorf – streng geheim. Viereinhalbtausend Menschen sollen hier gearbeitet haben.[1]
Da seitens der Bundesregierung eine weitere militärische Nutzung des Areals ausgeschlossen wurde, konnte die Landesregierung mit der Vorbereitung der Nachnutzung zu zivilen Zwecken beginnen. Hierzu wurden Vereinbarungen mit der russischen Seite getroffen, die erfreulicherweise verlässlich eingehalten wurden.

Konversion als landespolitische Herausforderung

Die Gestaltung des Konversionsprozesses war von Beginn an integriert in den Aufbau Ost. In Brandenburg war die Implementierung der Konversion in den Aufbau Ost angesichts der Größe der WGT-Liegenschaften von Beginn politische Priorität. Hier wurden durch die Westgruppe ca. 230.000 Hektar Liegenschaften, Bereitstellungsräume und Übungsplätze genutzt. Nahezu 50 Prozent der Westgruppe der sowjetischen Streitkräfte waren mit ihrer Kommandozentrale Wünsdorf im Land Brandenburg stationiert. Konversion in Brandenburg war damit vor allem als Liegenschaftskonversion Instrument zur Beschleunigung des Strukturwandels in das Konzept einer zukunftsorientierten Raumordnungs-, Landes- und Stadtentwicklungspolitik für die Hauptstadtregion Berlin-Brandenburg implementiert.

Phasen der Konversion in Brandenburg

Nach der Gründung des Landes Brandenburg am 3. Oktober 1990 und der Vereinbarung des für die Jahre 1991 bis 1994 geplanten Abzugs der WGT-Streitkräfte mit dem Zwei-plus-Vier-Vertrag war der von der Regierung De Maiziere eingesetzte Landesbevollmächtigte ab Oktober 1990 mit dem Aufbau einer funktionsfähigen Organisation der Landesministerien und der Vorbereitung der Wahl des Ministerpräsidenten beauftragt. Bereits in dieser Orientierungsphase war dieser in erste Kontakte mit Vertretern der Westgruppe der russischen Streitkräfte im Hauptquartier Wünsdorf über die Vorbereitung und den Ablauf des geplanten Abzugs eingebunden.
Die zweite Phase war bis 1994 geprägt vom Abzug der WGT-Streitkräfte, der Konzeptionierung der Konversionsstrategie und der ersten Schritte zur Reaktivierung der Militärbrachen. Unmittelbar nach der Bildung der ersten Landesregierung hatte Ministerpräsident Stolpe im November 1990 als einziges Bundesland mit Helmut Domke einen Bevollmächtigten für Fragen des Abzugs der WGT und für Konversion ernannt, einen Koordinierungsstab in der Staatskanzlei etabliert und so die landespolitische Bedeutung der Konversion im Rahmen des Aufbaus festgelegt. Damit waren in direktem Zugang zum Ministerpräsidenten kurze Entscheidungswege in der Organisation und der Koordination der Konversionsstrukturen auf Landesebene gewährleistet. Von strategischer Bedeutung waren die Begegnungen und Absprachen mit Generaloberst Burlakow, dem im Hauptquartier Wünsdorf residierenden und mit der Organisation des Abzugs beauftragten Oberbefehlshaber der WGT-Streitkräfte. Zwar gingen bis zum Abschluss des Abzugs 1994 alle WGT-Liegenschaften in das Allgemeine Grundvermögen des Bundes über, jedoch wurde nach Sichtung aller WGT-Liegenschaften nach Lage, Größe und Umweltbelastungen bereits ab 1991 die zivile Nachnutzung in Kooperation mit der Bundesregierung und den Gemeinden vorbereitet. Der Bestand und das Potential der WGT-Flächen wurde nach landes- und stadtentwicklungspolitischen Potentialen und regionalplanerischen Aspekten geordnet, erste zivile Nachnutzungen eingeleitet und Arbeitsbeschaffungsmaßnahmen auf Konversionsflächen begonnen. Bereits am 29. Januar 1991 wurde zwischen Landtag und Landesregierung die Erarbeitung von programmatischen und politischen Leitlinien für die Konversion als gesamtgesellschaftliche Gestaltungsaufgabe im Land Brandenburg vereinbart. Die Leitlinien lagen im Jahre 1992 dem Landtag zur Beschlussfassung vor. In Art. 40 Abs. 5 der Verfassung des Landes Brandenburg wurde 1992 zudem festgelegt, dass militärisch genutzte Liegenschaften verstärkt einer zivilen Nutzung zuzuführen sind. Die Landesentwicklungsgesellschaft für Städtebau, Wohnen und Verkehr des Landes Brandenburg mbH (LEG Brandenburg) wurde 1992 ebenfalls in die Konversionsprozesse eingeschaltet. Im Rahmen der Konversion lag der Schwerpunkt der Aufgaben der LEG neben der konzeptionellen Beratung von Landesregierung und Gemeinden vor allem darin, stadtentwicklungspolitisch relevante Liegenschaften für fremde oder eigene Rechnung zu erwerben, zu erschließen, zu bewirtschaften und zu veräußern. Eine interministerielle Arbeitsgruppe hatte zu dieser Zeit bereits eine Priorität-

tenliste darüber vorgelegt, wann und wo mit welchen Mitteln die Konversion weiterhin gesteuert werden sollte. An vorderer Stelle stand dabei auch der Standort Wünsdorf.
In der dritten Phase, der Realisierung, erlangte das Land Brandenburg nach vollständigem Abzug der WGT-Streitkräfte im Jahr 1994 die Gesamtverantwortung für die operative und strategische Gestaltung der Sanierung und Nachnutzung im Rahmen seiner liegenschaftsorientierten Raumordnungs-, Landes- und Stadtentwicklungspolitik. Mit Ausnahme besonders hoch kontaminierter WGT-Hinterlassenschaften wurden 98.000 ha der ehemaligen WGT-Liegenschaften in das Eigentum des Landes übertragen.
Mit dem Gesetz über die Verwertung der Liegenschaften der Truppen (WGT-LVG) vom 3. Juni 1994 wurden diese Flächen in ein selbständiges Sondervermögen, dem „Grundstücksfond Brandenburg" überführt. Nach einem revolvierenden Prinzip sollten die aus der Verwertung der Grundstücke und Liegenschaften erzielten Erlöse dem Sondervermögen zufließen und die grundstücksbezogenen Kosten für die Verwaltung, Entwicklung, Verwertung und Sanierung der Liegenschaften abdecken. Damit verbunden war die Gründung der Brandenburgischen Bodengesellschaft mbH mit dem Auftrag der treuhänderischen Verwaltung, Entwicklung und Verwertung des Sondervermögens. Verstärkt einbezogen in das Konversionsmanagement wurde die LEG Brandenburg u.a. mit der Gründung der Projektgesellschaft Wünsdorf.

Nachhaltige Landes- und Stadtentwicklung durch Konversion

Die mit der Konversion und der Transformation ohnehin verbundenen landespolitischen Herausforderungen wurden in ihren Veränderungen zunehmend überlagert von Auswirkungen des Wandels von der Industriegesellschaft des 20. Jahrhunderts zur global vernetzten Digital-, Informations- und Wissensgesellschaft des beginnenden 21. Jahrhunderts. Die darin angelegte Vernetzung der hochverdichteten Metropole Berlin mit der die Hauptstadt umgebenden dünn besiedelten historischen Kultur- und Städtelandschaft Brandenburgs sollte ohne einen Übergang zu suburbaner Zersiedelung geschehen. Die nachhaltige Entwicklung der globalen Hauptstadtregion Berlin-Brandenburg als einem Knoten im Netz globaler Entwicklungen und deutscher Metropolenregion in der Mitte Europas rückte seit der Wiedervereinigung die integrierte Förderung der siedlungsräumlichen Standortqualität und den Maßstab der Landes- und Stadtentwicklungspolitik Brandenburgs in den Mittelpunkt der Überlegungen. Die Landesregierungen von Berlin und Brandenburg vereinbarten durch einen Staatsvertrag eine gemeinsame Landesplanung. Auf der Grundlage des gemeinsamen Entwicklungsprogramms wurden im nunmehr gemeinsamen Landesentwicklungsplan für die Hauptstadtregion Berlin-Brandenburg die Ziele der Konversion als integriertes Element der Landes- und Stadtentwicklungspolitik dahingehend festgelegt, dass Konversionsflächen in räumlich vorhandenen Siedlungsgebieten bedarfsgerecht für Siedlungszwecke entwickelt und Konversionsflächen außerhalb der Siedlungsbereiche mit hochwertigen Freiraumpoten-

tialen einer Freiraumnutzung zugeführt werden. Auf diese Weise sollten in der Landesentwicklung Zersiedlungsprozesse durch Konversion vermieden werden.
Die Truppenübungsplätze im Außenbereich nehmen in Brandenburg den weitaus größten Anteil der Konversionsflächen mit hohem landschaftsökologischem Potenzial ein, über Jahrzehnte geschützt vor Zersiedlung oder landwirtschaftlichen Änderungen mit einer Vielzahl geschützter Biotope. Sie bilden nunmehr die größten zusammenhängenden Naturräume Brandenburgs.
Für die siedlungsstrukturelle Entwicklung standen in Brandenburg zwar nur ca. 10 Prozent der Konversionsflächen zur Verfügung, immerhin 83 Kasernenkomplexe und 89 Wohngebiete im Innenbereich und am Siedlungsrand. Die Konversion war mithin als siedlungsstrukturelles Gestaltungselement vor allem auch eine Herausforderung der landesentwicklungspolitischen Steuerung der behutsamen Stadterneuerung und der Beseitigung von städtebaulichen Missständen. Die Städtebaubaupolitik der DDR hatte mit der Konzentration auf industriellen Wohnungsbau am Stadtrand unter Vernachlässigung von Instandhaltung und Modernisierung baulich und räumlich perforierte Städte mit verfallenen historischen Stadtkernen hinterlassen. Die wirtschaftlichen und demographischen Schrumpfungsprozesse der ersten Wendejahre hatten dieses Planungserbe zusätzlich belastet durch die Notwendigkeit der zivilen Konversion von brach gefallenen Industrieflächen in zentralen Lagen und im suburbanen Raum, dem Umgang mit zunehmendem Wohnungsleerstand in den Neubaugebieten an den Rändern und der Rettung der ohnehin verfallenen historischen Innenstädte Brandenburgs. Zusätzlich gab es eine große Zahl nicht ausgelasteter Industrie- und Gewerbegebiete, die in der Nachwendezeit in Stadtrandlagen und im suburbanen Räumen entstanden sind. Das Nebeneinander von militärischer und ziviler Konversion in zentralen Lagen und im suburbanen Raum war Chance, Potential und Herausforderung der Stadterneuerung im historischen Erbe und bei den naturräumlichen Planungen.
Die infrastrukturell bedeutsamen Militärobjekte lagen in Fürstenberg an der Havel, Jüterbog, Fürstenwalde, Eberswalde, Frankfurt, Perleberg, Bernau, Rathenow, Cottbus und in der Garnisonsstadt Wünsdorf/Waldstadt, letzteres mit einer Fläche von 570 Hektar in der Militärstadt und einem angrenzenden Truppenübungsplatz von 6.000 Hektar. Dies war eine der größten militärischen Liegenschaften der sowjetischen Streitkräfte in der DDR und eine besondere Herausforderung der Landes- und Stadtentwicklungspolitik. Bereits im gemeinsamen Landesentwicklungsplan für den engeren Verflechtungsraum Brandenburg-Berlin war Wünsdorf/Waldstadt als Ort mit besonderem Handlungsschwerpunkt der Landesentwicklung festgeschrieben.

Nachnutzung des ehemaligen Hauptquartiers Wünsdorf

1993 war sich die Landesregierung darüber im Klaren, dass in die Militärstadt nach über 120 Jahren militärischer Nutzung unter preußischer, deutscher und russischer Führung nur dann ein neuer Geist einziehen können würde, wenn dieses Konversionsprojekt nicht nur als Teil einer neuen Städtebau- und Baukultur begonnen würde. Von Anfang an war die Waldstadt ein Beispiel für urbane Konversion. Wo früher exerziert, geschossen und befohlen wurde, begann ein Ort für Wohnen, Handel, Verwaltung, Dienstleistung und Bildung zu entstehen.

Europas größtes Konversionsprojekt wurde durch die erfolgreiche Arbeit der Entwicklungsgesellschaft auch zu einem deutlichen Zeichen des Wandels von der Konfrontation zur Kooperation.

Mit dem Abzug des letzten Soldaten der russischen Armee 1994 wurde aus einem Ort mit bis zu 40.000 Bewohnern[2] eine Geisterstadt. Umfangreiche Vorarbeiten unter der Leitung des Ministeriums für Stadtentwicklung, Wohnen und Verkehr, dem die Federführung für die Entwicklung von Nachnutzungskonzepten für alle Konversionsflächen in urbanem Kontext übertragen worden war, ermöglichten eine zügige Aufnahme von Aktivitäten der zivilen Nachnutzung. Dabei spielte es eine herausragende Rolle, die Geister der militärischen Nutzung durch geistige und kulturelle Auseinandersetzung mit der Militärgeschichte zu vertreiben. Neue Bewohner und Bewohnerinnen sollten eine Geistesstatt statt einer Geisterstadt als ihr zu Hause erleben.

Beispielsweise die künstlerische Überformung der ehemaligen Luftschutzbunker (Spitzbunker), der Theatersommer und die Beteiligung am Brandenburgischen Musikfestival sowie die Eröffnung der ersten Bücherstadt Deutschlands auf der Grundlage des Booktown-Konzeptes, das in mehr als 13 Städten weltweit umgesetzt worden war, sind Meilensteine für eine solche Entwicklung zur Geistesstatt gewesen.[3]

Bereits 1997 lebten mehr als tausend Menschen in den ersten sanierten Wohngebäuden. Die neu hergerichteten Wohnungen leisteten auch einen wichtigen Beitrag zur Sanierung von Wohngebäuden in anderen Orten der Umgebung, da Menschen in die attraktiven Wohnungen in der Waldstadt zogen und damit Raum zur Sanierung von freigezogenen Wohnungen schufen.

Wesentliche Impulse für diese Entwicklung waren neben den verschiedenen Fördertöpfen der Ausbau des Regionalbahnhaltepunktes mit der Anbindung an Berlin und an den Flughafen Schönefeld. Aber auch die aktive touristische Nutzung der Hinterlassenschaften von 120 Jahren militärischer Nutzung leistet einen Beitrag dazu, eine differenzierte Auseinandersetzung über die Rolle des Ortes unter den verschiedenen militärischen Nutzern zu erreichen.

Potsdam

Brandenburg war durch die Nähe zu Berlin ein bevorzugter Standort für alle möglichen militärischen Waffengattungen und Forschungseinrichtungen. Allein Potsdam, eine bürgerliche Residenzstadt mit Schlössern und Gärten, war zu einem Drittel sowjetisches Armeegelände. In der dortigen „Verbotenen Stadt", heute wieder ein Villenviertel, logierte der KGB. Über fast 50 Jahre unterhielt der sowjetische Geheimdienst hier einen seiner wichtigsten Stützpunkte in der DDR. Auch Putin soll hier aus und ein gegangen sein.[4]

Das von den sowjetischen Streitkräften seit dem Kriegsende besetzte traditionelle Militärgelände im Norden Potsdams umfasst ca. 300 Hektar. Neben dem eigentlichen Bornstedter Feld bestand es aus zahlreichen Kasernenstandorten. Davon ist die Kaserne Nedlitz-Nord die nördlichste. Diese wurde als erster Standort im Frühjahr 1991 geräumt und von den russischen Streitkräften an das Bundesvermögensamt übergeben. Damit begann die fortlaufende schwierige Auseinandersetzung zwischen der kommunalen Interessenlage und den Finanzinteressen der Bundesebene. Hierzu später noch ein paar Anmerkungen.

Der Planungsdezernent der Stadt Potsdam, Peter von Feldmann, berichtet über den Versuch gemeinsam mit dem Abteilungsleiter im MSWV, Klaus Eichler, dem baupolitischen Sprecher der FDP im Bundestag, Dr. Walter Hitschler, und einem West-Berliner Bauträger die Nedlitzer Kasernen zu besichtigen. Selbst unter Vorlage der Dienstausweise wurde ihnen der Zutritt vom Wachmann mit der Begründung verweigert, dies müsse vorab vom Bundesvermögensamt genehmigt werden.

Das Potsdamer Dezernat für Stadtentwicklung hatte eine umfangreiche Broschüre herausgegeben, in der auf die Bedeutung dieser Flächen für die Entwicklung der Stadt und den Grundstücksmarkt hingewiesen wurde. Es wurde dabei als vordringliches politisches Ziel formuliert, dass in gemeinsamer Anstrengung von Bund, Land und Kommune Zug um Zug mit dem Abzug der Streitkräfte die Umnutzung beginnen muss. Das ausschließlich an einem maximalen Verwertungserlös interessierte Vorgehen des Bundes hat vor allem dazu geführt, dass kommunale Interessen keinen Einfluss auf die Veräußerung hatten und die Entwicklung sich über Jahrzehnte verzögerte. Ähnlich dem Vorgehen der Treuhandanstalt hat sich auch das Bundesvermögensamt vor allem dadurch hervorgetan Preise zu verhandeln, die möglichst weit über dem Bodenrichtwert lagen, um dabei Druck auf die Anpassung des Planungsrechts durch die Kommune auszuüben.[5]

Die besondere Atmosphäre der damaligen Zeit beschreibt Peter von Feldmann in seinem Tagebuch so: *„Ich gehe mit Elvira in das ergreifende deutsch-sowjetische Gedenkkonzert zum 50. Jahrestag des Überfalls auf die Sowjetunion mit Beethovens G-Dur-Klavierkonzert und Tschaikowskys Pathétique in der Erlöserkirche. Es sprechen Genscher, Stolpe und der sowjetische Botschafter in Bonn. Das Nebeneinander von sowjetischen und Bundeswehruniformen auf engstem Raum hat immer noch etwas Unwirkliches an sich. Elvira geht auf eine solche Bemerkung von mir ein: Viele hätten die Wende nicht verkraftet, so auch ihre Eltern."*[6]

B5 – Olympisches Dorf

Nach den Olympischen Spielen, die vom 01.–16. August 1936 stattfanden, diente dieses Gelände nach kurzer Umbauzeit wie geplant der Deutschen Wehrmacht als Unterkunft der Heeres-Infanterieschule und des 1. Bataillons des Infanterie-Lehrregiments. Das ehemalige Speisehaus der Nationen (Haus Berlin) wurde zum Olympia-Lazarett Döberitz.

Mit dem Ende des Zweiten Weltkrieges übernahmen Verbände der Roten Armee bis 1992 das gesamte Areal. Sporthalle, Turn- und Schwimmhalle sowie das Speisehaus der Nationen nutzte der Sportclub der sowjetischen Streitkräfte, u.a. auch zur Vorbereitung auf weitere Olympische Spiele.
Nach dem Abzug der WGT im Jahre 1992 und einigen Jahren Leerstand wurden das Gelände und einige Gebäude erstmals für zivile Besucher geöffnet. Das Interesse an der militärischen Hinterlassenschaft war riesig. Allein zum „Tag der offenen Tür" am 12. September 1999 wurden über 12.000 Besucher gezählt. Danach folgten viele weitere Führungen organisiert vom Verein Historia Elstal e.V. Ab 2006 übernahm die DKB-Stiftung für gesellschaftliches Engagement diese Führungen. Da das Interesse an dieser historischen Stätte nicht nachließ, wurden noch bis 2019 regelmäßig Führungen durch das Olympische Dorf von 1936 organisiert. Danach wurde der Zugang aufgrund von Bau- und Sanierungsmaßnahmen für die Besucher verschlossen.
Zahlreiche Versuche, für das gesamte Areal zukunftsbezogene Nutzungsmöglichkeiten zu finden, blieben lange erfolglos. Erst 2016 stand mit der Firma Terraplan aus Nürnberg ein Investor bereit, mit den Planungen für eine neue Wohnsiedlung zu beginnen. 2017 begannen die Bauarbeiten für das ehrgeizige Wohnprojekt unter dem Namen „Gartenstadt Olympisches Dorf" – G.O.L.D. – Das ehemalige Speisehaus der Nationen erstrahlt jetzt in neuem Glanz und an den Standorten der Sportlerunterkünfte entstanden strahlenförmig angeordnet neue Mehrfamilienhäuser. Bis 2023 konnten insgesamt 485 Wohneinheiten neu bezogen werden. Derzeit werden Sanierungs- und Umbaumaßnahmen an den in den 1970iger Jahren gebauten Wohnblöcken vorgenommen.
Nach Abschluss des Gesamtprojekts sollen für ca. 3.000 Menschen neue Wohnungen zur Verfügung stehen. Geblieben ist ein denkmalgeschütztes Gelände mit Hindenburghaus, Kommandantenhaus, Schwimmhalle, Sportplatz, Turnhalle und acht ehemaligen Sportlerunterkünften, u.a. dem Jesse-Owens-Haus.[7]

Generationenaufgabe Konversion

Die größten freigegebenen Militärflächen in der Bundesrepublik lagen in Brandenburg (insgesamt ca. 230.000 Hektar oder acht Prozent der gesamten Fläche des Landes). Von den konkret zur neuen Nutzung ausgewiesenen 200.000 Hektar sind im Jahr 2001 bereits rund ein Drittel umgewandelt. Es entstanden Wohnhäuser (Jüterbog, Wünsdorf, Potsdam, B5), Behördensitze (Potsdam, Wünsdorf), Hightech-Gewerbegebiete (Luckenwalde) und Freizeitgelände (Döberitzer Heide).[8]

Die Konversion wurde im Konzept der Landesregierung definiert als: *„[...] zentrale landespolitische Gestaltungsaufgabe [...] und vorrangiges Problem der strukturellen, wirtschaftlichen und sozialen Entwicklung in Brandenburg"*. Das 1994 in Kraft getretene Gesetz über die Verwertung der Liegenschaften der WGT (WGT-LVG) zielte auf:

- Deckung dringenden Wohnbedarfs, Anregung der Investitionstätigkeit,
- Schaffung und Sicherung von Arbeitsplätzen, Förderung kommunaler und regionaler Entwicklung,
- Erhaltung siedlungsfreier Räume und Naturschutzflächen, Verbesserung der Agrarstruktur und des ländlichen Raumes sowie Entwicklung der Forstwirtschaft,
- breite Streuung des Eigentums, insbesondere des Wohneigentums
- Unterstützung von Existenzgründern,
- Ausgleichsflächen zur Unterstützung der Abwicklung von Restitutionsverfahren nach dem Vermögensgesetz.[9]

Das Land Brandenburg unterstützte vor allem aufgrund der Erfahrungen mangelhafter Beteiligung der kommunalen Ebene die Gründung einer Arbeitsgemeinschaft zwischen betroffenen Kommunen im Jahre 1997 – FOKUS. Ein wichtiger Schritt zur Fortsetzung der erfolgreich begonnenen Generationenaufgabe, die aufgelassenen Flächen der ehemaligen militärischen Nutzer einer zivilen Nachnutzung zuzuführen.

1 Edith Kresta, *Konversion in Brandenburg – Was nach Kriegen übrig bleibt*, taz vom 07.02.2024
2 Die Einwohnerzahl haben Experten aufgrund des Wasserverbrauchs ermittelt, einem der wenigen Faktoren, die auch außerhalb der einstmals hermetisch abgeschirmten Stadt spür- und messbar waren. (Mitteilungen der Landesentwicklungsgesellschaften und Heimstätten 1/97, Seite 35)
3 Aus dem Buch *„Geisterstadt – Geistesstatt"* herausgegeben von der EWZ – Entwicklungsgesellschaft Waldstadt Wünsdorf Zehlendorf mbH, einer Tochtergesellschaft der Landesentwicklungsgesellschaft Brandenburg, des Landkreises Teltow-Fläming und der Gemeinde Wünsdorf, im J. Strauss Verlag Potsdam, 1998
4 *Konversion in Brandenburg*, Edith Kreta in taz vom 07.02.2024
5 Zu Potsdam aus dem Buch *„Nachwendezeit – Ein Potsdamer Tagebuch 1991–1994"* von Peter von Feldmann
6 sic: Seite 15/16
7 https://www.historia-elstal.de/olympdorf.html
8 areal – Mitteilungen der Landesentwicklungsgesellschaften 1/2001, Seite 12
9 http://www.fokus-net.de/sites/default/files/20 Jahre FOKUS.pdf

Germanus Pause

BER – eine verpasste Chance in Sperenberg und Wünsdorf

Insgesamt rund acht Prozent der Brandenburgischen Landesfläche, verteilt auf 338 Liegenschaften, fielen nach dem Abzug der WGT (Westgruppe der Truppen) bis 1994 brach. Rund 89 Prozent dieser Flächen lagen außerhalb der Siedlungsgebiete. Doch es gab auch innerstädtische und siedlungsnahe Flächen, die der Landesentwicklung Perspektiven boten. Ein Beispiel hierfür war der rund 40 Kilometer südlich von Berlin gelegene Standort Sperenberg mit seinem Flugplatz, der eng mit dem Hauptquartier der GUS-Truppen in Wünsdorf verbunden war. Er wurde als Standort für den geplanten BER gehandelt, unterlag im Wettbewerb aber dem Standort Schönefeld.

Landesentwicklungsgesellschaft (LEG): Bautrupp für Brandenburg

Im Oktober 1991 gründete das Land Brandenburg eine Landesentwicklungsgesellschaft, die die von der Politik skizzierte Landesentwicklung operativ umsetzen sollte. Schon bei der Gründung war deutlich, dass die Entwicklung neben der Entwicklung großer städtebaulicher Brachflächen ehemalige Militärflächen eine große Rolle für die Landesentwicklungsgesellschaft für Städtebau, Wohnen und Verkehr (LEG) spielen sollte. Dies war eine Herausforderung, wie es sie in Deutschland seit dem Zweiten Weltkrieg nicht mehr gegeben hatte. Leider waren die Erfahrungen dieser Aufbaujahre nur schwer zugänglich, weil, in Ost wie in West, weder die damals Handelnden noch wissenschaftlich aufbereitete Daten und Berichte zur Verfügung standen. Allerdings stand mit dem Bundesbaugesetz (BauGB) ein vielfältiges Instrumentarium zur Verfügung, das es den Kommunen und dem Land erlauben sollte, Brachflächen in großen Dimensionen umzuwidmen und neu zu gestalten.

Schon die ersten Gespräche der LEG mit den relevanten Ministerien der Landesregierung über die zukünftigen Tätigkeitsfelder sahen die Konversion der militärisch genutzten Flächen nach dem bevorstehenden Truppenabzug als eine Priorität. Zu diesem Zeitpunkt war noch unklar, welche Rolle der Bund als Eigentümer dieser großen Liegenschaften spielen sollte und in welcher Form die betroffenen neuen Länder eingebunden werden sollten. Deutlich war auf jeden Fall, dass hier eine große Aufgabe für die staatlichen Institutionen der Bundesrepublik auf ihre Strukturierung und Bewältigung wartete.

Die Aufgabe: Durchführung und Finanzierung langfristiger strategischer Projekte

Für die neue LEG bedeutete dies, dass langfristige Konzepte entwickelt werden mussten, die einmal regionale und landesstrategische Prioritäten berücksichtigten und zum anderen wirtschaftlich und finanziell über langfristige Zeiträume geführt werden konnten. Als Modell sollten die Instrumente des Besonderen Städtebaurechts des erst

1988 neugefassten Baugesetzbuches (BauGB) dienen, die für Sanierungsmaßnahmen und städtebauliche Entwicklungsmaßnahmen organisatorische, planungstechnische und finanzielle Rahmenbedingungen geschaffen hatten. Diese waren in der städtebaulichen Praxis der alten Bundesrepublik bereits angewandt und getestet worden. Sie erlaubten Städten und Gemeinden, große Flächen städtebaulich zu sanieren und/oder zu entwickeln.
Weil solche großen und komplexen Projekte über lange Zeiträume angelegt werden mussten, hatte der Gesetzgeber besondere Finanzierungsmöglichkeiten geschaffen, die städtische und kommunale Haushalte nur gering in Anspruch nahmen. Da die Landeshaushalte der neuen Länder auch relativ eng geschnitten waren, war eine Finanzierung solcher großen Projekte analog zum ‚Besonderen Städtebaurecht' für das Land Brandenburg verlockend, erlaubte es doch, große Projekte durchzuführen, erst beim jeweiligen Abschluss solcher Maßnahmen abzurechnen und entsprechende Gewinne oder auch Verluste auszugleichen. Da zu erwarten war, dass derartige Projekte über mehrere Immobilienzyklen laufen würden, war es nur vernünftig anzunehmen, dass letztlich die Ergebnisse im Wesentlichen verlustfrei sein würden, da konjunkturbereinigt kalkuliert werden konnte.
In den entsprechenden Diskussionen innerhalb der Landesregierung kristallisierte sich ein Modell heraus, das vorsah, die LEG mit ausreichend Kapital für den Geschäftsbetrieb auszustatten, das eigentliche Projektentwicklungsgeschäft aber mit Bankkrediten zu finanzieren. Das Finanzministerium sah hier eine Möglichkeit, die implizierte Bonität einer Landesgesellschaft als Grundlage der langfristigen Finanzierung solcher Entwicklungsprojekte zu nutzen, ohne den engen Rahmen der Landeshaushaltsfinanzierung zu belasten. Der Bund hatte zwar für die großen Infrastrukturmaßnahmen einen besonderen Finanzrahmen geschaffen. Ein großer Teil der Aufbaumaßnahmen, die zu den traditionellen Aufgaben eines Bundeslandes gehörten, mussten aber von den neuen Ländern selbst finanziert werden, was bedeutete, dass sich die neuen Länder zu einem den alten Bundesländern vergleichbaren Stand verschulden mussten.

Erste Aufgaben: Notnagel

Zu dieser Zeit war die Landesregierung selbst noch im Aufbau, bezog aber die LEG, die im Sommer 1992 nicht einmal fünf Mitarbeiter:innen hatte, eng in die Arbeit ein. So erhielt die LEG als Zaungast einen Überblick über den Kampf um die Zukunft Brandenburgs als industriellem Standort und den allerdings nur teilweise erfolgreichen Versuch, industrielle Kerne zu erhalten. Der Zaungast der Verhandlungen war allerdings auch die einzige verfügbare Landesinstitution, die versprechen konnte, praktisch und direkt in den sich aus diesen Verhandlungen ergebenden Projekten der Landesentwicklung tätig zu werden. Das bedeutete für die wenigen MitarbeiterInnen ein kaum zu bewältigendes Arbeitspensum: Im Sommer 1992 standen grundsätzliche Entscheidungen wie die Schließung oder der Erhalt der drei großen Stahlwerke in Brandenburg (Brandenburg,

Hennigsdorf und Frankfurt/Oder) mit über 30.000 Arbeitsplätzen an. Dafür war nur wenig Zeit (drei Monate in diesem Falle; einschließlich Verhandlungen mit Bund, Treuhand und zukünftigen Eigentümern). In dieser Phase lieh die neue Gesellschaft sich Expertise von der Schwester-LEG in NRW und einer ähnlichen Organisation in Wales in Großbritannien. Hinzu kam eine gewaltige Aufgabe im Verkehrsinfrastrukturbereich, die beinhaltete, in enger Zusammenarbeit mit dem Land Berlin drei Güterverkehrszentren zur Versorgung des Großraumes Berlin zu entwickeln. Sowohl die Größenordnungen als auch die Langfristigkeit dieser Maßnahmen machten es für private Unternehmen praktisch unmöglich, sich an solchen Projekten zu versuchen.

Und noch ein Projekt: Konversion einer Militärstadt

In dem gleichen Zeitraum begann die LEG, sich mit dem Bereich des Hauptquartiers der GSSD (Gruppe der Sowjetischen Streitkräfte in Deutschland), später der WGT (Westgruppe der Truppen) im Süden Berlins nahe der kleinen Stadt Wünsdorf zu beschäftigen. Dieser Standort war bereits im Kaiserreich ein militärisch genutztes Gelände und später das Hauptquartier des Reichsheeres.

In enger Zusammenarbeit mit der russischen Kommandantur – die Aufsichtsratssitzung zum ersten Jahrestag der LEG wurde in den Räumen des russischen Hauptquartiers abgehalten – wurde eine erste Bestandsaufnahme durchgeführt und erste strategische Entscheidungen darüber getroffen, welche Gebäude erhalten werden sollten und welche Gebäude abgerissen werden konnten. Ein wichtiges Kriterium war, dass sowohl städtebaulich als auch architektonisch wertvolle Anlagen der Militärarchitektur bewahrt werden sollten. Die ersten Untersuchungen ergaben auch, dass die Bausubstanz gut erhalten war, was eine Nachnutzung nahelegte.

Schon 1993 begannen Abriss und Aufräumarbeiten, die im Auftrag der LEG von russischen Militäreinheiten durchgeführt wurden. Die ersten zukünftigen Nutzungskonzepte wurden 1993/94 entwickelt. Sie gingen von einer Nachnutzung des Standortes für Wohnen und Gewerbe aus. Die Grundlage bildeten die damals sehr optimistischen demographischen Annahmen über das Wachstum des Großraumes Berlin-Brandenburg, was den Bau einer neuen Stadt am Rande Berlins mit 7.000 Einwohnern realistisch erscheinen ließ.

Fata Morgana: Flughafenstadt

Überholt wurden diese ersten Konzepte mit dem Beginn der politischen Diskussion um einen Standort für den zukünftigen Großflughafen Brandenburg-Berlin (BER). Teil des russischen Hauptquartiers war der Flugplatz Sperenberg, der von der sowjetischen Luftwaffe zu einem Nachschubzentrum mit einer 2.500 Meter Landebahn ausgebaut worden war.

Die Suche nach einem BER-Standort mündete schließlich 1993 in ein formales Raumordnungsverfahren, das im November 1994 Sperenberg als präferierten Standort benannte.

Das Land Berlin plädierte weiterhin für Berlin-Schönefeld, derweil sich der Bund als dritter Partner des zukünftigen Großflughafens mit den projizierten Kosten für Sperenberg und Schönefeld und verschiedenen Voruntersuchungen zur Machbarkeit der beiden Standorte beschäftigte. Das Raumordnungsverfahren hatte aber deutlich gemacht, dass Sperenberg die von den drei Partnern formulierten und auch die formalen gesetzlichen Anforderungen besser erfüllte als Berlin-Schönefeld.
Damit gewann der nahe Wünsdorf gelegene Teil des Hauptquartiers eine neue Perspektive als zukünftige Flughafenstadt mit Wohnen, Büros und großen Geländen für die Ansiedlung von Gewerbe. Eine Untersuchung zur flughafennahen wirtschaftlichen Entwicklung in anderen europäischen Ländern zeigte große Potenziale für die Ansiedlung von Gewerbe und Verwaltungen, weit über den eng definierten Bereich des typischen flughafenrelevanten Gewerbes hinaus. Die Deutsche Bank zeigte Interesse und erarbeitete zusammen mit der LEG ein sehr detailliertes Entwicklungskonzept, das die Absicherung der wirtschaftlichen Risiken mit einer weitgehenden Unterstützung des Projektes durch Landeszuschüsse und Landesbürgschaften vorsah, da eine erfolgreiche Standortentwicklung auch in Flughafennähe wesentlich von äußeren Faktoren wie der zukünftigen Wirtschaftsentwicklung abhängig gewesen wäre.

Der Spruch der politischen Götter

In Berlin sah sich die Landesregierung einem erheblichen Druck der Wirtschaftsverbände ausgesetzt, die gravierende Standortnachteile für Berlin dadurch befürchteten, dass im Verflechtungsraum Berlin-Brandenburg ein neuer attraktiver Standort geschaffen werden würde, der einerseits Berliner Unternehmen zur Abwanderung verleiten und andererseits zuwanderndes Gewerbe aus Europa nach Brandenburg locken würde. Die Landesregierung Berlin befürchtete außer den Verlusten an bestehenden Arbeitsplätzen, dass der zusätzliche regionale wirtschaftliche Effekt – die beiden Bundesländer Berlin und Brandenburg gingen von einem Arbeitsplatzpotential von 30.000 Personen für den ausgebauten Großflughafens aus – allein Brandenburg zufließen würde. Um das Jahr 1995 entspann sich eine Art heimliches Bieterverfahren um die Gunst des Bundes. Formal war der Bundesverkehrsminister zuständig, der mit seinem Ministerium auch den Gesellschafter Bund in der gemeinsamen Flughafengesellschaft vertrat. Politisch allerdings betraf die Entscheidung auch die politischen Parteien, besonders die CDU, die sowohl den Regierenden Bürgermeister in Berlin als auch den Bundeskanzler stellte. Die SPD stellte dagegen den Ministerpräsidenten in Brandenburg und war Juniorpartner in Berlin, in Bonn aber in der Opposition. Berlin ging in diesen Diskussionen auf die Bedenken des Bundes ein, dass Sperenberg zwar nach den Kriterien des Raumordnungsverfahrens der beste Standort war, betonte gleichzeitig aber die höheren Kosten für die Flughafengesellschaft, die eine Entscheidung für den Standort nach sich ziehen würde. Brandenburg versuchte, diese Punkte zu entkräften und bot an, die sich möglicherweise ergebenden Mehrkosten zu übernehmen. Für das Land war die Möglichkeit, einen wirtschaftlichen Entwicklungsschwerpunkt am Rande des Verflechtungsraums zu entwickeln, eine landestrategische Chance, eine Entwicklungsachse von Berlin weit nach Südosten über den Autobahnring hinweg in die Tiefe des Raums zu ziehen.

Entwicklungsfokus verschiebt sich

Die endgültige Entscheidung ging gegen den Standort Sperenberg aus und war letztlich eine politische Entscheidung, die den fachlichen Vorlauf ebenso wie das formale Raumordnungsverfahren ignorierte. Für den Konversionsstandort Sperenberg und die Träume von der Verwandlung eines militärischen Hauptquartiers in eine neue, moderne Flughafenstadt bedeutete dies das Ende und entließ den Konversionsstandort Wünsdorf in eine ungewisse Zukunft.

Die Landesentwicklungsgesellschaft konzentrierte sich in der Folgezeit auf das westlich von Berlin gelegene Militärgelände an der Bundestrasse 5, die großen Kasernenanlagen in Elstal und Dallgow-Döberitz und das ehemalige Olympische Dorf umfasste. Die günstige Lage im engeren Verflechtungsraum um Berlin mit Verkehrsanbindungen durch die Regionalbahn und über die mehrspurige Bundesstraße 5 erlaubte Wohnnutzungen, die zum Teil mit dem Konversionswohnungsbauprogramm des Landes unterstützt wurden.

Die über die Jahre erfolgreiche Entwicklung der Militärflächen entlang der B5 zu attraktiven und begehrten Quartieren gibt einen Eindruck davon, wie sich Wünsdorf im Einzugsbereich von Sperenberg hätte entwickeln können. Ohne die Initialzündung durch den zukünftigen Großflughafen BER mit seinem immensen Gewerbe- und Büroflächenbedarf war eine solche Zukunft nicht mehr möglich.

Die LEG begann, einen Wohnstandort zu entwickeln. Dabei konnte sie die vorhandene gute Bausubstanz nutzen und hoffen, dass sich in den kommenden Jahren eine attraktive neue Kleinstadt entwickeln würde und damit in der Zukunft die großen Reserveflächen eine Nutzung finden würden.

35 Jahre nach dem Abzug der GUS-Truppen erhalten die Standorte mit dem neuen Entwicklungsdruck, der von Berlin ausgeht und auf den Verflechtungsraum entsteht, interessante neue Perspektiven.

Oliver Bens

Dimensionen des Abzugs territorial

Die Herausforderung militärischer Altlasten

2024 jährt sich der Abzug der Westgruppe der Truppen (WGT) aus Deutschland und damit auch vom Territorium des Landes Brandenburg und der Stadt Potsdam zum 30. Mal. Die Region um Potsdam und das gesamte Brandenburg waren zentrale Schauplätze dieser größten militärischen Truppenbewegung in Friedenszeiten. In Brandenburg lag rund die Hälfte aller nach dem Zweiten Weltkrieg von der Sowjetunion genutzten Militärflächen.

Die WGT zählte in Ostdeutschland im Januar 1991 nach eigenen Angaben 337.800 Soldaten sowie 208.400 Familienangehörige und Zivilangestellte. Das Oberkommando der sowjetischen Streitkräfte befand sich in der sogenannten „verbotenen Stadt" in Wünsdorf. Diese große Zahl der WGT ging einher mit einer enormen Inanspruchnahme von Flächen, sowohl für zivile Nutzungen (u. a. Wohnanlagen, Krankenhäuser, Kindertagesstätten, Verkehrsflächen) wie auch für die militärische Nutzung (Kasernenanlagen, Übungsplätze, Flughäfen, Anlagen zur Lagerung von Treibstoffen und Kampfmitteln, etc.). Die nachfolgend genannten Daten und Ausführungen zur Altlastensituation auf den von der WGT übergebenen Flächen beziehen sich auf die Ausführungen und amtlichen Statistiken des Umweltbundesamtes (Daten zur Umwelt, Ausgabe 1996/1997 sowie des Sachverständigenrates für Umweltfragen, Sondergutachten Altlasten II, aus dem Jahre 1995).

Nach Abschluss des Abzugs der WGT 1994 waren 1.135 Liegenschaften mit einer Gesamtfläche von rund 250.000 Hektar Land (vergleichbar etwa der Größe des Saarlands) übergeben worden. Vor einer neuen Nutzung mussten diese Flächen von Altlasten befreit werden. Die „militärischen Altlasten" beruhten auf umweltschädigendem Verhalten der WGT. Sie waren eine Folge der militärischen Nutzung von Flächen, Gebäuden und Anlagen. „Rüstungsaltlasten" beruhen dagegen auf Boden-, Wasser- und Luftverunreinigungen durch Chemikalien der Militärproduktion, sofern von ihnen Gefährdungen für die Umwelt, insbesondere für die menschliche Gesundheit ausgingen oder zu erwarten waren. In Betracht kamen dabei insbesondere a) ehemalige Produktionsstätten von Explosiv- und Kampfstoffen, b) Munitionswerke und -depots, c) Zwischen- und Endablagerungsstellen für Explosiv- und Kampfstoffe, d) Spreng- und Entschärfungsplätze sowie e) Schießplätze.

Um einen möglichst umfassenden und systematischen Überblick über das Altlastenpotenzial zu erhalten, hatte die Bundesregierung beginnend ab 1991 ein Programm zur Erfassung, Bewertung und Gefährdungsabschätzung von Altlastverdachtsflächen auf den Liegenschaften der WGT begonnen.

Insgesamt wurden auf diesen Liegenschaften 33.750 Altlastverdachtsflächen ermittelt, die anschließend mit dem eigens entwickelten computergestützten Modell MEMURA erstbewertet und in dem Altlasten-Daten-Informations-System des Bundes (ALADIN) zusammengefasst wurden. Dabei wurde festgestellt, dass sich auf 18.920 der ermittelten

Verdachtsflächen keine Altlasten befanden. 10.808 Flächen bedurften weiterer Untersuchungen und 4.010 Flächen erforderten umgehenden Handlungsbedarf. Bezogen auf die von der WGT genutzte Fläche ergaben sich 5.700 Hektar Altlastenverdachtsflächen. Das entsprach rund 2,5 Prozent der durch die WGT genutzten Gesamtfläche.
Aus der Analyse der Daten über Schadstoffarten und -mengen sowie die betroffenen Schutzgüter (im wesentlichen Boden, Grundwasser, Oberflächengewässer) ließ sich das Gefährdungspotenzial einschätzen. Es zeigte sich, dass mineralische Abfälle wie Bauschutt, Aschen und kontaminierter Bodenaushub bezogen auf die Menge am häufigsten vorkamen (47 Prozent), gefolgt von Metallabfällen (29 Prozent), Siedlungsabfällen (13 Prozent), Abfällen von Mineralölprodukten (vier Prozent), organischen Abfällen (incl. Tierkadaver; drei Prozent). Der Anteil militärchemischer Stoffe (Explosivstoffe, Munition, etc.) betrug lediglich ein Prozent. Bezogen auf die Schadstoffnennungen dominierten Mineralölprodukte (46 Protzent) vor Schrott (45 Prozent) und mineralischen Abfällen (35 Prozent). Explosiv- und Kampfstoffe lagen lediglich bei drei Prozent.
Die meisten Altlastverdachtsflächen wurden bei den Standorttypen Kasernen, Truppenübungsplätze, Lager und Flugplätze angetroffen. Mit Bezug zu den betroffenen Schutzgütern wurde der Boden (rund 85 Prozent) am häufigsten genannt und bei mehr als einem Drittel war das Grundwasser betroffen. Speziell für das Grundwasser lagen einzelne, sehr gravierende Altlastfälle vor.
Aus der Analyse der Flächengrößenstruktur war abzuleiten, dass es sich insgesamt ganz überwiegend um punktförmige und eher kleinflächige Verdachtsflächen handelte, denn ca. 90 Prozent aller Altlastverdachtsflächen nahmen nur ca. acht Prozent der Gesamtfläche ein; 62 Flächen waren größer als 100.000 Quadratmeter, aber rund 13.500 Flächen kleiner als 100 Quadratmeter.
Von diesen Altlasten-Typen war grundsätzlich auch das Gebiet der Stadt Potsdam betroffen, denn diverse Kasernen-, Logistik-, Verwaltungs- und Wohnstandorte wurden von der WGT hier betrieben. Diese Altlasten stellten nicht nur für Mensch und Umwelt eine Gefahr dar, sondern bedeuteten zudem für Investoren ein erhebliches finanzielles Risiko. Bereits für die Sanierung einzelner Grundstücke wurden oft mehrstellige Millionenbeträge erforderlich. Aus diesem Grund wurde bereits 1990 (in modifizierten Fassungen fortgeltend) mit einer Altlastenfreistellungsklausel des Umweltrahmengesetzes die rechtliche Grundlage geschaffen, Eigentümer, Besitzer und Erwerber von Grundstücken von der Verantwortung für bestimmte durch die WGT (und anderen) verursachte Schäden freizustellen. Dadurch sollten der Erhalt sowie die Neuansiedlung von Unternehmen an zuvor militärisch genutzten Standorten gefördert und die Verlagerung von Ansiedlungen „auf die grüne Wiese" vermindert werden. Um das Investitionshemmnis Altlasten im Interesse der weiteren wirtschaftlichen Entwicklung auszuräumen, teilten sich Bund und neue Länder nach einem im Jahr 1992 geschlossenen Verwaltungsabkommen die Kosten der Sanierung bei vielen Altlasten im Verhältnis 60 (Bund) zu 40 (Land). Bei sogenannten Großprojekten galt ein Schlüssel von 75 zu 25. In Brandenburg bestanden vier solcher Großprojekte, wobei das Territorium der Stadt Potsdam nicht betroffen war.

Diese Großprojekte waren a) Region „Kreis Oranienburg", b) Stadt Brandenburg, c) BASF Schwarzheide und d) PCK Schwedt.
Bei den Altlasten auf ehemaligen WGT-Flächen hingen die Ziele für eine Sanierung, insbesondere für eine über die Gefahrenabwehr hinausgehende, in entscheidendem Maße vom Nutzungsinteresse ab. Bei dem Bedarf an ehemaligen WGT-Flächen für neue, nicht-militärische Nutzungszwecke bestanden deutliche räumliche Disparitäten im Land Brandenburg. In Siedlungsgebieten, insbesondere prosperierenden Verdichtungsgebieten wie der Landeshauptstadt Potsdam, wurde das Freiwerden der Militärflächen aus städtebaulichen und wohnungswirtschaftlichen Gründen begrüßt. In strukturschwachen altindustrialisierten und peripheren ländlichen Räumen bestand dagegen ein eher geringes wirtschaftliches Nutzungsinteresse. Besonders die großflächigen Standort- und Truppenübungsplätze im Außenbereich wurden als bedeutsame Potenziale für den Naturschutz gesehen. Ein Beispiel ist die sogenannte Döberitzer Heide nördlich von Potsdam. Innerhalb von Siedlungsflächen und am Rande von Verdichtungsgebieten kam es gelegentlich zu Interessenkonflikten zwischen Naturschutz, Freizeit und Erholung sowie stärker ökonomisch orientierten Nutzungen. Für das Gebiet der Stadt Potsdam mit seiner Vielzahl von ehemaligen WGT-Flächen mit und ohne Altlasten ist es in den zurückliegenden 30 Jahren durch ein intensives Miteinander diverser Akteursgruppen gelungen, kluge Sanierungs- und Folgenutzungskonzepte zu entwickeln und erfolgreich umzusetzen. Damit wurde ein wichtiger Beitrag zu der prosperierenden Entwicklung der Stadt Potsdam geleistet.

Winfried Sträter

Die Döberitzer Heide und ihr Umland
Eine zeitgeschichtliche Rundreise

„Hier war's, hier waren die Grenzkontrollen!" Wer heute Berlin über die B5 Richtung Westen verlässt, muss schon betagt sein, um sich noch an die damalige Situation zu erinnern. *„Ihre Pässe bitte! Haben Sie Kinder, Waffen, Funkgeräte dabei?"* Wer in Spandau West-Berlin verließ, um über die Transitstrecke nach Westdeutschland zu fahren, konzentrierte sich darauf, Tempo 100 nicht zu überschreiten, allzu tiefen Spurrillen auf der Fahrbahn auszuweichen, im Dunkeln rechtzeitig die nicht reflektierenden Schilder zu erkennen und möglichst ohne besondere Vorkommnisse bis zum nächsten Grenzkontrollpunkt durchzukommen.
Wer hat darüber nachgedacht, was rechts und links der Transitstrecke lag? Wer hat wahrgenommen, dass nach ein paar Kilometern, auf der Höhe von Dallgow, die Fahrt durch eine Kaserne führte? Wem war die Döberitzer Heide, die abgeriegelte Landschaft, die man westlich von West-Berlin passierte, noch ein Begriff? Und wer wusste, dass in Dallgow hinter den Absperrungen und dem Kasernentor zur Rechten die sowjetische

Kaserne weiterging, wie ein ummauerter großer Riegel, der sich zwischen Dallgow und das benachbarte Dorf Rohrbeck schob? Wie für DDR-Bürger West-Berlin ein weißer Flecken auf der Landkarte war, so war die Landschaft links und rechts der alten Transitstrecke eine terra incognita für die allermeisten Transitreisenden. Unvorstellbar, dass diese Landschaft einmal das natürliche Umland von Berlin war – Havelland.

Gatow, Kladow und die Briten

Nehmen wir eine andere Route und bleiben am westlichen Rand von West-Berlin. Wer von der Heerstraße auf die B2 abbog, fuhr zunächst durch Spandau und dann entlang des Zauns, der West-Berlin von der DDR trennte. Auch auf der anderen, der linken Seite fuhr man entlang eines militärischen Sperrgebiets. Die Briten hatten hier ihren Schießplatz (seit 1984 den größten und modernsten in Europa) und ihren Flughafen Gatow. Am Ende der langen Gerade konnte man zwar rechts abbiegen, landete aber schon nach wenigen Metern an der Mauer. Also zurück, über den Ritterfelddamm Richtung Kladow, vorbei am britischen Flughafen Gatow, dessen militärische Anlagen und Kasernenbauten sich fast bis zur Havel ersteckten. Der Ritterfelddamm endet in Kladow, das zu West-Berlin gehörte, aber hinter der Havel im Dunstkreis der Mauer fast in einem Dornröschenschlaf die Zeiten überdauerte. Vor der DDR-Grenze: die britischen Montgomery Barracks, das südwestliche Ende von Kladow.

Wenn man mal die Mauer außer Acht lässt, war eine riesige Fläche, fast von der heutigen A10 bis zur Havel, Militärlandschaft – nicht durchgehend militärisch besetzt, aber in weiten Teilen. Hier hatten die Militärs das Sagen, die Besatzungsmächte, die Sowjets auf der einen und die Briten auf der anderen Seite. Und die Grenztruppen der DDR, die von der Kaserne nördlich von Groß Glienicke aus die Grenze zwischen Staaken und Sacrow überwachten.

Wer in den Dörfern wohnte, wusste, wo man sich fernzuhalten hatte. Und wer von Groß Glienicke aus nach Potsdam wollte, fuhr bis zum Abzweig nach Fahrland fast durchgängig am sowjetischen Truppenübungsplatz Döberitz entlang. Selbst wer nicht auf dieser Strecke unterwegs war, bekam in den Dörfern genug davon mit: durch den Lärm der Panzer, Kanonen und Maschinengewehre. *„Einmal haben die Fahrländer in einer Versammlung mit dem sowjetischen Kommandanten gegen die dauernde Lärmbelästigung protestiert"*, erinnert sich die langjährige Groß Glienicker Ortschronistin Annelies Laude. Aber der Kommandant habe nur rhetorisch gefragt: *„Wollen Sie Krieg oder Frieden? Wenn Sie Frieden wollen, müssen Sie das hinnehmen!"* Basta, Schluss der Diskussion. Dreieinhalb Jahrzehnte ist das her, aus heutiger Sicht erscheint es wie eine Geschichte aus ferner Vergangenheit. Dass es ganz und gar unwahrscheinlich war, diese Besatzungszeit zu überwinden, kann man sich heute kaum mehr vorstellen. Selbst nach dem Mauerfall 1989 war der Gedanke, eines nahen Tages würden die Besatzungstruppen abziehen und die Truppenübungsplätze frei werden, für viele gewiss mehr als kühn.

Das schnelle Agieren der damaligen Bundesregierung, mit dem Ziel die Wiedervereinigung und den Abzug der Besatzungsmächte durchzusetzen, hat etwas möglich gemacht, was bei zögerlichem Handeln wohl unmöglich gewesen wäre.

Konversion

Es schien eine echte Zeitenwende zu sein: nicht nur die Abkehr von der militärischen Logik des Kalten Krieges, sondern auch eine Abkehr vom Denken in militärischen Kategorien, wie es in der Menschheitsgeschichte fast immer der Normalfall war. Wenn heute von einer Zeitenwende die Rede ist, dann ist es die Rolle rückwärts zur Dominanz militärischer Logik.
Seit dem Überfall Russlands auf die Ukraine ist militärische Aufrüstung, um dem Gegner gewachsen zu sein, wieder das Gebot der Stunde. So wie vor 1989 und vor hundert oder tausend Jahren. Ob der deutsche König Heinrich I. im 10. Jahrhundert Burgen baute, um die immer wieder ins Reich einfallenden Ungarn abzuwehren oder ob sich Ost und West im 20. Jahrhundert bis an die Zähne bewaffneten, um sich gegenseitig abzuschrecken: das war – in unterschiedlichsten Ausprägungen – Normalität in der Menschheitsgeschichte. Mit der heutigen Zeitenwende kehren wir (zumindest vorerst) zurück in diese Art von historischer Normalität.
Wenn der Mauerfall 1989 als ein historisches Wunder betrachtet wird, dann muss man den Truppenabzug nach der deutschen Wiedervereinigung in einem Atemzug damit nennen – die große Entmilitarisierung in unserem Land. Mit der feierlichen Verabschiedung der Besatzungsmächte 1994 war sie abgeschlossen. Die Konversion hatte begonnen: die Suche nach einer neuen Nutzung ehemals militärisch genutzter Flächen. 30 Jahre später ist dieser Prozess noch lange nicht abgeschlossen – erst recht nicht in einem zuvor so intensiv genutzten Gebiet wie dem Landschaftsraum Döberitzer Heide, der Region zwischen Potsdam und Elstal, Dallgow-Döberitz, Groß Glienicke, Gatow und Kladow. Und doch hat sich die Region massiv verändert. Wer Berlin heute über die Heerstraße verlässt und über die ehemalige Transitstrecke auf der B5 Richtung Wustermark fährt, hat ein Autobahngefühl: vierspurig führt die B5 Richtung A10, zum Berliner Ring. Zur Linken taucht der Havelpark auf, das Einkaufszentrum auf der grünen Wiese, das in den 1990er Jahren sehr schnell das Konsumbedürfnis westlich der Berliner Stadtgrenze befriedigen sollte. Die nächste Abfahrt: Dallgow-Döberitz. Wo früher der Truppenübungsplatz über die Transitstrecke nach Norden in das Gemeindegebiet von Dallgow hineinragte und fast bis zum Bahnhof einen Keil in die Ortschaft trieb, ist ein exklusives Wohngebiet entstanden, Neu Döberitz. Das neu gebaute Rathaus kündet vom Anbruch der westlichen Moderne nach der Befreiung von den Altlasten. Nach Rohrbeck kommt man wieder auf direktem Wege, ohne die Kasernenmauer umfahren zu müssen. Und südlich der B5 entwickelt die Gemeinde die Gewerbegebiete Artilleriepark und Sperlingshof.

Weiter nach Westen hat Elstal gegen Dallgow-Döberitz das Ringen um das Olympische Dorf von 1936 gewonnen, aber die Sanierung und Entwicklung dieses historischen Geländes zu einem denkmalgeschützten Siedlungsgebiet ist ein Unterfangen, das viel Zeit braucht. Inzwischen nimmt es Formen an. Einfacher war es, das Outlet-Center am Rande der B5 aus dem Boden zu stampfen. Auf der anderen Seite, südlich der B5, fuhr man Jahrzehnte lang an mächtigen grauen Kasernenbauten vorbei, hier war die militärische Vergangenheit noch lange gegenwärtig. Doch das ändert sich gerade. „Karls Erdbeerhof", inzwischen „Karls Erlebnisdorf", hat sich zu einem derartigen Publikumsmagneten entwickelt, dass der Betrieb massiv expandiert, Kasernenbauten abgerissen werden und ein großes Gelände für den Dorf-Fun-Park gewonnen wird. Ein bemerkenswertes Konzept zieht hier das städtische Publikum an: mit dem Geruch von Erdbeermarmelade und vielen ländlichen Accessoires wird Dorfleben simuliert und mit städtischem Rummel verbunden. Städter, die gerne mal was Dörfliches sehen wollen, sich aber in dörflicher Ruhe langweilen würden, finden hier Unterhaltung mit besonderer Note. Die Massen parkender Autos künden davon, dass offenbar ein Grundbedürfnis der Berliner und Brandenburger befriedigt wird. Wenn die Abrissarbeiten erledigt sind und das Erlebnisdorf erweitert ist, wird auch hier die Militärgeschichte kaum mehr sichtbar sein. 30 Jahre nach dem endgültigen Truppenabzug ist der Kalte Krieg entlang der B5 Geschichte.

Bonn war keine Millionenstadt

Entlang der B2 waren die militärischen Hinterlassenschaften weniger sichtbar. Auf der Berliner Seite bot sich nach der Jahrhundertwende jahrelang ein kurioses Schauspiel: eine perfekt ausgebaute Infrastruktur mit Straßen, Schulen und Kitas. Abends wurden die Laternen angeschaltet – nur wohnte dort niemand. In der irrigen Annahme, Bonn sei eine Millionenstadt, wurden für den Regierungsumzug in großem Stil Bauflächen freigehalten, die für die Bonner gar nicht gebraucht wurden. Erst als die Landstadt Gatow für den Immobilienmarkt freigegeben wurde, begann rege Bautätigkeit. Inzwischen ist dieser Teil des ehemaligen Flugplatzes Gatow dicht besiedelt. Geblieben ist der Golfplatz, den die Briten gemeinsam mit West-Berlinern schon in der Zeit des Kalten Krieges betrieben hatten. Und ein Teil des vormaligen Flugplatzgeländes beheimatet nun das Militärhistorische Museum der Bundeswehr.

Auf der anderen Seite der B2 scheinen durch den Wald hindurch die Villen der Waldsiedlung in der Groß Glienicker Heide. Auch hier gab es nach 1990 hochfliegende Pläne, in großer Zahl Bonn-Berlin-Umziehende aus der Beamtenschaft der Bundesregierung anzusiedeln. Auch hier platzten die Immobilienträume. Stattdessen wurden in Militärbauten aus der NS-Zeit brandenburgische Landesbehörden untergebracht, und es etablierte sich in einer ehemaligen Panzerwerkstatt der Grenzkaserne eine Künstlergemeinschaft als „Atelierhaus Panzerhalle". 2010 stieg ein Investor aus Hamburg ein, er hatte das Glück, dass die Baukonjunktur wieder anzog und deshalb auch diese Splittersiedlung

außerhalb der Ortslage von Groß Glienicke plötzlich für sein Konzept eines Villenparks attraktiv wurde. Die Bauplätze sind verkauft, die allermeisten Grundstücke auch bebaut, nur die Anbindung der Siedlung an die B2 lässt noch auf sich warten. Noch fahren die Bewohnerinnen und Bewohner über eine Ausweichpiste, die Ulbricht 1951 hatte bauen lassen, weil er schon damals den Plan verfolgte, West-Berlin vom Umland abzuriegeln (was ein Jahr später erfolgte). Die Kasernenumzäunung entlang des heutigen Heinz-Sielmann-Rings ist längst abgebaut, aber die alte Kasernenmauer entlang der Seeburger Chaussee steht noch.
Die Waldsiedlung mit ihrem Villenpark liegt wenige hundert Meter östlich der Döberitzer Heide. Wenn man auf einer Landkarte mit dem Finger auf die einzelnen Orte zeigen würde, deren Entwicklung hier skizziert wurde, fiele etwas auf: sie alle liegen am Rande oder in der Nähe der Döberitzer Heide, aber keiner dieser Orte liegt innerhalb der historischen Landschaft westlich von Berlin. Denn die Döberitzer Heide ist auch nach der Konversion für die Öffentlichkeit in weiten Teilen gesperrt. Sie ist nach dem Abzug der sowjetischen Truppen so sehr munitionsbelastet, dass eine Besiedlung wie in früherer Zeit ausgeschlossen ist. Einen kleinen Teil, 550 Hektar in der Nähe von Groß Glienicke, hat sich die Bundeswehr als Übungsgelände gesichert. Den weitaus größten Teil, 3.400 Hektar, hat die Heinz-Sielmann-Stiftung 2004 erworben – das Gebiet, das 1997 zum Naturschutzgebiet erklärt worden ist.
So verwandelt sich der Großteil des ehemaligen Truppenübungsplatzes in eine vom Menschen zwar überwachte, aber weitgehend unberührte Naturlandschaft. Wisente und Przewalski-Wildpferde sind hier angesiedelt worden, sie bewegen sich in einer weiträumigen umzäunten Fläche, in der sich auch zahlreiche gefährdete Pflanzen und Tiere entwickeln können: ein einzigartiges Groß-Biotop am Rande der Millionen-Metropole Berlin. Für Besucher ist ein 22 Kilometer langer Wanderweg rund um die Wildnis-Kernzone errichtet worden, und seit dem Frühjahr 2024 empfängt die Stiftung ihre Besucherinnen und Besucher im neuen Natur-Erlebniszentrum, in einem ehemaligen sowjetischen Militärgebäude nahe der B5 in Elstal – unweit von Karls Erlebnisdorf-Rummel.
Die Naturlandschaft ist zweifellos das Beste, was der Döberitzer Heide nach dem Ende des Kalten Krieges passieren konnte: dass sich Seeadler, Fischotter, Rotbauchunken ansiedeln können, dass Sumpfknabenkraut, Lungenenzian, Sonnentau wachsen können, dass sich die Natur ungestört vom Menschen entfalten und von rücksichtsloser Inanspruchnahme durch den Menschen erholen kann. So nah an der Metropole Berlin ist das zweifellos eine Errungenschaft der Konversion nach dem Ende des Kalten Krieges. Zugleich ist dies auch ein Resultat des militärischen Umgangs mit der Landschaft. Es ist das Ende einer Jahrhundertgeschichte, die nicht 1945 begann, sondern 1894.

Das Ende des Dorfes Döberitz

Damals beschlagnahmte das Deutsche Reich unter Kaiser Wilhelm II. die Feld-, Wald- und Wiesenlandschaft zwischen Dallgow, Groß Glienicke und Fahrland, um hier

einen 4.400 Hektar großen Truppenübungsplatz zu bauen. Großflächige Waldrodungen verwandelten die Naturlandschaft in ein militärisches Übungsareal, in dem marschiert und kommandiert wurde, Kriegstechniken entwickelt und geprobt wurden und die Luftfahrt für den Kriegseinsatz weiterentwickelt wurde.
Bitter war der kaiserliche Erlass vom 15. April 1894 vor allem für die Einwohner des alten Dorfes Döberitz. „Weinend und jammernd" verließen die letzten Einwohner am 22. April 1895 ihr Dorf, berichtet ein Chronist. Alte Fotografien zeigen noch die Kirche, das Gutshaus, das Forsthaus, den Dorfkrug – ein märkisches Bauerndorf wie aus dem Bilderbuch. „In idyllischer Ruhe liegt es wie bisher im moosigen Thalgrund gebettet", schwärmt der Chronist, als das Dorf dem Untergang geweiht ist. Später sollte dieses Schicksal auch das Dörfchen Ferbitz im Südwesten der Döberitzer Heide treffen.
Das Kaiserreich wollte Großmacht werden, die Aufrüstung bahnte den Weg, um gegen die anderen Mächte in den Krieg ziehen zu können. 1914 war es so weit: *„Auf zu den Waffen!"* forderte der Kaiser. 1918 war der Krieg verloren, der Großmachttraum fürs erste ausgeträumt. Die Militärs wollten das nicht wahrhaben und sträubten sich, ihre Entmachtung hinzunehmen. So erlangte der Truppenübungsplatz Döberitz zweifelhafte Berühmtheit in einer Märznacht des Jahres 1920: als die Brigade Ehrhardt von Döberitz über die Heerstraße ins Regierungsviertel marschierte, um die demokratisch gewählte Regierung der soeben erst gegründeten Weimarer Republik zu stürzen. Der Putsch war zwar nur ein kurzer Spuk, der nach vier Tagen vorbei und gescheitert war – aber er war nur ein erster Versuch, die Republik zu beseitigen. Weitere Versuche sollten folgen, bis schließlich Reichspräsident Paul von Hindenburg 1933 dem Totengräber der Republik die Macht übertrug, Adolf Hitler.
Für die Region um die Döberitzer Heide begann ein neues Kapitel ihrer Militärgeschichte. Da das nationalsozialistische Regime nicht nur Großmacht werden wollte, sondern die alles und alle bezwingende Weltmacht, brauchte der Staat noch mehr Fläche für die Aufrüstung: so dehnte das Regime ab Mitte der 1930er Jahre die Militärlandschaft immer weiter aus, baute die Kaserne in Groß Glienicke, den Flugplatz auf dem Ritterfeld und Ausbildungsstätten für den Luftkrieg bis zur Havel. Der Überfall auf Polen 1939 sollte der Startschuss sein für den Aufstieg Deutschlands zur unumschränkten Weltmacht. Sechs Jahre später besiegelte die bedingungslose Kapitulation am 8. Mai 1945 die totale Niederlage und das definitive Ende deutscher Großmachtträume. Die bittere Konsequenz war die Besetzung und Teilung Deutschlands, das zum Schauplatz des Kalten Krieges wurde.

Königin Luise auf dem Weg durch die Döberitzer Heide

Für die Döberitzer Heide begann nun jene Zeit der militärischen Besetzung durch die Sowjetunion, an deren Ende eine Rückkehr des Menschen auf unabsehbare Zeit nicht mehr möglich ist. Stattdessen: Sielmanns Naturlandschaft. Es gibt einen Satz von Golo Mann, der sich auf das ab 1933 verlorene Ferienhaus seiner Eltern auf der Kurischen

Nehrung bezieht, der aber auch auf die Situation hier passt: *„In unseren Zeiten kann man nicht zurück, man wird, was man ehedem geliebt hat, nicht wiederfinden – weswegen man immer neues suchen muss."*

Für die Region rund um die Döberitzer Heide hat das Neue, das hier gesucht und gefunden wurde, einen Preis, der den Bewohnern erstaunlich wenig bewusst zu sein scheint: Bis 1894 verband die waldreiche Landschaft mit einem Netz von Straßen und Wegen die Ortschaften rings umher. Wie eine Spinne im Wegenetz lag das malerische Döberitz. Wenn im frühen 19. Jahrhundert die preußische Königin Luise sich von Schloss Paretz nach Schloss Charlottenburg kutschieren ließ, habe sie den Weg über Döberitz genommen, weiß die Überlieferung. Heute würde man dort nur noch Treppenstufen des ehemaligen Gutshauses entdecken, die noch nicht vollständig überwachsen sind. Das Wegenetz gibt es nicht mehr, die Verbindungen sind gekappt, geblieben sind Wege, die noch den Namen tragen: „Döberitzer Weg" oder „Altdöberitzer Weg". Sie beginnen am Rande der Ortschaften, haben aber kein Ziel mehr. Und die Ortschaften, die früher miteinander verbunden waren, liegen nun aufgereiht am Rande der Heidelandschaft, zu der sie irgendwie doch gehören: Erblast hundertjähriger Militärgeschichte.

Wer jetzt, 30 Jahre nach dem Truppenabzug, von der B5 oder der B2 aus auf den einstigen Truppenübungspatz schaut, sieht kaum mehr, was sich hier vor nicht allzu langer Zeit abgespielt hat – mit einer Ausnahme: Krampnitz. Die Mauern der Kaserne, die 1937/38 für die Kavallerie und später die Panzertruppen gebaut wurde, stehen noch. Im Innern sind marode Gebäude abgerissen worden, denkmalgeschützte werden restauriert, die Infrastruktur für einen Stadtteil mit 10.000 Bewohnern wird geschaffen.

Wenn gelingt, was hier geplant wird, entsteht in dieser vormaligen Kaserne ein Modell für städtisches Leben in der Zukunft: durch Straßenbahn und Fahrradwege mit Potsdam verbunden, autoarm, im Innern weitgehend frei von Autoverkehr, versorgt durch regenerative Energien, angelegt um einen „central park" herum, ausgestattet mit ambitionierten Schulangeboten, Arbeitsmöglichkeiten und Kulturangeboten. Freiburg im Breisgau hat es vorgemacht, wie so etwas gehen kann, mit dem Stadtteil Vauban in einer früheren französischen Kaserne. Auch der ist ein Ergebnis des Endes der Besatzungsherrschaft vor 30 Jahren, eine Errungenschaft von Entmilitarisierung und Konversion. Potsdam arbeitet noch daran.

GARTENCENTER
HEUTE OFFEN
1500m

VI. Vielfalt der Sichtweisen

Almuth Berger

Beobachtungen einer Ausländerbeauftragten

Wenn man in den achtziger Jahren EinwohnerInnen der DDR gefragt hätte, welche Ausländer es in der DDR gäbe, wären sicher Menschen aus Vietnam, Mosambik und Angola oder Kuba genannt worden, die als Arbeiterinnen und Arbeiter im Rahmen von Regierungsabkommen in der DDR lebten und arbeiteten und vielen aus den Betrieben bekannt waren. Chilenische Familien hätten einige gekannt, aus früheren Zeiten auch noch Griechen, vielleicht auch junge Leute aus Südafrika, Nicaragua, Palästina. Viele von ihnen waren Mitglieder der dortigen Befreiungsbewegungen, die als sogenannte Politemigranten in der DDR aufgenommen worden waren. Wer aus einer der Universitätsstädte kam oder selbst studiert hatte, war ausländischen Studierenden aus verschiedenen Ländern begegnet, die teils mit Stipendien des Solidaritätskomitees unterstützt wurden, später zunehmend auch ein „kommerzielles Studium" absolvierten, für gut mit Dollar zahlende Studierende zum Beispiel aus Libyen oder Syrien, die auch manche Sonderrechte eingeräumt bekamen. 166.419 Ausländer waren im März 1989 in der DDR registriert – das entspricht einem Anteil von ca. ein Prozent, eine absolute Randgruppe. Es verwundert denn auch nicht, dass im Jahr der deutschen Vereinigung 60 Prozent der Ostdeutschen äußerten, keinen Kontakt zu Ausländern gehabt zu haben.

Die weitaus größte Gruppe von Ausländern wäre bei einer Befragung vermutlich überhaupt nicht genannt worden: über eine halbe Million Menschen waren als sowjetische Soldaten, Offiziere und deren Familien sowie Zivilbeschäftigte fast 50 Jahre lang in der DDR. Insgesamt hielten sich zwischen 1945 und 1994 Schätzungen zufolge etwa zehn Millionen Menschen aus der Sowjetunion bzw. dann deren Nachfolgestaaten im Osten Deutschlands auf.

Aber sie wurden kaum individuell, sondern nur als Gruppe wahrgenommen und eigentlich auch nicht als „Ausländer". Sie waren „die Russen" und sie waren „die Fremden" schlechthin, in oft ironischer Aufnahme der staatlichen Propaganda auch „die Freunde". Ihre Integration war in keiner Weise und von keiner Seite gewollt. Auch wenn die DDR insgesamt keinerlei Interesse an einer Integration von Ausländern hatte, war die Separierung und Abschottung der sowjetischen Streitkräfte noch einmal besonders intensiv. Es war daher auch folgerichtig, dass eine „Ausländerbeauftragte" mit der größten Gruppe der Ausländer sowohl in der DDR als auch im Land Brandenburg überhaupt nichts zu tun hatte. Trotzdem hatten sowohl die Anwesenheit als auch dann der Abzug der sowjetischen und später russischen Truppen durchaus spürbare Auswirkungen im Verhältnis zwischen Ausländern und Einheimischen, die allerdings nicht so sehr mit handfesten Fakten zu beschreiben sind, als vielmehr in Einstellungen und Verhaltensweisen deutlich wurden.

In Berichten, Studien, Untersuchungen wird immer wieder betont, wie ambivalent das Verhältnis der DDR – Bevölkerung zu den sowjetischen Truppen war.[1]
Da war auf der einen Seite die propagandistische Glorifizierung der heldenhaften, ruhmreichen Soldaten, die uns vom Faschismus befreit haben, gestützt dadurch, dass die Rolle der anderen Alliierten nur wenig erwähnt wurde und andererseits die enorm hohe Zahl von Opfern der sowjetischen Armee und der Zivilbevölkerung deutlich dargestellt wurde.
Trotzdem blieben in den Augen vieler DDR-Bürger die „Befreier" eben auch die Sieger, die die Durchführung der Reparationen, also die Demontage und den Abtransport ganzer Industrieanlagen gewährleisteten, die Menschen oft völlig willkürlich inhaftierten und in Speziallager in Deutschland oder in Sibirien schickten. Traumatische Erlebnisse aus der unmittelbaren Nachkriegszeit und den Anfängen der sowjetischen Besatzung, wie Gewalt, Plünderungen und Vergewaltigungen waren natürlich im Gedächtnis, wurden aber tabuisiert. Nur im ganz privaten Bereich konnte man darüber reden. Zu den Folgen der fehlenden Aufarbeitung dieser Erfahrungen gehörte dann, dass eben auch kaum über die unmenschliche und verbrecherische Art der Kriegführung der deutschen Armee und die Kriegsverbrechen deutscher Soldaten in der Sowjetunion geredet wurde.
Es wurden durchaus auch positive Erlebnisse mit sowjetischen Soldaten berichtet – ihre Kinderliebe zum Beispiel, Offiziere, die Schutz gewährten vor Übergriffen oder Soldaten, die ihr Brot mit Deutschen teilten. Viele Anwohnerinnen und Anwohner in der Nähe von Kasernen nutzten gern die Angebote der „Magazine", der russischen Läden. Dennoch blieb man sich fremd und stand sich eher ablehnend gegenüber, auch wenn sich herumgesprochen hatte, wie schlecht die einfachen Soldaten behandelt wurden und viele durchaus Mitleid mit diesen jungen Leuten hatten. Aber auch bei den Wehrpflichtigen selbst herrschte Verunsicherung und Misstrauen, zumal sie so gut wie keine Gelegenheit hatten, Deutsche in ihrem Alltag und die ihnen doch sehr fremde Kultur dieses Landes kennenzulernen. Anders hätte das bei den Offizieren sein können, die ja oft mit ihren Familien da waren. Aber auch hier wurden von beiden Seiten die Chancen zu Begegnungen in der Regel nicht genutzt, um Kontakte herzustellen. Zwei meiner Töchter gingen in Magdeburg auf die „Schule der deutsch-sowjetischen Freundschaft". Wir hatten damals gehofft, dass sie neben einem durchaus guten Russischunterricht bereits ab der 3. Klasse auch Gelegenheit zu Begegnungen mit den vielen sowjetischen Familien, die in Magdeburg lebten, haben könnten. Es gab eine Partnerschaft mit der sowjetischen Schule, aber die Begegnungen verliefen ritualisiert mit gegenseitigen Vorführungen von Kulturprogrammen. Gespräche untereinander fanden nicht statt, kein Lehrer sorgte dafür, dass sich sowjetische und deutsche Schüler an einen Tisch setzten, keiner half den Kindern, ins Gespräch zu kommen. Einladungen etwa in eine Familie, nähere Kontakte waren undenkbar – von beiden Seiten nicht erwünscht. Ebenso ging es in der Regel auch bei den sonstigen, durchaus beliebten Kulturveranstaltungen zu. Man mochte die Männerchöre im Stil der „Don-Kosaken" und den gekonnt vorgeführten Kasatschok oder andere Tänze. Beifall, Bewunderung – ja, aber Kontakte waren dabei

nicht eingeplant. Die immer wieder beschworene und geforderte „deutsch-sowjetische Freundschaft" sollte bitte nicht in der Praxis stattfinden. An manchen Standorten der sowjetischen Truppen gab es zwar beispielsweise Patenschaften von Betrieben oder Schulen mit gemeinsamen Veranstaltungen und auch gegenseitigen Hilfeleistungen, aber auch dabei entstanden persönliche Kontakte allenfalls zwischen Leitern oder Funktionären der Betriebe und Offizieren der Truppen, kaum zwischen der Bevölkerung und einfachen Soldaten. Dass es trotzdem manchmal zu Kontakten und darüber hinaus auch Beziehungen kam, zeigen eine ganze Reihe Kinder mit sowjetischen Vätern. Ein gemeinsames Familienleben war allerdings nur mit großen Schwierigkeiten zu erreichen und daher den meisten nicht möglich.

Sie blieben also weitgehend „die Fremden", die Angehörigen der sowjetischen Besatzungsarmee und zwar in vielen Fällen die ungeliebten Fremden. Zwei Faktoren spielten dabei noch zusätzlich eine Rolle:

Die Zeit des Nationalsozialismus mit ihrer verheerenden rassistischen Propaganda war noch nicht lange her, und vieles aus dieser Propaganda wirkte noch immer. So wenig der Antisemitismus in der DDR nach dem Ende des Krieges und mit der Gründung eines „antifaschistischen" Staates sozusagen auf Knopfdruck verschwand, so wenig der „menschenfeindliche Rassismus" auf dem Territorium der DDR „mit der Wurzel ausgerottet" war, wie es Erich Honecker 1978 auf der Weltkonferenz zum Kampf gegen Rassismus und Rassendiskriminierung" in Genf erklärte, so wenig waren die Auswirkungen der Propaganda, die den Russen als primitiv und barbarisch, als kulturlosen „slawischen Untermenschen" und als den Weltfeind Nr. 1 dargestellt hatte, völlig aus den Köpfen und dem Bewusstsein vieler Menschen verschwunden. Und manche unschönen „Vorkommnisse" im Umkreis von Kasernen wurden gern genutzt, um sich solche Negativbilder bestätigen zu lassen.

Dass es daneben natürlich Menschen in der DDR gab, die die großartige Literatur eines Puschkin, Dostojewski oder Tolstoi, die Musik eines Tschaikowski oder Schostakowitsch, die Malerei, die Baukunst, das Ballett oder einen Oistrach und andere Interpreten von Weltruhm verehrten und hoch schätzten, darf dabei nicht unterschlagen werden.

Aber die Hochachtung und Verehrung russischer Kunst und Kultur der einen reichte nicht aus, um Vorurteile und negative Bilder von anderen verschwinden zu lassen.

Ein zweiter Faktor, der die Ablehnung in Teilen der Bevölkerung unterstützte, war die Tatsache, dass die Besatzer gleichzeitig als diejenigen wahrgenommen wurden, die die Machterhaltung des stalinistischen Regimes sichern sollten, als Vertreter des Sowjetstaates, der die Politik der DDR bestimmte und die Souveränität der DDR weitgehend einschränkte. Besonders deutlich war das natürlich zu sehen, als die sowjetischen Panzer dem Aufstand am 17. Juni 1953 ein Ende machten und beispielhaft erlebte man es bei den Ereignissen in den „sozialistischen Bruderländern" 1956 in Ungarn und dann vor allem 1968 in der Tschechoslowakei. Die Angst vor dem Eingreifen der sowjetischen Truppen war daher auch 1989 groß: Würde es bei einer „friedlichen Revolution" bleiben, konnte es durchgehalten werden, wofür die Demonstrierenden mit den Kerzen statt der

Steine in den Händen eintraten und was sie auf ihre Plakate geschrieben hatten: „Keine Gewalt"? Wir haben es Gorbatschow und seiner Politik zu verdanken, dass die bereitstehenden Panzer nicht gerollt sind.
Nach der friedlichen Revolution, der Öffnung der Mauer und dann schließlich dem Anschluss der DDR an den Geltungsbereich des Grundgesetzes wurden einerseits Missstände im Umkreis der Kasernen deutlich angesprochen. Es gab Beschwerden wegen Lärmbelästigungen, Umweltschäden oder Gefährdungen bei militärischen Übungen. Andererseits gab es erste vorsichtige Annäherungen. Es wurden Besuche von Soldaten zum Beispiel in Kirchengemeinden oder bei Initiativen genehmigt, man versuchte, die Russisch-Kenntnisse aus dem Schulunterricht wieder zu aktivieren, um ins Gespräch zu kommen. Leider kam diese Entwicklung zu spät, um noch wirkliche Kontakte zu ermöglichen. Es bleibt das Bedauern, dass jahrzehntelang die Chancen für Annäherungen, wirkliche Begegnungen und Abbau von Fremdheit verpasst wurden.
Dass die große Anzahl der Armeeangehörigen eine so lange Zeit in der DDR als Fremde wahrgenommen wurde, als Leute, mit denen man in der Regel, außer bei Kulturprogrammen und günstigen Einkaufsmöglichkeiten eigentlich möglichst nichts zu tun haben wollte (und sollte!), hat meiner Meinung nach durchaus das Verhalten in der Bevölkerung der früheren DDR zu Fremden überhaupt beeinflusst. Als ab 1990 Flüchtlinge in ungewohnt hoher Zahl eintrafen, als Spätaussiedler und jüdische Zuwanderer untergebracht werden sollten, war der Großteil der Bevölkerung darauf in keiner Weise vorbereitet. Und man war vor allem nicht darauf vorbereitet, dass nun eigenes Engagement von Landkreisen und Kommunen gefragt war und die Einwohnerinnen und Einwohner ganz anders als vorher selbst mit den Menschen konfrontiert wurden. In der DDR waren staatliche Stellen zuständig für die im Grunde sehr geringe Anzahl von Ausländerinnen und Ausländern, und die große Gruppe der Fremden, der Russen, war nur für wenige überhaupt im Alltag präsent. Es gab weder den Wunsch noch die Möglichkeit, Fremdheit abzubauen. Und diese distanzierte bis ablehnende Haltung wurde nun auch auf andere „Fremde" übertragen. Besonders betraf das Spätaussiedler und jüdische Zuwanderer.
Als 1994 die Streitkräfte abzogen, gab es meiner Erinnerung nach ambivalente Reaktionen: einerseits Erleichterung und Freude in der Bevölkerung – endlich ist die Besatzung zu Ende, endlich werden Häuser, ganze Stadtteile und große Landstriche wieder frei für die eigene Bevölkerung, andererseits gab es bei einigen auch etwas Wehmut und durchaus Mitleid mit den einfachen Soldaten, auf die eine wohl sehr ungewisse und unsichere Zukunft zukam. Sie wurden daher meist durchaus freundlich verabschiedet.
Wenn dann kurze Zeit später Aussiedler oder jüdische Zuwanderer in den früheren Standorten russischer Truppen untergebracht werden sollten, hörten wir nicht nur einmal: *Wir waren froh, dass die Russen endlich gingen, nun kommen schon wieder Russen – das wollen wir nicht.* Sie sprachen russisch, die geplanten Ankömmlinge – das reichte aus, um sie als „Russen" und also als ungeliebte „Fremde" zu identifizieren. Es gab erregte Einwohnerversammlungen, in denen versucht wurde, solche Vorhaben des Landkreises abzulehnen. Und wenn das nicht gelang, hatten es die Aussiedler schwer, akzeptiert

oder gar integriert zu werden. Vor allem für Jugendliche erschwerte diese Haltung, ein positives Verhältnis zu der von ihnen auch nicht geliebten neuen Heimat zu finden, in die sie meist nicht gern, sondern nur notgedrungen den Eltern und Großeltern gefolgt waren. *„Die in der Mehrheitsgesellschaft vorhandene Wahrnehmung jugendlicher Aussiedler als ‚Russen' führt oftmals zu fremdenfeindlichen Ausgrenzungen"* musste ich in meinem „Bericht der Ausländerbeauftragten des Landes Brandenburg" aus dem Jahr 2006 feststellen. Das konnte zu gewalttätigen Angriffen oder sogar zu einem Todesfall führen:
In Wittstock starb ein junger Aussiedler an seinen inneren Verletzungen, nachdem ein Feldstein auf ihn geworfen worden war. Glücklicherweise blieb das meines Wissens ein Einzelfall. Und natürlich gab es auch Beispiele gelungener Aufnahme, wie im Fall eines Dorfes, das sich einmütig, engagiert und erfolgreich für den Verbleib einer großen Familie einsetzte. Die sollte zurückgeschickt werden, weil der deutschstämmige Großvater, der die Ausreise mit seiner ganzen Familie beantragt hatte, auf der Reise verstorben war und die Behörden keine Grundlage mehr für den Aufenthalt in Deutschland sahen. Die nach langen Verhandlungen gefundene humanitäre Lösung eines Bleiberechts wurde von allen gemeinsam gefeiert. Aber das war eine Ausnahme. Spätaussiedler haben leider häufig unter ablehnenden Haltungen und Ausgrenzungen den „Russen" gegenüber gelitten. Neben der schwierigen Lage auf dem Arbeitsmarkt haben solche Erfahrungen sicher mit dazu beigetragen, dass viele Aussiedlerinnen und Aussiedler so bald als möglich Brandenburg verlassen und sich vor allem in den westdeutschen Bundesländern niedergelassen haben.
30 Jahre nach dem Abzug der Westgruppe der Truppen stehen ganz andere als die hier skizzierten Fragen und Probleme an, kommen Flüchtlinge und Zuwanderer aus ganz anderen Ländern, hat sich die Situation in Deutschland und natürlich auch in Brandenburg grundlegend geändert. Was nach wie vor bleibt, ist die Aufgabe, distanzierte und ablehnende Haltungen gegenüber Menschen anderer Herkunft, Sprache und Kultur – egal, wo sie herkommen – abzubauen und Chancen zu Begegnungen nicht zu verpassen.

1 Siehe unter anderem Christian Th. Müller, *„O' Sowjetmensch! Beziehungen von sowjetischen Streitkräften und DDR – Gesellschaft zwischen Ritual und Alltag"* in Ankunft-Alltag-Ausreise, Migration

Rolf Damke | Oberst a.D.

Abzug der WGT
Erinnerungen und Gedanken

Erinnerungen

Am 3. Oktober 1990 fuhr ich zum Dienstantritt nach *Eggesin* und überquerte bei *Gudow* die vormalige innerdeutsche Grenze. Gerade schloss der damalige Bundespräsident Richard von Weizsäcker im Reichstagsgebäude seine Rede anlässlich der Wiedervereinigungsfeier mit den Worten „Es wird schon gelingen". Die anschließende Nationalhymne sang ich laut mit. Meine Begeisterung wuchs nochmal, als ich bei Sonnenschein die schöne Landschaft in Mecklenburg-Vorpommern erblickte. Wie in Ostholstein, nur viel weitläufiger! So empfand ich es.
Allerdings wurde der Anblick bald durch viele Autowracks in den Straßengräben getrübt. Sie gaben mir einen ersten Hinweis darauf, dass es nicht nur schöne Landschaften geben würde und erhöhte meine Spannung auf das Kommende. Bei *Ludwigslust* verließ ich die Autobahn und kam dann schließlich nach *Parchim*, wo ich sowjetische Soldaten sah, die in Doppelreihe zu Fuß durch die Stadt geführt wurden. Sie trugen alle Ausgeh-Uniform. Ein freundlicher Anblick. Weiter ging es über *Lübz* in Richtung *Mirow*. Dort die nächste Begegnung mit sowjetischen Soldaten. Die Bundesstraße 198 in Richtung *Mirow* wurde gesperrt, weil sowjetische Militärflugzeuge zur Landung auf dem Flugplatz *Rechlin-Lärz* einschwebten. Das wirkte auf mich zuerst zwar bedrohlich, aber nach kurzem Nachdenken nicht mehr. Denn es war klar, dass Soldaten in Übung gehalten werden müssen.
Über *Mirow* und *Wesenberg* fuhr ich weiter nach *Pasewalk*. Kurz vor *Pasewalk* fuhr ich dann hinter einer kleinen Kolonne von Ural-Lkw mit Soldaten, die auf den Ladeflächen saßen. Nahe der Abbiegung nach *Pasewalk* bogen sie links in eine kleine Nebenstraße ein, die zu einer Radarstation führte. Diese Station wurde noch bis Anfang 1993 betrieben, wie ich während meiner späteren Fahrten nach *Eggesin* und Umgebung feststellen konnte. Auch dieses sowjetische Radar war für mich ein Hinweis darauf, dass der Abzug sowjetischer Truppen aus der ehemaligen DDR noch nicht vollzogen war. Das barg in sich keine Bedrohung für mich, hielt aber meine Unsicherheit wach, ob der Abzug der WGT denn wirklich stattfinden würde.
Ich kann nicht verhehlen, im Frühjahr 1993, nach Anblick der stillgelegten Radarstation, eine gewisse Erleichterung darüber empfunden zu haben, dass die Russen tatsächlich begonnen hatten, Deutschland zu verlassen. Doch bis dahin hatte ich noch viele Begegnungen mit russischen Soldaten, durch die ich das Gefühl gewann, dass sie genauso froh waren wie wir, nicht aufeinander geschossen zu haben. So besuchten wir in der Garnison *Neustrelitz* verschiedene russische Kasernen, an deren unterschiedlichem Zustand wir erkennen konnten, dass die Verantwortung und das Geld für die Infrastruktur in der Hand des jeweiligen Regimentskommandeurs lag.

Mein Bataillon hatte inzwischen eine Patenschaft mit dem russischen Instandsetzungsbataillon in *Stern Buchholz* begonnen. Wir besuchten uns mehrere Male gegenseitig und stellten dabei unseren Auftrag, Gliederung sowie die Instandsetzungsabläufe in Theorie und Praxis vor. Das gesellige Beisammensein kam auch nicht zu kurz. Diese Patenschaft konnten wir trotz Kommandeurswechsel auf russischer Seite bis zum dann ohne Ankündigung erfolgenden Abzug des russischen Bataillons Anfang 1993 fortsetzen. Ein Abschied war nicht möglich. Interessant zu erwähnen ist, dass wir zwar nach *Stern Buchholz* fahren konnten, die Gegenbesuche des russischen Bataillons aber nur auf dem Gebiet der ehemaligen DDR erfolgen durften. Diese fanden dann beim Instandsetzungsbataillon in *Demen* statt. Der dortige Kommandeur ermöglichte diese auf sehr kameradschaftliche Art und Weise.
Ende 1990 wurde bekannt, dass der Abzug der sowjetischen, dann russischen Soldaten und ihrer Familien aus Deutschland mit einem nicht zurückzuzahlenden Einmal-Betrag von insgesamt zwölf Milliarden D-Mark und einem zinslosen Kredit von drei Milliarden D-Mark für den aktuellen Unterhalt der Truppen unterstützt werden sollte. Das geschah auch und schien den Abzug der Westgruppe der Truppen (WGT) entscheidend zu fördern. Im Oktober 1993 und im Oktober 1994 begleitete ich jeweils einen einwöchigen Hilfstransport in den Oblast *Kaliningrad*. Neben den zu erwartenden Begegnungen mit den Menschen war ich auch gespannt darauf, ob und welche Hinweise ich auf den Abzug der WGT erhalten würde. Ich wusste, dass der Abzug zu wesentlichen Teilen über die Region *Kaliningrad* lief und ich wurde nicht enttäuscht. Neugebaute Holzhäuser für russische Soldaten und ihre Familien, sowie sehr viele Militär-Flugzeuge waren zu sehen, die auf Behelfs-Flugplätzen abgestellt waren. Es kam mir vor, als ob ich mich auf einem sehr überladenen Flugzeugträger befinden würde. Die betroffenen Soldaten und ihre Familien beneidete ich nicht. Allerdings war schon im Oktober 1994 zu erkennen, dass sich die Truppendichte verringert hatte. Das machte mich zuversichtlich, was die Unumkehrbarkeit des Truppenabzugs der Russen aus den neuen Bundesländern betraf. *„Es wird schon gelingen."* So erinnerte ich mich.

Gedanken

Ich schicke ausdrücklich voraus, dass der Angriffs-Krieg auf die Ukraine in keiner Weise zu rechtfertigen ist und nie von Russland hätte begonnen werden dürfen. Er ist auch nicht Gegenstand meiner Überlegungen. Ich möchte nur meinen Gedanken zum bisherigen Fortgang der deutsch-russischen Beziehungen Ausdruck verleihen und dabei nicht verhehlen, wie enttäuscht ich über den derzeitigen Zustand dieser Beziehungen bin. Beziehungen, die so hoffnungsfroh begannen und sich dennoch in einer Sackgasse befinden. Dabei lege ich Wert darauf, dass es mir nicht um Schuldzuweisungen oder deren Ermittlung geht. Sondern darum, zu erkennen, welche Chancen für eine friedliche Entwicklung auf dem Eurasischen Kontinent vergeben wurden. Insgesamt würde ich

mich freuen, wenn meine Gedanken vielleicht Ideen enthielten, die helfen können, künftiges Konfliktpotential frühzeitig zu erkennen und dessen Gefahr zu entschärfen.
Wie ich eingangs erwähnt habe, hatte ich auch nach meiner Pensionierung am 31. August 2006 viele Berührungspunkte mit russischen Menschen und ihren Lebensverhältnissen. 2007 konnte ich auf meiner Fahrt mit der Transsibirischen Eisenbahn wieder erleben, wie freundlich und herzlich die Russen als Gastgeber auftraten. Besonders, als sie erkannten, dass wir Deutsche sind, waren sie sehr aufgeschlossen und fragten nach unseren Familien oder, wie uns Russland gefallen würde. Keinerlei politische oder wettbewerbsorientierte Fragen. Weder in Ulan-Ude oder beim Schwimmen im Baikalsee, noch in Irkutsk, Nowosibirsk, Jekaterinburg, Kasan, Moskau oder St. Petersburg. Menschen waren interessant, nicht Systeme.
Ganz besonders viel gelernt habe ich in den Jahren 2009, 2010, 2013 und 2014. Ich hatte nicht nur mit freundlichen Russen, sondern mit dem gesamten Spektrum der Gesellschaft zu tun, wie es eben im normalen Arbeitsleben der Fall ist. Gerade meine Tätigkeit als Sicherheitsfachkraft bei Kraftwerksrevisionen erforderte den Umgang mit dem Leiter des Kraftwerks wie auch mit dem einfachen Mitarbeiter an der Turbine, mit Bauleiter und Projektleiter von Siemens wie auch dem erfahrenen Brennkammer-Mechaniker. Meine früheren Erfahrungen aus der Aufgabe als verantwortlicher Kommandeur und Menschenführer halfen. Politik interessierte jedenfalls nur am Rande.
So konnte ich über alle Ebenen hinweg in vielen Gesprächen erkennen, wie gut die russischen Mitarbeiter allgemein, aber auch fachlich ausgebildet waren. Sie waren diszipliniert und fleißig. Die jungen russischen Ingenieure waren alle dreisprachig und standen den jungen Ingenieuren von Siemens in nichts nach. Sie waren weltoffen und leistungswillig sowie durchsetzungsstark. Als Beispiel dafür fand ich 2010 in *Baltijsk*, dem früheren *Pillau*, auf der Umrandung des Kennzeichens eines russischen Militär-Fahrzeugs den Namen *Königsberg*. Auf meine Frage, warum da nicht mehr *Kaliningrad* draufsteht, antwortete mir ein russischer Marineoffizier, dass viele Studenten in *Königsberg* nichts mehr mit dem Kriegsverbrecher Kalinin zu tun haben wollten und daher für ihre Stadt die Umbenennung in *Königsberg* anstrebten. Dieses sei ein erstes Ergebnis ihrer Bemühungen. Übrigens konnten wir 2009 noch nicht ohne Sondergenehmigung *Baltijsk* besuchen. 2010 war das dann möglich. Wir konnten uns sogar den dortigen Marinehafen ansehen, auch wenn das von außerhalb der eigentlichen Anlage geschehen musste. Aber das gilt in Deutschland ja genauso. Auch 2013 und 2014 konnten wir uns auf unseren Sonntagsfahrten im gesamten Oblast *Kaliningrad* frei bewegen.
Zwangsläufig kam ich dann später in meiner Gedankenführung auf den heutigen Stand der Beziehungen zwischen Russland und dem Westen – und ich habe Fragen. Wo sind die vielversprechenden Ansätze aus den 1990er und noch vom Beginn der 2000er Jahre an geblieben? Der NATO-Russland-Grundlagenvertrag von 1997 und die 1994 verabredete „Partnership for Peace" (PfP) schliefen ein. In diesem Jahr jährt sich zum 25. Mal der Kosovo-Einsatz der NATO – und damit auch der Bundeswehreinsatz. Seit dem hat es

dort keine militärische Auseinandersetzung gegeben, auch nicht mit dem von Russland unterstützten Serbien – bei allen fortbestehenden Konfliktlagen. Könnte nicht die Erinnerung an das damalige Bemühen um politische Geschlossenheit, diplomatische Begleitung, Interessenklärung und mühselige Auseinandersetzung mit Feindbildern auch heute helfen? Darüber würde ich gern einmal mit dem einen oder anderen sprechen, den ich während der WGT-Abzugsphase traf oder später auch in Russland.

Werner Krätschell

Der Abzug der WGT mit dem Blick eines Ostdeutschen

Als am 31. August 1994 mit einem Staatsakt der Abzug der Westgruppe der Truppen der früheren Sowjetunion feierlich begangen wurde, lag über der Zeremonie eine fast shakespearehafte Tragik: die Sieger vom Mai 1945 verließen 1994 wie Verlierer das Land, das sie zusammen mit den Alliierten vom Wahnsinn des Hitler-Faschismus befreit hatten. Westliches Militär verblieb bis heute in Deutschland ... Diese Tragik war aus noch einem anderen Grund wirksam bis in unsere Tage. Die westliche Welt der Alliierten nämlich hatte für die Erinnerungskultur viel getan, um das Eingreifen Englands und Amerikas als geschichtsmächtig zu verankern. In diesem „westlichen" Arbeiten am Geschichtsbewusstsein wurde weniger dafür getan, dass der gewaltige Beitrag der Sowjetunion bei der Niederlage Nazi-Deutschlands eine angemessene Bedeutung im Geschichtsgedächtnis erhielt.

Dieses Ungleichgewicht hatte ich mit einem konkreten Erlebnis bereits 2021 in einem Beitrag beschrieben, der in einer Veröffentlichung erschien, die sich auf den 80. Jahrestages des Einmarsches der deutschen Wehrmacht in die UdSSR am 22. Juni 1941 bezog. Dieses Datum sollte mit all seinen schrecklichen Folgen immer im Hintergrund unseres Nachdenkens stehen, wenn wir 2024 an den Abzug der russischen Truppen in ihre Heimat denken.

Bewusst wiederhole ich hier wegen des genannten Grundes der Ungleichheit jenen Beitrag von 2021: Ein älteres amerikanisches Ehepaar aus der weltweiten „Nagelkreuzgemeinschaft" von Coventry kam 2004 zu uns nach Pankow. Der dortigen Alten Pfarrkirche in „Ost-Berlin" war nämlich schon 1962, ein Jahr nach dem Mauerbau (!), das Nagelkreuz von Coventry als Zeichen der Versöhnung in der damaligen Welt des Kalten Krieges verliehen worden. Darum dieser Besuch an einem historischen Ort.

Der Mann aus Denver/Colorado hatte zuvor an den Jubiläumsfeierlichkeiten in der Normandie teilgenommen, wo die westlichen Streitkräfte Hitlers „Atlantik-Wall" am 6. Juni 1944, dem „D-Day", überwunden und damit dem Zweiten Weltkrieg nach „Stalingrad" (1942/43) eine weitere, entscheidende Wende gegeben hatten. Der Ehemann hatte als junger Soldat daran teilgenommen. Ich nahm das Paar mit, um im nahen sowjetischen

Ehrenmal in Schönholz vor der zentralen Skulptur der „Mutter Heimat", vor der ihr toter Sohn liegt, eine kurze Gedenkandacht zu halten.
Was mich völlig überraschte: Für das Ehepaar brach spürbar ein innerlich feststehendes Geschichtsbild zusammen, in dem im einstigen Kampf gegen Hitler die Sowjetunion mit ihren 24 Millionen Opfern einfach nicht vorkam. Die beiden Eheleute waren geradezu erschüttert, als ich ihnen davon erzählte, auch davon, dass in diesem Ehrenmal über 13.000 sowjetische Soldaten und Offiziere beigesetzt worden waren, die im Kampf um Berlin ihr Leben gelassen hatten und dass Teile dieses Monuments aus Gesteinsteilen der Reichskanzlei Hitlers stammten …
Ich bin traurig, dass kurz nach dem Ende des Zweiten Weltkriegs der „Kalte Krieg" begonnen hatte und, je nach Standort „im Westen" oder „im Osten", Geschichtsbilder vermittelt wurden, die direkt oder indirekt jeweils für sich den Sieg über Hitler-Deutschland beanspruchten, und dass bis hin in die jeweiligen Gedenkfeiern ein schiefes und ungerechtes Bild der Leistungen aller Seiten gegeben wurde, das bis heute nachwirkt.
Es wäre aller Mühen wert, wenn endlich ein ausgewogenes Bild erstellt und die Verdienste und Versäumnisse aller Seiten benannt würden. Dann verlören die Gedenkfeiern auf beiden Seiten jedes falsche Pathos, und es könnte deutlich werden, welche schrecklichen Opfer wegen einer menschenverachtenden Ideologie erbracht werden mussten.
Wie schön wäre es, wenn je nach Ort der Gedenkfeiern auch an die Opfer und Verdienste der anderen Beteiligten an der Beendigung des Zweiten Weltkrieges erinnert würde."
Aber nun zum eigentlichen Thema, dem Abzug der „Westgruppe" vor 30 Jahren. Mir liegt daran, dieses von Tragik überlagerte, geschichtliche Ereignis aus ostdeutscher Perspektive darzustellen, weil ich sehr bewusst in der DDR gelebt habe – geprägt in besonderer Weise vom Leben und Wirken Dietrich Bonhoeffers. Dass sein Denken uns jungen Theologen in der DDR überhaupt so zugänglich war, hatten wir gebildeten, sowjetischen Offizieren in der „Sowjetischen Besatzungszone" unmittelbar nach dem Krieg zu verdanken. Sie genehmigten der Evangelischen Kirche, drei eigene Hochschulen in Berlin, Naumburg und Leipzig zu eröffnen. Gegen diese Genehmigung konnte die DDR zu ihrem großen Ärger bis zu ihrem Ende nichts ausrichten. Diese Orte waren bestimmt vom freien Denken und haben viele Menschen geprägt, die vor und nach dem Mauerfall politische Verantwortung in Deutschland übernommen haben.
Diese Erfahrungen von Freiheit wurden dann, als wir PfarrerInnen waren, in unseren Kirchengemeinden mitten in dieser penetranten, atheistischen DDR-Wirklichkeit umgesetzt. Die meisten von uns hatten in ihren Parochien in irgendeiner Weise auch mit sowjetischen Kasernen und Sperrgebieten in Stadt und Land Berührung. Vor allem die radikale Abgeschlossenheit dieser Räume prägte das Leben in den verschiedenen Regionen der DDR. Nur so viel drang zu uns nach draußen, dass vor allem gegenüber den Mannschaften, aber auch gegenüber der „mittleren" Ebene der Unteroffiziere, ein hartes bis brutales Regiment bestand. Die wenigen Kontakte mit russischen Soldaten bestanden in offiziellen, ziemlich verkrampften Begegnungen zwischen diesen und DDR-SchülerInnen bei sogenannten „Komsomolzentreffen" oder entsprechenden anderen

Treffen auf beruflichen oder anderen Ebenen. Eigentlich hatte sich die personelle Dreiteilung der Armee mit ihren jeweiligen Privilegien bzw. Nicht-Privilegien seit der Zaren-Zeit nicht geändert, nur dass die Offiziersstellen nicht mehr von Adligen besetzt waren.
Das Entstehen und Wachsen der Bundeswehr im westlichen Teil Deutschlands als „Parlamentsarmee" und mit dem wichtigen Kernstück der „Inneren Führung" war und ist ein gutes Gegenmodell gegenüber diesem militärischen Gebilde sowjetischer Art als Machtinstrument einer Partei oder eines Diktators. In abgeschwächter Form ist das Entstehen und Wachsen der Nationalen Volksarmee der DDR vom sowjetischen Vorbild geprägt gewesen. Ausnahme: die innerhalb des Warschauer Paktes einmalige Einführung des Dienstes der „Bausoldaten", einem Dienst ohne Waffen, im Jahr 1964. Der Grund lag wahrscheinlich in der sehr hohen Zahl der Wehrdienstverweigerer, die oft aus kirchlich geprägten Kreisen stammten. Sicher spielte wohl auch eine Rolle, dass es in der angrenzenden, „feindlichen Bundesrepublik Deutschland" die Möglichkeit der „Kriegsdienstverweigerung" gab.
Und dann kamen der 9. November 1989, der Tag oder die unvergessliche Nacht des Berliner Mauerfalls, und das voraussehbare Ende der DDR. Wie hat sich damals dieses weltpolitische Ereignis ausgewirkt auf die Existenz von massiver, militärischer Präsenz der russischen Truppen in der noch existierenden DDR? Ich habe, um diese fast abenteuerlichen Veränderungsprozesse beschreiben zu können, Frau Elisabeth Kunze in Lobetal bei Bernau besucht. Sie hatte nämlich mutig und mit einer starken Verwurzelung im Glauben und im Beten, anfangs mit „Angst und Zittern", Zugänge in die Kasernen gefunden. Das geschah bereits zwei Jahre vor dem Abzug der Streitkräfte: 1992! Frau Kunze lebte nach ihrer Eheschließung mit einem Mitarbeiter der großen, diakonischen Einrichtung in Lobetal dort seit 1980. Fünf Kinder wurden dem Paar geschenkt. Damit war für sie ein hoher Familieneinsatz verbunden.
Aber bald stellte sich auch ihr Wunsch ein, in einem Netz mitzuarbeiten, das sich um konkrete Hilfe für Andere bemühte.
Es fügte sich, dass russische Offiziersfrauen zu Frau Kunze nach Hause kamen, um bei ihr Sammelbestellungen über Kataloge (zum Beispiel dem „Otto-Katalog") aufzugeben. Über diesen Kontakt gelang es mit Unterstützung der Kirchengemeinde in Lobetal, Bibeln und Kinderbibeln anzubieten. Die Nachfrage war groß! Später wurden die Frauen zu einem Treffen bei Kaffee und Kuchen und unter dem Thema „Wie uns Jesus Christus im Leben hilft" eingeladen. Beim nächsten Treffen wurde ein Jesus-Film gezeigt. Die Offiziere, die dazukamen, meinten, dass das auch ihre Soldaten sehen müssten. Aber weil diese nicht ihre Kasernen verlassen durften, war den Lobetalern klar: Dann müssen wohl wir in die Kasernen gehen.
Da in Lobetals Umgebung seit Jahrzehnten russische Kasernen und Sperrgebiete lagen, tat sich ein weites Feld auf. Frau Kunze gelang es, mit anderen zusammen, mit gut vorbereiteten Veranstaltungen in die Kasernen zu gelangen. Dabei half, dass sie von Jugend an von einer Liebe zur russischen Sprache erfüllt war, die sie inzwischen sehr gut beherrscht. Allerdings gelang das Hineinkommen in die Kasernen, auch bei gründli-

cher Vorbereitung, nicht immer und war manchmal nur besonderen Umständen zu verdanken. Die von ihr erbetene Unterstützung von bestimmten kirchlichen Institutionen, Bibeln in russischer Sprache, auch Kinderbibeln und anderes Schriftgut zur Verfügung zu stellen, wurde reichlich erfüllt. Das Material war immer schnell weg. Beeindruckend beschrieb sie, wie ein russischer Major zu seinen Soldaten sagte: „Diese Bücher dürft ihr nicht ‚ramschen', das sind ‚heilige' Bücher." Welch' ungewöhnlichen Worte in einer Welt, die ideologisch den Atheismus in allen Teilen der Gesellschaft durchgesetzt hatte! Diese Initiativen wurden später durch die Mithilfe von Jugendlichen aus einer deutsch-russischen Kirchengemeinde gestärkt.
Ich habe Frau Kunze auch gefragt, ob sie, vor allem auf der Ebene der Offiziersfamilien, Spannungen zwischen Menschen russischer beziehungsweise ukrainischer Herkunft bemerkt hätte. Damals, sagte sie, hätte sie davon nichts gespürt. Durch persönliche Kontakte entstanden in dieser Zeit besondere Beziehungen zu Bedürftigen in der Ukraine. Bereits im Februar 1994 (!) ging der erste Kleintransporter mit Hilfsgütern nach Charkiv. Im Herbst 1994 folgte der erste Lkw von Lobetal aus in die Ukraine.
Diese karitative Arbeit erfuhr einen hohen Grad von Bekanntheit und Hilfsbereitschaft durch eine Fernsehsendung der bekannten Journalistin Carla Kniestedt, die darin die ganze Unternehmung in Lobetal vorstellte. Bis dahin fungierte als Träger die Lobetaler Evangelische Kirchengemeinde. Da nun aber diese Arbeit immer größer wurde, gründeten die Verantwortlichen den Verein „cura hominum e.V. ‚Sorge für Menschen'". Man wählte absichtlich keinen russischen oder ukrainischen Namen, um die Arbeit offenzuhalten. Frau Kunze hat bis heute den Vorsitz des Vereins inne. Mich haben ihre ruhige Ausstrahlung und die damit verbundene Bescheidenheit und ihr fester Glaube in all der umfangreichen Verantwortung für die MitarbeiterInnen und die Organisation des Ganzen sehr beeindruckt. Häufig fährt sie zu den Hilfsstationen in der Ukraine und berichtete mir, gerade erst zurückgekehrt, von dort und von erschütterndem Leid in unzähligen Einzelfällen. Am 3. Oktober 2023 ist sie zum zweiten Mal mit dem Bundesverdienstkreuz ausgezeichnet worden, dieses Mal von Bundespräsident Steinmeier.
Ein Wort zum Ort „Lobetal", der 1905 von Friedrich von Bodelschwingh für sozial Schwache gegründet worden war. Zu DDR-Zeiten gab es hier die einmalige Besonderheit, dass der Bürgermeister des Ortes nicht, wie sonst üblich, ein Funktionär einer der von den Kommunisten kontrollierten „Parteien" war, sondern der jeweilige Pfarrer, der die große, diakonische Einrichtung leitete. Nach der politischen „Wende" 1989/1990 erlangte dieser Ort eine starke politische Bedeutung. Der damalige Leiter, Pastor Holmer, nahm in sein Pfarrhaus in Lobetal das Ehepaar Honecker auf, weil sich für beide keine Unterbringung finden ließ, in der sie vor Angriffshandlungen Empörter sicher waren. Zehn Wochen haben die Honeckers im Jahr 1990 mit der Familie Holmer unter einem Dach gelebt. Die Aufnahme stieß damals auf ein geteiltes Echo. Doch in diesem ungewöhnlichen Geschehen ist etwas von den Worten Jesu von der Feindesliebe spürbar.
Eine letzte Frage von mir an Frau Kunze galt dem seit zwei Jahren tobenden Krieg zwischen dem Angreifer Russland und der angegriffenen Ukraine: Wie stelle sie sich einen

Weg zum Frieden vor. Ihre Antwort war kurz und klar: Nur durch das Eingreifen Gottes kann Frieden möglich werden.
Doch nun, abschließend, zurück zum Anfang, zum 31. August 1994, zum Staatsakt anlässlich des Abzugs der Westgruppe der russischen Streitkräfte. Welche persönlichen Gefühle sind damit bei mir verbunden? Zuerst spüre ich eine tiefe Dankbarkeit, weil wir Deutschen durch starke Mächte von außerhalb von Deutschland 1945 endlich befreit worden sind vom Nationalsozialismus Hitlers und seiner Anhänger mit der dem Nationalsozialismus eigenen, unglaublichen Brutalität gegenüber Anderen und Anderem. Dazu gehört für mich auch der große Anteil der damaligen Sowjetunion. Durch mein Leben in der DDR konnte ich die verschiedensten Erfahrungen mit den in diesem Teil Deutschlands stationierten Truppen sammeln.
Meine Dankbarkeit bleibt auch bestehen, wenn ich jene kritischen Stimmen höre, die die Untaten der Roten Armee in Deutschland aufzählen, ebenso die Vertreibung von Millionen Deutschen aus den Ostgebieten oder die Grausamkeiten Stalins. Ja, diese Geschehnisse bleiben wahr.

Aber trotzdem überwiegt bei mir die Dankbarkeit.

Rolf Kutzmutz

„Vergessene Sieger" und andere Geschichten

Vor mir liegt der Bildband „Vergessene Sieger" von Joachim Liebe. Das bevorstehende Jubiläum des Abzuges der sowjetischen Truppen aus Deutschland war für mich Anlass, in der eigenen kleinen Bibliothek zu suchen, was helfen könnte, längst vergessen Geglaubtes wieder ans Tageslicht zu holen, in Erinnerungen zu kramen und auch das eigene Erleben zu vergleichen mit Berichten, die von Zeit zu Zeit in Zeitungen und Zeitschriften als redaktionelle Beiträge oder Leserbriefe auftauchen. Da stehen neben einigen in die Jahre gekommenen Lebenserinnerungen von Generälen der Roten Armee und Büchern von Simonow, Poltorak, Hofè und anderen über den Zweiten Weltkrieg, das Album „Sowjetische Truppen in Deutschland (1945–1994), der Bildband „Vergessene Sieger", der Bildband „Schulter an Schulter" und die „Geschichte der russisch-orthodoxen Kirche in Potsdam".
Zwei Jahre nach diesem furchtbaren Krieg geboren, waren die einen für mich literarische Hilfe beim Versuch, die Geschichte zu verstehen, ja, auch mit den Erzählungen älterer Menschen zu vergleichen. Die anderen verbanden und verbinden sich mit eigenen Erfahrungen in meinen Leben. Und da ich nun die 70 schon eine Weile überschritten habe, hat sich einiges angesammelt. Dieses Erleben ist natürlich immer subjektiv und wird von den Erfahrungen und Eindrücken gespeist, die in unterschiedlichen Situationen aufgenommen wurden, wie bei anderen Menschen auch. Ein Mosaik besteht nun einmal aus vielen kleinen Teilen, und nicht alle passen schon beim ersten Versuch zueinander.

So ist es ganz sicherlich auch mit den Hoffnungen, Irrtümern und Enttäuschungen. Wessen Hoffnungen? Welche Irrtümer und Enttäuschungen? Und immer auch die Frage, ob die einen Erinnerungen abgewertet werden können mit dem Schlagwort Nostalgie und die anderen, die scheinbar durch den Gang der Geschichte bis zur Gegenwart bestätigt wurden, allein als richtig und bestimmend gelten können.
Es gibt nicht wenige Vorurteile und Stereotypen, die auch durch Widerspruch nicht an Einfluss und Wirkung verlieren. Ja, die sich durch die aktuellen Geschehnisse und deren durchaus unterschiedliche Bewertung eher noch verhärten, als dass sie sich auflösen. In der offiziellen Denk- und Schreibweise gelten die russischen Truppen der Westgruppe – obwohl schon vor 30 Jahren abgezogen – noch immer als Besatzer, während die in Deutschland stationierten Einheiten der Westalliierten Schutzmächte genannt werden. Nur ein Fakt sei deshalb noch angefügt: Die Besatzungsfunktion der sowjetischen Truppen in Deutschland wurde 1955 vollständig aufgehoben.
Zugegeben, dieses Bild und auch das Sprechen darüber zeigt (noch immer) deutliche Unterschiede zwischen Ost und West in Deutschland, was man in Gesprächen immer wieder feststellen kann. Doch dazu gibt es sicher Erzählungen, Wertungen genug und ich spare mir an dieser Stelle weitere Erläuterungen.
Im Vorwort zu seinem Bildband schreibt Joachim Liebe über sein Empfinden nach seinem ersten Besuch in einer Kaserne: *„Erstmals konnte ich im Dezember 1990 bei einem Tag der offenen Tür der Westgruppe der Truppen der sowjetischen Streitkräfte in Krampnitz hinter die bis dahin stets verschlossenen Kasernenmauern schauen. Damals ahnte ich nicht, wie lange mich der gerade beschlossene Abzug der sowjetischen, später russischen Truppen beschäftigen sollte. Doch mir offenbarte sich bereits bei diesem ersten Besuch eine spürbare Ambivalenz. Einerseits wurden in Form majestätischer Paraden militärisches Selbstbewusstsein und nationaler Stolz demonstriert, andererseits war den Sowjets ein Gefühl der inneren Verlorenheit deutlich anzumerken. Die Unsicherheit, die sich mit der Tatsache verband, dass auf jeden Einzelnen ein recht ungewisses Schicksal in der Heimat wartete, stand deutlich in den Gesichtern geschrieben."* (J. Liebe, „Vergessene Sieger", Mitteldeutscher Verlag, 2015, S. 7)
Schon der erste Satz weckte bei mir Erinnerungen ganz anderer Art. In der Nähe von Leipzig, in einer kleinen Stadt aufgewachsen, fuhr ich bei jeder Busfahrt von meinem Heimatort in Richtung Messestadt immer an einem riesigen Kasernengelände, einer „Russenkaserne", vorbei. In die Schule kamen – bei besonderen Anlässen, wie 1. Mai oder Tag der Befreiung oder auch zu anderen Gelegenheiten, Offiziere der Roten Armee. Bei sportlichen Vergleichen waren dann auch ausgewählte junge Soldaten dabei. Richtige Kontakte, wie mit NVA-Soldaten oder Jugendlichen aus anderen Städten, die ich beim Sport kennengelernt habe, kamen jedoch nicht zustande. Das lag sowohl an den kleinen oder größeren Sprachbarrieren, die sich aber im Laufe der Jahre dank einer guten Russisch-Lehrerin unserer Schule legten, als auch an der Disziplin, die Soldaten auch außerhalb der Kasernen bei jeglichem Anlass abgefordert wurde. Dies schloss ganz

offensichtlich – obwohl Neugier und Interesse auf beiden Seiten vorhanden war – persönliche Kontakte aus.

Zwei oder dreimal war ich mit anderen Schülern in der Kaserne. Neugierig haben wir uns die großen URAL-Lkw und gepanzerte Fahrzeuge angesehen. Stolz waren wir, wenn wir in das Cockpit einer abgestellten Jak – also eines Kampfflugzeuges – klettern durften, wie halt Jungen im Schulalter so sind. Mein Vater, der als Bergmaschinenmann im nahegelegenen Braunkohletagebau arbeitete, hat mit großem Respekt von den „Freunden", den im Winter eingesetzten Soldaten, die Gleise vom Eis befreiten oder mit der Spitzhacke auf dem Förderband gefrorene Kohle lösten und Hand anlegten, wenn Kraft und Einsatz gefordert waren, gesprochen. Auch darüber, dass die Offiziere einen für ihn nicht verständlichen groben Ton gegenüber den Soldaten anschlugen, wenn eine Arbeit nicht schnell genug erledigt oder eine nicht befohlene Pause eingelegt wurde. Verstanden habe ich das damals nicht. Später ist mir in meinem Leben so etwas auch passiert. Da aber wusste ich schon damit umzugehen und meine Meinung zu sagen. Auf diesem Erkenntnisweg sind mir viele Menschen begegnet, die mir neben der Sprache, die Lebensgewohnheiten, die russische Kultur und auch, das will ich nicht verschweigen, die Geheimnisse der russischen Küche nahebringen wollten und konnten.

Die von Joachim Liebe gespürte Ambivalenz habe ich allerdings zu jener Zeit, also der Zeit, in der die Westgruppe der russischen Truppen in die Sowjetunion zurückkehrten, auch empfunden. Grundlage für diesen Abzug war der „Vertrag zwischen der Bundesrepublik Deutschland und der Union der Sozialistischen Sowjetrepubliken über die Bedingungen des befristeten Aufenthalts und die Modalitäten des planmäßigen Abzugs der sowjetischen Truppen aus dem Gebiet der Bundesrepublik Deutschland". Schon zuvor, das ist von vielen in Deutschland kaum beachtet worden, hatte die sowjetische Regierung als einseitige Entscheidung und vertrauensbildende Maßnahme bis Mitte August aus dem Bestand der sowjetischen Truppen in Europa drei Panzerdivisionen, diverse Abschussanlagen für taktische Raketen, etwa 2.700 Panzer und andere Waffenarten abgezogen. Ein ähnlicher Schritt ist mir von westlichen Alliierten bis heute nicht bekannt geworden. In dem Vertrag wurde übrigens das Territorium für den zeitweiligen Aufenthalt in Deutschland festgeschrieben: es war das Gebiet, auf dem sie sich 40 Jahre lang befanden, – Ostdeutschland, früher also die DDR.

Mit den Gedanken, etwas über meine Hoffnungen und Irrtümer aufzuschreiben und mich darüber auch auszutauschen, beschloss ich, einen guten Freund aufzusuchen. Anatolij Koljada, Erzpriester der Gemeinde der russisch-orthodoxen Alexander-Newski-Gedächtniskirche zu Potsdam. Dazu ein paar Worte der Erklärung. Wenn ich über meine Freundschaft mit Anatolij erzählte, wurde mir nicht selten die Frage gestellt, wie es denn dazu gekommen sei. Schließlich gehöre ich keiner christlichen Glaubensrichtung an und Anatolij ist Priester. Davon jedoch, das haben die Jahre gezeigt, hängt Freundschaft so wenig ab, wie von der Häufigkeit des Wiedersehens. Sie wächst aus Verständnis zueinander, aus Sympathie, gemeinsamen Handeln, ja, manches Mal auch aus Gegen-

sätzen. Bei verschiedenen Anlässen, also beim Besuch von Veranstaltungen im Haus der Offiziere, dem Tag der Roten Armee, am Ehrenfriedhof in der Stadtmitte oder auch beim Gespräch mit dem sowjetischen Stadtkommandanten von Potsdam, Oberst Wladimir Suchonosov, sind wir uns begegnet, ohne ins Gespräch zu kommen.
Näher kennengelernt habe ich Anatolij dann bei einem Treffen mit Offizieren der Roten Armee in Potsdam. Es war zu der Zeit, in der der Abzug der russischen Truppen beschlossen war und in einigen Städten begonnen hatte. Wir saßen – in kleinem Kreis – in einem Raum im „Haus der Offiziere" in der Potsdamer Hegelallee. Trinksprüche wurden ausgesprochen und auf die Zukunft angestoßen. Von dieser Zukunft hatte wohl jeder von uns seine eigene Vorstellung und nicht wenige Fragen, denn tatsächlich änderten sich in diesen Tagen und Wochen viele Dinge mit einer großen Rasanz und Vieles war oft auch unvorhersehbar. Und das betraf wiederum beide beteiligten Seiten. War ich noch vor Monaten ein Gast, der als offizieller Vertreter der Partei (SED) kam, gehörte ich nach der Vereinigung beider deutscher Staaten einer Partei an, die auf der Suche nach ihrem neuen Selbstverständnis in der deutschen politischen Landschaft (und!) in der Bevölkerung auf vielerlei Widerstände; Gegenwehr und Ablehnung traf. Das wussten die Offiziere natürlich auch, und mussten zudem mit den neuen Gegebenheiten, was Parteien, Verantwortungsträger in der Stadt und im Land betraf, umgehen. Warum sollte ihr Verhalten anders sein als das vieler Menschen im Land, in dem sie ja noch immer Gäste waren? Schließlich waren sie plötzlich nicht nur auf dem Territorium eines Staates, der der NATO angehörte, sondern hatten auch mit anderen offiziellen Vertretern der Kommunen und Länder und auch Parteien als zuvor zu tun.
Doch auch das war sehr differenziert. Die zuvor gepflegten persönlichen Kontakte und der respektvolle und auch freundschaftliche Umgang miteinander haben mir damals sehr geholfen. Inzwischen war ich als Stadtverordneter in Potsdam gewählt und konnte damit auch das eine oder andere Problem mit lösen helfen. Dabei spielte natürlich das Kennen der anderen Seite, der richtigen Ansprechpartner und das Wissen um die Wege, die gegangen werden mussten, um zu Lösungen zu kommen, eine wichtige Rolle.
Die meisten meiner persönlichen Kontakte haben bis zum endgültigen Abschiednehmen Bestand gehabt. Ich erinnere mich noch immer an den Abend des Abschiedes vom Kommandeur der Krampnitzer Garnison. Wir saßen zu viert, also in ganz kleiner Runde beisammen und er erzählte, dass seine Frau schon vor drei Monaten in die Heimat zurückgekehrt war, er aber ihren genauen Aufenthaltsort nicht kennen würde. Die Unsicherheit darüber, was ihn erwartet war deutlich zu spüren. Erst später habe ich die Größe der Aufgaben, die sich mit dem Abzug in der Sowjetunion, später Russlands ergaben, richtig werten können.
Es waren ja nicht nur 340.000 Soldaten und eine riesige Menge an Technik und Bewaffnung der unterschiedlichsten Art, die zurückkehrten. Selbst Menschen, die sich nicht mit aktuellen Problemen des Wohnungsbaus in unserem Lande auskennen, werden einschätzen können, was es bedeutet, 33.000 wohnungslose Familien innerhalb von

rund drei Jahren mit Wohnraum zu versorgen. Andere nicht weniger schwierige soziale Probleme kamen noch dazu.

Manche der Kontakte, über die ich geschrieben habe, bestehen bis heute. Ganz unterschiedlich sind sie: da ist die ehemalige Dolmetscherin, die in Potsdam geblieben ist oder der Musiker aus dem Orchester der Garnison oder auch der Mitarbeiter in der Botschaft Russlands, dessen Weg von Berlin bis in die UNO-Vertretung Russlands führte. Doch zurück zu dem Treffen mit Anatolij Koljada, das zum Ausgangspunkt unserer Freundschaft wurde. Wir stießen also miteinander an, tranken auf die Gesundheit und ich nahm seine Einladung an, ihn und seine Frau Nina in seinem Haus an der Kirche auf dem Kapellenberg zu besuchen.

Diese Besuche wiederholten sich und nach und nach wurde aus den Begegnungen und interessanten Gesprächen eine Freundschaft. Wenn wir uns treffen und es gibt dafür keinen konkreten Anlass, dann reden wir über Gott und die Welt.

Vor gut zehn Jahren schenkte er mir ein Buch mit dem Titel „Geschichte der Russisch-Orthodoxen Kirche in Potsdam – 18. bis 21. Jahrhundert", seine Doktorarbeit. Da er jetzt den Grund meines Besuches kennt und Fragen erwartet, hat er das Buch vor sich liegen. Wie zur Bestätigung seiner Worte blättert er hin und wieder darin, um sich von der Richtigkeit seiner Erinnerungen zu überzeugen. Er war schon einige Zeit vor der so genannten Wende, im Jahre 1986 nach Potsdam gekommen. Bei seinem ersten Gottesdienst im Oktober 1986 waren, so erzählte er mir, außer ihm und seiner Familie nur zwei Gemeindemitglieder anwesend.

Über den Beginn seiner Arbeit in Potsdam ist in der Doktorarbeit zu lesen: *„In den ersten drei Jahren seines Dienstes in Potsdam war Vater Anatolij neben seiner Pastoraltätigkeit vor allem damit beschäftigt, Kirche und Haus in Ordnung zu bringen. Mit Beginn der Perestroika belebte sich die Gemeindetätigkeit. Ungeachtet dessen, dass es nur wenige Gemeindemitglieder gab, war die Kirche in der Osternacht 1987 überfüllt, und viele mussten draußen stehen. Es handelte sich um Angehörige der Sowjetarmee in der DDR."* Zu dieser Zeit war für sie der Besuch der Kirche offiziell noch verboten. Höhere Offiziere umgingen dieses Verbot, indem sie Zivilangestellte in der Kaserne baten, in der Kirche Kerzen aufzustellen und Bittgottesdienste zu bestellen. Die Möglichkeit die Kirche zu besuchen hing Wochen und Monate später immer noch sehr vom Wohlwollen der Vorgesetzten ab.

Wie zwiespältig die Lage war, zeigt sich darin, dass im August 1991, mit der Abschaffung der Politabteilungen in der Armee, Soldaten wie Offiziere die Kirche besuchen durften, der Kommandierende der 2. Armee, Generalleutnant Pugatschew jedoch schon im Juni des gleichen Jahres seinen Sohn taufen ließ und der Leiter der Politabteilung dabei Taufpate war. Wahrscheinlich hat er den kommenden Erlass schon gekannt und ihn auch für sich genutzt.

Anatolij blättert in seinem Buch und erinnert, dass das Bedürfnis von Soldaten und Offizieren nach kirchlicher Gemeinschaft sehr stark war. Und er findet noch ein Beispiel dafür, wie sich das Verhältnis der Armeeführung zur Kirche in dieser Zeit neugestaltete. In den Jahren 1990 bis 1993 organisierte die Potsdamer russisch-orthodoxe Gemeinde die Sammlung und Beschaffung humanitärer Hilfe für Weißrussland und Russland. Die zwölf Transporte wären ohne die aktive Hilfe des Oberkommandierenden der Westgruppe der Streitkräfte, Generaloberst Burlakow, der sich dabei sehr engagierte, nicht möglich gewesen. Es wurden dafür die Transportmittel, die Kraftfahrer und der Kraftstoff zur Verfügung gestellt.

Und das zu einer Zeit, in der der Abzug der Westgruppe organisiert und durchgeführt werden musste. Eine Aufgabe, über die der gleiche General schrieb: *„Ihr Abzug ist eine beispiellose Operation in der militärischen Praxis. Sie übersteigt die Maßstäbe der Verlegung der Truppen in den fernen Osten in den Jahren des zweiten Weltkrieges oder in das Gebiet des Persischen Golfes im Jahre 1991."* (Burlakow, „Sowjetische Truppen in Deutschland", Junge Garde Verlag, Moskau 1994, S. 13)

Die Kirche hatte plötzlich einen anderen Stellenwert als zuvor. Damit erfüllte sich eine Hoffnung, die der Priester Anatolij nie verlor, so schwierig die Zeiten für ihn auch waren. Die Besuche im Haus am Kapellenberg hatten natürlich nicht selten auch konkrete Anlässe.

Wir besprachen gemeinsam Probleme, die es beim Umbau des Hauses gab, diskutierten über die wachsende Gemeinde und koordinierten das Vorgehen zur Erlangung der Anerkennung der Gemeinde als Körperschaft des öffentlichen Rechts. Letzteres mag nur wenigen Menschen wichtig erscheinen. Für Anatolij war es für die weitere Arbeit der Gemeinde, die stetig wuchs, von außerordentlicher Bedeutung. In diesem Zusammenhang sei erwähnt, wären „Gottes Mühlen" um einiges schneller gewesen als die der deutschen Bürokratie. Lange, sehr lange Zeit verstrich auch, bis die erforderlichen Genehmigungen zur Errichtung eines Friedhofes in der Nähe der Kirche und des Pfarrhauses ermöglicht wurde.

Auf dem Weg zu unserem Treffen am Kapellenberg ist mir das mit antirussischen Parolen beschmierte Hinweisschild, das unten an der Straße den Weg zur Kirche weist, aufgefallen.

Damit sind wir aus den 1990iger Jahren des vergangenen Jahrhunderts, dem Abzug der russischen Truppen aus Deutschland, plötzlich in der Gegenwart angekommen. Mein kluger Freund Anatolij schickt mich auf den Heimweg mit den Worten von Heinrich Heine: *„Der heutige Tag ist ein Resultat des gestrigen. Was dieser gewollt hat, müssen wir erforschen, wenn wir zu wissen wünschen, was jener will."* Der russische Verteidigungsminister Gratschow schrieb 1994: *„Der Abzug der sowjetischen Truppen aus Deutschland ist das Resultat eines langen und sehr komplizierten Prozesses der Gesundung der internationalen Beziehungen, eine Absage an das unselige Andenken der Prinzipien des Kalten Krieges, ein erster erfolgreicher Versuch eines der schmerzhaftesten und explosivsten Probleme der Gegenwart auf dem Wege von Verhandlungen und gegenseitiger Zugeständnisse zu lösen. Das ist schließlich der Sieg des gesunden Menschenverstandes und der Ausdruck des guten Willens der Völker."*

Was ist seither geschehen? Warum hat sich die Hoffnung auf Kooperation statt Abgrenzung, auf die endgültige Abkehr von Blockdenken und kaltem Krieg nicht verwirklichen lassen? Warum gibt es nun zum wiederholten Male nach 1945 Krieg in Europa? Welcher gestrige Tag ist es, der den heutigen so werden ließ, wie er ist? Seit dem Angriff Russlands auf die Ukraine und den nun schon mehr als zwei Jahre andauernden Krieg gibt es scheinbar nur eine Antwort: der russische Präsident Putin, der Diktator mit imperialen Gelüsten bedroht die Freiheit und den Frieden und muss mit allen militärischen Mitteln niedergerungen werden.

Milliarden von Euro werden aufgebracht, Rüstung ist inzwischen Hauptfaktor der Berechnung des Wirtschaftswachstums von Staaten und der Börsenwerte von Unternehmen. Kein Tag vergeht, an dem nicht eine Meldung aus der EU, dem NATO-Hauptquartier oder aus den USA kommt, mit der neue Beschlüsse, wie im Krieg gesiegt werden kann. verkündet werden, die sich aber doch immer nur aufs Militärische richten. Die Lieferung immer neuer und noch weitreichender Waffen wird diskutiert, über „Kriegstüchtigkeit" fabuliert und die Spirale des militärischen Denkens unaufhaltsam nach oben getrieben. Die Anzahl der verhängten Sanktionen gegen Russland ist inzwischen zweistellig, alles wird getan, um der Ukraine beim militärischen Niederringen Russlands zu helfen und damit einen „Siegfrieden" zu erzwingen. Das ist eine Wahnsinnsidee, die menschliches Leid, Tod und Zerstörung nur weiterbefördern.

Die Ukraine verteidigt, so wird gesagt und geschrieben, die Werte Europas und der westlichen Welt. Mir hat noch keiner plausibel erklären können, welche Werte das sein sollen. Ich gehöre einer Generation an, für die Frieden im Leben höchstes Gut und Glück waren. Und das habe ich für meine Kinder und Enkel, so wie Millionen andere Menschen auch, immer gewünscht. Keiner soll mir erzählen, dass dies nur mit Krieg und Waffen möglich ist.

Im Jahre 2001 hielt der russische Präsident W. Putin eine Rede im Deutschen Bundestag, in der er viele Angebote zur Zusammenarbeit, zur Kooperation und zum friedlichen Miteinander Russlands mit Deutschland und der westlichen Welt unterbreitete. Heute wird darüber kaum gesprochen oder „Umdeutungen" im Sinne von „alles Lüge" vorgenommen. Sein Widerspruch gegen das weitere Vorrücken der NATO in Richtung Russland auf der Münchner Sicherheitskonferenz 2007 wurde als Abkehr vom Inhalt dieser Rede und als Drohung interpretiert. Und die NATO hat sich genau in diese Richtung weiterbewegt. Selbst Michail Gorbatschow hat in seiner Rede zum 20. Jahrestag der deutschen Einheit mit Bitterkeit davon gesprochen, dass er bei den Zwei-plus-Vier-Verhandlungen in dieser Frage getäuscht wurde.

Das alles rechtfertigt keinen Krieg. Darüber nachdenken sollte man schon. Und endlich auch darüber, wie dieser Krieg beendet werden kann. Es wird ein friedliches Europa nur im Einklang mit und nicht gegen Russland geben. Wer dabei auf russischer Seite Verhandlungspartner ist, kann nur Russland selbst entscheiden. Endlich die Waffen schweigen lassen, Diplomatie statt Kriegsgetön ist das Gebot der Stunde. Wenn es (noch immer) keine neuen Ideen dafür gibt, bliebe der Rückgriff auf den Vertragsentwurf

zwischen der Ukraine und Russland von Istanbul aus dem Jahre 2022, der damals wohl nicht in die strategischen Überlegungen des Westens passte. Selbst wenn Verhandlungen schwierig sind und Jahre dauern, sind sie immer noch besser als jeder Tag im Krieg. In einem Lied, das zum Abschied der russischen Truppen vor 30 Jahren gesungen wurde, heißt es: *„Deutschland, wir reichen Dir die Hand und kehren zurück ins Vaterland. Die Heimat ist empfangsbereit – wir bleiben Freunde allezeit ...“*
So viel Hoffnung drücken diese Verse aus. Ob es Irrtümer sind oder die Hoffnung zur Realität wird, entscheiden wir, die jetzt handelnden Generationen.
Werten, beurteilen, damit leben müssen, werden die nach uns Kommenden.

Heinz-Joachim Lohmann

Kirche, Konversion und ländlicher Raum

Der Fall des Eisernen Vorhangs zog in Deutschland mehrere Konversionen nach sich. Die erste und tiefgreifendste war die staatliche Einheit nach westdeutschem Vorbild mit bürgerlicher Demokratie, Föderalismus und marktwirtschaftlicher Wirtschaftsordnung. Die zweite bestand aus der Eingliederung des neuen Deutschlands in die Europäische Union. Die dritte führte zur Integration in die NATO.
Alle großen Konversionen zogen eine Unzahl an kleinen nach sich, die vor allem Ostdeutschland betrafen. Aus Bezirken wurden Bundesländer, aus Blockparteien und Bewegungen formierte sich eine neu aufgestellte Parteienlandschaft. Die Einheitsschule verwandelte sich in ein dreigliedriges Schulsystem mit selbstorganisierten freien Schulen als Alternativen zum staatlichen Monopol. Betriebe brachen zusammen, Arbeitsplätze und Jobprofile verschwanden, freie Berufswahl und multiple Lebensentwürfe wurden möglich. Im gemeinsamen europäischen Raum verschwanden Grenzkontrollen. Eine ganze Armee wechselte die Seiten. Die vormaligen Besatzungsmächte zogen sich aus Deutschland zurück oder blieben als SicherheitspartnerInnen. Kein mit Atomsprengköpfen gesicherter Stacheldraht zerschnitt mehr Europas Mitte.
Die Evangelische Kirche in Deutschland befand sich im Zentrum der Veränderungen. In der Zeit der Teilung hatte sie in erzwungener institutioneller Trennung Strukturen geschaffen, die Begegnung und Zusammenarbeit ermöglichten, Gemeinschaft über die Grenze hinweg garantierten und Einheit imaginierten. Deshalb stellte sich mit dem Wegfall der Grenze sofort die Frage nach institutioneller Einheit. Die Evangelische Kirche Berlin-Brandenburg hatte im Prozess der Teilung sogar einen genauen Zeitplan festgelegt, in welchem Zeitraum die getrennten Synoden wieder vereint tagen müssen und wer die vereinigte Tagung leitet.
Nach zwanzig Jahren der Trennung und des Lebens in sehr unterschiedlichen gesellschaftlichen Systemen mit nahezu entgegengesetzten gesellschaftlichen Rollenzuweisungen und Wirkungsmöglichkeiten war eine ganze Menge an innerer Konversion zu leisten, um gemeinsam handlungsfähig zu werden.

Zu den neuen Rahmenbedingungen gehörten offene Grenzen. Die ermöglichten freies Reisen und Begegnungen mit Menschen und Kirchengemeinden in Deutschland, Europa und der ganzen Welt. Deutsche aus der Sowjetunion konnten umziehen nach Deutschland, worauf sie manchmal seit Jahrzehnten gewartet hatten

Der Abzug der sowjetischen Streitkräfte schließlich setzte riesige Flächen frei, die nun offen standen für eine neue Nutzung. Bei einigen Gebieten weckte das militärische Begehrlichkeiten. Die Armeen des Warschauer Paktes konnten ihre Infrastruktur ohne Planfeststellungsverfahren und ohne Rücksicht auf Eigentumsverhältnisse organisieren. So war in den fünfziger Jahren in der Kyritz-Ruppiner Heide im Norden Brandenburgs ein riesiger Truppenübungsplatz entstanden, über dem Flächenbombardements geübt werden konnten. Nach Abzug der sowjetischen Truppen wollte die Bundeswehr das Gelände nahtlos weiternutzen. Genauso nahtlos organisierte sich der Protest dagegen.

In der Bevölkerung waren weder die skrupellosen Aneignungsverfahren durch Zwangspacht und niedrige Kaufpreise in den fünfziger Jahren vergessen noch die Bedrohungen durch fehlgeleitete Bomben und die Belastungen durch den Fluglärm. Verbindungswege zwischen der Ostprignitz, der Westprignitz und dem Ruppiner Land waren zerschnitten, wenige Kilometer entfernte Ziele nur umständlich erreichbar wegen der Durchgangssperren und Fahrverbote. Lange schon wurde dieses Gebiet im Volksmund süffisant Bombodrom genannt. Nach wie vor bleibt das Erstaunlichste an dem ganzen Vorgang, dass die Armee eines demokratischen Rechtsstaates dachte, sie könnte ein durch Unrecht zustande gekommenes Areal einfach mal so weiternutzen. Bald erschienen an den Ortseingängen Schilder mit der Aufschrift: *Diese Gemeinde wehrt sich gegen den Truppenübungsplatz.*

Die Kirchengemeinden und ihr Pfarrpersonal stellten sich zusammen mit dem Landkreis, den betroffenen Kommunen und der regionalen Wirtschaft im Zentrum des Protestes auf. Pfarrer Reinhard Lampe aus Dorf Zechlin entwarf den Slogan, der dem Kampf und dem Platz seinen Titel gab: FREIeHEIDe. Es folgten siebzehn Jahre eines Protestes, der die Region einte und spaltete. Es gab eine Minderheit, die sich von der Bundeswehr Wachstum und Arbeitsplätze versprach und eine Mehrheit, die um Prosperität und Tourismus fürchtete; eines Protestes, der unterschiedlichste Menschen und Gruppen zusammenbrachte und vereinte. Eines Protestes schließlich, bei dem viele Aktionsformen aus der Kirche kamen.

Zentrale Veranstaltung war der jährliche Ostermarsch, der in Fretzdorf startete und mit einer geistlichen Besinnung samt prominent besetzter Hauptrede begann. Bis zu 10.000 Menschen begaben sich danach zur Protestversammlung mit kreativer Aktion an den Rand des Übungsplatzes. Jahrelang fanden hier die größten Ostermärsche Deutschlands statt. Die Verbindung des Festes der Auferstehung mit dem Kampf gegen weltweite Aufrüstung und Krieg hatte eine lange Tradition, die hier erfolgreich fortgesetzt wurde.

Übers Jahr fanden dann viele kleinere Protestwanderungen in Gemeinden rund um das Bombodrom statt, die stets mit einer geistlichen Besinnung begannen und häufig mit der Einweihung eines Kunstwerkes endeten.

Die Bürgerbewegung FREIeHEIDe hielt über den ganzen Zeitraum des Widerstandes das Thema in der Öffentlichkeit. Über Jahre wurde der aktive Teil des Gehaltes ihres Sprechers Pfarrer Benedikt Schirge aus Spenden finanziert. Auch hier war die Kirche bereit, eine Pfarrpersönlichkeit für dieses Engagement freizustellen und darüber hinaus für Beihilfe und Versorgung aufzukommen.
Rund um die Kerninitiative bildeten sich im Laufe der Zeit andere Gruppen, die spezielle Themen bearbeiteten. Dazu gehörte auch ProHeide, ein Zusammenschluss der Wirtschaft, der deren Widerstand dokumentierte und nach vorne brachte.
Ein weiterer wichtiger Teil des Protestes waren die gerichtlichen Auseinandersetzungen um Eigentums- und Nutzungsrechte und um notwendige Planfeststellungsverfahren. Hier kämpften vor allem Landkreis und Kommunen unter Federführung von Landrat Christian Gilde.
Dazu gab es immer wieder mehr oder weniger öffentliche Diskussionen zwischen Befürwortern und Gegnerinnen des Projektes. Sie fanden meist in kirchlichen Räumen statt, weil im Geist der Kirchengebäude manchmal noch ein Hören aufeinander möglich ist, wenn im Alltag unüberwindliche Gräben aufscheinen. Auch wurde der Kirche bei aller eindeutigen Positionierung noch die Fähigkeit der Vermittlung zugetraut.
Am Ende gab die Bundeswehr auf. Immer noch findet ein jährlicher Gottesdienst anlässlich des Jahrestages statt, an dem die Heide frei wurde.
Was hat sich in dieser Zeit gezeigt und was hat die Kirche aus dieser Zeit gelernt? Die Bürgerbewegung FREIeHEIDe bildete die konsequente Fortführung der Bewegung „Schwerter zu Pflugscharen" aus der Zeit der Kirche der DDR. Beide eint der Protest gegen den Machtmissbrauch der Obrigkeit und der Widerstand gegen militärische Gewalt. Deshalb waren auch viele prominente und kirchenleitende Persönlichkeiten mit den in der DDR gewonnenen Erfahrungen und erarbeiteten Einstellungen in dieser Auseinandersetzung präsent. Sie dokumentierten, dass Kirche „Kirche für andere" ist und ihre tiefe Verwurzelung im Prozess für Frieden, Gerechtigkeit und Bewahrung der Schöpfung hat.
Dann setzte sich die in der friedlichen Revolution neu gewonnene Rolle der Kirche als gesellschaftlichem Player fort und eröffnete den Raum für die Mitgestaltung der Zivilgesellschaft. Personal, Infrastruktur und Räume unterstützen Engagement. Im Umkreis der Kirchengemeinde bewegen sich Menschen, die zum Einsatz bereit sind und dafür, etwas von ihrer Lebenszeit in den Dienst an einer veränderbaren Welt zu stecken.
Neben der Mobilisierungsfähigkeit und der Einsatzbereitschaft der Kirche zeigte sich sowohl ihre innere Bandbreite und die Fähigkeit Meinungsverschiedenheiten intern auszuhalten und auszutragen als auch die Möglichkeit, vermittelnd tätig zu werden. In einer sich von ihrer christlichen Vorgeschichte befreienden Gesellschaft behält die Kirche eine Akzeptanz als vermittelnde Instanz und Player für das Gemeinwohl.
Der Blick auf militärische Weiternutzung richtete sich keinesfalls auf alle Liegenschaften und nicht alle militärische Nutzung war umstritten. Im Gebiet der Gemeinde Niedergörsdorf befand sich der sowjetische Militärflugplatz Altes Lager. Er umfasste Start- und

Landebahnen, Wohngebäude für mehrere hundert Personen sowie den Gebäudekomplex einer höheren fliegertechnischen Schule aus der nationalsozialistischen Zeit. Mit dem Abzug der Gruppe der Sowjetischen Streitkräfte in Deutschland (GSSD) bzw. der Westgruppe der Truppen (WGT) lag ein riesiges Gelände brach und wartete auf eine neue Nutzung.
Die begann mit dem Traum einer mennonitischen Wohnsiedlung in Brandenburg, die mit großem innerem Zusammenhalt und klaren Regeln ihr Leben gemeinsam gestalten sollte. Zur Umsetzung wurde Andreas Seehafer als Investor gewonnen. Als Unterstützung des Aufbaus entsandte das weltweite mennonitische Hilfswerk MCC (Mennonite Central Committee) Kathy und Karl Koop, ein kanadisches Pfarrehepaar mit deutschen Wurzeln, nach Niedergörsdorf.
Die Kommune unterstützte das Projekt und räumte alle Barrieren so geräuschlos wie möglich zur Seite. Kommen sollten achthundert bis eintausend Menschen, Spätaussiedler aus den Gebieten der Sowjetunion, die sich gerade im Auflösungsprozess befand. Spätaussiedler kamen, aber keine geschlossenen Gemeinschaften. Auch keinesfalls nur Mennoniten und wenn mennonitisch, dann oft nur mit einer Idee von ihrer Herkunft ausgestattet.
Ein Projekt, das nur zu schaffen war mit der Bereitschaft, unkonventionelle Wege zu gehen. Amtsdirektor Wilfried Rauhuts Lieblingssatz in dieser Zeit war: „Wir wussten zwar nicht immer, was wir taten, aber wir haben gemacht." Ein neuer Gemeindeteil namens Niedergörsdorf-Flugplatz entstand.
Schnell zeigte sich, dass die Kirchengemeinde vor Ort an der Aufgabe nicht vorbeikam. Sie verfügte über die lokale Einbettung und den Zugang zu den diakonischen Strukturen. Außerdem zeichnete sich zügig ab, dass die Zusammensetzung der neuen Bürgerinnen und Bürger eher ökumenisch als konfessionell eindeutig zuzuordnen war.
Kathy und Karl Koop und das Pfarrehepaar vor Ort fanden schnell Kontakt zueinander und überlegten gemeinsam, was zu tun ist. Thomas Saur vom diakonischen Werk Berlin-Brandenburg und Axel von Hoerschelmann aus der Staatskanzlei berieten über den Aufbau von tragfähigen Strukturen für den sozialen Zusammenhalt der neuen Siedlung. Der Aufbau einer christlichen Gemeinschaft lag in den Händen der Koops. Die Evangelischen Kirchengemeinden des Pfarrsprengels Niedergörsdorf hatten die Aufgabe gemeinsamer Aktionen mit der einheimischen Bevölkerung und organisierten zusammen mit den Aktiven vom Flugplatz gemeindeübergreifende Gruppen. So entstand im Laufe der Jahre ein Jugendchor und christliche Unterweisung für Jugendliche, ökumenische Gottesdienste und gegenseitige Amtshilfe, Beratung über alle möglichen Konflikte und ständiger Dialog mit den Behörden vor Ort.
Die Entwicklung war keineswegs selbstverständlich. Es gab die historische Kluft zwischen der Täuferbewegung und den protestantischen Amtskirchen, die jahrhundertelang für die Täufer oft tödlich geendet hatte. Es half, dass in der Zeit der DDR die Verbindung gewachsen war zwischen christlichen Konfessionen, die vorher eher das Trennende

empfanden. Gleichzeitig gab es einen Prozess der Versöhnung zwischen dem Lutherischen Weltbund und den Mennoniten. Die Lutheraner baten weltweit um Vergebung für das den Mennoniten angetane Unrecht.
In dieser Atmosphäre des Dialogs und der Überwindung alter Schranken fiel es leicht, die Zusammenarbeit pragmatisch zu gestalten. Die Koops und ihre Nachfolgenden Anni und Walter Thielmann, Marian und John Friesen, James und Henriette Schellenberg orientierten sich stets an dem Verbindenden und was den Menschen und dem Zusammenleben am meisten dient.
Die mennonitische Geschichte ist geprägt von Flucht und Vertreibung. Aus Deutschland ging es nach Ostpreußen, Russland, USA und Kanada, nach der Oktoberrevolution und dem Zweiten Weltkrieg kam Paraguay hinzu und ebenso eine Rückkehr in die alte Bundesrepublik. Familien leben eine Existenz zwischen Nordamerika, Südamerika und Europa. Das Erbe der Täuferbewegung hält liberale und extrem konservative Einstellungen zusammen. Die Rolle von Frauen und die Einbindung gleichgeschlechtlicher Lebensentwürfe bildet wie in anderen christlichen Gemeinschaften eine Sollbruchstelle. Trotzdem oder gerade deswegen gibt es ein Frömmigkeitskonzept, das sich stark von einer protestantischen Normalexistenz im märkischen Sand unterscheidet. Deswegen war es immer hilfreich, dass in Niedergörsdorf-Flugplatz Menschen zum Einsatz kamen, die Deutschland kannten, aber in unterschiedlichen kulturellen Bezügen zuhause waren. Alle sprachen deutsch und kamen aus der Tradition einer Kirche, die in einer friedlichen Koexistenz und der Überwindung von Konflikten durch zivile Bearbeitung ihre Wurzeln hatte. Sie konnten vermitteln zwischen der kulturellen und religiösen Prägung der Spätaussiedelnden und den Einstellungen der brandenburgischen Zielregion. Alle Beteiligten waren orientiert an einem Zusammenwachsen zwischen denen, die kamen und denen, die schon immer da waren.
So entwickelte sich nicht nur der Dialog vor Ort. Auch das Gespräch und die Zusammenarbeit mit den nationalen und weltweiten mennonitischen Organisationen kam voran. Entscheidend war die Frage, in welche Konstruktion die staatliche Unterstützung fließen sollte. Viele Diskussionen führten zu dem Ziel, dass eine Kombination aus lokalen und übergeordneten mennonitischen und evangelischen Vereinigungen zusammen mit der Kommune das Gemeinschaftswerk Niedergörsdorf-Flugplatz und Altes Lager e.V. gründen sollten.
Das war in der mennonitisch-protestantischen Geschichte ein neuer Vorgang und ebenso für Brandenburg. Eine gemeinsame Organisationsform zwischen Kommune und christlichen Institutionen gab es kaum in den Jahren nach der DDR. Zu weit waren Kirche und Staat auseinander gedriftet, obwohl in den örtlichen und übergeordneten Parlamenten überproportional viele Christinnen und Christen ein Mandat wahrnahmen.
Dem Gemeinschaftswerk gelang es, eine kontinuierliche soziale Begleitung als Jugendmigrationsdienst zu installieren. Mit Helene Franke, Regina Rauhut und Theresia Gruschka waren kompetente Frauen im Einsatz, die stets ein offenes Ohr für die Fragen, Bedürfnisse und Nöte der Menschen hatten. Zusammen mit den Pfarrehepaaren und

Alexander Galwas als Ansprechpartner aus der Community konnten viele Anforderungen rechtzeitig erkannt und Konflikte früh identifiziert werden.
Holger Lehmann entwickelte als Geschäftsführer des Gemeinschaftswerkes eine tragfähige soziale Infrastruktur. Bald war klar, dass zur Weiterentwicklung der sozialen Dienste der Wirkungsbereich auf einen größeren Raum ausgedehnt werden musste. Deshalb fiel die Entscheidung, sich verstärkt im Regionalen Diakonischen Werk Teltow Fläming zu engagieren und Holger Lehmann auch dort als Geschäftsführer zu installieren. Daraus entstand ein gut vernetzter und sehr agiler diakonischer Träger im Landkreis.
Niedergörsdorf-Flugplatz entwickelte sich rasant. Tatsächlich wohnten bald um die tausend Menschen auf der Fläche. Nicht nur für Spätaussiedelnde war die Lage attraktiv, auch Einheimische mieteten in dem Areal. Verfallende Armeeplatte wandelte sich in ein prosperierendes Wohngelände. Es blieb weitgehend konfliktfrei, weil der dörfliche Kern einige Kilometer entfernt lag und Altes Lager keine gewachsene Dorfgemeinschaft abbildete. Zudem bemühte sich die Kommune um einen weitergehenden kulturellen Aufbau. Das Kulturzentrum „Das Haus" wurde aus dem ehemaligen Kasino heraus saniert und durch Ansiedlung des Theaters '89 aus der Berliner Mitte zu einem inspirierenden intellektuellen Motor für das Amt Niedergörsdorf und die ganz Jüterbog umfassende Region.
Nachdem die ersten Jahre in großer Harmonie und gemeinschaftlicher Zielsetzung verliefen, wuchsen gegen Ende der Neunziger die Konflikte zwischen dem Investor und den Mietenden. Auslöser waren unterschiedliche Auffassungen über den Zustand der Sanierungen und das Verhalten der Bewohnerinnen und Bewohner. Die Menschen aus der ehemaligen Sowjetunion hatten Bevormundung satt und fanden einiges zu nachlässig saniert, echte Mängel, anderes nicht funktional und die Hausverwaltung zu träge. Die andere Seite war von den eigenen Leistungen überzeugt, suchte das Fehlverhalten bei den Leuten und trat teilweise sehr paternalistisch auf. Wilfried Rauhut, Koops, Thielmanns, Friesens vermittelten und traten für die Belange der Einwohnenden ein.
Derweil wuchs die Glaubensgemeinschaft als konfessionsübergreifende christliche Gemeinschaft unter mennonitischem Dach. Mehrmals im Jahr gab es ökumenische Gottesdienste zusammen mit den Kirchengemeinden des Pfarrsprengels Niedergörsdorf. Auch Gemeindefeste wurden zusammen gefeiert. Diese Kontaktflächen waren wichtig, um sich gegenseitig kennen und verstehen zu lernen. Es entwickelte sich dabei ein Gefühl dafür, wie künftig der gleiche Lebensraum geteilt und weiterentwickelt werden kann.
Ein wirkliches Problem bestand im unterschiedlichen Status der Ankommenden. Manchmal hatte nur ein Teil eines Ehepaares den Status „deutsch", das andere war „russisch" oder „kasachisch" oder hatte die Staatbürgerschaft eines anderen Teils der ehemaligen Sowjetunion. Das hatte eine starke Auswirkung auf die Leistungen, die den Menschen zustanden, vom Sprachkurs bis zur Arbeitserlaubnis und Unterstützung bei Studium und Ausbildung. Es verzögerte oder verhinderte das heimisch werden in der neuen Lebenswelt. Dazu kam, dass viele der Jugendlichen gar keine Lust hatten, den gewohnten Lebensraum zu verlassen und getrennt von den bisherigen menschlichen

Bezügen an einem fremden Ort neu anzufangen, der für sie mit keinerlei Sehnsucht oder gar Hoffnung auf ein besseres Leben verbunden war.
Der große Vorteil des Projektes Niedergörsdorf bestand darin, dass stets das Wohl der Neubürgerinnen und Neubürger im Mittelpunkt des Handelns stand und allen Beteiligten deutlich vor Augen stand, dass das nur zu erreichen war durch ein gutes Miteinander mit den anderen Ortsteilen. Die Umsetzung dieser Ziele ermöglichte, dass Kommune, mennonitische und protestantische Organisationen und Verantwortliche immer abgestimmt agierten und aufpassten, dass zwischen ihren Interaktion nach außen kein Blatt Papier Platz fand.
Ganz anders stellte sich die Situation in Wittstock an der Dosse dar. Auch hier gab es einen Zuzug von Deutschen aus den Gebieten der ehemaligen Sowjetunion. Sie wohnten schwerpunktmäßig in einem Neubaugebiet. Fast ein Jahrzehnt nahm niemand in der Stadt Wittstock wahr, dass ein nicht unbedeutender Bevölkerungsanteil seine Wurzeln anderswo hatte.
Die Konflikte blieben unter der Decke bis Kajrat Batesov, ein junger Aussiedler, erschlagen wurde. In diesem Moment formierte sich die Community in der Stadtöffentlichkeit. Sie berichteten über ihre Demütigungen, besonders über die Anfeindungen gegenüber den Kindern in den Schulen. In der Folge installierte die Stadt einen Bürgerberater als Ansprechpartner für die Menschen mit schnellem Zugang zu allen Bereichen der Verwaltung. Lew Sinner übernahm die Aufgabe. In Russland war er Professor für Mathematik und theoretische Physik, in Deutschland Sozialhilfeempfänger. Engagiert trieb er die Interessen der Betroffenen voran. Für ihn selbst war es ein Stück der Wiedererlangung der eigenen Würde, die er durch die Degradierung zum Sozialhilfeempfänger verloren hatte. Mit seiner Hilfe entstand das Projekt eines Gottesdienstes in Russisch und Deutsch, der den einen eine Heimat geben und allen Gemeinschaft eröffnen sollte.
In einem gerade erworbenen Gebäude der Kirchengemeinde wurde ein Haus der Begegnung eingerichtet. Durch logistische Unterstützung des Diakonischen Werkes Teltow-Fläming entstand eine Infrastruktur, in der Alteingesessene und neu Zugezogene gemeinsam am Erhalt des Hauses arbeiteten und zusammen Programme für die Stadt entwickelten. Unter der Leitung von Marion Duppel entstand ein deutsch-russisches Catering, der Chor Katjuscha, eine Nähstube und vieles mehr. In einem überschaubaren Zeitraum verbesserte sich das Klima in der Stadt und es entstand eine gemeinsame Identität.
In all diesen Projekten war entscheidend, dass der gemeinsame christliche Geist stärker war als alles Trennende und alle Beteiligten große Energie hineinlegten, um schwierige Situationen entweder gar nicht entstehen zu lassen oder zu überwinden. Staatliche Hilfsprogramme sorgten für die notwendige finanzielle Ausstattung. Die Infrastruktur und das Netzwerk der beteiligten Kirchen konnten sowohl das ideell Notwendige als auch Räume generieren. Die beteiligten Kirchen und Gemeinden zeigten ihre Fähigkeit, als integrierende Kraft tätig zu sein.

Das Schlagwort „Kasernen zu Schulen" prägte das nächste Projekt, das in engem Zusammenhang mit dem Abzug der russischen Armee aus dem vereinigten Deutschland stand. Gleich nach der friedlichen Revolution bildete sich in Neuruppin eine Initiative aus Eltern, Lehrkräften, Schülerinnen und Schülern und Menschen aus dem kirchlichen Dienst, deren Ziel es war, dem staatlichen Schulsystem eine freie Alternative gegenüberzustellen, in der es außer um die Vermittlung von Wissensstoff um Persönlichkeitsbildung und Orientierung an christlichem Glauben und Grundwerten ging.
Die Initiative führte zur Gründung eines Evangelischen Gymnasiums, dem von der Stadt Neuruppin das Gelände der ehemaligen Seetorkaserne zur Verfügung gestellt wurde. Bis zur Sanierung fand der Schulbetrieb in Containern statt. Von Anfang an bestand der Plan, das gesamte Schulspektrum im Rahmen einer Evangelischen Schule abzubilden. So wurde das Projekt in den ersten zehn Jahren unter leidenschaftlichem Einsatz von vielen Beteiligten um eine Grundschule und eine Oberschule erweitert.
Besonders um die Einrichtung der Grundschule kämpften wichtige Teile der gesamten Stadtgesellschaft. Im Rahmen einer Kunstauktion in der Neuruppiner Klosterkirche wurden nahezu 100.000 Euro als Startkapital aufgebracht. Die Oberschule schließlich sollte ermöglichen, in allen Schulformen einen Abschluss an einer evangelischen Schule zu erreichen.
Ziel war es, das autoritäre Schulsystem der DDR aufzubrechen, dessen Geist lange über das Ende des Systems hinaus weiterwirkte und eine experimentierfreudige Schule zu entwickeln, in deren Zentrum nicht Hochleistung stand, sondern die Möglichkeit für junge Menschen, ihren eigenen Weg zu finden. Dieser Ansatz zusammen mit dem engen Zusammenwirken von Eltern, Lehrkräften, Stadt und Kirche wurde 2012 mit dem Deutschen Schulpreis ausgezeichnet.
In diesem Projekt gelang es, pädagogische Ziele zu formulieren, eine enge Wechselwirkung zwischen Stadt, Kirche und Schule zu installieren und für die ganze Region befruchtende neue Wege zu gehen. Das Team aus Lehrenden, Lernenden, Eltern, Kirche und Stadtöffentlichkeit um die Schulleitung von Anke Bachmann und Bettina Labahn ist bleibend in der Lage, sich den jeweils anderen Herausforderungen der Zeit zu stellen.
Für die Evangelische Kirche als wesentlicher Teil der Zivilgesellschaft, als diakonischer Motor für sozialen Zusammenhalt und als geistige Kraft für pädagogische Erneuerung ergab sich die Chance aus dem Abzug der Westgruppe der sowjetischen Streitkräfte. Diese Chance wurde wahrgenommen, ergriffen und umgesetzt in einen Geist der Gestaltung und Zusammenarbeit im Systemwandel.

Steffen Reiche

Meine Achterbahnfahrt mit Russland

Die deutsche Einheit war noch keine zehn Wochen alt, da bekam, völlig zu Recht, Michail Gorbatschow den Friedensnobelpreis. Selten ist mit diesem Preis eine solche globale Großtat gewürdigt worden. Der Billionen von Dollar verschlingende und der Millionen von Lebenschancen behindernde Ost-West-Konflikt war durch die von ihm, dem Russen, angestoßene Glasnost (Transparenz) und die Perestroika (Umbau der Gesellschaft) Vergangenheit.

Dem Franzosen Talleyrand wird der Satz zugeschrieben, dass, wenn die im russischen Dauerfrostboden gefrorene Leiche Russlands auftauen würde, man den Gestank in ganz Europa riechen würde. Aber nun war quasi über Nacht, nach dem natürlichen Tod von drei Generalsekretären der KPdSU innerhalb von zwei Jahren, Russland im Umbau und es gab große Hoffnung auf das von Gorbatschow propagierte gemeinsame Haus Europa mit den verschiedenen Wohnungen. Russland, das als sein Staatsterritorium auch heute noch rund ein Achtel der Landoberfläche der Erde umfasst, gab erstmals in seiner Geschichte wieder etwas heraus und entließ beherrschtes Gebiet in neue und doch alte, so sehr vermisste Freiheit.

In Russland findet man noch heute die Bezeichnung der Hauptstadt als das dritte Rom, also als Hauptstadt eines Weltreiches, außerhalb dessen Grenzen nur Ungläubige und Barbaren leben, wo es also nichts wirklich Lebenswertes gibt. Und Dmitri Medwedjew hat als Nachfolger und Vorgänger von Wladimir Putin behauptet: Russland kennt keine Grenzen.

Also im Grunde ist alles schon oder nur zurzeit noch nicht, Russland, Mütterchen Russland, russische Erde. Dort wo Russen russisch sprechen, ist nach diesem Verständnis russische Erde, die dann zu dem Zeitpunkt, wo das möglich und opportun ist, eingesammelt werden kann und muss.

Die erste Fremdsprache, die ich 1972 in Potsdam in der 5. Klasse der Polytechnischen Oberschule in der von der Sowjetunion auf „ihrem Territorium" begründeten DDR, zu lernen beginnen musste, war Russisch. An der Elbe endete vor 1000 Jahren die Zivilisation des Westens. Immer wurde, bis Atombomben das knapp 1000 Jahre später eigentlich unmöglich machten, Krieg geführt. Wurden Gebiete von anderen, die besser und deshalb mächtiger waren, erobert. Um die erste nachchristliche Jahrtausendwende wurde dann das Gebiet östlich der Elbe durch die Germanen von den Slawen erobert. Kirchen in Magdeburg und Havelberg und Merseburg wurden gebaut und von dort dann der Osten nicht nur missioniert, sondern auch erobert.

Und nun endete als Ergebnis des von Deutschen zweimal begonnenen Weltkriegs, dem Doppelten Weltkrieg von 1914–1945 nach dem Potsdamer Abkommen vom August 1945 an der Elbe, der Westen Deutschlands und begann das russisch besetzte Gebiet.

Auch mit großer amerikanischer Waffen- und Finanzhilfe hatte, der ähnlich große Verbrechen wie Hitler auf seinem Kerbholz habende Stalin den Osten Deutschlands und Berlin erobert. Stalin war 1939 nicht nur für den schon fast zehn Millionen Tote kostenden Holodomor in der Ukraine verantwortlich, sondern für eine mit Hitler verabredete Teilung Europas in Polen und die Millionen von Toten durch sein Terrorregime.

Nun also wurde im Potsdamer Abkommen Deutschland unter den Gewinnern des Krieges aufgeteilt. Die Westmächte hatten den Westen Deutschlands nach 1949 in Etappen schon längst in Freiheit entlassen und Westdeutschland war in freier Selbstbestimmung schon Teil des Westens geworden – nicht nur durch EU und NATO-Mitgliedschaft, sondern vor allem weil es die Werte des Westens teilte. Am 12. September 1990, drei Wochen vor der Deutschen Einheit am 3. Oktober 1990, wurde im Zwei-plus-Vier-Vertrag der Abzug der Westgruppe der russischen Truppen aus dem Osten Deutschlands, aus der DDR vereinbart. Der Abzug sollte mit zwölf Milliarden D-Mark durch die Bundesrepublik Deutschland unterstützt werden. Als der Abzug der Westgruppe der Sowjetischen Streitkräfte nach 45 Jahren Besatzung am 30. August feierlich in Berlin begangen wurde, war einigen zum Feiern, anderen mulmig zu Mute.

Putin hatte von 1985–1990 im „Tal der Ahnungslosen", in Dresden, als Geheimdienstmann gelebt und als nun auch die letzten seiner damaligen Freunde und Kollegen aus der ehemaligen DDR abgezogen wurden, war Putin Vizebürgermeister in Petersburg. Er hatte sich schon als Fan von Pinochet geoutet und hatte 1994 das Matthiae-Mahl in der Partnerstadt Hamburg unter lautem Protest verlassen, als der damalige estnische Ministerpräsident dort vor dem Großmachtstreben der Russen warnte. Ich war nie Mitglied der großen Organisation DSF, der Deutsch-Sowjetischen-Freundschaft, geworden, obwohl ich als großer Verehrer der Russischen Literatur oder Musik dort durchaus hätte eintreten können. Denn für mich ist bis heute das wichtigste Buch neben der Bibel „Die Brüder Karamasow" von dem Russen Fjodr Michailowitsch Dostojewski. Aber ich hatte immer wieder rund um meine Heimatstadt Potsdam erlebt und gesehen, wie russische Soldaten von ihren Offizieren behandelt worden waren. Ohne jede Scheu hatten diese bei Tage immer wieder auf offener Straße bzw. in den Wäldern um Potsdam, Soldaten gezüchtigt, die sich dagegen in keiner Weise wehren konnten. Wir erzählten uns immer wieder die Flucht-Geschichten von Soldaten, die diese Behandlung, die in den Kasernen ja noch viel schlimmer war, nicht aushielten und dann flohen. Fast niemand wagte sich damals, ihnen zu helfen, denn wohin hätte man sie auch bringen sollen. Und so wurden sie oft einfach erschossen, wenn die Russen sie fanden.

Ein Potsdamer Freund von mir, der öfter als Elektriker z.B. in den Kasernen der Jägerallee im Einsatz war, erzählte bedrückende Geschichten aus dem Inneren der Kasernen – wie die Soldaten, die ja monatelang ohne jeden Heimaturlaub, ohne Frauen hier im Osten Deutschlands verbringen mussten, dort wie Vieh gehalten wurden. Von einem menschlichen Leben konnte man nur sehr begrenzt reden. Er erzählte, wie sie sich aneinander in den Kellern festhielten, um ein wenig Nähe zu erleben, um für kurze Zeit Mensch und nicht nur Soldat zu sein.

In der DDR wurde immer eine ewige, unverbrüchliche Freundschaft zwischen der Sowjetunion und dem ersten sozialistischen Bruderstaat auf deutschem Boden, der DDR beschworen. Aber es war verboten und wurde strengstens geahndet, wenn man diese Freundschaft leben wollte und dann Offiziere oder Soldaten zu sich nach Hause einlud. Selten sagten sie zu. Gekommen sind sie nie. Es war zu gefährlich und kaum denkbar, ein solches Treffen geheim zu halten.

Die Sowjetunion individuell zu besuchen war unmöglich. Es gab nur geführte Reisen mit „Intourist", bei denen es im Ausnahmefall sein konnte, dass man dann in der SU eine Familie zu Hause besuchen durfte. Ein winziges Stück scheinbarer Normalität gab es allerdings doch: Transitreisen. Wenn man aus dem Osten Polens nach Bulgarien fahren wollte oder umgekehrt, aus Bulgarien bzw. Rumänien nach Polen, konnte es sein, dass man bei Antragstellung bei der Polizei in Ost-Berlin ein Transitvisum bekam. Mir ist das drei Mal gelungen. Einmal trampte ich mit meiner Freundin Katrin über Kishinow, heute Chisinau, nach Odessa und von dort weiter nach Kiew.

Das gelang uns im August 1980. Der Papst aus Polen hatte die Welt begonnen zu verändern, denn in Polen wurden nun Dinge möglich, die vorher als undenkbar galten. Ein Jahr später wagte ich dann allein den umgekehrten Weg. Ich fuhr auf dem Transitweg nach Rumänien über Kiew und Rostow am Don und dann einfach weiter in die drei kaukasischen Sowjetrepubliken Georgien, Armenien und Aserbaidshan. Ich fuhr alles mit dem Zug, gab mich als „Estonez", als Este aus, was man mir wegen meines holprigen Russisch auch gern glaubte und schlief meist im Zug oder in den Intourist-Wartesälen der Bahnhöfe. Hier lernte ich nun das erste Mal die Sowjetunion wirklich kennen und konnte mit den Menschen auf den langen Zugfahrten unverstellt reden.

Ich fuhr die ganze Strecke im Obschi-Waggon, dem Waggon für die Allgemeinheit ohne Abteile, die 4. Klasse, sozusagen nach Mjatschki-Wagen (Luxus), der 1. und der 2. Klasse. Hier lernte ich nun nicht nur besser Russisch, sondern auch die Nöte und Fragen und Hoffnungen der Menschen in diesem „Vielvölkergefängnis Sowjetunion" kennen.

Kaum jemand redete offen darüber, das war allen wohl zu gefährlich. Ich hatte bei der Reise viel Glück und wurde nicht von der sowjetischen Polizei geschnappt. Wenn es Fragen gab und ich irgendwo zur Rede gestellt wurde, erklärte ich, dass ich „na marschrutje miru" bin, auf einer Weltreise bzw. auf einer Friedensreise und konnte dann unbehelligt weiterfahren. Meine Begeisterung für dieses mir endlos scheinende Land wuchs auf diese Weise. Die Reisen waren ein Höhepunkt meiner Achterbahnfahrt mit Russland. Noch ein drittes Mal fuhr ich dann 1982 über Moskau und Leningrad in die drei baltischen Sowjetrepubliken und kam dort aus dem Staunen nicht raus. Hier fühlte sich selbst die Sowjetunion nun ganz anders an, die Städte kamen mir in ihren Strukturen vertraut und bekannt vor.

In der DDR gab es zwei Sorten von quasi ausländischen Geschäften – die „magasinui", in denen die sowjetischen Offiziere bzw. bzw. ihre Frauen einkaufen konnten für Rubel oder Mark der DDR. Und mit den Holzkugelrechenmaschinen, den „stschoty", wurden dann die Kurse und die Summe zum Bezahlen berechnet. Und es gab die Intershops, die Westprodukte oder zumindest Artikel, die es in der DDR sonst nicht gab, gegen freikonvertierbare Währung, also Westmark oder Dollar verkauften. Diese Läden, die zwar keine Schaufenster hatten, aber wie Schaufenster etwas erzählten, mehr und anderes, als die Regierung der DDR eigentlich erzählt wissen wollte. Aber die Regierung der DDR brauchte das Westgeld, um das sowjetische Experiment, das kommunistische Wagnis, diesen „Ersten Arbeiter- und Bauernstaat auf deutschem Boden", schlicht in seiner Existenz zu bewahren.

Eigentlich las in jener Zeit niemand wirklich den „Sputnik", jene sowjetische Zeitschrift, die über das Leben und die Entwicklungen in der Sowjetunion berichtete. Aber nachdem im März 1985, nach dem schnellen Ableben der beiden Ein-Jahres-Generalsekretäre Tschernjenko und Andropow, die schnell aufeinander folgten, ein jüngerer gewählt worden war und sich an den Umbau der kommunistischen Gesellschaft und des Staates machte, wurde der Sputnik über Nacht zur Bückware. Man musste gute Beziehungen haben, um an ein Heft heranzukommen. Über den Satz *„Von der Sowjetunion lernen heißt siegen lernen"* hatte man sich bis dahin immer nur lustig gemacht. Nun aber forderten wir, dass wir in der DDR von der Sowjetunion Gorbatschows lernen durften, weil wir jetzt auch Glasnost und Perestroika wollten für unser Land.

Als Potsdamer und dann ab Oktober 1990 als Brandenburger, spürte man die besondere Dichte sowjetischer Kasernen rund um Berlin sehr deutlich. Sie waren hermetisch abgesperrt für uns und somit terra incognita. Nun aber konnte man langsam dieses unbekannte Land besuchen und nicht nur in den einzelnen Kasernen, sondern auch vor allem in Wünsdorf spüren, wie ärmlich, wie weit unterhalb unseres Lebensniveaus, unsere Besatzer im Osten Deutschlands gelebt hatten. Wir hatten schon so etwas geahnt, aber, dass es so ärmlich, so erbärmlich sein würde, hatten wir nicht für möglich gehalten.

Aber nicht nur bei uns in der DDR gab es in dieser Zeit einen Abzug von Personen bzw. militärischem Gerät. Die gefährlichsten Waffen der Geschichte, die Atomwaffen, wurden in jener Zeit nun auch aus drei ehemaligen Sowjetrepubliken abgezogen. Die Ukraine, Weißrussland und Kasachstan verzichteten 1994 auf die bei ihnen stationierten Waffen mit der vertraglichen Zusage, dass Russland sie auf ewig schützen und niemals angreifen würde. Insbesondere die Ukraine hätte wissen können, dass das nicht das Papier wert war, auf dem es stand. Denn niemals zuvor in der gemeinsamen Geschichte hatte Russland irgendetwas gehalten von dem Zugesagten, sondern sie nur immer als Vorposten, als Pufferzone gegen den Westen und als Experimentierfeld genutzt.

Dass Gorbatschow Deutschland im Zwei-plus-Vier-Vertrag von 1990 den Abzug der Westgruppe der Streitkräfte zugesichert hat, ist etwas in der Geschichte Russlands Einmaliges. Erstmals hatte damit Russland zugesagt, sich von ihm besetzten und nach ihrem Gefühl in gewisser Weise zugehörigen Territorium zurückzuziehen. Bis dahin hatte Russland sich, unter Iwan dem Großen im ausgehenden 15. Jahrhundert beginnend, im Osten bis Wladiwostok ausgedehnt und dann unter Peter dem Großen um 1700 im Westen ausgedehnt.

Russland ist über all diese Jahre, über das letzte halbe Jahrtausend, immer nur größer geworden, hatte Gebiete erobert und sie dann als russische Erde deklariert. Die von Russland bzw. der Russischen Föderativen Sowjetrepublik dominierte Sowjetunion war

1917 gegründet worden und hatte unter russischer Vorherrschaft allein rund ein Siebtel des Festlandes der Erde eingenommen. Mehr als jeder andere Staat zuvor.
Gorbatschow war auch darin eine Ausnahmeerscheinung in Russland, weil er nicht nur in dem alten, über mindestens seit drei Jahrhunderten, seit Zar Peter dem Großen in Russland, geführten Streit zwischen den Ostlern und den Westlern (den Wostotschni und den Sapadniki), westlich und modern denken konnte, sondern auch die Ansprüche auf Autonomie im sich mit dem Westen Deutschlands vereinigenden Ostdeutschland nachvollziehen konnte. Und zugleich auch die sowjetischen Satteliten-Staaten, die zum RGW, zum Rat für gegenseitige Wirtschaftshilfe, und zum Warschauer Pakt gehörten, in die Freiheit entließ. Und spürte, dass er Russland am ehesten zu neuer Größe führen könnte, wenn er sich mit aller noch vorhandenen Kraft auf das ja auch dann noch größte Land der Welt Russland konzentrierte.
Das Fenster zur Deutschen Einheit war mit der ersten und zugleich letzten freien Wahl zur Volkskammer am 18. März 1990 geöffnet und schloss sich sehr schnell. Bis Ende des Jahres 1991 existierte die Sowjetunion und solange war auch Gorbatschow Präsident dieser Sowjetunion. Die Sowjetunion war Vertragspartner der Zwei-plus-Vier-Verträge, weil sie ja auch beim Potsdamer Abkommen 1945 Vertragspartei war. Mit dem Wegfall ihrer Existenz schloss sich das Fenster zur Deutschen Einheit endgültig. Zum Glück war sie schon zuvor vollzogen worden.
Immer mehr Liegenschaften der Westgruppe der Streitkräfte wurden nun freigeräumt und alles, was nicht „niet- und nagelfest" war, wurde mitgenommen von den Soldaten, die nicht wussten, was sie bei Ihrer Rückkehr in der noch bestehenden Sowjetunion oder danach erwarten würde. Für alles war eine Verwendung denkbar im „fernen" Osten. Außer für die Schilder, die in den Kasernen überall in großer Zahl die täglichen Vorgaben machten. Für sie gab es in der Heimat keine Verwendung. Wohl aber in den Museen des Ostens Deutschlands, denn mit ihnen konnte man gut zeigen und illustrieren, wie die sowjetische Besatzungsmacht im Osten Deutschlands über 40 Jahre gelebt hatte.
Wenn man nun in Potsdam den Weg über die Glienicker Brücke, die ja über fast drei Jahrzehnte gesperrt war, fuhr, konnte man auf der Havelseite aus dem Stau vor der Ampel an der Humboldt-Brücke bei geöffneten Toren aufs Gelände der ehemaligen „Schutzmacht Sowjetunion" gucken und sah dort nun jeden Tag neue Altautos aus dem Westen. Die nahmen dann, kaum gekauft auf dem relativ teuren Gebrauchtwagenmarkt des wiedervereinigten Deutschlands, jeden Abend ihren Weg nach Sperenberg, in der Nähe von Wünsdorf, auf den riesigen Flugplatz, den es dort noch bis 1994 gab für die WGT.
Dieser Flughafen, der im August 1994 ausgedient hatte, hätte danach zu einem 24 Stunden Flughafen für die Metropolregion Berlin-Brandenburg ausgebaut werden können und dann über kurz bzw. lang Frankfurt und München, den Flughäfen der Deutschen Teilung eine Konkurrenz sein können. Aber zweimal wurde die Tür dafür zugetreten – zuerst von Klaus-Rüdiger Landowski, dem Fraktionschef der CDU im Berliner Abgeordnetenhaus.
Im Berliner Aspen-Institut auf der Insel Schwanenwerder in der Havel, am Rande Zehlendorfs, zwang er uns als Vertreter des Landes Brandenburg einem Abend im Frühjahr

1995 die Volksabstimmung nicht, wie zuvor geplant mit der Berliner Abgeordnetenhauswahl gemeinsam im Oktober 1995 zu machen, sondern erst über ein halbes Jahr später im Mai 1996. Und da traten dann die Brandenburger die Tür für die Nutzung dieses Flughafens ein zweites Mal und nun endgültig zu, in dem sie beim Volksentscheid gegen ein gemeinsames Land votierten. Und damit aus Berliner Sicht natürlich auch gegen den so weit von Berlin entfernten Flughafen im brandenburgischen Sperenberg. Mit dem ICE oder gar dem Transrapid wäre der Flughafen optimal angebunden gewesen. Am Alexanderplatz oder Ostbahnhof hätte man für den BBI, den Berlin-Brandenburg International, einchecken können, der kein Nachtflugverbot bekommen hätte. Und obendrauf hätte es für Berlin dann wohl auch noch einen der drei bisherigen Stadt-Flughäfen als Regierungsflughafen gegeben. Aber Tempi passati.
Die Geschichte Russlands kann als ständige und immerwährende Auseinandersetzung von russischen Westlern und Ostlern gelesen werden. Russland fragte sich in all den Jahrhunderten, in denen es das riesige russische Reich zusammen geraubt-geklaubt hat von Petersburg bis Wladiwostok, ob es sich auf sich selbst konzentriert, also das Russische Weltreich legitimer Nachfolger des Römischen Reiches war oder ob es mit dem Westen, mit Europa kooperieren wolle, von Europa und mit Europa lernen will. Die grandiose russische Kultur, mit weltweiter Bedeutung vor allem im 19. Jahrhundert entstanden, z.B. die Literatur von Weltrang von Puschkin über Gogol bis hin zu dem Doppelgestirn Dostojewski (besonders im Westen rezipiert) und Tolstoi oder z.B. in der Musik von Mussorgski über Strawinski und Prokowjew bis zu Schostakowitsch, mit Mendelejew in der Chemie, um nur einige Beispiele zu nennen, ist Ergebnis der Wechselwirkung des russischen Ostens mit dem europäischen Westen.
Der Abzug der Westgruppe der Sowjetischen Streitkräfte war nur möglich, weil die „Westler" damals in Verantwortung in Moskau waren, also die für den Westen, für Europa offenen Politiker um Michail Gorbatschow. Aber mit einem „Ostler" wie Putin, der im Westen, in Dresden, einen Minderwertigkeitskomplex entwickelt hat, der ihn bis heute prägt, wäre ein solcher Abzug niemals möglich geworden.
Meine ehemalige Brieffreundin aus Pionierzeiten, Farida Fatachowa aus Frunse, fragte mich nach langem Stillschweigen in dieser Zeit, warum eigentlich nicht auch die anderen drei Alliierten in ihre Heimatländer zurück gegangen wären wie die Sowjets. Ich konnte ihr die Frage erst später beantworten. Denn zehn Jahre nach den Russen ist dann auch der letzte selbständige Truppenteil der Franzosen, das 110. Regiment aus Donaueschingen, nach Frankreich rückverlegt worden. Briten gibt es auch kaum noch in Deutschland, von Wulfen und Mönchengladbach abgesehen. Und die Amerikaner sind noch hier in Deutschland, weil wir als Deutsche darum gebeten haben und weil die NATO sie hier braucht und weil wir nicht nur dieselben Werte teilen und deshalb gemeinsam in der NATO sind, sondern weil wir ohne den Schutz der USA jederzeit erpressbar wären.
Die russischen Streitkräfte hatten hingegen nicht nur am 17. Juni 1953, beim Volksaufstand in Berlin und im Osten Deutschlands entschieden gegen die Interessen der Menschen in Deutschland militärisch interveniert, sondern auch mit ihren Waffen letztlich

das Handeln der Nationalen Volksarmee an den sogenannten Staatsgrenzen der DDR gesichert und damit die Teilung Deutschlands über 28 Jahre vom 13. August 1961 bis zum 9. November 1989 ermöglicht.
Der Friedensnobelpreisträger Gorbatschow hat mit seinen Entscheidungen eine Friedensdividende von mehreren Billionen Euro bzw. Dollar ermöglicht. Verteidigungshaushalte konnten in vielen Ländern halbiert werden. Ein besonders beeindruckendes Modell war das „Megatonnen zu Megawatt-Abrüstungsprojekt" von Russen und Amerikanern, durch das 500 Tonnen Atomwaffenmaterial der Russen in den USA verstromt wurden und die Amerikaner dafür, dass sie von 1993–2013 so zehn Prozent ihres Energiebedarfes decken konnten, 17 Milliarden Dollar an Russland zahlten. Mit dem brutalen Krieg der Russen unter ihrem neuen Präsidenten Putin ab Anfang 2000 gegen Tschetschenien aber begann im Grunde eine andere Zeit. Heute sind wir nach zehn Jahren Krieg der Russen unter ihrem Führer Putin gegen ihren europäischen Nachbarn Ukraine ab 2014 jedoch in der Situation, dass wir weltweit so viel wie noch nie zuvor in der Geschichte der Menschheit in unsere militärische Sicherheit investiert haben – 2,4 Billionen Dollar sind im Jahr 2023 für die Armeen dieser Welt ausgegeben worden. 916 Milliarden allein durch die USA, China und Russland folgen mit Abstand. Deutschland gibt nun mit 66,8 Milliarden Dollar nach Indien, Saudi-Arabien und Großbritannien im globalen Vergleich am siebtmeisten aus.
Dass der russische Führer längst in einem Paralleluniversum mit eigener Geschichtsschreibung lebt, konnte man erleben, als er einem ehemals prominenten amerikanischen Fernsehjournalisten ein Interview mit einer halbstündigen Geschichtsvorlesung gewährte. Selbst die Kirche hat in diesem Paralleluniversum, eine prominente Rolle bekommen, die Patriarch Kyrill willfährig ausfüllt. Er ruft mit einer im Februar vom „Heiligen Synod" verabschiedeten Papier zu einem Heiligen Krieg gegen den Westen auf. Die Orthodoxe Kirche bewahrt die Kirche der Anfangszeit auf wunderbare Weise in der Gegenwart auf und hat deshalb anders als die Kirche des Westens nie für möglich gehalten, dass der Heilige Geist Gottes auch in der Zeit der Kirche, also in den letzten 2000 Jahren von der Kirche, vom Leib Christi in der Welt, ausgeht. Deshalb gibt es die Kirchentrennung von 1054, nachdem der Westen das Wort „filioque" in das Glaubensbekenntnis von Nicäa & Konstantinopel eingefügt hatte. Insofern kann auch von der Russisch-Orthodoxen Kirche, anders als im Westen in der Zeit vor 1934, kein wirksamer Protest außer von Einzelpersonen erwartet werden.
Das Wort Rus wird heute überwiegend vom nordischen Wort roor für Ruder(n) abgeleitet. Das Volk der Rus rudert bis heute ohne klaren Kompass durch die Weltgeschichte. Ein so unbeherrschbar großes Gebiet wie es auch das heutige Russland noch ist, scheint anders als in anderen Gebieten der Welt einen Führer, der das Land verkörpert und eint, zu fordern und damit immer wieder einen wie Iwan oder Wladimir den Schrecklichen hervorzubringen. Deshalb ist jemand, der dieses Land mag und seine Bewohner schätzt, sein Leben lang auf einer Achterbahn der Gefühle.

Olga Rösch

Was vom Frieden übrig blieb …

Das erste Jahrzehnt nach der politischen Wende 1989 war in der Geschichte der deutsch-russischen Beziehungen eine unglaublich bewegte Zeit – und das im Guten! Perestroika, der Mauerfall, die Wiedervereinigung Deutschlands und der Abzug der russischen Armee vom deutschen Boden – das alles zuvor als hoffnungslos bis abwegig Erscheinende – wurde ohne Blutvergießen Realität! Ich bin glücklich und dankbar dafür, dass ich in Berlin diese Zeiten selbst erleben konnte.

Der von M. S. Gorbatschow ausgelöste „Wind of Change" erfasste in den deutsch-russischen Beziehungen viele Lebensbereiche: Politik, Wirtschaft, Hochschulbildung u.a. Seitens Deutschlands wurden verschiedene kommunikative Formate initiiert, die die bilaterale Zusammenarbeit und den Dialog zwischen den beiden Gesellschaften förderten. So wurde 1993 das Deutsch-Russische-Forum gegründet, das heute auf eine breite Palette von gemeinsamen deutsch-russischen Aktivitäten zurückblicken kann. Der DAAD[1] förderte verstärkt Hochschulkooperationen, die den Austausch der Wissenschaftler und Studierenden zum Ziel hatten. Sämtliche Stiftungen bemühten sich um Partnerschaften, Gedankenaustausch und Verständigung. In Deutschland wurden unzählige deutsch-russische Veranstaltungen, Konferenzen, Fachtagungen mit unterschiedlichen Schwerpunkten durchgeführt.

So begrüßenswert alle diese Initiativen auch waren (und immer noch sind), zeigte sich doch in den Diskussionen immer wieder, dass die beiden Lebenswelten oft weit auseinanderlagen. Die interkulturelle Verständigung mit viel Selbstreflexion und Ambiguitätstoleranz, aber auch mit Einsicht in die Gleichzeitigkeit des Ungleichzeitigen ist nun mal nicht einfach. In den Veranstaltungen, an denen ich selbst damals teilgenommen habe, war es interessant zu beobachten, wie behutsam und respektvoll die deutsche Seite die russischen Partner behandelte, aber gleichzeitig sehr hartnäckig und z.T. besserwisserisch die eigenen Erfolgsrezepte im Demokratieaufbau u.v.m. den Russen beinahe oktroyieren wollte. Das stieß lediglich bei den sog. Reformern, z.B. den Vertretern von Jabloko[2], auf positives Echo. Ansonsten verursachten diese gut gemeinten Bemühungen oft eher Schwankungen zwischen Unterlegenheits- und Überlegenheitsgefühlen auf der (offiziellen bzw. semi-offiziellen) russischen Seite. Womöglich aufgrund des verunsicherten Selbstwertgefühls in der Perestroika-Zeit kommunizierte die russische Seite oft im Duktus der „Verteidigung".

Dennoch. Nach dem jahrzehntelangen zermürbenden Kalten Krieg konnte man von einer Aufbruchstimmung in den deutsch-russischen Beziehungen sprechen, allerdings eher auf deutscher Seite und vor allem in Westdeutschland. Womöglich war das auch ein Wunsch nach einer Befreiung von der gepflegten Feindschaft. In Ostdeutschland war die Gefühlslage eine etwas andere. Einerseits war es eine völlig abweisende Haltung gegenüber den Russen als Besatzungsmacht, die für knapp ein halbes Jahrhundert ihre Truppen in der – im Gleichschritt mit der Sowjetunion immer mehr dahinsiechenden – DDR stationiert gehalten hatten. Die Ressentiments konnten nun ausgesprochen werden. Andererseits traf man auf die durch „sozialistische" Erziehung auferlegte und angelernte (nun aber als obsolet empfundene) „Russenliebe", die zuvor das System stabilisieren und vor allem die Traumata der Vergewaltigungen und Plünderungen zum Kriegsende vergessen machen sollten …

Unter großem Beifall hielt W. W. Putin als Präsident Russlands 2001 eine Rede im Deutschen Bundestag. Darin hieß es: *„Wir haben Ihr Land immer als ein bedeutendes Zentrum der europäischen und der Weltkultur behandelt […] Kultur war immer unser gemeinsames Gut […] niemand kann Russland jemals wieder in die Vergangenheit zurückführen."* [3]

Wie gern glaubte man in Deutschland damals, dass man nun fortwährend mit einem friedlichen Russland zu tun haben wird, das sich auf dem Weg zur Demokratie nach westlichem Muster zu befinden schien. Wie gern blendeten die meisten Deutschen die Anzeichen aus, dass Russland noch lange nicht bereit war, diesen Weg zu gehen. So hatte Russland z. B. zu keiner Zeit die Absicht, die „Beutekunst" zurückzugeben und nicht mal einer Ausstellung des „Schatzes des Priamos" in Berlin zuzustimmen[4], obwohl der 1991 von Helmut Kohl und Michael Gorbatschow unterzeichnete „Vertrag über gute Nachbarschaft, Partnerschaft und Zusammenarbeit" die Rückgabe von „unrechtmäßig verbrachten Kunstschätzen" ausdrücklich vorsah[5]. Auch die im Vertrag festgehaltene Verpflichtung keine Gewalt anzuwenden, wurde bereits mit dem Ersten Tschetschenischen Krieg von 1994 über Bord geworfen.

Die in Deutschland damals um sich greifende realitätsverleugnende Verklärung Russlands zu einem nach Demokratie strebenden Land war – insbesondere nach vielfach feindseliger Behandlung Gorbatschows im eigenen Land – sogar etwas beängstigend. Der Freude über die Politische Wende in Europa und über das neu definierte Verhältnis zu Russland mischte sich bei mir immer wieder ein Wermutstropfen bei, insbesondere in der Zeit, als die russischen Truppen noch auf dem Gebiet der ehemaligen DDR stationiert waren.

Und nun stand der Abzug der russischen Armee bis Ende 1994 auf dem politischen Plan – unterstützt mit milliardenschwerer Absicherung durch die Deutsche Mark. Warum konnte ich mich aber nicht gelassen auf so ein lang ersehntes Ereignis freuen? Warum fiel es mir so schwer dem Frieden zu glauben? Warum konnte ich diese deutschen Illusionen nie teilen? Waren es die gescheiterten Befreiungsbewegungen in der DDR 1953, in Ungarn 1956, in der Tschechoslowakei 1968, die durch sowjetische Panzer blutig beendet wurden? War es das Trauma aus der stalinistischen Zeit mit Deportationen, Arbeitslagern, Entrechtung und Diskriminierung von „sowjetischen Bürgern deutscher Nationalität" [6], das bis heute in der Geschichte meiner deutschstämmigen Familie nachwirkt? Waren es die ständigen Lügen der sowjetischen Propaganda, die jede Glaubwürdigkeit und jedes Vertrauen auch in die in der nachsowjetischen Zeit agierende russische Führung auf unabsehbare Zeit zerstört haben? War das vielleicht eher die Vorahnung eines wo-

möglich nahenden Unheils, die von den sich abzeichnenden großimperialen Phantomschmerzen ausgestrahlt wurde?
Aber die russische Armee ist in der Tat – **ohne Blutvergießen** – termingerecht abgezogen. Unglaublich! An so einen zivilisierten Schritt seitens der russischen Staatsführung wagte ich nach der Entmachtung von M.S. Gorbatschow nicht mehr zu glauben. Die Steine, die mir vom Herzen gefallen sind, landeten zum Glück nicht auf meinen Füßen. Und was bedeuteten schon die verwahrlosten Gebäude und Schlösser, in denen sie gehaust haben, kontaminierte Böden, verödete Gegenden u.a. Altlasten?! Das Gefühl der Befreiung stellte sich endlich ein! Allerdings nicht überall im Osten. Zu der Zeit verspürten viele in den neuen Bundesländern oft anders als im Westen das Gefühl, dass man nur den einen Besatzer gegen den anderen eingetauscht hat, und nun die USA ganz Europa zu „übernehmen" trachtete – politisch, wirtschaftlich, kulturell und sogar auch sprachlich.
Die Zeit nach dem Zerfall der Sowjetunion war auch für Russland ökonomisch, politisch und kulturell nicht einfach. Die 1990er Jahre haben die Gesellschaft auf eine harte Probe gestellt: vielerorts konnten die soziale Absicherung und die Lebensmittelversorgung nicht mehr aufrechterhalten werden, Korruption machte sich breit, Kriminalität stieg und der Staat verlor zeitweise die Kontrolle über die Ordnung im Lande. Diese „Wirrnis" erzeugte viel Sehnsucht nach „guten alten Zeiten", die medial auch gern verklärt wurden. Auch das einstige starke Nationalbewusstsein wurde nun in einer völlig übersteigerten Ausprägung wieder in allen Bildungseinrichtungen und Medien kultiviert. Nicht die Rufe nach Demokratie, sondern nach einer „harten Hand da oben", die die Ordnung wiederherstellt, waren die lautesten. Aber was haben wir denn von einem Land erwartet, das nichts Anderes kennengelernt hatte? Die Neuausrichtung und Selbstfindung als Kulturgemeinschaft führten in Russland nicht in eine Demokratie, die nun eher mit „Chaos" assoziiert wurde, sondern in die „vertraute" Autokratie. Aber selbst dann: Warum muss man denn Kriege anzetteln?
Nun rufen die aktuellen politischen Spannungen zwischen Deutschland, Europa bzw. dem Westen und Russland die überwunden geglaubten Zeiten des Kalten Krieges und des Eisernen Vorhangs schmerzlich in Erinnerung: wohlbekannte Muster aus sowjetischer Zeit von Lügen, Propaganda und zunehmend autoritären Führungsmethoden. Mit dem Unterschied, dass heute ein **realer blutiger Krieg** gegen die Ukraine vor unserer Haustür tobt. Dem sind andere von Russland verursachte Krisenherde vorangegangen: 2008 Georgien, 2012 Transnistrien und 2014 die Krim. Nach der Besetzung der ukrainischen Halbinsel wirkte die deutsche Außenpolitik gegenüber Russland wie gelähmt. War es so schwer die gern gepflegten Illusionen zu verlieren?
Das Verhältnis zwischen Russen und Deutschen war in der Geschichte über Jahrhunderte nie ein einfaches, aber immer ein intensives: Interesse füreinander, Zusammenarbeit, Kulturaustausch, Migrationen zu allen Zeiten in beide Richtungen, Rivalitäten, Feindschaften, Kriege und abermals Kooperationen. Und immer begleitet von tradierten und ein wenig aktualisierten Spiegelbildern.[7] Man spricht in der Literatur auch gern von

einer Hassliebe zwischen unseren Nationen. Aber bei allen Spannungen darf man nicht vergessen, wie viele tiefe und herzliche Freundschaften auf allen gesellschaftlichen Ebenen zwischen Menschen aus beiden Ländern entstanden sind und immer wieder neu entstehen. Das muss uns Hoffnung geben.
Und nun jährt sich zum 30. Mal der Abzug der russischen Truppen aus dem vereinigten Deutschland. Wie soll man diesen Jahrestag in der gegenwärtigen Situation überhaupt begehen?

- Als nostalgische Erinnerung an bessere Zeiten?
- Als Warnung, dem Frieden mit Russland niemals zu trauen?
- Als Hoffnung auf Demokratisierung Russlands und erneute Annäherung an Europa?
- …?

Oder vielleicht doch lieber als eine glückliche Fügung der Geschichte, genauso wie der Mauerfall, **ohne Blutvergießen**?

1 DAAD – Der Deutsche Akademische Auslandsdienst e.V.
2 Jabloko ist eine 1993 gegründete sozialliberale Oppositionspartei in Russland
3 Vgl. https://www.bundestag.de/parlament/geschichte/gastredner/putin/putin_wort-244966
4 Vgl. WELT, 23.05.2004, https://www.welt.de/print-wams/article110740/Kampf-ums-Troja-Gold.html
5 Vgl. https://www.bundestag.de/dokumente/textarchiv/2021/kw16-kalenderblatt-vertrag-833782
6 Ebd. (§ 15)
7 Rösch, Olga (2008): *Deutsche und russische Spiegelbilder – eine Reflexion*, in: v. Studnitz, Ernst-Jörg/Klein, Birgit (Hrsg.), Publikation des Deutsch-Russischen Forums, 10. Potsdamer Begegnungen. Deutsche und russische Spiegelbilder: Was halten, was erwarten wir voneinander?, Berlin, Seiten 91–96.
Rösch, Olga (1998, 1999, 2002): *„Mit Stereotypen leben? Wie Deutsche und Russen sich heute sehen"*, in: Rösch, O. (Hrsg.), *Interkulturelle Kommunikation in den Geschäftsbeziehungen zwischen Russen und Deutschen.* Wildauer Schriftenreihe Interkulturelle Kommunikation, Band 1, 1998, S. 51–64. ISBN: 3-9806460-1-7

Steffen-Rainer Schultz

Abschied in Frieden

Erinnerungssplitter an ein denkwürdiges Geschehen in Zossen

Als sich abzeichnete, dass im Sommer 1994 mit dem Abzug der russischen Weststreitkräfte in Deutschland zugleich die Existenz des Hauptquartiers in Wünsdorf bei Zossen beendet werden würde, haben viele der direkten Anwohner der bislang hermetisch abgeschlossenen Garnison damit große Hoffnungen verbunden.
Seit dem Ende des Zweiten Weltkriegs war die Bundesstraße B 96 am Ortsausgangsschild Zossens gesperrt. Ein Schlagbaum signalisierte das Ende jeglicher freien Durchfahrt Richtung Baruth. Die Umgehungsstraße über Klausdorf war jahrzehntelang als B 96 und nicht als „Umleitung" beschildert. Die „Verbotene Stadt" sollte sich nun öffnen, sollte zeigen, was hinter den Mauern geworden oder aus Wehrmachtszeiten geblieben ist.
In Zossen, einer kleinen stolzen Stadt 20 Kilometer südlich von Berlin, gehörten die russischen Soldaten und Offiziere zum Stadtbild. Geschäftsleute sprachen russisch, der nahe Abzug der Truppen war in aller Munde.
In der Evangelischen Kirche wurde deswegen am 2. Juli 1994 ein Abschiedsgottesdienst gefeiert, der gemeinsam mit einem Oberst der Garnison der Russischen Weststreitkräfte vorbereitet wurde. *„Natürlich können die Mitglieder des Ensembles der Garnison Gotteslieder singen!"* So klang das Angebot damals wie selbstverständlich, und der Gesang der Soldaten klingt bis heute in meinem Herzen.
Zu einer Probe trafen sich die Männer im Evangelischen Gemeindehaus, und die Anwohner des Zossener Kirchplatzes hatten reichlich Kartoffelsalat mit Würstchen bereitgestellt. Niemand hatte damit gerechnet, dass für diese Soldaten unverzichtbar zu jeder Mahlzeit Xleb (Brot) gehört. Also wurde spontan am Samstagvormittag an den Türen der Umgebung um Brot für die Soldaten gebeten. Es reichte! Wie beim Speisungswunder im Neuen Testament.
Zum Gottesdienst kam auch der Patriarch der Russisch-Orthodoxen Kirche in Deutschland aus Berlin. Seine Anwesenheit, seine Lesungen, sein Gebet, sein Segen war für die vielen Russen in der Dreifaltigkeitskirche Zossens wie ein Gruß aus der Heimat, wichtig und hilfreich. Die Gemeinde und der Kirchenkreis haben alles daran gesetzt, die Situation des Abschieds so zu beschreiben, dass sich niemand im Gottesdienst respektlos fühlen musste. Die Landeskirche war durch den Propst des Konsistoriums vertreten, eine Pfarrerin aus dem Kirchenkreis Zossen hat wichtige Abschnitte ins Russische übersetzt. Eine Einladung an die anwesenden Soldaten hieß: Kommen Sie wieder, aber ohne Uniform!

Aus der Predigt von Superintendent Schultz im deutsch-russischen Gottesdienst am 2. Juli 1994

Wir haben in Zossen eine besondere Nähe zu den russischen Offizieren, Soldaten und ihren Familien erfahren. Und in den letzten Jahren gab es auch Zeichen eines neuen Vertrauens, das vorher für mich noch nicht spürbar war.

Und doch lebten in dieser Region viele deutsche Familien auch vor der Wende in bewusster Nähe zur Garnison. Sie arbeiteten dort, das Straßenbild hier war mehr als anderswo geprägt von den Fahrzeugen der Armee, die russischen Frauen belebten mit ihrem Schick das Stadtbild von Zossen. Die echten Geschäftsleute sprechen hier russisch und so mancher Schüler hat Fußball gespielt gegen eine Schülermannschaft aus der Garnison, meine Konfirmanden konnten sich ebenso gut daran erinnern wie ihre Väter. Und das berühmte Diorama[1] im Museum dort, das gerade demontiert wird, haben viele von uns mit Betroffenheit gesehen und in die Erinnerung eingegraben. Das Bild der Eroberung Berlins im Mai 1945 ist ein markantes Schlaglicht aus der Geschichte, die zur Beurteilung der Dinge notwendigerweise betrachtet werden muss. Denn es waren immer höhere Interessen, die die Anwesenheit der Soldaten bei uns bestimmt haben. Es war der letzte Weltkrieg, es war der Größenwahnsinn des menschenverachtenden Naziregimes und seiner Anhänger, der über Europa und die Welt so viel Unheil brachte. Es waren Deutsche, die mit der Parole vom Volk ohne Raum sich bei den Nachbarn bedienen wollten, als ginge es um eine zu kleine Wohnung. Und bis heute sind alle Probleme, die im Zusammenhang mit der Vereinigung Deutschlands uns allen das Leben so schwer machen, Folge dieses Krieges, der 1939 begann. Unsere heutigen Sorgen sind nicht Schuld unserer Politiker, die zwar die Ausmaße der Verrottung verkannt haben, aber nicht dafür die Buhmänner der Nation sein müssen.

Die Rolle der Russischen Armee während der Wende ist in den letzten Jahren immer wieder positiv gewürdigt worden. Und ich sage es bewusst auch von dieser Kanzel: So sehr die Kirche in der ehemaligen DDR einen Anteil hat daran, dass friedlich gewendet wurde, noch viel mehr hat die Haltung der Regierung in Moskau und der hier stationierten Streitkräfte die Bewahrung des Friedens in unserem Volk ermöglicht.

Wenn Sie jetzt verabschiedet werden und nach Hause ziehen, bleiben bei uns Erinnerungen. Erinnerungen auch an schwere Zeiten, die des gegenseitigen Verzeihens bedürfen. Es bleiben Erinnerungen bei uns daran, wie die Soldaten aus Russland zur Härte und zum Gehorsam erzogen worden sind. Es bleiben aber auch Erinnerungen an viele positive Begegnungen, eine davon war für mich das Abschiedsfest in der Garnison vor wenigen Wochen.

Eine der russischen Frauen, die ich dort traf, trug ein Kreuz an einer goldenen Kette und signalisierte auf stille, aber deutliche Weise: Ich glaube an Gott.

Hier sind wir nun zusammen, um im Glauben an Gott unsere Gebete zu sprechen. Wir blicken auch in die Zukunft. Wir fragen uns: Was wird aus den Familien, die hier in Wünsdorf lebten und sich wohlfühlten? Wir fragen uns: Wo ist die Heimat derer, die zuhause vielleicht gar nicht erwartet werden? Wir fragen uns aber auch: Was wird mit den Gebieten, die uns Jahrzehnte lang verschlossen waren? Zwischen Hoffnung drängen sich Sorge und ihre Schwester, die Resignation, angesichts so großer Aufgaben und so weniger Mittel. Wird uns in Zukunft unsere Umgebung lieber werden, offener, durchschaubarer? Oder werden wir selbst jetzt sichern und abgrenzen müssen, und für wie lange? Und: auf wessen Kosten?

Manche fragen nach ihren alten Häusern und Höfen, viele sind darüber gestorben, und die Jüngeren, die Erben, sie wägen ab, ob es sich lohnt. Wie töricht, angesichts eines Truppenabzuges so etwas zu fragen, und doch tun es viele.

Christen sollen anders fragen: Wie können wir helfen? Den russischen Familien und den Deutschen? Wir werden helfen auf die Art, wie Christen immer da zu sein hatten für andere und für ihre Sorgen; wir werden für Sie und mit Ihnen beten. Nicht dafür, dass einige ihre Häuser bald zurückbekommen, sondern dafür, dass wir alle dabei unsere Seele behalten. Dafür, dass Sie, wenn Sie als Soldaten mit ihren Familien in die Heimat zurückkehren in den nächsten Wochen, dass Sie sich von Gott gesegnet wissen und wenigstens ein einziges Mal in einer deutschen Kirche waren, um die seit 49 Jahren alle Fahrzeuge Ihrer Armee herumgefahren sind. Einmal drinnen sein und danach herauskommen mit dem Segen, der dann mitzieht über die Wege der Zukunft.

Und dabei erinnern Sie sich bitte daran: Wo Segen Gottes wirkt, ist nicht das Ende, sondern ein neuer Anfang gesetzt. Und wo Segen Gottes wirkt, wirkt Frieden. Sie kamen als Armee, die den Krieg auf militärische Weise beendete. Sie kamen als Sieger. Sie ziehen in Frieden, und das ist mehr Sieg als jeder andere.

Wir haben unsere Erfahrungen mit dem Kriegsende machen müssen. Ob wir daraus gelernt haben, unbedingt zuerst dem Frieden zu dienen und dann erst uns selbst? Darum flehen wir zu Gott, dass wir alle dem Frieden auch weiterhin verpflichtet bleiben. Denn alles, was Menschen trennt und beschwert, alles, was Menschen beschämt und verletzt, alles, auch größte Schuld, alles kann in Ordnung kommen, wenn Frieden ist und wenn Menschen auf der Suche nach Frieden zugleich nach Gott fragen und suchen. Ich sehe in unserem Gottesdienst ein Friedenszeichen für uns alle, für unsere aufgescheuchten Seelen und Herzen, für unsere Sorgen um Vergangenheitsbewältigung und Zukunftsprobleme. Und ich mahne uns alle: Lassen wir Gott, sein Wort und Gebot, seinen Anspruch und seinen Zuspruch in uns wirken und lassen wir andere das spüren. Dann wird uns Segen begleiten und dann werden unsere Gebete zu Kraftquellen der Hoffnung. „Bis hierher hat uns der Herr geholfen", steht im 1. Samuelisbuch als Losung dieses Tages. Fürwahr: Bis hierher! Und was nun kommt an Abschied, ist ja zugleich auch der Beginn einer neuen Phase des Lebens. Deutsche und Russen werden so dicht wohl nicht mehr beieinander wohnen in so großen Zahlen. Aber die eigentliche Nähe zwischen Menschen und Völkern ist uns diktiert durch das Gebot Christi: den Nächsten zu lieben. Und der Nächste kann morgen ganz fern leben und doch uns Nächster bleiben. Gott gebe Ihnen, die Sie abziehen, seinen Segen dabei! Und uns, die wir bleiben, das Verstehen: Frieden hinterlassen die Soldaten dieser Generation in unserem Land, und Frieden soll bleiben. Hier und dort. Und wenn Sie wiederkommen als Gäste in Zivil, dann sollen Sie zuerst wissen: Die Kirchen sind für Sie offen, und die Christen. die da ein- und ausgehen, haben von ihrem Glauben her eine besondere Freiheit, Gäste aufzunehmen und sie anzunehmen wie Schwestern und Brüder in Christus Jesus unserem Herrn. Amen.

Deutsch-russischer Gottesdienst in Zossen zum Abzug der russischen WGT, 1994

1 Im Hauptquartier der Truppen in Wünsdorf gab es einen Rundbau, in dem ein großes, als 360-Grad-Panorama gestaltetes Bild von der Schlacht um den Reichstag hing, gemalt von Viniamin Sibirsky. Nach dem Abzug der Truppen wurde es nach Russland in die Stadt Schukow gebracht. Ein Modell im verkleinerten Maßstab steht im Museum in Karlshorst.

Detlef Graf von Schwerin

Hoffnungen und Irrtümer

Wann und wo soll ich beginnen?
1983 mit der Fahrt von West-Berlin nach Lauenburg auf der B5 Transitstrecke? Vorbei an den ehemaligen Wehrmachtskasernen in Döberitz, heruntergewirtschaftet und schäbig, jetzt belegt von der Roten Armee, die Straße voller blutjunger, kahlgeschorener russischer Soldaten?
Oder 1987 mit der Rede Gorbatschows vor dem ZK, die, im Autoradio übertragen, mich so faszinierte, dass ich auf der Transitstrecke nach Hamburg falsch nach Rostock abbog?
Oder 1989 mit unserer Gartenparty in Kathmandu zur Feier der Maueröffnung, wo der Botschafter der DDR im eindrucksvollen großen Dienstwagen mit Stander vorfuhr? Und der Botschafter der Bundesrepublik mit zwei vollen Aktentaschen gehetzt von der Arbeit kam.
Oder mit der Wahl zur Volkskammer am 18. März 1990, die ich in Chemnitz, damals noch Karl-Marx-Stadt, miterlebte? Meine Familie und ich lebten seit 1988 in Kathmandu, wo ich für den Deutschen Entwicklungsdienst (DED) arbeitete. Zu der historischen ersten freien Wahl jenseits der Elbe seit 1932 nahm ich mir Urlaub und flog nach Berlin, wo wir seit 1982 wohnten. Ich nahm mir einen Leihwagen und bot mich der SPD in der DDR zur Unterstützung an. Nach einigen Telefonaten spät abends aus dem SPD-Vorstandssitz in der Rungestraße wurde ich nach Karl-Marx-Stadt geschickt. Dort machte ich den Straßenwahlkampf auf Seiten der SPD mit, erlebte die Rückübereignung des SPD-Parteihauses, das von den Nazis 1933 beschlagnahmt und nach 1945 von der SED belegt worden war, und sah bereits die ersten schwarzen Karossen westdeutscher Geschäftsleute vor dem damals größten Hotel der Stadt vorfahren.
Es war eine ungeheuer bewegte und aufregende Zeit in Europa, in Deutschland und auch für meine Familie und mich. Meine Mutter war in Danzig aufgewachsen und pflegte zu sagen: *„Viermal habe ich in meinem Leben erlebt, wie sich die staatliche Zugehörigkeit Danzigs veränderte. Warum soll sich nicht auch etwas in Deutschland verändern?"* Recht hat sie gehabt, aber von meiner Generation, nach dem Krieg aufgewachsen, konnte sich keiner eine Änderung vorstellten. Zu zementiert erschienen die Verhältnisse. Wir wurden Zeuge eines politischen Wunders! Die Aufbruchstimmung war begeisternd!
Mein Arbeitgeber stellte mich sehr großzügig von meinen Aufgaben in Kathmandu frei. Ich blieb in Berlin und arbeitete für die SPD am Parteisitz in der Rungestraße. Dort lernte ich viele der führenden Männer und Frauen der Partei kennen. Ich hatte großen Respekt vor diesen engagierten und furchtlosen Menschen. Dies führte schließlich dazu, dass ich mit Alwin Ziel, dem designierten Innenminister von Brandenburg, im Oktober 1990 nach Potsdam kam.
Es war für mich eine überraschende Erfahrung zu erleben, dass viele der Bundesdeutschen, die nach der Vereinigung wieder in der ehemaligen DDR arbeiteten, ihre familiä-

ren Wurzeln wie auch ich östlich der Elbe hatten. Die regionale Herkunft und die familiäre Erzählung waren ganz offensichtlich wirkmächtig.
1991 wurde in Brandenburg die Polizei reorganisiert und es entstanden sechs Polizeipräsidien. Für Potsdam, Brandenburg/Havel und drei Landkreise wurde ich zum Behördenchef bestellt. Bis auf zwei Abteilungsleiter kamen alle Mitarbeiter aus der Volkspolizei. Die Bereitschaft zur Mitarbeit und die Loyalität waren deutlich. Zu eklatant und sichtbar war der Zusammenbruch der alten Ordnung gewesen, zu wichtig die Sorge um die eigene Existenz. Die Umstände waren schwierig. Die Arbeitsbelastung groß. Ziel war eine funktionierende Polizei, die das Vertrauen der Bevölkerung hatte.
Auf Grund hoher Jugendkriminalität wurde Potsdam zur besonders kriminalitätsbelasteten Stadt des vereinigten Deutschlands. Ich erklärte mir das damit, dass die Bewältigung der tiefgreifenden Veränderungen in allen Lebensbereichen die Kräfte der Eltern banden. Zwei bis drei Jahre später war diese Phase überwunden und die Kriminalitätsbelastung sank auf das übliche Niveau einer mittleren Großstadt.
Jede Berufsgruppe in der DDR hatte ihre eigenen Erfahrungen mit der Parallelwelt der ca. 500.000 Russen gemacht. Ein Mitarbeiter beschrieb mir den Einsatz von Volkspolizei-Bereitschaften bei der Fahndung nach fahnenflüchtigen russischen Soldaten. Immer wieder entfernten sich junge Rekruten, mit oft nicht-russischem ethnischen Hintergrund, aus Heimweh und weil sie schikaniert wurden, von der Truppe. Wenn der Soldat gefunden worden war, war es die Aufgabe der deutschen Bereitschaftsangehörigen den Ort abzuriegeln. Eine Einheit der Roten Armee machte den Zugriff, der häufig mit dem Tod des Fahnenflüchtigen endete. Er wurde kaltblütig ohne weiteres Verfahren erschossen. Mein Gesprächspartner, der öfters Zeuge eines derartigen Einsatzes gewesen war, war noch im Rückblick voller Mitleid mit diesen jungen Männern und schockiert.
Das Wissen um die Bedeutung der russischen Präsenz in der DDR ist ein Allgemeinplatz. Die SED und der von ihr geführte Staat waren abhängig von den Bajonetten der Westgruppe der sowjetischen Streitkräfte mit Sitz in Wünsdorf. Sie verhinderten seit 1945 mit Hilfe der SED freie Meinungsbildung und freie Wahlen in ihrem Machtbereich. Man kann davon ausgehen, dass ohne sie die gesellschaftliche und wirtschaftliche Entwicklung östlich der Elbe ähnlich verlaufen wäre wie in der späteren Bundesrepublik.
Der Abzug der sowjetischen Streitkräfte aus Deutschland war daher ein epochales Ereignis. Meine Frau und ich erlebten die Abschlusszeremonie am 11. Juni 1994 in Wünsdorf mit. Unvergesslich die Parade der T 54 Panzer, die Besatzungen in den alten Uniformen von 1945, und die Panzer zierte zum ersten Mal das neue bzw. alte russische Wappen mit dem doppelköpfigen Adler. Die Parade wurde abgenommen von dem kommandierenden General Burlakow, der im himmelblauen offenen Wagen vorbeifuhr, begleitet von einem donnernden „Hurräh". Was für ein Anblick und welche Erleichterung bei uns!

Kaserne in Bad Freienwalde | Die jungen Soldaten bei Einnahme ihrer kargen Kost

Im Rückblick, denke ich, war die Restrukturierung der öffentlichen Verwaltung, auch die der Polizei, ein relativ einfacher und erfolgreicher Vorgang, auch wenn viele der Arbeitsabläufe neu gelernt werden mussten. Unvergleichlich schwieriger war der Umbau der Wirtschaft mit einschneidenden Folgen für Millionen einzelner Arbeitnehmer. Er war einmalig und präzedenzlos. Es ist keine Frage, dass die Veränderungen nach 1990 den Menschen sehr viel zugemutet und abverlangt haben. Meine besondere Empathie galt ihnen. Meine Wahrnehmung 34 Jahre nach der Vereinigung ist jedoch, dass in der Regel die Menschen auf Grund ihrer guten Ausbildung, ihrer Anpassungsbereitschaft und ihres Fleißes objektiv gut und erfolgreich in der heutigen Realität angekommen sind.

Dieter Wiedemann

Wie ich die Sowjetunion/Russland vor und nach der Wende erlebte

Vorbemerkung

Ich bin im März 1946 im Sudetenland geboren worden und seit Mai 1946 in Suhl/ Thüringen, also in der Sowjetischen Besatzungszone (SBZ) aufgewachsen. Die ersten knapp fünfzig Jahre meines Lebens habe ich also im Schatten der sowjetischen Streitkräfte erlebt und verspüre diesen Schatten in anderer Form auch heute noch, wenn ich in Supermärkten und Kulturveranstaltungen meines Vertrauens in Potsdam auf russische, ukrainische oder andere Sprachen stoße, die ich mal als russisch abgespeichert habe!

Aufgewachsen mit sowjetischen Filmen

In den Suhler Kinos sahen mein kleinerer Bruder und ich für 25 Pfennig vorrangig DEFA- und sowjetische Kinderfilme. Da die ausländischen Filme alle synchronisiert waren, war für uns das Herkunftsland der Filme aber zunächst unwichtig. Mit dem beginnenden Jugendalter kamen dann auch andere Filme hinzu. Natürlich gab es auf der Erweiterten Oberschule in Suhl gelegentliche Pflichtbesuche sowjetischer Filme, uns SchülerInnen interessierten aber mehr die Gedichtbände und Erzählungen von Jewgeni Jewtuschenko.

Nach meinem Abitur 1964 und einer unfallbedingten Auszeit von fast drei Jahren, habe ich dann im Oktober 1967 mein Studium an der Theaterhochschule „Hans Otto" in Leipzig aufgenommen, um dann zwei Jahre später an die Hochschule für Film und Fernsehen (HFF) nach Potsdam zu wechseln.

Unser auch künstlerisch geprägtes Studierendenleben war von sowjetischen Filmen und von Theaterinszenierungen sowjetischer Autoren geprägt, aber nicht dominiert. Der Umstand, dass etwa eine halbe Million sowjetische BürgerInnen in der DDR lebten, spielten in meiner Erinnerung weder in der Literatur, im Theater oder im Film der DDR – bezogen auf die Gegenwart – eine Rolle! An der HFF in Potsdam haben wir allerdings vom Schicksal des Films „Sonnensucher" in der Regie von Konrad Wolf erfahren, der nach einem Veto des sowjetischen Botschafters in der DDR 1959 nicht in die Kinos kommen durfte.[1] Dieser Spielfilm über die WISMUT in der DDR kam erst ein Jahrzehnt später in die Kinos. Es gab jährlich ein paar „offizielle" Anlässe, wo wir Studierenden mit sowjetischen Soldaten gemeinsam feierten, Wodka tranken und ein Kulturprogramm z.T. auf Russisch präsentierten, das war es dann aber auch. Als Studierende an der HFF kannten wir natürlich den „Russen-Shop" in Potsdam, wo wir uns nach Erhalt des Stipendiums mal eine Flasche Wodka oder Süßigkeiten kaufen konnten. Dennoch, es war für uns und wahrscheinlich für viele andere BürgerInnen in der DDR eine Art „Schattenarmee", die es gab und politisch als Garantie für den Weltfrieden gewollt war, die aber sozial nicht stattfand bzw. stattfinden konnte/durfte?

Ich lerne die Sowjetunion und insbesondere deren künstlerischen Leistungen kennen

Nach meinem Diplom an der HFF bin ich nicht, wie vertraglich vorgesehen im DEFA-Spielfilmstudio, sondern im Zentralinstitut für Jugendforschung in Leipzig, als wissenschaftlicher Mitarbeiter gelandet. Ich habe unter der Leitung von Lothar Bisky in der Abteilung Massenkommunikation/Kultur gearbeitet und bin bereits ein Jahr später zu einer Vortragsreise zum Thema „Die kulturellen Interessen der DDR-Jugend" in die Sowjetunion geschickt worden. Ich durfte meine Vorträge in deutscher Sprache halten, weil ich jeweils vor Studierenden der Germanistik in Moskau und Georgien sprechen sollte. Die zuständigen Mitarbeiter im sowjetischen Außenministerium und in der DDR-Botschaft mahnten mich dennoch, zukünftig mehr für meine Kenntnisse der russischen Sprache zu tun, die wirklich schlecht waren und es bis heute sind. Es war dennoch eine beeindruckende Reise für mich: In Moskau gab es natürlich das Lenin-Mausoleum, das Bolschoi-Theater, den Fernsehturm, die Tretjakow-Galerie und drei Vorlesungen vor gelangweilten KomsomolzInnen, die mit mir lieber über BEAT-Musik in der DDR und darüber diskutieren wollten, ob ich die BEATLES (in Moskau habe ich mir meine erste Platte der BEATLES gekauft) oder die ROLLING STONES bevorzuge?
Danach bin ich mit meiner sehr charmanten Dolmetscherin und mit vielen Bäuerinnen und deren Tieren, die vom Moskauer Markt kamen, nach Suchumi geflogen. Dort empfing uns ein neuer Dolmetscher und ein eher an wissenschaftlichen Einrichtungen orientierter Vorlesungsplan. Jetzt ging es auf einmal nicht mehr primär um Beat-Musik, sondern um z.B. linguistische Unterschiede zwischen Thomas Mann und Erich Maria Remarque. Da bin ich schon ins Grübeln geraten, habe aber offenbar fundiert geantwortet, weil mein georgischer Dolmetscher und ich zum Abschluss unseres Aufenthalts in Suchumi vom Rektor zum Abendessen empfangen worden sind. Die Gattin des Rektors und auch meine russische Dolmetscherin durften uns nur bedienen, meine Frage nach dem „Warum" hat mein Dolmetscher nicht übersetzt! Natürlich war ich auch in Stalins Geburtshaus, im Botanischen Garten von Suchumi und auf einem Weingut.
Da es in der Sowjetunion eine ziemlich gut entwickelte filmsoziologische Forschung gab, war ich während meiner Forschungstätigkeit am Zentralinstitut für Jugendfragen (ZIJ) noch mehrere Male in Moskau, wo ich u.a. die Freude hatte, Tschingis Aitmatov kennen zu lernen oder in Tiflis, wo ich u.a. Pirosmani's Bilder im Original sah. In Moskau war ich vor der Wende, zuletzt im Oktober 1989!
Damals bin ich bei abendlichen/nächtlichen Gesprächen z.B. mit neuen VertreterInnen der sowjetischen MedienforscherInnen, mit denen ich mich in irgendwelchen Wohnungen zum Essen und Trinken traf (wer aus welchem Landesteil der großen UdSSR kam, spielte zumindest damals noch keine Rolle), gefragt worden, warum im Filmschaffen der

DDR es offenbar keine Rolle spielt, dass etwa eine halbe Million sowjetische BürgerInnen bei uns und mit uns leben, während KubanerInnen, VietnamesInnen und auch IranerInnen, IrakerInnen durchaus in unseren Filmen vorkommen!
Mein Hinweis auf SONNENSUCHER wurde zwar akzeptiert, aber darum ging es in diesen Abendgesprächen eigentlich nicht: Der Vielvölkerstaat wollte unter Gorbatschow zumindest mit Osteuropa zum kulturellen Europa gehören (die mir bekannten WissenschaftlerInnen auf alle Fälle!).
Wenn ich mich richtig erinnere, gab es in den Nachrichtensendungen des DDR-Fernsehens gelegentlich Informationen über die Teilnahme sowjetischer Soldaten bei Ernteeinsätzen. Es gab Dokumentarfilme der DEFA über das Leben in der UdSSR, wie von Gitta Nickel und solche über das Leben der „FDJ-Brigaden" beim Bau der Erdgastrasse „Druschba", z.B. von Irina Gregor, Kurt Tetzlaff, Rolf Schnabel und Berichte im „Augenzeugen" über dieses Ereignis, aber fast nichts über die in der DDR lebenden Sowjetbürger.

Die Sowjetische Armee zieht ab und aus der Sowjetunion wird Russland

Als ich 1990 an die HFF Potsdam zurückkehrte, war zumindest in der DDR die Situation eine andere geworden, die sich mit dem Beitritt der DDR zur BRD noch einmal drastisch veränderte. Jetzt ging es unter anderem um die Auflösung des Rundfunks und der Filmproduktion in der DDR.
Bald ging es aber auch um die HFF, präziser um die Gebäude, in der sie ausbildete, weil auf die meisten dieser Gebäude nun Ansprüche Anderer vorlagen. Da wurde auch ab und zu einmal darüber nachgedacht, in die bald frei werdenden sowjetischen Kasernen umzuziehen. Was durch die Entscheidung des Landtages für einen HFF-Neubau Gott sei Dank nicht notwendig wurde.
Es ist aber schon bemerkenswert, dass der Abzug der sowjetischen Truppen bis 1994 aus Deutschland zwar von den verschiedenen TV- und Hörfunksendern und auch von Amateurfilmern[2] begleitet wurde, in den dokumentaren und fiktionalen Genres aber kaum eine Rolle spielte. Eine der wenigen Ausnahmen, die ich kenne, ist der Dokumentarfilm „Russe ehrenhalber" in der Regie von Hans Hattop.
Natürlich gab es zu den jeweiligen Jahrestagen des Abzugs immer wieder Dokumentationen im Fernsehen. Ich war als Mitbegründer der „Deutsch-Russischen-Filmakademie" in den Nullerjahren noch zweimal in Russland, einmal in Moskau und einmal in Sankt Petersburg. Dabei ging es unter anderem um Möglichkeiten für gemeinsame Ausbildungsinitiativen, die aber von den Russen eher blockiert wurden. Dafür kooperierte dann ein paar Jahre die usbekische Filmhochschule mit uns. Auf dem osteuropäischen Filmfestival in Cottbus und auch auf seinem Pendant in Wiesbaden habe ich auch in der Folgezeit noch häufig interessante Filme aus Russland und den anderen ehemaligen Sowjetrepubliken gesehen. Mein Interesse richtete sich zunehmend auf Filmproduktionen aus anderen Ländern, beispielsweise aus Afrika, Südamerika, Vietnam und Südkorea. Auch die Filmwelt war vielfältiger geworden.

1 Vgl. Ralf Schenk, *Das zweite Leben der Filmstadt Babelsberg. DEFA 1946–1992: Komplette Filmographie aller DEFA-Filme*, Henschel Verlag Berlin 1994, S. 144 ff
2 Beispiele dafür findet man auf YouTube und anderen sozialen Kanälen

ГЛАВНОЙ ЗАДАЧЕЙ ПАРТИЙНО-ПОЛИТИЧЕС-
НОЙ РАБОТЫ В 1990 ГОДУ СЧИТАТЬ:
РАТНЫМ ТРУДОМ ПРЕУМНОЖИМ БОЕ-ВЫЕ ТРАДИЦИИ ЧАСТИ
ЗАДАЧИ ЛИЧНОГО СОСТАВА РОТЫ ВЫТЕКАЮ-ЩИЕ ИЗ ТРЕБОВАНИЙ МО СССР
СОЦИАЛИСТИЧЕСКИЕ ОБЯЗА-ТЕЛЬСТВА НА ЛЕТНИЙ ПЕРИОД ОБУЧЕНИЯ
ИТОГИ ЗА ЗИМНИЙ ПЕРИОД ОБУЧЕНИЯ
ОНИ СТАЛИ ОТЛИЧНИКАМИ БОЕВОЙ И ПОЛИТИЧЕСКОЙ ПОДГОТОВКИ
ИТОГИ ЗА МЕСЯЦ
ЗАДАЧИ НА МЕСЯЦ
ОТЛИЧНИКОМ БОЕВОЙ И ПОЛИТИ-
ЕСКОЙ ПОДГОТОВКИ СЧИТАЕТСЯ
ИМ НУЖНО ПОДТЯНУТЬСЯ
РЕКОРДСМЕНЫ РОТЫ
МЕСТА ПО ИТОГАМ ВЫПОЛНЕНИЯ УЧЕБНЫХ ЗАДАЧ ЗА НЕДЕЛЮ
СРЕДИ ВЗВОДОВ
СРЕДИ ОТДЕЛЕНИЙ

■ VII. Kulturelle Dimensionen

Birgit-Katharine Seemann

Die Potsdamer Kulturlandschaft Wie Phoenix aus der Asche?

Beinahe fünf Jahrzehnte währte die Anwesenheit der sowjetischen Truppen in Potsdam. Es war eine Anwesenheit mit wenig Sichtbarkeit in der Stadt, obwohl zeitweise über 30.000 Soldaten und Angehörige der sowjetischen Truppen in Potsdam gelebt haben. Die Garnison Potsdam war nach dem Ende des Zweiten Weltkrieges bis 1952 als Oberkommando für das sowjetische Militär von großer Bedeutung – was sich allerdings in der Wahrnehmung der Potsdamer Bevölkerung kaum widerspiegelt. Die sowjetischen Truppen lebten hinter Mauern, nach außen traten sie nur in militärischer Mission auf oder organisiert in Gruppen, wenn sie beispielsweise den Park Sanssouci besuchten. Eine Durchmischung mit den Potsdamer Bürgerinnen und Bürgern war nicht gewünscht, auch nicht mit Blick auf Freizeit oder Kunst und Kultur. Ein Beispiel dafür stellt der Vergnügungspark im Neuen Garten dar. Der *Zentrale Park für Kultur und Erholung der Gruppe der sowjetischen Besatzungstruppen in Deutschland*, wie er korrekt hieß, existierte von 1945 bis 1953 und war ausschließlich für Angehörige der sowjetischen Armee zugänglich. Auf seinem Terrain befanden sich Karussells, ein Riesenrad, Schießstände, Bühnen, Kraftmesser, ein *Hau den Lukas*, Kioske und eine Radrennbahn. Die Fahrgeschäfte wurden von Schaustellern betrieben, die aus der sowjetischen Besatzungszone kamen. Die deutsche Bevölkerung bekam von dem Vergnügungspark nur sehr wenig mit. Bis heute gibt es kaum Informationen über den Park, der immerhin acht Jahre, bis zur Rückgabe an die Stiftung Preußische Schlösser und Gärten, existierte.

Meine intensivste Wahrnehmung der sowjetischen Spuren in Potsdam kam eher auf Umwegen zustande, und zwar ca. 5.500 Kilometer von dieser Stadt entfernt, in Osh, Kirgistan. Während zweier Forschungsaufenthalte in der ehemaligen sowjetischen Republik kam ich über vielerlei Themen in Kontakt mit der kirgisischen Bevölkerung. Während einer Wanderung über den heiligen Berg *Suleiman-Too* in Osh, bei dem ich viel über diesen Wallfahrtsort lernte, stürzte der Tourismus-Manager der Stadt auf mich zu. Er war mit einer Gruppe niederländischer Touristen vor Ort gewesen und hatte wohl gehört, dass ich mich mit einer Dolmetscherin auf Deutsch unterhalten hatte. Anstelle einer Begrüßung begann er, den *Erlkönig* zu rezitieren, und zwar fast akzentfrei. Als ich ihn zu seinen hervorragenden Kenntnissen der deutschen Sprache und der deutschen Kultur beglückwünschte, setzte er mit dem *Lied von der Glocke* nach und schloss mit dem *Heidenröslein*. Später, als wir beim Chai in einem der vielen Restaurants in der Innenstadt saßen, erzählte er mir, dass er als junger Mann als Soldat der Sowjetarmee in Potsdam stationiert gewesen war. Seine Begeisterung für die deutsche Kultur, speziell für die Weimarer Klassik, war überwältigend. Er hatte sich nach seiner Rückkehr Anfang der neunziger Jahre in Sprach- und Kulturkursen weitergebildet und fühlte sich der deut-

schen Kultur nicht nur verbunden, sondern war in ihr zuhause. In meinem Roman *Der traurige Mörder von Sanssouci* taucht ein ehemaliger Soldat der sowjetischen Armee auf, der Züge dieses Tourismus-Managers trägt. Auch er, *Samat Sadykov*, bewundert die deutsche Kultur und ist vor allem dem Romantiker Novalis verfallen.
Kulturelle Spuren des Aufenthalts der sowjetischen Truppen in Ostdeutschland konnte ich also entdecken – bei den Besatzern. Aber wo sind solche Spuren in Potsdam zu finden? Immaterielles Kulturgut bietet hier wenig Aufschluss. Aber wie steht es mit den Spuren im materiellen Bereich? Mit Spuren meine ich dabei weniger die Ehrenmale im Stadtraum oder Fundstücke und Fotografien, die in Ausstellungen wie *Potsdam unter dem Roten Stern* im Potsdam Museum im Jahre 2019 zu sehen waren, sondern nachhaltige Prägungen kultureller Sphären oder kultureller Institutionen. Um diese Spuren freizulegen, muss man etwas hartnäckiger graben und dabei vor allem deren mutmaßliche Wirkungen in den Blick nehmen. Zwei relevante Orte konnte ich bei meiner Suche nach diesen Spuren identifizieren: Die Schiffbauergasse am Tiefen See, heute ein florierendes Areal für zeitgenössische Kunst und Kultur, und die Kaserne *Waldsiedlung* mit dem Atelierhaus Panzerhalle in Groß Glienicke, die nach ihrem Abriss im Jahre 2007 nur noch ein Erinnerungs- (und Sehnsuchts-)Ort ist.
Beginnen wir mit dem Kunst- und Kulturquartier Schiffbauergasse, das heute überaus lebendig ist. Es liegt auf einer Halbinsel im Tiefen See, gegenüber dem Park Babelsberg, und umfasst auf 9,4 Hektar rund 40 Kulturinstitutionen, Restaurants, gewerbliche Anbieter wie Floß- oder SUP-Verleihe und einige kreative und innovative Unternehmen. Die Vielfalt der kulturellen, kulinarischen und (Freizeit-)Angebote bringt jedes Jahr über 700.000 Besucherinnen und Besucher in die Schiffbauergasse. In den Spielplänen der dort ansässigen Häuser spiegelt sich diese Vielfalt wider: Lesungen von prominenten Autorinnen und Autoren wie Jörg Hartmann, Inszenierungen klassischer oder zeitgenössischer Autorinnen und Autoren im Hans Otto Theater, Gesprächsformate mit Musikerinnen und Musikern wie Dirk Lotzow von *Tocotronic*, Konzerte von Madsen über die *Antilopengang* bis hin zu Karat im soziokulturellen Zentrum Waschhaus, Ausstellungen mit Werken international bekannter Künstlerinnen und Künstler wie Lotte Laserstein oder Armando im KunstRaum, der Galerie des Waschhauses, das Festival unidram im T-Werk, Tanzperformances und Workshops in der fabrik und Ausstellungen von fluxusnahen Künstlern wie Wolf Vostell oder Lutz Friedel im Museum Fluxus+.
Die Schiffbauergasse wirkt mithilfe ihrer Veranstaltungen, aber auch durch ihr Ambiente, das durch große Freiflächen und Gebäude geprägt ist, denen man ansieht, dass sie zahlreiche Zeitschichten in sich beherbergen. Das kreativwirtschaftliche Areal, das einen Anziehungspunkt weit über Potsdam hinaus darstellt, hat eine Geschichte, die von Industrialisierung, Militär und Konversion geprägt ist. Meine These: Ohne diese historische Entwicklung hätte die Potsdamer kulturelle Szene eine andere Entwicklung genommen – mutmaßlich in Richtung einer stärkeren Fokussierung auf das barocke Erbe und weniger auf die Gegenwartskunst. Damit hat auch die Konversion und veränderte Funktion

einst militärischer Liegenschaften zu tun, gerade solcher, die durch Angehörige sowjetischer Truppen genutzt wurden.

Die Schiffbauergasse war der Öffentlichkeit jahrzehntelang fast unbekannt, bis nach 1989/90 einzelne Kulturschaffende sich auf das Areal wagten und sich dort nach und nach etablierten. Die militärische und industrielle Nutzung hatte die Schiffbauergasse zu einer *No-Go-Area* gemacht, was auch nach der Sanierung der Gebäude und der Ansiedelung innovativer Gewerbe immer wieder argumentativ gegen das Areal vorgebracht wurde. Bei den Kritikern handelte es sich überwiegend um Vertreterinnen und Vertreter der alteingesessenen Stadtgesellschaft, denen die Schiffbauergasse auch Jahrzehnte nach ihrer „Eroberung" durch die Kultur noch immer suspekt war. Diese Betrachtungsweise verschwindet allerdings 35 Jahre nach (Teil-)Öffnung des Areals zusehends, aber im kulturellen Gedächtnis der Stadt blitzt sie dann und wann wieder auf. Im Fokus stehen dabei die jahrzehntelange Abriegelung und die Tatsache, dass zu DDR-Zeiten die Vorgänge, die auf dem Areal passierten, der Geheimhaltung unterlagen. Dabei reicht die Nutzung der Schiffbauergasse viel weiter zurück als bis in die Mitte des 20. Jahrhunderts, von jungsteinzeitlicher Kultstätte über die slawische Besiedlung und landwirtschaftliche Erschließung, bis zum Lagerplatz für Holz und schließlich zum Standort für Fischerei und Schiffbau. Eine Dampfschiffswerft gab dem Areal seinen heutigen Namen. Der Schiffbauer John Barnett Humphrey Jr. zog mit seiner Werft nach Potsdam, ließ 1891 das Dampfschiff *Fürst Blücher* vom Stapel – und musste drei Jahre später wegen finanzieller Schwierigkeiten wieder schließen. Im Jahre 1856 ging die neu errichtete Gasanstalt des Berliner Unternehmers Julius Conrad Freund in Betrieb, bis zum 1. Juli 1990 wurden Gas, Koks und Teer für Potsdam produziert. Soweit die zivile Nutzung.

Die militärische Nutzung, zu der nach 1945 auch die der sowjetischen Truppen zählt, lässt sich bis in die erste Hälfte des 19. Jahrhunderts zurückverfolgen und prägt durch ihre zahlreichen Bauten den Standort. Bereits ab 1822 wurde auf einem Teil des ehemaligen Garnisonholzhofs eine H-förmige Reitstallanlage und eine große Reithalle (die sog. *Schinkelhalle*) errichtet. Die Anlage wurde mehrfach umgebaut und erweitert und umfasste neben dem heutigen sog. *Schirrhof* zwei große Reitplätze. Heute steht nur noch eine Zeile dieser ältesten Reitställe, der Rest wurde 1976 beim Bau der Humboldtbrücke abgerissen. Die *Schinkelhalle* mit dem offenen Dachstuhlhängewerk aus massiven Kieferbalken konnte erhalten werden und wurde denkmalgerecht restauriert. Die Pferdeställe, ebenfalls rekonstruiert, sind heute Domizile für den KunstRaum und das freie Theater T-Werk. 1838 wurde auf Befehl König Friedrich Wilhelm III. die Husaren-Kaserne gebaut, geplant für insgesamt 600 Personen. Nach 1871 wurden die Husaren zur Leibgarde der deutschen Kaiser und neben funktionalen Bauten war nun Repräsentation gefragt: Im Dreikaiserjahr 1888 wurde die prachtvolle und aufwändig gestaltete Offiziersspeiseanstalt eingeweiht, die häufig von Wilhelm II. besucht worden sein soll.

Nach 1945 schließlich nutzten zunächst sowjetische Streitkräfte die Kasernengebäude, die später dann teilweise an die Nationale Volksarmee der DDR übergeben wurden. Über

die Art der Nutzung durch die sowjetischen Truppen ist einiges bekannt: Bis 1994 logierte in der *Schinkelhalle*, den Reitställen und einem Teil der Husarenkaserne ein Funk- und Logistikbataillon des sowjetischen Geheimdienstes KGB. Es handelte sich um Garagen, Reparaturwerkstätten und eine Tankstelle – allesamt Nutzungen, von denen eine nicht unerhebliche Kontamination des Bodens an der Schiffbauergasse ausgegangen ist. Hier wurden später umfangreiche Maßnahmen zur Sanierung notwendig, die allerdings nicht nur die ehemalige militärische Nutzung betrafen, sondern auch die industrielle.
Wie sah der Alltag der sowjetischen Soldaten und der Angehörigen der sowjetischen Truppen an der Schiffbauergasse aus? Darüber gibt es nur sehr wenige Informationen. Fakt ist, dass der Fuhrpark der sowjetischen Streitkräfte in der Arena untergebracht war, die heute Teil des soziokulturellen Zentrums Waschhaus ist. Ab und zu fällt im Zusammenhang mit der Arena ihr früherer Name: *Russenhalle*. Der Bau wurde als *Reithalle 3* 1889 eingeweiht und stellt einen der Riegel um den sog. *Schirrhof* dar. Die militärische Nutzung der Halle durch Angehörige der sowjetischen Truppen setzte sich bis zu deren Abzug 1994 fort – wenn auch mit Fahrzeugen anstelle von Pferden.
Die Gebäude an der Schiffbauergasse, rund um die ehemalige Großwäscherei, dem heutigen Waschhaus, wurde nach 1989/90 vorsichtig durch Kulturakteurinnen und -akteure für deren Zwecke erschlossen. Es handelte sich um ein erheblich kleineres Areal als heute, da die Nutzungen rundherum (Gewerbe und Militär) ja zeitweise parallel liefen. Dennoch kam es nur stellenweise zu Interaktionen zwischen den Kulturmacherinnen und -machern, dem Publikum und den sowjetischen Truppen. Aber eine Legende wird immer wieder erzählt: Zu den ersten Techno-Partys am Standort, die in den Jahren 1992/93 stattgefunden hatten, erschienen wohl immer wieder sowjetische Soldaten (von den Zeitzeugen an der Schiffbauergasse fast durchgängig als *Russen* bezeichnet), die sich durch ein Loch im Zaun, der das Gelände abgrenzte, Zutritt verschafft hätten. Angeblich hätten die Soldaten alles in der Währung *Wodka* beglichen und sich illegal von ihrem Kommando entfernt. Eine Begebenheit wird in diesem Zusammenhang stets hervorgehoben: Einmal habe sich ein Soldat verletzt, woraufhin Mitarbeiter des Waschhauses einen Rettungswagen gerufen hätten. Die Sanitäter hätten den verletzten Soldaten in den Wagen gehoben, damit er in ein Krankenhaus transportiert würde. Bevor der Krankenwagen losfuhr, seien plötzlich weitere Soldaten erschienen und hätten den Verletzten wieder aus dem Auto gezogen. Es wäre fatal gewesen, so hieß es, wenn aufgeflogen wäre, dass sie ihren Posten beim Kommando verlassen hätten. Der Wahrheitsgehalt dieser Geschichte lässt sich nur schwer überprüfen, aber es *könnte* sich so zugetragen haben.
Das prachtvolle Offizierskasino wurde seit 1990 als Sitz des Bundesvermögensamts genutzt, genauso wie ein Teil der Garde-Husaren-Kaserne. Es ging am 21. Juni 1992 samt seiner luxuriösen Innenausstattung in Flammen auf, vermutlich durch Brandstiftung. Im Jahre 1999 folgte die Rekonstruktion und dann eine Nutzung als Bürohaus. Der sowjetisch genutzte Teil der Kaserne wurde von den Angehörigen der zu diesem Zeitpunkt schon ehemaligen sowjetischen Truppen im Jahre 1994 an den Bund übergeben.

Hannes Wittenberg, damals wie heute Mitarbeiter des Potsdam Museums, erinnert sich an eine recht holprige, und mehrfach verzögerte Übergabe an die Vertreter des Bundes. Offensichtlich waren die Soldaten nicht fristgerecht mit der Räumung des Areals fertig geworden und noch zum Zeitpunkt der angestrebten Übergabe mit dem Abzapfen von Benzin an der Tankstelle auf dem heutigen *Schirrhof* beschäftigt. Hastig gekaufte Autos standen auf dem Hof und das Benzin sei per Handpumpe in Kanister gefüllt worden, welche dann, teilweise offen, auf Ladeflächen, Anhängern oder in Kofferräumen transportiert worden seien – tausende von Kilometern gen Osten. Nach 1994 wurde die Schiffbauergasse Stück für Stück saniert und Neubauten – wie der ikonische Bau von Gottfried Böhm für das Hans Otto Theater – entstanden. Mit der Sanierung und der Neugestaltung verschwand die aktive Erinnerung an die sowjetischen Truppen nahezu vollständig, konserviert wurde sie fallweise in Geschichten oder Ausstellungen wie *Fundstücke und Visionen. Vergangenheit, Gegenwart und Zukunft der Schiffbauergasse*, die 2004 stattfand.

Anders liegt der Fall des Atelierhauses Panzerhalle in der Kaserne *Waldsiedlung* – die eigentliche Panzerhalle in Groß Glienicke, eine 55 Meter lange, zehn Meter breite und acht Meter hohe Reparaturhalle der DDR-Grenztruppen, existiert seit 2007 nur noch im Gedächtnis der Region und einer Vielzahl von Kulturschaffenden. Die Kaserne *Waldsiedlung* ist ein bauhistorisches Denkmal, Teile davon wurden bereits in der Weimarer Zeit erbaut und während des Nationalsozialismus erweitert. Nach dem Ende des Zweiten Weltkriegs wurde das Gelände zeitweise von der sowjetischen Armee genutzt, danach erfolgte die Nutzung als Grenzschutz-Kaserne der DDR. Nach 1989 kamen und gingen neue Eigentümer und neue Nutzer: Eine Grundschule, eine Tierpension, Handwerksbetriebe, der Karnevalsclub *Rot Weiß*. Danach folgte die Sanierung größerer Teile durch die Brandenburger Landesentwicklungsgesellschaft, die nach ihrer Auflösung leere Räume zurückließ, die neue Nutzungen fanden. 1991 ließen sich einzelne Künstler aus Brandenburg und Berlin dort nieder, die nicht einfach nur auf der Suche nach Räumlichkeiten waren, sondern sich von den Gebäuden und deren Geschichte inspirieren ließen. Sie berichten, dass damals noch kyrillische Inschriften an Gebäuden zu entdecken waren, außerdem Schützengräben und Erdbunker. Vieles von dem, was die Künstlergruppe auf dem Gelände vorfand, wurde fotografisch dokumentiert, ausgestellt und archiviert. 1995 wurde das Atelierhaus Panzerhalle gegründet und mit ihm der Förderverein Panzerhalle. Das Projekt wurde von zunächst 20 Künstlerinnen und Künstlern aus Berlin und Brandenburg betrieben, mit dem Ziel, das Atelierhauses Panzerhalle als Produktionsstätte von Kunst zu erhalten, und es als ein Denkmal der Konversion, der Überführung des Militärischen in eine kreative und friedliche Nutzung, auszubauen. Dies gelang, bis die Panzerhalle (inzwischen im Besitz der Gewobag) 2007 abgerissen wurde. Die Trauer und die Enttäuschung seitens der Kreativen war groß und einige betrachteten das Projekt mit dem Verlust der Panzerhalle als beendet an. Andere blieben und arbeiteten auf dem Gelände weiter, in einem anderen Gebäudeteil, der von der Stadt Potsdam zur Verfügung gestellt wurde. Seit dem Umzug nennt sich der Verein *Neues Atelierhaus Panzerhalle*.

Die Potsdamer Kultur hat sich nach 1989/90 zu großer Vielfalt entwickelt, die sowohl durch zeitgenössische Kultur und innovative Formate geprägt ist als auch durch traditionelle Formen kulturellen Schaffens. Die Nachhaltigkeit, mit der zum Beispiel die freie Szene seit Jahrzehnten arbeitet, ist eng verknüpft mit den zur Verfügung stehenden Gebäuden, die dem kulturellen Schaffen eine äußere Hülle und eine Heimat geben. Dabei spielen sowohl ursprünglich industriell genutzte, in einem größeren Maße aber noch ehemals militärisch genutzte Liegenschaften eine Rolle. Sicherlich ist dies in Hinblick auf die räumliche Perspektive interpretierbar, da das spezielle Ambiente zum Beispiel an der Schiffbauergasse für kulturelles Schaffen gut nutzbar ist – aber auch der Gedanke, durch eine veränderte Nutzung, einer Konversion, dem militärisch-kriegerischen Gedanken etwas entgegen zu setzen, beeinflusste die weitere Entwicklung. Davon zeugt auch, dass der international hoch renommierte Künstler Armando seine Skulptur „Der Krieger" in der Schiffbauergasse aufstellen ließ.
In diesen Zusammenhang kann man auch die Gebäude und Areale sehen, die u.a. durch die sowjetischen Truppen genutzt wurden, bevor Kulturschaffende sie eroberten und ihnen ein neues Gepräge gaben. Die Verankerung der sowjetischen Zeit in der Potsdamer Kultur ist eher mittelbar zu erkennen; ein direkter Einfluss, der bis heute fortwirken würde, ist schwer nachweisbar. Der Grund liegt sicherlich darin, dass fast alles, was mit den sowjetische Truppen zu tun hatte, sich hinter Mauern abspielte. Als diese fielen, waren große Teile der Truppen wohl bald mit ihrem Rückzug beschäftigt und nicht mit der Erkundung der fremden Heimat auf Zeit, die für die meisten von ihnen Terra incognita war. Der kirgisische Tourismus-Manager, der so leidenschaftlich für die deutsche Kultur brannte, ist nach seinem Abzug niemals mehr nach Deutschland zurückgekehrt. Er trug sein Bild von Deutschland in sich und konservierte einen Sehnsuchtsort, der möglicherweise nicht viel mit dem realen Land und dessen Kultur gemeinsam hatte. Welches Bild der sowjetischen Truppen, auch vor dem Hintergrund des Überfalls Russlands auf die Ukraine, wird aktuell hierzulande erzeugt? Vermutlich kein einheitliches. Viele Ausstellungen und Projekte, die dreißig Jahre nach dem Abzug in Deutschland stattfinden, bezeugen ein Interesse, das wie eine nachgetragene Erinnerung wirkt. Man kann gespannt sein, wie die solcherart konstruierte Erinnerung auf die Kultur zurückwirkt – wie ein ferner Spiegel oder wie der Blick auf etwas Neues, Phoenix eben?

Literatur | Internet

Hans-Rüdiger Karutz, *Rummel, Rennbahn und „Kalinka: Der Neue Garten als sowjetisches „Disneyland"*, Tagesspiegel / Potsdamer Neueste Nachrichten, 04.09.2020, https://www.tagesspiegel.de/potsdam/landeshauptstadt/der-neue-garten-als-sowjetisches-disneyland-7947448.html

Interview mit Hannes Wittenberg, stellvertretender Direktor am Potsdam Museum – Forum für Kunst und Geschichte, am 22.04.2024

Landeshauptstadt Potsdam (Hrsg.), *Lebendige Bauten, Von der Brache zum Quartier: Die Schiffbauergasse* (Katalog zur Ausstellung), Potsdam 2018

Tom Mustroph, *Atelierhaus Neue Panzerhalle: Kunst der Umnutzung*, taz, 19.01.2021, https://taz.de/Atelierhaus-Neue-Panzerhalle/!5744279/

https://www.neues-atelierhaus-panzerhalle.de/startseite.html

https://www.potsdam-museum.de/ausstellung/31082019-05012020-fokus-sammlung-potsdam-unter-dem-roten-stern

https://schiffbauergasse.de

Gabriele Förder-Hoff

Das „Militärstädtchen Nr. 7" und das Untersuchungsgefängnis Leistikowstraße Nr. 1

1994 – Abzug der russischen Garnison in Potsdam

Als die russische Garnison 1994 im neu gegründeten Land Brandenburg abzog, waren nicht nur immer schon militärisch genutzte Liegenschaften, sondern auch ehemals ausschließlich zivil genutzte Gebäude, Ortschaften und Stadtteile, die von der sowjetischen Garnison zu militärischen, geheimdienstlichen und zu Wohnzwecken genutzt worden waren, zugänglich. Zu letzteren zählte das Gebiet der sowjetischen Geheimdienststadt „Militärstädtchen Nr. 7" zwischen Pfingstberg und Neuem Garten in Potsdam. Hier hatte die Hauptverwaltung der militärischen Spionageabwehr der sowjetischen Streitkräfte in Deutschland über 40 Jahre ihren Sitz. Das „Militärstädtchen Nr. 7" wurde als einer der letzten russischen Standorte in Deutschland am 15. August 1994 aufgelöst.[1]
Ich habe seit Januar 1991 als Referatsleiterin im Ministerium für Wissenschaft, Forschung und Kultur des Landes Brandenburg gearbeitet. Unsere ministerielle Aufgabe war es u.a., für Forschungseinrichtungen, Hochschulen und Kultureinrichtungen geeignete und ausbaufähige Unterkünfte zu finden. In diesem Zusammenhang waren Liegenschaften, die in den öffentlichen Besitz zurückfielen, von besonderem Interesse.
In und um Potsdam herum gab es eine Vielzahl von Liegenschaften – nicht nur die im „Militärstädtchen Nr. 7" –, die von der sowjetischen und später russischen Garnison genutzt worden waren. Alle diese Liegenschaften fielen zunächst dem Bundesvermögensamt zu. Dieses ging auf die eigentlichen Eigentümer zu. Nicht alle Eigentümer der Liegenschaften, wie beispielsweise die Liegenschaften des Evangelisch-Kirchlichen Hilfsvereins (EKH) oder die der Pfingstgemeinde, die im Gebiet des „Militärstädtchens Nr. 7" lagen, waren enteignet worden. Ihre Liegenschaften hatten zwischen 1945 und 1994 „nur" den Besitzer, nicht aber den Eigentümer gewechselt. Für sie war sogar eine regelmäßige Nutzungsgebühr durch die sowjetische Garnison geflossen.
Mit Zustimmung des Bundesvermögensamtes konnten die eigentlichen Eigentümer bzw. wir als Mitarbeiter der Landesregierung die Liegenschaften sehr schnell besichtigen.[2]
Schon 1994 und in den darauffolgenden Jahren suchte ich im dienstlichen Interesse, aber auch im Rahmen meines ehrenamtlichen Engagements in kirchlichen Organisationen und Vereinen unterschiedliche dieser ehemaligen russischen Militärstandorte im ganzen Land auf. Hierzu gehörten 1994 auch Gebäude im ehemaligen „Militärstädtchen Nr. 7".
Als wir hier und an anderen Orten im Land Brandenburg die Liegenschaften in Augenschein nahmen, galt für alle gleichermaßen, dass sie in einem erschreckend verwahrlosten und verdreckten Zustand verlassen worden waren, egal, ob es sich um eine einfache Kaserne, eine Kommandozentrale hoher Offiziere, ein Offizierskasino, Wohnungen oder Wohnheime handelte.

Wir fanden eine Vielzahl von unansehnlichen Hinterlassenschaften, wie Reste von Lebensmitteln, Kleidung, Hausmüll, Sperrmüll und anderes vor. Ähnliche Eindrücke erinnert der Potsdamer Historiker und stellvertretende Leiter des Potsdam Museums, Hannes Wittenberg, der mit Genehmigung des Bundesvermögensamtes mit einem Kollegen unmittelbar nach Abzug der Russischen Garnison das „Städtchen", wie es im Volksmund genannt wurde, aufsuchte und den Zustand mit Fotos dokumentierte. Auch er fand ganze Etagen mit Müll gefüllt, Wohnungen und öffentliche Einrichtungen verwahrlost. Wittenberg schlussfolgert, das Leben der Sowjetsoldaten sei eine Art Dauerprovisorium gewesen. Die Soldaten hätten nicht gewusst, dass sie nahezu 50 Jahre bleiben sollten. Auch hätten wohl viele Soldaten an Heimweh gelitten, wovon Wandgemälde mit Birkenwäldern und russischer Folklore zeugten. Wittenberg hat damals Fotos gemacht und etwa 2.000 Gegenstände gesammelt, die an die Zeit der russischen Garnison in Potsdam und Umgebung erinnern und heute im Archiv des Potsdam Museums lagern.[3] Wir waren damals sehr berührt, weil wir uns vorstellten, unter welch widrigen Umständen hier Menschen gewohnt und gearbeitet haben. Durch wissenschaftliche Expertise konnte aber erst später nachvollzogen werden, dass die sowjetischen Soldaten oftmals ein armseliges Leben führten, das von Repressionen, Gewalt, Entbehrungen und sogar Hunger gekennzeichnet war.
Sprachlos waren wir, als wir das Gebäude Leistikowstraße Nr. 1 betraten. Hier hatte der sowjetische Geheimdienst im Zeitraum 1945 bis 1991 ein Gefängnis eingerichtet und das Gebäude dazu entsprechend umgebaut. Er hielt an diesem Ort bis Mitte der 1950er Jahre Deutsche, Russen und Menschen anderer Nationen in Untersuchungshaft und ab Mitte der 1950er Jahre nur noch Sowjetbürger, die für die sowjetische Garnison arbeiteten oder Teil davon waren.[4]

„Militärstädtchen Nr. 7" – Zentrale und hohe Dienststellen der sowjetischen Geheimdienste in Deutschland

Im Unterschied zu anderen Militärobjekten war das „Militärstädtchen Nr. 7" als Sitz der Zentrale der Sowjetischen Geheimdienste in Deutschland nicht einfach ein Teil der Garnison. Es war besonders gesichert und mit eigenen Büros, Wohnungen, Schule, Geschäften, Krankenhaus, Sportplatz und Geschäften ausgestattet worden. In den 1970er Jahren wurden zudem eine einstöckige Speisesaalbaracke und ein zweistöckiger Kasernenneubau errichtet. Denn mit der endgültigen Etablierung der sowjetischen Besatzungstruppen ab 1946 konnten die Offiziere ihre Familien nachholen, auch deshalb waren die genannten infrastrukturellen Einrichtungen notwendig geworden. Man wollte den Offiziersfamilien ein weitgehend normales Leben bieten.
Auch das Marmorpalais im Neuen Garten wurde zu diesem Zweck umgenutzt und diente als „Haus der Offiziere", mit Restaurant, Bibliothek, für Film- und Theateraufführungen.[5] Mit dieser Infrastruktur war das „Militärstädtchen Nr. 7" nahezu autark.

Das „Militärstädtchen Nr. 7" entstand in seiner abschließenden Größe über einen längeren Zeitraum. „In den 1980er Jahren dehnte sich das „Militärstädtchen Nr. 7" auf einer Fläche von 25 Hektar aus und umfasste 77 Gebäude und Anlagen"[6]. Abgegrenzt wurde es zunächst durch einen Zaun, später durch eine 1,1 Kilometer lange Ziegelmauer bzw. einen Holzzaun. In das „Militärstädtchen Nr. 7" gingen im Laufe der Zeit die „Militärstädtchen" Nr. 6, 7a, 13 und Nr. 14 in Potsdam ein.[7|8] Auch der Neue Garten mit dem Marmorpalais und dem Schloss Cecilienhof, das „Militärstädtchen Nr. 15", war nach der Besetzung durch die Russen sofort abgeriegelt worden. Er war bis 1953 „Zentralpark für Kultur und Erholung" für die Angehörigen der sowjetischen Besatzungsmacht und ihre Familien. 1953 wurde der Park an die Stadt Potsdam übergeben, das Schloss Cecilienhof bereits 1952 an die damalige Landesregierung Brandenburg.[9]

Im Sperrgebiet „Militärstädtchen Nr. 7" befanden sich neben Villen, in denen sich im 19. und beginnenden 20. Jahrhundert viele adlige Familien in unmittelbarem Wohnumfeld der Hohenzollern eingerichtet hatten, auch Gebäude, die von der Evangelischen Pfingstgemeinde, protestantischen Organisationen und von Stiftungen der Hohenzollern errichtet worden waren und die ehemals vor allem kirchliche und karitative Einrichtungen beherbergten.

So hatte z. B. die Besetzung vieler Häuser um die Pfingstkirche herum gravierende Auswirkungen auf das evangelische Gemeindeleben. Das eigentliche „Pfingstgelände" war nur stark eingeschränkt erreichbar. Das Witwenhaus mit dem Gemeindesaal wurde besetzt, vom übrigen Gemeindegelände durch eine stark bewachte Grenze abgetrennt und dem „Militärstädtchen Nr. 7" zugeschlagen. Von der Gemeinde wurde unter schwierigsten Bedingungen der Evangelische Kindergarten auf dem Gelände unterhalten, der heute unter Trägerschaft der Hoffbauer-Stiftung steht.[10]

Das gleiche Schicksal ereilte das Kaiserin-Augusta-Stift[11], das 1916 erbaute evangelische Pfarrhaus für den Pfarrer der evangelischen Frauenhilfe in Deutschland[12] und das eigentliche Haus der Geschäftsstelle der Evangelischen Frauenhilfe in Deutschland – Leistikowstraße 2/3 und Leistikowstraße 1, von wo aus die einzelnen Gliederungen der Evangelischen Frauenhilfe in Preußen und dann ab 1918 in Deutschland betreut wurden.[13] Der letzte Pfarrer, der die Geschäftsstelle leitete, war Adolf Brandmeier, der wie Otto Dibelius der Bekennenden Kirche angehörte und zusammen mit seiner Familie und seinen Mitarbeitern permanent durch die Gestapo überwacht wurde. Seine Tochter, mit der ich 2008 die ehemalige Wirkungsstätte ihres Vaters besuchte, erinnert sich, wie es ihr 1994 ergangen ist, als sie das Bürogebäude des Vaters erstmals nach Abzug der russischen Garnison wieder aufsuchte: *„Ich habe 1994 alles wiedergefunden, obwohl vieles zugemauert war. [...] Viele Türen, die da an ganz anderer Stelle waren. [...] Besonders betroffen von den Veränderungen war der Keller. Zu unserer Zeit gab es hier eine Hauswartwohnung mit großen Fenstern und eine Wohnung für eine Mitarbeiterin, wo man heute noch die Reste vom Parkett sehen kann. Dann war da noch eine Waschküche, die von den Sowjets als ‚Reanimationsraum' für die vom Verhör geschwächten Häftlinge genutzt wurde."*[14]

In dem imposanten Gebäude des Kaiserin-Augusta-Stifts wurde die Deutschlandzentrale der sowjetischen Militärspionageabwehr errichtet. Die Stiftskapelle diente dem sowjetischen Militärtribunal. Hier wurden hohe Haft- und viele Todesstrafen verhängt, die heute in der Gedenkstätte Leistikowstraße dokumentiert sind.
Die militärische Spionageabwehr war eine Abteilung des KGB, die im Kalten Krieg eine große Bedeutung hatte. Man versuchte westlichen Spionagetätigkeiten entgegenzuwirken. Gleichzeitig überwachte man den eigenen Militärapparat. Schließlich waren kontinuierlich rund eine halbe Million sowjetische Staatsangehörige in der DDR präsent.
In dem Gebäude Leistikowstraße 2/3 saß die Untersuchungsabteilung der sowjetischen Spionageabwehr. Zur Einrichtung des Gefängnisses in dem Gebäude Leistikowstraße 1 fanden dort Umbauarbeiten statt. Ebenso wurde der Keller des Gebäudes 2/3 als Gefängnis genutzt.[15] Im Untersuchungsgefängnis Leistikowstraße 1 wurden zwischen 1945 und 1953 Deutsche und Sowjetbürger inhaftiert – zwischen 1953 und 1991 nur noch Sowjetbürger, zumeist Armeeangehörige und zivile Mitarbeiter der Armee.
Es gab neben diesen Gebäuden aber auch andere, die der Öffentlichen Hand, in dem Fall der öffentlich-rechtlichen Stiftung Preußische Schlösser und Gärten zufielen. Dazu gehörten die am Fuße des Pfingstberges in der Großen Weinmeisterstraße gelegene Villa Quandt und die Lepsius-Villa. Beide in einem desolaten Zustand wie die anderen Gebäude auch.
Welche Nutzungen die Villa Quandt zwischen 1945 und 1994 erfuhr, konnte bisher nicht geklärt werden. Nach dem Abzug der sowjetischen Armee und der Übernahme der Villa durch die Stiftung Preußische Schlösser und Gärten Berlin-Brandenburg 1993/94 erfolgten umfangreiche Rückbau- und Sicherungsmaßen und eine denkmalgerechte Sanierung.[16]
Gleiches gilt für die Lepsius-Villa, die wie die Villa Quandt nach 1994 der Stiftung Preußische Schlösser und Gärten zufiel. Hier hatte zwischen 1945 und 1994 der Stab eines Bataillons seinen Sitz gehabt.[17] Heute beherbergt die Lepsius-Villa die Forschungs- und Begegnungsstätte Lepsiushaus Potsdam, eine Einrichtung, die sich mit dem Genozid an den Armeniern und dem Wirken Johannes Lepsius beschäftigt.[18]

Potsdam – Garnison- und Geheimdienststadt Potsdam zwischen 1945 und 1991

Potsdam war bis zum Ende des Zweiten Weltkrieges als vormals preußische Garnisonsstadt seit mehreren Jahrhunderten militärisch geprägt. Soldaten waren deshalb nicht nur zur Zeit des Nationalsozialismus, sondern auch vor 1945 für die Potsdamer Bevölkerung keine fremde Erscheinung im Stadtbild. Diese Tradition setzten die neuen Besatzer nach 1945 fort, indem sie die militärischen Standorte, wie die zu Potsdam gehörenden Kasernen Eiche, Golm, Groß Glienicke, Krampnitz, Nedlitz und Satzkorn für die sowjetischen Streitkräfte in Deutschland nutzten.[19]
Auch außerhalb des für die einheimische Bevölkerung hermetisch abgeriegelten „Militärstädtchens Nr. 7" etablierte der sowjetische Geheimdienst Gliederungen und Dienststellen in Potsdam. Dazu gehörten z. B. der Sitz der Abteilung Militärspionageabwehr der

Provinz Brandenburg in der Viktoriastraße, heute Geschwister-Scholl-Straße, wo das sowjetische Militärtribunal der 16. Luftarmee tagte, der Sitz der Verwaltung der Gruppe der sowjetischen Streitkräfte in Deutschland (GSSD) in der Filmakademiestraße in Potsdam Babelsberg, heute August-Bebel-Straße, der Sitz der NKWD-Bevollmächtigten für die Sowjetische Besatzungszone in der Wilhelmstraße, heute Alt Nowawes, bis 1952 das Hauptquartier des NKWD-Operativsektors des Landes Brandenburg in der Zeppelinstraße und das zentrale Untersuchungsgefängnis des NKWD-Operativsektors des Landes Brandenburg in der Lindenstraße 54/55.[20] Der letztgenannte Gebäudekomplex ist wie die Leistikowstraße 1 heute ebenfalls eine Gedenk- und Begegnungsstätte, gehörte zeitweise zum städtisch geführten Potsdam Museum und ist seit 2015 Sitz der kommunalen Stiftung Gedenkstätte Lindenstraße.

Insgesamt gab es 26 Militärstädtchen in und um Potsdam, die zum Geheimdienst gehörten. Die Mehrzahl von ihnen bestand bis zum Abzug der russischen Garnison zwischen 1990 und 1994.[21]

Obwohl die sowjetische Garnison das Stadtbild wie in kaum einer anderen Stadt prägte, gestaltete sich die Beziehung zwischen sowjetischer Garnison und der einheimischen Bevölkerung überwiegend auf einer organisierten Ebene. Dazu dienten zum Beispiel öffentlichkeitswirksame Feiern oder Aufmärsche zu bestimmten Jahrestagen. Eine wichtige Rolle spielte die „Gesellschaft für Deutsch-Sowjetische Freundschaft". Auch wurden Armeeangehörige temporär in Betrieben rund um Potsdam eingesetzt, um die Produktivität zu steigern. Die Intensität der Begegnungen war unterschiedlich. Hoffman/Punzel vertreten die Auffassung, dass beide Seiten eher zurückhaltend bis desinteressiert an dem Alltag der jeweils anderen und wirklichen Begegnungen waren.[22]

Erst unter dem Einfluss der Perestroika scheint sich das Verhältnis zwischen der erst sowjetischen, dann russischen Garnison und der eigentlichen Bevölkerung Potsdams etwas gewandelt und gelockert zu haben. Das berichtet z.B. der gebürtige Potsdamer und Zeithistoriker Rainer Eckert in seinem Buch „Revolution in Potsdam". Hier beschreibt er die Aktivitäten der „AG Pfingstberg", die sich aus Systemkritikern um den Potsdamer Wieland Eschenburg im Frühjahr 1988 gegründet hatte. Deren ehrenamtliche Einsätze, an denen bis zu 50 – vor allem junge kirchennahe – Potsdamerinnen und Potsdamer beteiligt waren, um gemeinsam dem Urwald auf dem Belvedere des Pfingstberges zu Leibe zu rücken, wurde individuell von einzelnen russischen Soldaten unterstützt, die dazu Gerätschaften mitbrachten. Diese Unterstützung konnte erfolgen, obwohl die „AG Pfingstberg" unter strenger Beobachtung des Ministeriums für Staatssicherheit stand.[23]

Sowjetisches Untersuchungsgefängnis Leistikowstraße 1

Während in den ersten Nachkriegsjahren die Spionageabwehr der sowjetischen Streitkräfte im Zusammenhang mit der Entnazifizierung Deutschlands vor allem ehemalige Wehrmachtsangehörige und jugendliche „Werwölfe"[24] verhaftete, wurden bis

Mitte der 1950er Jahre auch (vermeintliche) Agenten westlicher Geheimdienste, ehemalige Zwangsarbeiter und Kriegsgefangene, Angehörige der russischen Befreiungsarmee und auch sowjetische Emigranten, die nach der Oktoberrevolution 1920 geflohen waren und seit dieser Zeit in Deutschland lebten, als Vaterlandsverräter inhaftiert und verurteilt.[25]

Deutsche und andere Häftlinge, die zwischen 1947 und 1953 in dem Untersuchungsgefängnis Leistikowstraße 1 untergebracht waren, wurden durch ein Militärtribunal, das in der Kapelle des Augusta-Viktoria-Stifts tagte, in der Regel entweder zur Haftstrafe in einem Arbeitslager in der Sowjetunion, in einem Lager oder Gefängnis der SBZ/DDR oder zur Todesstrafe verurteilt. Letztere wurde in Moskau vollzogen. Viele Schicksale der verurteilten Sowjetbürger nach 1952 konnten für die Dauerausstellung der Gedenk- und Begegnungsstätte Leistikowstraße aufgearbeitet werden.

Die Häftlinge in Untersuchungshaft wurden unter Druck und Folter verhört. Die Gefangenen mussten Verhörprotokolle unterschreiben, die dann als Schuldbeweis für die Verurteilung durch ein sowjetisches Militärtribunal galten. Hier waren weder Zeugen noch Verteidiger zugelassen. Auch Fernurteile aus Moskau wurden ausgesprochen. Erst in den 1990er Jahren, nach Auflösung der Sowjetunion als Folge der Perestroika konnten Tausende der Urteile aufgehoben werden.

Nach dem Tod Stalins 1953 waren infolge der Verhandlungen, die die Bundesrepublik mit Moskau und der DDR geführt hatte, bereits Tausende Deutsche, die von Militärtribunalen verurteilt worden waren, freigekommen, zuletzt 1956. Zurückgekehrt in die DDR standen die ehemaligen Häftlinge weiter unter Repression. Sie wurden von der Staatssicherheit überwacht und mussten über das Erlebte schweigen. Viele von Ihnen flüchteten in die Bundesrepublik.[26] Das Erlebte in dem Untersuchungsgefängnis Leistikowstraße 1 und weiteren Stationen der Haft und Zwangsarbeit durfte weder im privaten noch öffentlichen Kontext thematisiert werden.

Infolge des Staatsvertrages zwischen der Sowjetunion und der DDR von 1955 änderten sich die besatzungsrechtlichen Bestimmungen. Ab diesem Zeitpunkt wurden ausschließlich Militärangehörige und Zivilangestellte der sowjetischen Streitkräfte in Deutschland, die unter Spionageverdacht gerieten, verhaftet, gefangen gehalten, gefoltert und verurteilt. Dabei arbeitete ab Mitte der 1960er Jahre der sowjetische Geheimdienst mit dem Ministerium für Staatssicherheit (MfS) auf der Grundlage eines Abkommens bei der Außenabsicherung der sowjetischen Militärobjekte in der DDR eng zusammen. Das betraf auch die Zusammenarbeit bei Fluchtversuchen sowjetischer Soldaten, bei Fahndungen und Personenüberprüfungen.

Heute wissen wir, dass die Soldaten in den Kasernen unter Entbehrungen, Hunger, Gewalt und Willkür, vor allem aber auch an Heimweh litten, Umstände, die kriminelle Vergehen begünstigten.[27] Der Eindruck, den wir beim Aufsuchen der Liegenschaften nach Abzug der russischen Garnison vom Alltag der russischen Militärs erhalten hatten, spiegelte also die Wirklichkeit eines an Verwahrlosung grenzenden Alltags wider.

Erinnern und Gedenken – der lange Weg zur Gedenkstätte Leistikowstraße 1

Im Gegensatz zu allen anderen Gefängnissen der sowjetischen Besatzung nach dem Zweiten Weltkrieg blieb das Gefängnis in der Leistikowstraße bis zur Auflösung des KGB 1991 in Betrieb und wurde danach bis 1994 als Lager benutzt. Wie schon geschildert, erfolgte der Abzug der russischen Garnison im „Militärstädtchen Nr. 7" als einem der letzten Standorte erst im Sommer 1994. In dieser Zeit bildete sich eine Bürgerinitiative für den Erhalt des Ortes als Gedenk- und Begegnungsstätte, die auch von der Eigentümerin des Gebäudes, dem EKH, unterstützt wurde. Immer mehr ehemalige Häftlinge aus Deutschland, aber auch darüber hinaus wollten den Ort sehen, an dem sie eingesperrt, gefoltert und verhört worden waren.

Die Ehrenamtlichen hielten das Haus ab dem Jahr 2000 für Besucher in den Sommermonaten an den Wochenenden offen. Es fanden Zeitzeugengespräche, Schülerprojekte und Buchpräsentationen statt.

Mit Hilfe von MEMORIAL Deutschland e.V. wurden unter Federführung der 2023 verstorbenen Historikerin Gisela Kurze und einigen ehemaligen Häftlingen erste Recherchen zu den Inhaftierten und deren weiteren Schicksalen initiiert. Auch engagierten sich ehemalige Häftlinge in dem ersten Ausstellungsprojekt „Workuta – Zur Geschichte eines sowjetischen Straflagers", eine Ausstellung, die in ihrer ersten Auflage bereits von 1997 bis 2005 im Haus zu sehen war. Hier flossen Erlebtes wie auch persönliche Habseligkeiten aus dieser Zeit – letztere als Exponate – ein.

Im Jahr 1999 gründeten der heute im Ruhestand in Templin lebende ehemalige Pfarrer der Friedensgemeinde Potsdam, Christian Albroscheit, und Gisela Kurze die „Arbeitsgemeinschaft Gedenk- und Begegnungsstätte Ehemaliges KGB-Gefängnis". Daraus ging im Jahr 2003 der Verein „Gedenk- und Begegnungsstätte Ehemaliges KGB-Gefängnis Potsdam e.V." hervor, der nach wie vor existiert und eine Möglichkeit für ehemalige Häftlinge bietet, sich zu engagieren.[28]

Es sollten aber noch einige Jahre vergehen, bis Land und Bund bereit waren, finanzielle Mittel aus dem Gedenkstättenprogramm des Bundes in die Hand zu nehmen, um die investiven Maßnahmen zur Errichtung einer Gedenk- und Begegnungsstätte am Standort Leistikowstraße 1 zu realisieren und den Betrieb zu fördern. Erst 2008 wurde die unselbständige „Stiftung Gedenk- und Begegnungsstätte Leistikowstraße" unter Beteiligung der Beauftragten der Bundesregierung für Kultur und Medien, dem Land Brandenburg und der Eigentümerin, dem EKH, gegründet. Diese neue Stiftung wurde ab diesem Zeitpunkt von der Stiftung Brandenburgische Gedenkstätten zunächst treuhänderisch verwaltet, bis sie später durch eine Änderung des Errichtungsgesetzes ganz in die Stiftung Brandenburgische Gedenkstätten integriert wurde.

Warum hat es Jahre gedauert, bis sich Bund und Land zu ihrer Verantwortung gegenüber dem aus heutiger Sicht alternativlosen öffentlichen Anliegen, am Standort des ehemaligen Untersuchungsgefängnisses Leistikowstraße 1, eine Gedenk- und Begegnungsstätte zu gründen und diese staatlich zu finanzieren, bekannt haben? Um diese Frage zu beantworten, ist es notwendig, einen Blick zurück auf die unmittelbare Nachwendezeit zu werfen.

In den neuen Bundesländern hatte man sich zunächst Anfang der 1990er Jahre im Bereich der Gedenkstätten und deren Finanzierung angesichts der internationalen Bedeutung und Verantwortung auf die Reorganisation und wissenschaftliche Neuausrichtung der großen Mahn- und Gedenkstätten der ehemaligen DDR, die NS-Gedenkstätten Sachsenhausen, Ravensbrück und Buchenwald konzentriert. Hier hatte sich das offizielle staatliche antifaschistische Geschichtsverständnis der DDR manifestiert. Es galt diese Orte zu modernen, wissenschaftsbasierten Lernorten mit neuen Ausstellungen, neuen Besuchsprogrammen und eigenen Forschungsaktivitäten zu entwickeln. Dazu waren immense Mittel erforderlich. Dies nicht nur für Forschung und Bildung, sondern auch, um den gewaltigen Denkmalaufgaben an diesen Orten sachgemäß nachzukommen und eine zeitgemäße Infrastruktur zu schaffen. Ein generationenübergreifendes Programm wurde in Masterplänen entwickelt, deren Umsetzung zum Teil immer noch läuft.

Anders als es bis dahin in den alten Bundesländern Praxis war, hat die öffentliche Hand für die genannten drei Gedenkstätten ihre Verantwortung in der Weise wahrgenommen, dass sie diese in die von Bund und Ländern finanzierte überregionale institutionelle Förderung aufgenommen hat. Damit hatten diese Gedenkstätten per se einen herausgehobenen Status, der für andere Einrichtungen dieser Art in den neuen Bundesländern nur schwer erreichbar sein würde. Auch an der Finanzierung der Gedenkstätte Auschwitz beteiligten sich die neuen Bundesländer nun nach dem sog. Königsteiner Schlüssel. Hinzu kam, dass mit dem Ende der SED-Diktatur auch die wissenschaftliche, gesellschaftliche und politische Verpflichtung bestand, die Verfolgungs- und Repressionsgeschichte aller Opfergruppen des NS, auch die, die in der offiziellen DDR-Gedenkstättenkultur faktisch nicht vorgekommen oder marginalisiert worden waren, zu thematisieren und wissenschaftlich aufzuarbeiten.

Die Rolle, die die Gedenkstätten Sachsenhausen und Buchenwald nach 1945 einnahmen, als sie zu NKWD-Lagern umfunktioniert wurden, spielte dabei in der Tat zunächst eine untergeordnete Rolle in der öffentlichen und der Gedenkstättendebatte, obwohl man sich dem Thema widmete und erste Ausstellungen entwickelte. Währenddessen aber wuchs der Druck vor allem der Opferverbände und auch einiger oft lokal verankerten Gedenkstätteninitiativen auf die Politik. Die Opferverbände wollten aus nachvollziehbaren Gründen Gehör bei der Politik finden. Die Politik sollte sich zu dem Unrecht, dass ihnen widerfahren war, bekennen.

Hier setzte der Bundestag im März 1992 die Enquete-Kommission „Aufarbeitung von Geschichte und Folgen der SED-Diktatur" ein und eine zweite Kommission „Überwindung der Folgen der SED-Diktatur im Prozeß der deutschen Einheit", die 1995 ihre Arbeit aufnahm. Die Anregung zur Einsetzung der Enquetekommission kam im November 1991 von dem damaligen SPD-Abgeordneten Markus Meckel, der diese Einsetzung

in einer Pressmitteilung vorgeschlagen hatte. Anlässlich der Einsetzung der ersten Enquetekommission hielt Willi Brandt, wie sich dann später zeigen sollte, seine letzte große Rede im Bundestag.[29]
In dem Maße, wie der Druck der Opfergruppen wuchs, fand eine hoch emotionalisierte öffentliche Geschichtsdebatte um den jeweiligen Stellenwert und den Status der Opfer vor und nach 1945 statt, der sich nicht nur die Wissenschaft, sondern auch die Politik stellen musste. Die Enquete-Kommissionen haben diesen Prozess bis in die späten 1990er Jahre aktiv begleitet. Ihre Ergebnisse waren maßgeblich für eine die historischen Phasen vor und nach 1945 integrierende Gedenkstättenkonzeption des Bundes und Grundlage für dessen politisches Handeln und der neuen Bundesländer bei der Bewertung der Initiativen und der Bereitstellung von Fördergeldern wurde.
Am Ende der Arbeit beider Kommissionen 1998 wurden Empfehlungen verabschiedet. Die Enquete-Kommissionen haben darin in ihren Überlegungen die Bedeutung der Erinnerung an die nationalsozialistische Terrorherrschaft und die kommunistische Diktatur in der SBZ/DDR sowie an Widerstand und Opposition gegen beide Diktaturen für das demokratische Selbstverständnis der Deutschen als besondere Herausforderung für die deutsche Gedenkstättenlandschaft hervorgehoben. Damit haben die Kommissionen richtig erkannt, dass gerade der Umgang mit der „doppelten Vergangenheit" die besondere Herausforderung im vereinten Deutschland und die Grundlage für ein plurales Geschichtsverständnis bis heute ist.
Das Ergebnis für die Gedenkstättenpolitik des Landes Brandenburg infolge dieses Prozesses war, dass vor allem die kleineren Initiativen an den Orten, die für Unrecht und Verfolgung vor und nach 1945 standen, stärker in den Fokus politischer Aufmerksamkeit rückten, ihre Entwicklung Schritt für Schritt investiv aber auch teilweise in die institutionelle Förderung aufgenommen wurde. Schritt für Schritt bedeutet in diesem Zusammenhang, dass die notwendigen Haushaltsmittel von Bund, Land und weiteren Partnern in den jährlichen Haushaltsaufstellungsverfahren immer erst beantragt und von den Parlamenten beschlossen werden mussten, so dass nicht alle diese Initiativen gleichzeitig in den Genuss einer Förderung kommen konnten und dieser Prozess Jahre in Anspruch nahm.

30 Jahre nach Abzug der russischen Garnison

Das Areal zwischen Pfingstberg und Neuem Garten in Potsdam ist derweil längst wieder zu einem bürgerlichen und noblen Wohnviertel geworden. Auch das protestantische Gesicht ist wieder mit einer lebendigen Pfingstgemeinde, einem evangelischen Kindergarten und der Evangelischen Grundschule Potsdam erkennbar. Familien und Erben haben ihre Anwesen zurückerhalten, ihre Häuser und Villen renoviert, neue Familien sind zugezogen. Auch die Stiftung Preußische Schlösser und Gärten hat ihre Anwesen weitgehend wieder in Stand gesetzt und für Besucher geöffnet.

Einige der Familien, die sich in den letzten 30 Jahren neu oder wieder ansiedelten, waren zunächst befremdet über den Gedanken, eine Gedenk- und Begegnungsstätte im nahen Wohnumfeld zu haben, die an die Zeit des „Militärstädtchens Nr. 7" und das Untersuchungsgefängnis erinnern. Hier haben die Gedenk- und Begegnungsstätte Leistikowstraße mit ihrer langjährigen Leiterin, Dr. Ines Reich, sowie weitere Partnern aus der Potsdamer Museums- und Gedenkstättenlandschaft mit auf Partizipation ausgerichteten Aktivitäten erheblich dazu beigetragen, dass diese Hürden abgebaut werden konnten. Dass es eine gesellschaftliche und politische Verpflichtung sein muss, sich der Geschichte des Ortes zu stellen, ist zwischenzeitlich unumstritten. Die Geschichte des Ortes „Militärstädtchen Nr. 7" ist heute durch ein Besucherleitsystem für alle Besucher erschlossen und bei einem Spaziergang erlebbar.

Die Gedenk- und Begegnungsstätte „Leistikowstraße" mit erhaltenem Gefängnisgebäude, 2024

1 Dieser Beitrag stützt sich u.a. stark auf die wissenschaftliche Aufarbeitung der Geschichte des „Militärstädtchens Nr. 7" und der des Untersuchungsgefängnisses Leistikowstraße Nr. 1 ,vgl. Reich, Ines/Schultz, Maria, *Sowjetisches Untersuchungsgefängnis Leistikowstraße Potsdam*, Berlin, 2012, die nicht nur die Geschichte des Untersuchungsgefängnisses und die der Opfer aufgearbeitet haben, sondern auch ganz maßgeblich den historischen Kontext zur Umgebung erforscht und hergeleitet haben.

2 Vgl. Förder-Hoff, Gabriele, *Im Dienst der Liebe. 120 Jahre Evangelisch-Kirchlicher Hilfsverein Potsdam*, Potsdam, 2008

3 Haase, Jana, *Potsdam, gesammelte Erinnerungen ans „KGB Städtchen". Vor 15 Jahren zogen die russischen Truppen aus Potsdam ab – Hannes Wittenberg sichert Spuren*, in: Tagesspiegel PNN, 13.09.2009

4 Vgl. Reich/Schultz, 2012, S. 213

5 Vgl. Hoffmann, Hans-Albert/Punzel, Volker, *Potsdam, Sowjetische Garnisonstadt 1945–1994. Geschichte, Fakten, Hintergründe*, Berlin, 2022, S. 76

6 Vgl. ebenda, S. 211

7 Vgl. ebenda, S. 213

8 Das „Militärstädtchen Nr. 6" bezog sich auf die angrenzende Hessestraße. Es bestand von 1945 bis 1950, bevor es dem „Militärstädtchen Nr. 7" zugeordnet wurde. Das „Militärstädtchen Nr. 7a" umfasste die Große Weinmeisterstraße und Langhansstraße. Hier vermuten Historiker die Verwaltung der militärischen Spionageabwehr. Mit der Neuordnung der militärischen Geheimdienste wurde das separate Militärstädtchen aufgelöst und dem Militärstädtchen Nr. 7 zugeschlagen.

9 Vgl. ebenda, S. 214

10 Vgl. Homepage der Pfingstgemeinde, Ev. Pfingstkirchengemeinde Potsdam: https://www.kirchenkreis-potsdam.de

11 Heute in Privatbesitz

12 Heute Sitz der Evangelischen Grundschule Potsdam

13 Heute Gedenk- und Begegnungsstätte Leistikowstraße

14 Interview mit Renate Wildenbruch, in: Förder-Hoff, 2008, S. 143/144

15 Vgl. Reich/Schultz, 2012, S. 33/34

16 Vgl. Homepage Fontanearchiv, https://www.fontanearchiv.de

17 Vgl. Hoffmann/Punzel, 2022, S. 213

18 Der Förderverein Lepsiushaus Potsdam e.V. konnte das Haus mit Fördermitteln der Bundesrepublik Deutschland, des Landes Brandenburg, der Stiftung Preußische Schlösser und Gärten, der Deutschen Stiftung Denkmalschutz und der Stadt Potsdam sowie mit privaten Spenden vor dem Verfall bewahren und zu einem Ort der Wissenschaft und Begegnung entwickeln. Vgl. Homepage Lepsiushaus: https://www.lepsiushaus.de

19 Vgl. Hoffmann/Punzel, 2022, S. 199

20 Vgl. ebenda

21 Vgl. ebenda

22 Vgl. ebenda, S. 257

23 Vgl. Eckert, Rainer, *Revolution in Potsdam. Eine Stadt zwischen Lethargie, Revolte und Freiheit (1989/1990)*, Leipzig, 2017, S. 185–168

24 Die Organisation „Werwolf" war eine Untergrundorganisation des NS am Ende des Zweiten Weltkriegs.

25 Vgl. Reich/Schultz, 2012, S. 101

26 Vgl. ebenda, S. 99

27 Vgl. ebenda, S. 211

28 Vgl. ebenda, S. 11

29 Vgl. Pressemitteilung, Markus Meckel, 28. November 1991, Privatarchiv Markus Meckel

Hans-Joachim Frank

theater 89 in Altes Lager | „Das Haus“

Wenn man von der B 102, kurz nach dem Ortsschild Altes Lager aus Richtung Treuenbrietzen kommend, rechts abbiegt, über die Gleise fährt, erstreckt sich rechterhand das Gelände der ehemaligen „Höheren Fliegertechnischen Schule“. Geradeaus, weiter in Richtung Süden, erscheint ein eleganter Bau aus den dreißiger Jahren des letzten Jahrhunderts.

1996 – irgendwann im Sommer betreten wir das erste Mal die Ruine des ehemaligen „Haus der Offiziere“. Der Wind geht durch die Reste von Fenstern und Türen. Gut gegen den feuchten, fauligen Geruch. Das Haus steht seit vier Jahren leer. Die Russen nahmen mit, was sie konnten, dann holten die Deutschen sich, was sie brauchten.

Ende November 2023 – 25-jähriges Jubiläum des Frauenchors „Raduga – Altes Lager“. Natürlich sind wir eingeladen. Wir waren Neuankömmlinge damals, sie noch nicht lange da. Sogenannte „Spätaussiedler“ mit ihren Familien. *„Spätaussiedler ist in der Regel ein deutscher Volkszugehöriger, der die Republiken der ehemaligen Sowjetunion nach dem 31. Dezember 1992 im Zuge des Aufnahmeverfahrens verlassen und innerhalb von sechs Monaten im Geltungsbereich des Gesetzes seinen ständigen Aufenthalt genommen hat, wenn ...“* (§ 4 Abs. 1 Bundesvertriebenengesetz, BVFG). Zu unserer Zeit etwa 1.000 Leute, angesiedelt auf dem verlassenen Gebiet der russischen Streitkräfte. Wohnten in den Unterkünften der Armeeangehörigen. Sprachen ihre Sprache. Russisch! Für die ansässige Bevölkerung eine Zumutung. Der Nachweis deutscher Herkunft sei offiziell geprüft, hieß es. Grundkenntnisse der deutschen Sprache Voraussetzung.

Aufgewachsen in der Sowjetunion hatten die meisten immer Russisch gesprochen. Die Familien waren über Generationen vermischt. Nur in wenigen Dörfern Kasachstans sprach man Deutsch. In einem solchen, in Orlovo (Altai), wuchs Maria Stach auf. Irgendwie lernte ich sie als Erste kennen. Sicher, weil sie so gut Deutsch sprach. Ein wunderbares altes Platt. Sie erzählte mir, wie sie nach ihrer Heirat, in Michailowskoje (Altai), ein Haus gebaut hatte. Zeigte Fotos. Unglaublich. Wie sie es winterfest machte. Jedes Jahr aufs Neue. Im Winter fiel die Temperatur bis minus 40 Grad, im Sommer stieg sie bis 40 Grad. Ein Erdloch im Dauerfrost reichte zum Einfrieren der Vorräte. Wasser musste man von einem Brunnen holen. Maria arbeitete als Köchin. Zu Hause waren die Kinder zu erziehen. Holz zu machen. Der Garten musste bestellt und die Tiere versorgt werden. Hier, in den ferngeheizten DDR-Neubaublocks, sind wir faul geworden, sagte sie einmal. Als sie zum ersten Mal in einen Supermarkt ging nach ihrer Ankunft in Deutschland, wurde ihr schlecht. Dieser Überfluss. Die Menge an Waren. Diese Häufung von Essbarem, grell verpackt. Es war wunderbar, wie sich die Frauen dann wöchentlich zum Singen trafen. Es wurde ein Bajan besorgt und Marina Derxen lernte Bajan spielen. Sie leitete den kleinen Chor. Zuerst sangen sie sich Mut zu. Sangen, um eine Gemeinschaft zu werden. Stark zu sein. Ich denke, dass es nicht einfach ist, die Heimat zu verlassen. Niemals wer-

den sie ihr Leben in der Steppe und den hohen Himmel vergessen. Die Frage, warum sind wir hier und sind wir hier richtig – verklingt unbeantwortet in ihren Liedern.
Im 18. Jahrhundert hatte Katharina die Große die Vorfahren nach Russland geholt und sie an der Wolga und in anderen Grenzgebieten angesiedelt. Ihnen Privilegien erteilt. Glaubensfreiheit, Befreiung vom Militärdienst. Sie waren zu Wohlstand gekommen. Nach dem Überfall Hitlers auf die Sowjetunion wurden sie unter dem Verdacht der Kollaboration verfolgt, ermordet, nach Osten verschleppt.
Auf der Bühne die leuchtenden Augen der Frauen, die in ihren Liedern leben. Russische Lieder. Manches auf Deutsch oder in deutscher Übersetzung. Ein ukrainischer Tanz. Sie haben uns ihre Geschichten erzählt. Wir haben ihnen zugehört und sie auf die Bühne gebracht. Wir haben zusammen in vielen Aufführungen Theater gespielt, gefeiert, gesungen, getanzt – 18 Jahre lang.
Wir spielten Brechts „Furcht und Elend des Dritten Reiches", Hochhuths „Eine Liebe in Deutschland", Horvaths „Ein Kind unserer Zeit" und „Jugend ohne Gott", Schukschins „Kalina Krasnaja", luden 1997 das Akademische Künstlertheater aus Saratow an der Wolga ein. Trafen uns zu Gesprächen am Kamin mit Eduard Schreiber und Regine Kühn, sahen ihren großartigen Dokumentarfilm „Lange nach der Schlacht" vom Abzug der russischen Truppen aus Altes Lager, saßen mit Axel von Hoerschelmann aus der Brandenburgischen Staatskanzlei, mit Eckard Korthus, Pfarrer der Gemeinde Niedergörsdorf, mit Klaus-Peter und Claudia Gust, Unternehmer aus Langenlipsdorf, mit meinen Freunden Reinhard und Karin Brüning – redeten, überlegten.
In „Der Regenwettermann" von Alfred Matusche spielten wir die Geschichte eines deutschen Soldaten in einer kleinen galizischen Stadt am Bug, in Ostpolen. Kurz vor dem Überfall auf die Sowjetunion stellt der Autor seine Hauptfigur vor eine schwierige Entscheidung. Ihm wird befohlen, sich an der Liquidierung der ansässigen Juden zu beteiligen. Während der Stationierung hat er sich mit einem jüdischen Jungen angefreundet. Er nennt ihn den Regenwettermann. Ein polnischer Lehrer gerät ebenfalls unter Druck. Er soll die jüdischen Bewohner anzeigen. In einer ergreifenden Nachtszene sehen wir, wie ein jüdisches Paar Abschied vom Leben nimmt. Am Ende rettet der Soldat den Jungen und erschießt sich.
Mit dieser Inszenierung gastierten wir 1996 zum 3. Festival für Politik im Freien Theater in Bremen. Wir erhielten den Hauptpreis. Zur gleichen Zeit wurden Briefe, Feldpost deutscher Soldaten, veröffentlicht, aus denen ersichtlich wurde, dass deutsche Soldaten an Juden-Liquidierungen beteiligt waren. Das war bis dahin nur der SS angelastet worden. Die Briefe berichten von der russischen Armut, von der Drangsalierung der Bauern durch Abgaben an das russische und deutsche Militär. Von hungernden, kranken Kindern auf den Straßen. In den Städten zerstörten die Russen russische Häuser, legten Feuer an alles, um den Vormarsch der Deutschen aufzuhalten. In den Wäldern kämpften Partisanen und griffen die Deutschen hinter der Front an. Es gab Massenerschießungen als Vergeltung für deutsche Gefallene. Tausende ermordete Juden in Massengräbern.

Diese Enthüllungen führten zu heftigen Reaktionen von Hinterbliebenen. In Bremen demonstrierten Frauen für die Ehre ihrer gefallenen Männer und Söhne.
Fragen nach den Erlebnissen unserer Väter im Krieg bewegten in den siebziger Jahren viele junge Leute in der DDR.
Unsere Väter schwiegen. Mein Vater war mit einem Granatsplitter im Kopf nach Hause gekommen. Sein rechtes Auge war starr. Aus Glas. Fast alle männlichen Verwandten dieser 1922/23/24-iger Generation waren versehrt. Die politischen Verhältnisse in der DDR unter der sowjetischen Besatzung, aber auch das offenbar Unsagbare ihrer Erlebnisse, schlossen ihnen den Mund. Wir wussten nichts von den zivilen Opfern beim Einmarsch der Sowjettruppen im Januar/Februar 1945. In Aurith, am Ostufer der Oder, wurde durch sich widersprechende Informationen von Administration und Militärs, vielerorts die sofortige Flucht verhindert. Es entstand Chaos. Zumal das Eis der Oder zunehmend schmolz und eine Überquerung immer gefährlicher wurde. Insbesondere die Bauern, welche mit ihren Familien nicht weg konnten von Hof und Vieh, wurden Opfer grausigster Kriegsrealität. Christa Wolf thematisierte 1976, erstmalig in der DDR, die Themen von Flucht und Vertreibung in ihrem Roman „Kindheitsmuster".
Bertolt Brecht schrieb in sein Journal: *„25.10.48 Immer noch, nach den drei Jahren, zittert unter den Arbeitern, höre ich allgemein, die Panik, verursacht durch die Plünderungen und Vergewaltigungen, nach, die der Eroberung von Berlin folgten. In den Arbeitervierteln hatte man die Befreier mit verzweifelter Freude erwartet, die Arme waren ausgestreckt, aber die Begegnung wurde zum Überfall, der die Siebzigjährigen und die Zwölfjährigen nicht schonte und in voller Öffentlichkeit vor sich ging."* (Zitat aus: Bertolt Brecht, Große kommentierte Berliner und Frankfurter Ausgabe, Journale 2, Band 27, Seite 280).

Der Abzug der russischen Truppen war eine Befreiung. Für unsere Väter und Mütter kam sie zu spät.

Auf dem Exerzierplatz der ehemaligen „Höheren Fliegertechnischen Schule" inszenierte ich 2001 „It works" nach einem Drehbuch von Oliver Bukowski. Bukowski, der uns in den Jahren des Anfangs begleitete, als Autor der Wende und Nachwende, hatte einen Film geschrieben, der nie gedreht wurde. Ich inszenierte ein Theaterspektakel auf dem Exerzierplatz. Es gab 15 Aufführungen in zwei Sommern mit mehr als 150 Mitwirkenden. Die Geschichte: Reicher West-Unternehmer verliebt sich in arme Bäuerin aus dem Osten. Gemeinsam verwirklichen sie einen Traum mitten in den Wirrnissen der Wende. Blühende Landschaften, wie sie der Kanzler versprochen hatte. Wir machten daraus: Hollywood in Altes Lager. Mit riesigen Maschinen werden die Trümmer beräumt. Es gibt Arbeit für jedermann und jede Frau. Das ewige Grau-Grün des Militärs weicht dem Rot eines Kopftuchs. Die Mauern fallen. Schießplätze, Munitionsfabrik, der riesige Flugplatz – alles verliert seinen Schrecken. Shelter werden bewohnt oder Museum. Drachenflieger statt Düsenjäger. Konversion. Nicht Verwalten – Gestalten: Das Motto der damals jungen Gemeinde Niedergörsdorf und ihres Bürgermeisters Wilfried Rauhut. Viele waren dabei. Mitspieler oder Zuschauer. Bauern aus den umliegenden Dörfern. Anwohner aus Altes Lager. Der Stadtchor Jüterbog. Natürlich Raduga. Mitarbeiter der Gemeindeverwaltung. Andrea Schütze, damals Hauptamtsleiterin, allen voran. Alle spielten mit den Schauspielern von theater 89. Und am Ende – ein Flugzeug, dicht über den Köpfen der Zuschauer. Wackelt mit den Flügeln, winkt und kommt von einem anderen Flugplatz. Einem neuen. Wie sagten die Piloten Rudi und Monika Hackel immer: *In Oehna is schöna.*

Ulrike Liedtke

„Die Würde des Menschen ist unantastbar"
Gedanken zum Abzug der russischen Armee

1. Ein Mannschafts-Lkw nach dem anderen bog aus der Mühlenstraße in die Schlossstraße ein. Es schien kein Ende zu nehmen. Volle Apfelkörbe reichten die Rheinsberger hoch in die Wagen. Die Soldaten saßen dicht gedrängt auf langen Bänken und blickten leer und hungrig. Sie waren so jung. Seit es die D-Mark gab konnten sie mit der DDR-Mark nicht viel anfangen. Kein Chleb, keine Kolbassa. Wenn sie das überhaupt bekommen hatten. So sehr wir den Abzug begrüßten, hatte er doch etwas Würdeloses. Es war 1993 im August, Europas größter Bombenabwurf- und Schießplatz in der Kyritz-Ruppiner Heide wurde geräumt, die Menschen mussten weg. Alles andere blieb liegen oder wurde in den letzten Tagen vor dem Abzug der vormals sowjetischen, jetzt russischen Soldaten verkauft. Merkwürdige Geschäfte muss es gegeben haben. Daran waren die einfachen Soldaten in den Lkws nicht beteiligt. Sie wollten studieren, deshalb hatten sie sich zum Auslandsdienst verpflichtet, sagten die Leute. Drei Jahre, zwei Jahre. Ob es auch Urlaub gab? Ob die Freundin noch da war? Fand sich zu Hause Arbeit? Ein Zimmer, eine Wohnung? Glück?

Nichts wussten wir von den Soldaten, die doch so nahe lebten. Eher schon von den Arbeitern aus Vietnam, die immer freundlich lächelten, viel fleißiger waren als wir und bei denen es immer nach Reis roch. Oder von den Arbeitern aus Mosambik. Mit ihnen gab es Freundschaften und auch manche Liebesbeziehung. Darüber sprachen wir, aber nicht über die Soldaten. Fast 50 Jahre lang war der ehemalige Militärstandort Kyritz-Ruppiner Heide von sowjetischen Streitkräften für zwei Truppenübungsplätze genutzt worden. Das Gelände war abgesperrt. Tiefflieger flogen über Rheinsberg und die umliegenden Dörfer. Als die Musikakademie Rheinsberg ihre Arbeit 1991 aufnahm, flogen sie mitten durch Flötenkonzerte. Aber nun waren sie abgezogen in ihren vielen Lkws.

Die Bundesregierung beschloss die militärische Nachnutzug von 12.000 Hektar Heide. Ziel für Bomben, Luftbodenraketen und Bordwaffen. Ein NATO-Flugplatz war geplant. Die Grenze zwischen Heeres- und Luftbodenschießplatz sollte eine „Linie – Feuer –

Das Kasernenelend trieb viele junge Soldaten zur Desertation – wie den 20-jährigen Wadim W.

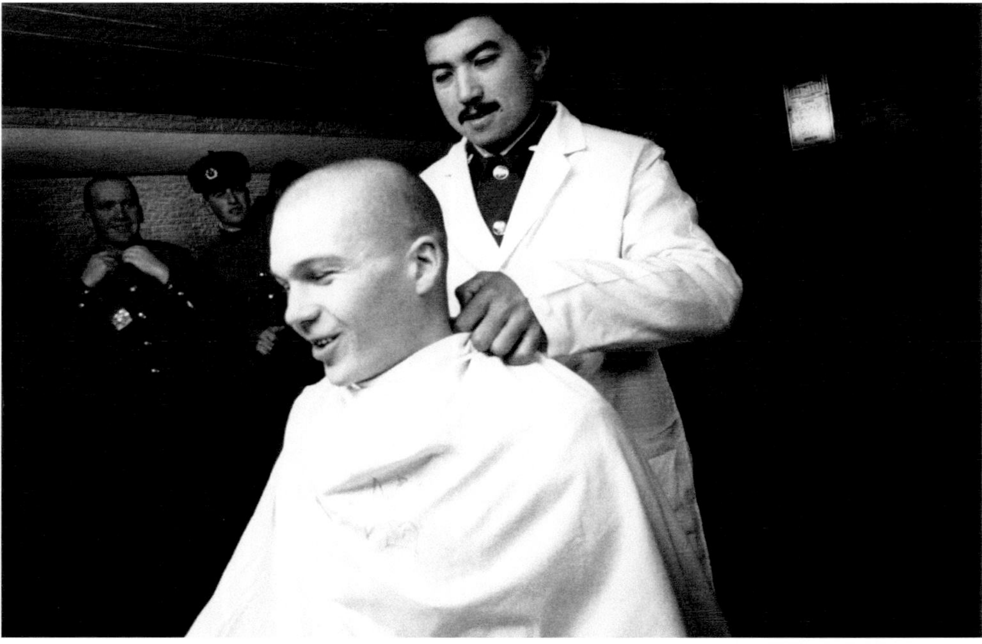

Der kahlrasierte Kopf war früher in den Kasernen Pflicht – später waren auch Kurzhaarschnitte erlaubt

Halt" bilden. Mit dem Aufräumen der Hinterlassenschaften der sowjetischen Armee war schon begonnen worden, große Munitionsberge wurden immer größer. Die Friedensinitiative „Freie Heide" gründete sich. Musiker der Musikakademie Rheinsberg waren dabei. Es konnte einfach nicht sein, dass die Freude über den Abzug der sowjetischen Truppen gegen den Einzug der Bundeswehr getauscht werden sollte. Erst 2011 wurde die Kommandantur am Truppenübungsplatz aufgelöst. Auch die Wehrpflicht wurde in diesem Jahr ausgesetzt, es gab keine Bedrohungslage mehr. Die Heide war frei. Die Akteure der Bürgerinitiative wurden ausgezeichnet für ihren Mut, ihr Durchhaltevermögen, ihren Glauben an Demokratie und Bürgerbeteiligung. Noch 2018 habe ich in einer Aktuellen Fragestunde des Landtages die Landesregierung befragt, welche Bedingungen die Freie Heide erfüllen müsse, um Naturpark werden zu können. Künstler schufen Mahnsäulen in den Heide-Dörfern, in manchen gibt es noch sowjetische Friedhöfe einer anderen Zeit.

2. Historische Ereignisse erklären sich aus ihrer Zeit heraus. Vergleich und Relativierung verbieten sich auf der Grundlage von Fakten. Erinnerungen, Gedenken und Mitgefühl von Menschen sind hingegen individuell, eigene Erfahrungen. Es bedarf der Erinnerung an schlimme Zeiten, an die Opfer von Krieg und Diktatur, um die Zukunft in Frieden und Freiheit zu gestalten.
Die letzten Kriegstage 1945 haben sich in Brandenburg tief eingeprägt, in den Dörfern und Städten, in der Landschaft und in den Köpfen. In der Schlacht um Berlin kamen etwa 170.000 Menschen ums Leben. Aus Besiegten wurden Befreite, die rote Fahne wehte am Brandenburger Tor und auf dem Reichstag. Nirgendwo sonst ruhen mehr Tote aus dem Zweiten Weltkrieg im Boden, nirgends gibt es mehr Kriegsgräberstätten. Der Volksbund Deutsche Kriegsgräberfürsorge zählt 237 Orte in Brandenburg auf und geht davon aus, dass es weit mehr sind. Auch wo jetzt Spielplätze, Supermärkte und Tankstellen stehen. Und jedes Jahr werden wieder Tote gefunden, an den Ufern, den Brücken oder beim Ausheben von Gruben für Fundamente neuer Wohnhäuser. Die sterblichen Überreste der Soldaten passen in kleine schwarze Särge. Seit die jungen Männer gefallen sind, vergingen acht Jahrzehnte. Zeremoniell werden sie eingebettet nach so langer Zeit, meist in Halbe auf dem Waldfriedhof. Vor ihrem gewaltsamen Tod hatten sie eine Familie, Kindheit und Jugend, ein Leben vor sich. Ihnen wieder einen Namen zu geben, eine Identität und die Würde des Menschen als Nachgeborene zurück zu geben ist das Anliegen. Doch von vielen kennen wir den Namen nicht. Umso mehr berühren Begegnungen mit doch noch aufgefundenen Angehörigen, deren Großvater oder Onkel, Vater oder älterer Bruder identifiziert werden konnte.
Auf dem Waldfriedhof Halbe ruhen 28.000 Opfer des Zweiten Weltkrieges. Geburts- und Sterbejahre erschüttern, viele wurden nicht älter als 18, 19 oder 20 Jahre. Hier liegen Deutsche, Russen, Ukrainer, Georgier, Litauer und Angehörige zahlreicher weiterer Nationen nebeneinander, Sieger und Besiegte im Krieg.

Ihre Würdigung und die Pflege ihrer Ruhestätten bedeuten weit mehr als Trauerarbeit: Das Erinnern an die Opfer verbindet Menschen und Völker. Der Volksbund Deutsche Kriegsgräberfürsorge betreut in 46 Staaten mehr als 830 Kriegsgräberstätten mit über 2,8 Millionen Kriegstoten. Was für ein furchtbares Erbe des von Deutschland entfesselten Krieges. Demut schafft Gemeinsamkeit und ist eine Voraussetzung für das Miteinander über Grenzen hinweg. Auch aus diesem Grund werbe ich seit längerem dafür, in Brandenburg ein „Forum Erinnerungskultur" zu schaffen. Es soll sich dem Gedenken, der Forschung und der Vermittlung von Geschichte widmen und viele Beteiligte und Institutionen mit ihren eigenen Perspektiven an einen Tisch bringen.

„Wer Frieden will, der rede vom Krieg, er rede von seinen Anstiftern, von seinen gewaltigen Ursachen, seinen entsetzlichen Mitteln", hat Walter Benjamin einmal gesagt. Ich denke er hat recht. Ohne die Anerkennung der entsetzlichen Realität des Krieges wird es uns nicht gelingen, zu einer Friedenslogik zu kommen, die die Logik des Krieges überwindet. Tatsächlich verstehen konnte ich das erst mit dem Angriff Russlands auf die Ukraine. Seitdem steht der Tag der Befreiung 1945 auch für uns im Osten in einem neuen Licht. Wieder die unerträgliche Realität des Krieges, die wir nicht für möglich gehalten hatten, wieder junge Männer, die 18-, 19- oder 20-jährig ihr Leben lassen müssen. Wieder der tiefe Wunsch nach Gerechtigkeit, nach einem Ende der Aggression, nach Frieden. Die Ukraine verteidigt sich. Polen, Deutschland, Europa und die USA unterstützen die Ukraine.

Ein militärischer Angriff ist niemals gerechtfertigt, für den Bruch des Völkerrechts gibt es keine Rechtfertigung. Die russische Führung ignoriert ihr eigenes Grundgesetz, sie ignoriert die europäische Friedensordnung und versucht sie zu sprengen. Sie belügt die eigene Bevölkerung und bürdet ihr schwere Lasten auf, erbarmungslos. Sie bedroht und zerstört das Leben der Ukrainerinnen und Ukrainer, ebenso wie das der russischen Soldaten – auch sie meist noch jung, oft fehlinformiert. Aufklärung gehört zu Demokratien, nicht zu Diktaturen. **„Die Würde des Menschen ist unantastbar"**, wie wichtig ist doch dieser erste Satz unseres demokratischen Grundgesetzes.

Dennoch, unsere Werte sind erschüttert worden: Du sollst nicht töten, Frieden schaffen ohne Waffen, für Schwerter zu Pflugscharen war ich in Leipzig auf der Straße. Die Bronze-Skulptur des russischen Bildhauers Jewgeni Wiktorowitsch Wutschetisch zu dem Zitat aus dem Alten Testament schenkte die Sowjetunion 1959 der UNO. Sie steht dort im Garten in New York. Die Verheißung des Völkerfriedens. Nie wieder Krieg, das haben wir gelernt, gelebt und geglaubt. Als ob es keine Kriege auf der Welt gegeben hätte.

In einer Zeit, in der die Welt gerade viele Probleme gemeinsam zu lösen hätte, fallen wir zurück in Verhaltensmuster aus der Gewalt-Geschichte. Männer kämpfen, Frauen fliehen, Waffen werden geliefert, neue Gräber ausgehoben, Sterben für die Nation, die Nachrichtensprache rüstet auf. Klar ist zugleich: Pazifismus muss man sich leisten können. Wer im Frieden lebt, braucht keinen Mut, um Pazifist zu sein.

Wir haben einen Konflikt mit unserem Selbstverständnis und mit unserer Geschichte: Russen, deren Urgroßväter zu den Befreiern gehörten, kämpfen in brutaler Weise gegen ein Volk, das selbst zu unseren Befreiern vom Nationalsozialismus gehörte. Wir hatten ein anderes Russland kennengelernt. Gastfreundliche Menschen, die mit Deutschen von Vergebung sprachen. Noch immer, nach allem ist da eine tiefe Empathie für russische Literatur und Musik, für Tschechow, Dostojewski, Tolstoi. Für Tschaikowski, Mussorgski, Schostakowitsch, für neue aktuelle Kunst. Heute müssen wir uns eingestehen, dass unser Russlandbild romantisch war. Und unvollständig, wir haben das Beunruhigende ausgeblendet. Zu sorglos, zu nachlässig waren wir mit dem hohen Gut des Friedens, mit dem „Nie wieder!"
Krieg in der Ukraine, Terroranschlag auf Israel. Krieg in Gaza. Wie orientieren wir uns in der Unübersichtlichkeit der Konflikte in der Welt, ohne die Schreckensereignisse durch Vergleich und Einordnung zu relativieren. Die neuen Schreckensbilder vom Pogrom der Hamas am 7. Oktober, die Bilder aus Gaza, die Nachricht, dass Rechtsextreme und Neonazis die Deportation von Millionen Menschen aus Deutschland planen, überlagern sich mit den verstörenden Bildern der Vergangenheit. Hassdemos gegen Israel, das Schweigen in der Kulturszene nach dem 7. Oktober.
Es ist nicht mehr genug, zu sagen: Nie wieder. Wir müssen uns fragen, warum wir heute erinnern und wie die Kraft der Erinnerung die Müdigkeitserscheinungen und Überforderung in der politischen Kultur überwinden kann. Es liegt an uns allen, dem manipulativen Missbrauch von Begriffen, von Geschichte und Geschichten zu widersprechen. Wir sind es denen schuldig, die in der Vergangenheit manipuliert und missbraucht worden sind, den Kriegsopfern. Es ist infam, dass die russische Propaganda zur Rechtfertigung des Überfalls 2022 mit falschen Faschismus-Vorwürfen gegen die gewählte Regierung in Kiew angeht und auf diese Weise groteske Parallelen und Bezüge zum Zweiten Weltkrieg herstellt.

3. Europäer und namentlich wir Deutschen stehen vor der Herausforderung, die notwendige Distanz zu offiziellen russischen Vertretern und Stellen zu wahren, ohne dadurch das würdige Gedenken an die Opfer des Zweiten Weltkrieges in Frage zu stellen. Alliierte Soldaten, darunter diejenigen der Roten Armee, sind als Befreier vom nationalsozialistischen Schreckens- und Besatzungsregime gekommen und gefallen. Das kann, soll und darf über den heutigen Schrecken nicht vergessen oder verdrängt werden. Dazu gehört es ohne jeden Zweifel, die Stätten des Zweiten Weltkrieges weiterhin zu pflegen und in Ehren zu halten: Die sowjetischen Ehrenmäler, die Friedhöfe, die lokalen wie regionalen Museen und Gedenkstätten in Seelow und Potsdam, Baruth/Mark und Zeuthen, Halbe und Eberswalde.

Zum Erhalt und zur Pflege dieser Stätten hat sich die Bundesrepublik vertraglich verpflichtet im Zusammenhang mit dem Abzug der Sowjetischen Streitkräfte vor nunmehr 30 Jahren. In den vergangenen drei Jahrzehnten ist Deutschland dieser Verpflichtung und der tief empfundenen Pflicht zum Erinnern nachgekommen – in den Kommunen, Ländern und im Bund.

Am 8. Mai jedes Jahres begeht der Landtag Brandenburg den Tag der Befreiung. Botschafter der Alliierten halten Reden, sie betonen das friedliche Miteinander in Europa von einst verfeindeten Ländern. Meine Hoffnung ist, dass in nicht allzu ferner Zukunft auch wieder ein Botschafter der Russischen Föderation zu diesen Gedenkveranstaltungen kommen kann, wenn sein Land den Wert des Friedens wieder erkannt und anerkannt haben wird.

Der ehemalige Ministerpräsident Luxemburgs und Präsident der Europäischen Kommission, Jean-Claude Juncker, hat vor vielen Jahren gesagt: *„Wer an Europa zweifelt, wer an Europa verzweifelt, der sollte Soldatenfriedhöfe besuchen!"* Dieses Europa endet nicht an den Grenzen der Europäischen Union. Ohne Russland wird es nicht das sein, was nach dem Zweiten Weltkrieg und nach dem Fall des Eisernen Vorhangs angestrebt wurde – als hehres Ziel, vielleicht auch nur als schöne Vision, in jedem Fall als Projekt für eine bessere Zukunft: Ein gemeinsam in Frieden gestalteter und prosperierender Kontinent.

Wir müssen uns neu verständigen über die Zukunft der Demokratie. Wir wissen, dass sich Demokratie mit ihren eigenen Mitteln abschaffen kann. Das gab es schon einmal in Deutschland. Demokratie ist verletzlich, muss täglich gelebt, weiterentwickelt und erstritten werden, im eigenen Land, in Städten und Gemeinden, mit unseren Partnern in Polen und Frankreich. Ich bin voller Zuversicht, dass es uns gemeinsam gelingt. Voraussetzung ist, dass wir Artikel 1 unserer Verfassung verinnerlichen und über alle politischen Unterschiede hinweg anwenden: *„Die Würde des Menschen ist unantastbar. Sie zu achten und zu schützen ist Verpflichtung aller staatlichen Gewalt. Das Deutsche Volk bekennt sich darum zu unverletzlichen und unveräußerlichen Menschenrechten als Grundlage jeder menschlichen Gemeinschaft, des Friedens und der Gerechtigkeit in der Welt."*

■ VIII. Schlussbemerkung

Die Gräber der im Zweiten Weltkrieg gefallenen Soldaten auch in Brandenburg erinnern den Besucher der Friedhöfe und Gedenkstätten daran, wohin Hass führen kann. Die Pflege dieser Gräber ist daher nicht nur der Achtung der Toten geschuldet. Die Gräber mahnen, sich in Europa friedlich zu verständigen, den anderen zu versuchen zu verstehen und dementsprechend zu handeln. Die Pflege der sowjetischen Kriegsgräber ist darüber hinaus eine Verpflichtung der Bundesrepublik Deutschland, vereinbart im Rahmen der Zustimmung zur Deutschen Einheit.

Wir legen ein „unfertiges" Lesebuch vor. Die Beiträge erheben nicht den Anspuch, die Breite und Tiefe des Geschehens abzudecken, das 1994 mit dem Abzug der russischen Soldaten endete. Sie stellen aber den Versuch dar, die Dimensionen der Chancen und des Aufbruchs, aber auch unserer Irrtümer, Auslassungen und Verweigerungen abzustecken, die das Verhältnis zu Russland bis heute mitprägen.

Die Beiträge dieses Buches erscheinen gegenwärtig wie Nachrichten aus einer anderen Zeit. Heute prägen die verhinderten persönlichen Beziehungen nach Russland, die ruhenden Partnerschaften, die blockierten wissenschaftlichen, wirtschaftlichen und kulturellen Kontakte, die fehlende Begegnung junger Menschen etc. das Bild. Wir haben, wie die Autorinnen und Autoren dieses Bandes, keine Antwort auf die Frage, wann und wie wieder ein Weg in ein neues Miteinander im gemeinsamen Haus Europa denkbar und möglich wird.

Der Blick zurück auf die Zeit der Hoffnungen zeigt, dass auch nach dem von Deutschland ausgehenden mörderischen Zivilisationsbruch des Zweiten Weltkrieges eine Rückkehr zu einem Miteinander geschehen konnte. Der Weg dahin war lang, aber erfolgreich.

CA
CA

Die AutorInnen & HerausgeberInnen

Jürgen Baumann ist für die GIZ (Gesellschaft für Internationale Zusammenarbeit) tätig. Er war Justitiar bei der LEG-Brandenburg und 1995 bis 2001 Geschäftsführer der EWZ Entwicklungsgesellschaft Waldstadt Wünsdorf/Zehrensdorf mbH.

Dr. Oliver Bens, geb. 1967 in Bielefeld, ist Head of Operations am Deutschen GeoForschungsZentrum GFZ in Potsdam und Ko-Direktor des Zentralasiatischen Instituts für Angewandte Geowissenschaften ZAIAG in Bischkek/Kirgisistan.

Prof. Dr. Jan C. Behrends, geb. 1969 in Bremen, ist Historiker und Professor an der Universität Viadrina in Frankfurt (Oder) und forscht am Leibniz-Zentrum für Zeithistorische Forschung (ZZF) in Potsdam.

Almuth Berger, Theologin, Staatssekretärin a.D. und Ausländerbeauftragte der Regierungen Modrow und de Maiziere, Ausländerbeauftragte der Landesregierung Brandenburg bis 2006.

Dr. Christian Connan, geb. 1947 in Dünkirchen, ist französischer Diplomat und war Botschafter in verschiedenen Staaten. Von 1992 bis 1996 war er Gesandter der französischen Botschaft und Leiter des Berliner Büros der Botschaft.

Rolf Damke, geb. 1946, Dipl. Ing., Oberst a.D. der Bundeswehr, div. Kommandeursposten, nach 1990 u.a. in Torgelow und Eggesin. Zivilgesellschaftliches Engagement über Lions Club in Kaliningrad. Für SIEMENS mehrmonatige Aufenthalte als selbstständige Fachkraft für Arbeitssicherheit am dortigen Gaskraftwerk.

Prof. Dr. Michael Daxner, geb. 1947 in Wien war Prof. für Soziologie und jüdische Studien an der Universität Oldenburg und von 1986 bis 1998 Universitätspräsident, aktuell ist er Honorarprofessor an der Universität Potsdam.

Gabriele Förder-Hoff (MA), geb. 1960, Studium der Geschichte und Germanistik. 1991 bis 2018 Referatsleiterin im brandenburgischen Ministerium f. Wissenschaft, Forschung und Kultur und dort mehrere Jahre für den Aufbau der Gedenkstättenlandschaft in Brandenburg zuständig. Heute leitet sie ein Familienunternehmen. Ehrenamtlich im schulischen u. kirchlichen Bereich tätig. Veröffentlichungen u.a. zu protestantischer Organisationsgeschichte.

Hans-Joachim Frank, geb. 1954 in Marisfeld/Thüringen. Ausbildung an der Staatlichen Schauspielschule Berlin. Theater und Filmschauspieler, u.a. am BERLINER ENSEMBLE und bei der DEFA. Künstlerischer Leiter des von ihm 1989 gegründeten theater 89.

Dr. Horst Gräf war von 1990 bis 1999 Staatssekretär im Ministerium für Stadtentwicklung, Wohnen und Verkehr des Landes Brandenburg. 1994 wurde er Professor für Stadtentwicklung an der Potsdam School of Architecture. Nach 1999 war er als Rechtsanwalt tätig.

Dr. Sascha Gunold, Oberstleutnant, Militärhistoriker der Bundeswehr.

Dr. Gerd Harms, Staatssekretär in Berlin und Brandenburg 1989 bis 1998, Kultusminister Sachsen-Anhalt 1998 bis 2002. Bevollmächtigter für Bundes- und Europaangelegenheiten Brandenburg 2004 bis 2009, Mitglied des Ausschusses der Regionen bei der EU, bis 2024 Wirtschafts- und Politikberater, zahlreiche Ehrenämter.

Axel von Hoerschelmann, geb. 1952 in Bielefeld, Studium der Rechtswissenschaften (Göttingen) und der Mediation (Frankfurt/Oder), Ministerialrat a.D., von 1991 bis 2015 verschiedene Funktionen in der Landesregierung Brandenburg.

Jann Jakobs, geb. 1953 in Eilsum/Ostfriesland, Dipl.-Soziologe. Von 2002 bis 2018 Oberbürgermeister der Landeshauptstadt Potsdam.

Basil Kerski ist Direktor des Europäischen Solidarność-Zentrums in Danzig und Chefredakteur des Deutsch-Polnischen Magazins DIALOG. Er lebt in Berlin und Danzig.

Hans-Peter von Kirchbach, geb. 1941 in Weimar, General a.D. Verschiedene Verwendungen in den neuen Bundesländern, insbesondere während der Oder-Flut 1997 in Brandenburg. 1999/2000 Generalinspekteur der Bundeswehr, u.a. Präsident der Johanniter-Unfall-Hilfe a.D.

Werner Krätschell, vor und nach der Wende Superintendent des Kirchenkreises Berlin-Pankow mit all seiner politischen Oppositionspotenz in DDR-Zeiten. Nach der Wende Moderator des Runden Tisches Berlin im Roten Rathaus. 1997–2005 Bevollmächtigter der Ev. Kirche für die Soldatenseelsorge in den neuen Bundesländern. Ehrendoktor der Universität Birmingham und der Furman-Universität in Greenville, South Carolina.

Rolf Kutzmutz, geb. 1947 in Lützen, Landkreis Merseburg. Ausbildung als Maschinenschlosser; Dipl.-Volkswirt und Dipl.-Gesellschaftswissenschaftler. Er war von 1986 bis 1989 Sekretär der SED-Kreisleitung in Potsdam. Von 1990 bis 2014 dann für die PDS-Stadtverordneter und von 1994 bis 2002 Mitglied des Deutschen Bundestages.

Prof. Dr. Ulrike Liedtke, geb. 1958 in Weimar; Landtagsabgeordnete der SPD, Präsidentin des Brandenburger Landtags, Landesvorsitzende des Volksbundes Deutsche Kriegsgräberfürsorge e.V. Brandenburg.

Heinz-Joachim Lohmann, stv. Direktor der Evangelischen Akademie zu Berlin, Studienleiter für Demokratische Kultur und Kirche im ländlichen Raum, Exekutivsekretär von OIKOSNET EUROPE und Beauftragter der Evangelischen Kirche Berlin-Brandenburg-schlesische Oberlausitz für den Umgang mit gruppenbezogener Menschenfeindlichkeit.
Von 2001 bis 2011 Superintendent des Kirchenkreises Wittstock-Ruppin, von 1992 bis 2001 Pfarrer der Kirchgemeinden des Pfarrsprengels in Niedergörsdorf.

Markus Meckel war Gründungsmitglied der SDP und Außenminister der DDR von April bis August 1990, von 1990 bis 2009 Mitglied des Deutschen Bundestages und 1991 bis 2009 Mitglied der deutschen Delegation der Parlamentarischen Versammlung der NATO, 1998 bis 2006 deren Leiter. Er bekleidet zahlreiche Ehrenämter in Stiftungen und Organisationen.

Dr. Hans J. Misselwitz, geb. 1950 in Altenburg, Biologe. 1990 SPD-Abgeordneter in der DDR-Volkskammer, Parl. Staatssekretär im DDR-Außenministerium, Leiter der DDR-Delegation bei den „Zwei-plus-Vier-Verhandlungen. Okt.–Nov. 1990 Mitglied des Deutschen Bundestages,1991 bis 1999 Leiter der Brandenburgischen Landeszentrale f. Politische Bildung. 1999 bis 2015 im SPD-Parteivorstand, u. a. Sekretär der Grundwertekommission beim Parteivorstand, seit 2015 auch deren Mitglied.

Dr. Jörg Morré, Studium der Geschichte, Russistik und Erziehungswissenschaften (FU Berlin, Universität Hamburg), Studienaufenthalte an den Universitäten in Leningrad und Moskau; wiss. Mitarbeiter der Gedenkstätten Sachsenhausen und Bautzen; seit 2009 Direktor des Museums Berlin-Karlshorst, Mitglied der Deutsch-Russischen Historikerkommission.

Prof. Dr. Wolfgang Mueller ist Professor für russische Geschichte an der Universität Wien und Mitglied der Österreichischen Akademie der Wissenschaften. Zu seinen Büchern zählen: *Die sowjetische Besatzung in Österreich 1945–1955*, Böhlau 2005; *A Good Example of Peaceful Coexistence? The Soviet Union, Austria and Neutrality, 1955–1991*, ÖAW 2011; *The Revolutions of 1989* (mit M. Gehler u. A. Suppan), ÖAW 2014; *Der Kampf um den Staatsvertrag* (mit G. Stourzh), Böhlau 2020.

Burkhard Paetzold, geb. 1951 in Jena, Dipl. Ing. Von 1978 bis 1989 Mitglied der „ad hoc Gruppe Abrüstung" der Theol. Studienabteilung beim Bund der Ev. Kirchen in der DDR. Nach 1990 u.a. verschiedene Konversionsstudien. Von 1998 bis 2022 für die Presbyterian Church (USA) Regionalvertreter in Europa.

Germanus Pause ist Historiker und Politikwissenschaftler, war von 1992 bis 2001 Geschäftsführer der Landesentwicklungsgesellschaft Brandenburg. Er lebt in Australien.

Steffen Reiche ist Theologe. Mitbegründer der SDP 1989, Vorsitzender der SPD Brandenburg 1990 bis 2000, Landesminister in Brandenburg 1994 bis 2004, 2005 bis 2009 Mitglied des Deutschen Bundestages. Steffen Reiche arbeitet als Pfarrer.

Prof. Dr. Olga Rösch, Studium der Germanistik an der Universität in Naltschik (Nord-Kaukasus) sowie Russistik und Deutsch als Fremdsprache an der HU Berlin. Seit 2001 Professur für Interkulturelle Kommunikation mit Schwerpunkt Osteuropa an der TH Wildau. Herausgabe der Wildauer Schriftenreihe Interkulturelle Kommunikation; Interkulturelle Trainings und Seminare für Firmen-Manager aus den GUS-Staaten und Deutschland.

Rolf Sakulowski, geb. 1968 in Weida in Thüringen, studierte an der Hochschule für Film und Fernsehen „Konrad Wolf" in Potsdam-Babelsberg. Er ist Filmregisseur und Romanautor. Für den MDR realisierte er 2003 eine Geschichtsdokumentation über die „Diensteinheit IX".

Steffen-Rainer Schultz, ev. Theologe, ehem. Superintendent und dann Oberkonsistorialrat der Evangelischen Kirche Berlin-Brandenburg-schlesische Oberlausitz.

Dr. Detlef Graf von Schwerin, Historiker und Politologe, arbeitete für Organisationen der Entwicklungszusammenarbeit in New Yorck, Stuttgart, Berlin und Kathmandu. Von 1991 bis 2002 Polizeipräsident von Postdam.

Dr. Birgit-Katharine Seemann ist Historikerin. Nach einigen Jahren universitärer Lehr- und Forschungstätigkeit leitet sie seit 2006 den Fachbereich Kultur und Museum der Landeshauptstadt Potsdam. Neben einer Anzahl wissenschaftlicher Veröffentlichungen hat sie 2022 mit *Der traurige Mörder von Sanssouci* ihr Romandebüt vorgelegt.

Bernd-Horst Sefzik war Photograph und Bildjournalist. Er arbeitete in der DDR für verschiedene Redaktionen, zuletzt für die NBI in Ost-Berlin und auch in der Sowjetunion. Er starb 1994 kurz nach der Eröffnung der Ausstellung seiner Photographien zum Abzug der WGT, zu deren Begleitheft er den in diesem Buch veröffentlichten Text und die Photographien beitrug. Im J. Strauss Verlag Potsdam erschien ebenfalls 1994 hierzu der Band *Lebe wohl Deutschland – Empfange uns Heimat* in der Zeit·Sprung·Edition.

Winfried Sträter ist Historiker und war von 1997 bis 2022 Redakteur im Berliner Programm des Deutschlandradios (Deutschlandfunk Kultur), verantwortlich für die Edition *„Geschichte zum Hören"*. Von 2015 bis 2024 war er Ortsvorsteher von Groß Glienicke. 2024 hat er zusammen mit Christoph Janssen und Andreas Krüger aus Dallgow-Döberitz die Wanderausstellung *30 Jahre Konversion rund um die Döberitzer Heide* gestaltet.

Dr. h.c. Wolfgang Thierse, geb. 1943 in Breslau. Studium der Germanistik und Kulturwissenschaften in Berlin. Von 1990 bis 2013 Mitglied des Deutschen Bundestages (SPD) und von 1998 bis 2005 Präsident den Deutschen Bundestages.

Prof. Dr. Dieter Wiedemann, geb. 1946 in Tschechien, studierte Theater- und Filmwissenschaft in Leipzig und Potsdam und danach Pädagogische Psychologie in Leipzig. Er war Mitarbeiter des ZIJ in Leipzig und hat 1990 an die HFF in Babelsberg gewechselt. Dort war er Professor für Medienwissenschaft und von 1995 bis 2012 Präsident der Hochschule für Film und Fernsehen „Konrad Wolf" in Potsdam-Babelsberg.

Dr. Klaus Wittmann, geb. 1946 in Lübeck, studierte Geschichte und Politikwissenschaft in Hamburg und blickt auf 42 Jahre Dienst in der Bundeswehr zurück (Truppenführung, Militärpolitik und höhere Offiziersausbildung). Er ist Brigadegeneral a.D. und lehrt Zeitgeschichte an der Universität Potsdam.

Impressum

Bibliografische Information der Deutschen Bibliothek:
Die Deutsche Bibliothek verzeichnet diese Publikation in der Deutschen Nationalbibliografie; detaillierte bibliografische Daten sind im Internet über http://dnb.ddb.de abrufbar.

Layout & Satz Katharina Strauss, Potsdam
Titelgestaltung Katharina Strauss unter Verwendung einer Photographie von Bernd-Horst Sefzik
Photographien Bernd-Horst Sefzik | Katharina Strauss, Seite 227

Gesamtherstellung STRAUSS *Medien & Edition*
Beyerstraße 9 – 14469 Potsdam
j.strauss@strauss-medien.de
www.strauss-medien.de

ISBN 978-3-943713-39-8